RB-50

EU-ABC

EU-ABC

Lexikon für Wirtschaft, Recht, Steuern, Finanzen, Institutionen

2. überarbeitete und erweiterte Auflage

von
Dr. **Günther Ettl**, Brüssel
Ministerialdirigent Dr. **Horst Teske**, Bonn
Steuerberater Dr. **Heinrich Weiler**, Bonn

unter Mitarbeit von
Mag. **Maria Brindlmayer**, Brüssel/Washington
Dipl.-Volkswirt **Michael Cwik**, Brüssel
Maria Sabathil, M.A. †

Redaktion:
Rechtsanwältin **Dorothée Linden**, Köln

Economica Verlag

© 1994 Economica Verlag GmbH, Bonn

Alle Rechte vorbehalten.
Nachdruck, auch auszugsweise,
nur mit Genehmigung des Verlages
gestattet.

Satz: Satz-Rechen-Zentrum
Hartmann+Heenemann GmbH & Co. KG, Berlin

Druck: Paderborner Druck Centrum, Paderborn

ISBN 3-87081-453-5

Vorwort

Buchstäblich in letzter Sekunde hat sich der Titel dieses Buches geändert: Aus dem EG-ABC wurde das EU-ABC. Schneller als erwartet, hat sich der mit dem Maastrichter Vertrag eingeführte Begriff „Europäische Union" (EU) in den Medien durchgesetzt. Im Innenteil des Buches wird allerdings weiter von der Europäischen Gemeinschaft bzw. der EG gesprochen.

Während viele Bürgerinnen und Bürger den Integrationsprozeß in Europa lange Zeit nur mit halbem Auge verfolgten, sind sie spätestens durch „Maastricht" wachgerüttelt worden. Das dänische Referendum gegen eine Ratifizierung der Maastrichter Verträge über die Schaffung einer Europäischen Union hat auf plastische Weise sichtbar gemacht, daß Europa nicht nur hohe Politik bedeutet, sondern alle angeht.

Binnenmarkt, Wirtschafts- und Währungsunion oder Politische Union sind Stichwörter, hinter denen sich ein völlig neu strukturiertes Europa verbirgt: Der Maastrichter Vertrag über die Europäische Union ist am 1. November 1993 in Kraft getreten. Das Europäische Währungsinstitut wird in Frankfurt/Main angesiedelt.

Inzwischen haben auch Österreich, die Schweiz, Schweden, Norwegen und Finnland Beitrittsanträge gestellt. Mit Verwirklichung des Europäischen Wirtschaftsraumes (EWR), der durch das Ausscheiden der Schweiz nach dem negativen Volksentscheid im Dezember 1992 verzögert wurde, werden die ihm angehörenden EFTA-Staaten durch Übernahme gemeinschaftlicher Regelungen bereits zu rund 80 Prozent faktische EU-Mitglieder sein. Schließlich werden langfristig die mittel- und osteuropäischen Staaten, die schon jetzt zunehmend enger mit der EU zusammenarbeiten, ebenfalls in den Integrationsprozeß einbezogen werden.

Die vielfältigen Maßnahmen zur Verwirklichung des Binnenmarktes wie die Abschaffung der Grenzkontrollen, die Harmonisierung des Gesellschaftsrechts und der Steuersysteme oder die Angleichung technischer Vorschriften werden den Alltag aller „EU-Bürger" beeinflussen. Mit der besonderen Betonung des

Subsidiaritätsprinzips hat der Europäische Rat nach den Abstimmungen in Dänemark und Frankreich auf die Sorgen vieler Bürger reagiert, die Angst vor einem übermächtigen, zentralistischen Europa haben.

Das Zusammenwachsen der europäischen Staaten eröffnet auch den Unternehmen neue, wichtige Entfaltungsmöglichkeiten, stellt sie aber auch vor große Herausforderungen. Der Sorge gerade vieler klein- und mittelständischer Unternehmer, im großen Europa dem Konkurrenzdruck nicht standhalten zu können, tritt die Europäische Union mit einer langfristig angelegten aktiven Unternehmenspolitik entgegen. Das 1986 beschlossene „Aktionsprogramm für kleine und mittlere Unternehmen (KMU)" beispielsweise ist gezielt zur Verbesserung der Rahmenbedingungen für KMU aufgelegt worden. Förderprogramme in den Bereichen Forschung und Entwicklung oder Weiterbildung bereiten Unternehmer und Arbeitnehmer auf die veränderten Strukturen vor.

Mehr als 200 Beratungsstellen für Unternehmer gemeinschaftsweit informieren interessierte Firmeninhaber über gemeinschaftliche Regelungen und Maßnahmen wie etwa gemeinsame Steuerbestimmungen, technische Vorschriften oder auch Finanzierungsmöglichkeiten durch den Europäischen Sozialfonds sowie Unterstützung bei der Durchführung europäischer Forschungsprojekte. Alle Beratungsstellen sind an das Business Cooperation Network (BC-Net) angeschlossen. Dieses „Heiratsbüro" gibt es in rund 600 Orten in der Gemeinschaft. Es hilft interessierten Unternehmern über ein Kooperationsprofil bei der Suche nach einem geeigneten Partner.

Organisation und Struktur der EU, Wirtschaft, Recht, Steuern, Finanzen, Institutionen und Förderprogramme – in über 1500 Stichwörtern informiert das EU-ABC über diese Themen. Von A bis Z werden die Strukturen und der Aufbau der Gemeinschaft erläutert, der aktuelle Stand der Harmonisierungsmaßnahmen in den verschiedenen Bereichen behandelt, Förderprogramme und Datenbanken schlagwortartig dargestellt. Wer bei der täglichen Zeitungslektüre über Abkürzungen wie EWI, EFTA oder CELAD stolpert: Hier wird er fündig. Wer ins Blättern gerät und sich festliest, wird feststellen, daß das EU-ABC auch ein Kurzlehrbuch sein kann über das zusammenwachsende Europa. Im Anhang sind die wichtigsten Adressen aufgeführt. Das EU-ABC ist ein Nachschlagewerk für alle, die sich dem Europa ohne Grenzen öffnen, und eine Fundgrube zur schnellen und umfassenden Orientierung.

Die Anfang 1993 erschienene erste Auflage war innerhalb eines halben Jahres vergriffen. Die zweite erweiterte und auf den letzten Stand gebrachte Auflage setzt diese Arbeit fort.

Der Verlag　　　　　　　　　　　Bonn, im Dezember 1993

Teil I

Lexikon

A

A-Punkt-Verfahren. In der EG übliches Verfahren, nach dem im → *Rat der Europäischen Gemeinschaft* (Ministerrat) vorgeklärte unstrittige Tagesordnungspunkte formell ohne Aussprache beschlossen werden (A-Punkt-Liste). Die Vorklärung erfolgt im → *Ausschuß der Ständigen Vertreter* (AStV). Tagesordnungspunkte, die noch strittig sind und auf Ministerebene erörtert werden müssen, sind sogenannte B-Punkte. Nach politischer Entscheidung werden diese Punkte zur Schlußredaktion wieder an den AStV zurückgegeben, der sie „A-Punktreif" macht.

AASM. Abk. für → *Assoziierung afrikanischer Staaten und Madagaskar.*

ABEL. Datenbank des → *Amtes für amtliche Veröffentlichungen der EG* für das → *Amtsblatt* Serie L.

Abfallhaftungs-Richtlinie. Die Haftung für durch Abfälle verursachte Schäden an Menschen, Sachen und der Umwelt sind in den Mitgliedstaaten unterschiedlich geregelt. Daher hat die *EG-Kommission* im September 1989 eine Harmonisierungsrichtlinie vorgeschlagen, die eine zivilrechtliche, verschuldensunabhängige Abfallhaftung der Abfallerzeuger und der Personen einführt, die die Abfallkontrolle im Zeitpunkt der schadensstiftenden Handlung ausübten. Die Richtlinie soll für alle gewerblich anfallenden Abfälle (mit Ausnahme der radioaktiven Abfälle und der international geregelten Ölschäden) gelten und den Geschädigten – im Falle der Umweltschäden auch der öffentlichen Hand – Klagemöglichkeiten einräumen.

Abgaben. Im EG-Sprachgebrauch meistens als Abgaben zollgleicher Wirkung verstanden, die ausschließlich auf eingeführte Waren erhoben werden. Abzugrenzen davon sind die innerstaatlichen Abgaben, die zwar an den Grenzübertritt der Waren gebunden sind, aber Bestandteil des inländischen Abgabensystems sind. Im Handel zwischen den EG-Staaten sind Abgaben zollgleicher Wirkung und diskriminierende innerstaatliche Abgaben verboten (→ *Handelshemmnisse*).

Abgestimmte Verhaltensweisen. Wettbewerbsrechtlicher Begriff, der neben Vereinbarungen und Beschlüssen ein Verhalten umschreibt, das unter den besonderen Voraussetzungen des Art. 85 → *EWG-Vertrag* als Wettbewerbsstörung ein Verstoß gegen EG-Recht sein kann.

Abkommen. Kraft ihrer Rechtspersönlichkeit kann die EG vertragliche Bindungen mit → *Drittstaaten* eingehen, soweit Bereiche der EG-Zuständigkeit betroffen sind. Solche völkerrechtlichen Verträge werden grundsätzlich von der → *EG-Kommission* ausgehandelt und vom → *Rat der EG* geschlossen. Die Abkommen sind dann auch für die EG-Mitgliedstaaten bindend. (→ *Gemischte Abkommen*, → *Präferenzabkommen*, → *Handelspolitik*).

ABl. EG. Abk. für → *Amtsblatt der Europäischen Gemeinschaften*.

Abschlußprüfer-Richtlinie. Diese gesellschaftsrechtliche Richtlinie regelt die Zulassung der mit der Pflichtprüfung der Rechnungslegungsunterlagen beauftragten Personen in der EG. Die Richtlinie übernimmt weitgehend das deutsche Recht über die Zulassung der Wirtschaftsprüfer und wurde zusammen mit der → *Bilanz-Richtlinie* und der → *Konzernbilanz-Richtlinie* durch Gesetz vom 19.12.1985 in der Bundesrepublik Deutschland umgesetzt. Das Gesetz paßte die Voraussetzungen der Wirtschaftsprüferzulassung an die Richtlinien-Anforderungen an und eröffnete den vereidigten Buchprüfern die Vornahme von Abschlußprüfungen bei mittelgroßen GmbHs.

Abschöpfung. Bei der Einfuhr von bestimmten landwirtschaftlichen Erzeugnissen aus → *Drittstaaten* in die EG werden Abschöpfungen erhoben, wenn der Einfuhrpreis auf dem Weltmarkt niedriger als der Mindestpreis (Schwellenpreis) für Agrarprodukte aus Drittländern liegt. Die Abschöpfungen dienen somit als Eingangsabgaben dazu, zum Schutz der Landwirtschaft die Preise auf EG-Niveau heraufzuheben. Abschöpfungen sind Steuern im Sinne der deutschen Abgabenordnung, werden von der Bundeszollverwaltung erhoben und fließen als eigene Einnahmen in den → *Haushalt* der EG ein. (→ *Agrarpolitik*)

Abschottung. Nationale Märkte sind bisher oft abgeschottet, d. h. gegen Konkurrenz aus anderen Staaten geschützt gewesen. Die neuen EG-Vorschriften sollen diese Märkte innerhalb der EG liberalisieren.

Abschreibung. Die handelsrechtliche Abschreibung ist auf EG-Ebene durch die 4. handelsrechtliche Richtlinie (→ *Bilanz-Richtlinie*) vereinheitlicht worden. Hinweise auf die Harmonisierung der steuerlichen Abschreibungsvorschriften (Bemessungsgrundlage und Methode) enthält der – vorläufig nicht weiter verfolgte – Vorentwurf einer Richtlinie über die Harmonisierung der Gewinnermittlungsvorschriften vom März 1988 (→ *Gewinnermittlung*).

Abweichklausel. Abweichklauseln spielen besonders bei völkerrechtlichen Verträgen der EG-Mitgliedstaaten eine Rolle, wenn sichergestellt werden soll, daß die Vertragsschließenden aus EG-Gründen von dem Vertragsinhalt abweichen dürfen.

Abweichungsindikator. (→ *ECU*) Mit Hilfe der → *Marktkurse* für die einzelnen Währungen im Währungskorb kann der → *ECU* dazu benutzt werden, die Abweichung einer Währung vom Durchschnitt aller Währungen im → *Währungskorb* zu errechnen. Der Abweichungsindikator soll u.a. aufzeigen, welche Währung Hauptverursacher von Spannungen im → *Europäischen Währungssystem* (EWS) ist, d. h., welche Länder sich von der durchschnittlichen Währungs- bzw. Wirtschaftsentwicklung in der Gemeinschaft entfernt haben. Ab einer bestimmten Abweichungsgröße (→ *Abweichungsschwelle*) wird unterstellt, daß die verantwortlichen Stellen in dem betreffenden Land geeignete Maßnahmen ergreifen, um die Entwicklung der eigenen Währung wieder der durchschnittlichen Entwicklung der anderen Währungen anzugleichen. Eine nullprozentige Abweichung wäre gegeben, wenn alle Marktkurse zwischen den Währungen des Währungskorbes ihren bilateralen → *Leitkursen* entsprächen. Die andere Extremsituation liegt vor, wenn eine Währung im → *Europäischen Währungssystem* (EWS) die maximal erlaubte Bandbreite gegenüber allen beteiligten Währungen erreicht hat.

Abweichungsschwelle. Über- oder Unterschreiten einer Währung im → *Europäischen Währungssystem* (EWS) von 75 Prozent seiner maximal möglichen Abweichung gegenüber allen anderen Währungen, die am → *Interventionssystem* des → *Europäischen Währungssystems* beteiligt sind.

Abwertung und Aufwertung. Verbilligung oder Verteuerung der Landeswährung gegenüber Drittwährungen. Im System fester, aber anpassungsfähiger Wechselkurse (→ *Europäisches Währungssystem*) bedeutet dies eine Herauf- oder Herabsetzung entweder des offiziellen Leitkurses in einer gemeinsamen Bezugsgröße – früher US-Dollar, später → *Europäische Wirtschaftspolitische Rechnungseinheit* (EWRE), dann → *Rechnungseinheit des* → *Europäischen Fonds für währungspolitische Zusammenarbeit*, schließlich → *ECU* – oder der bilateralen Leitkurse einer Währung gegenüber anderen am System beteiligten Währungen und eine Neufestlegung der Interventionskurse gemäß der vereinbarten Bandbreiten. Bei flexiblen Wechselkursen (Floating) bedeutet Abwertung bzw. Aufwertung eine marktmäßige Minder- bzw. Mehrbewertung einer bestimmten Währung gegenüber einer oder mehrerer anderer Währungen.

ACE. Abk. für Action for Cooperation in the Field of Economics.

Förderprogramm zur Forschungskooperation über wirtschaftliche Reformen und Integration in Mittel- und Osteuropa (→ *SPES*).

Acquis communautaire. Fachbegriff für den rechtlich und politisch erreichten Integrationsstand der EG. Zum acquis communautaire gehört nicht nur das → *Gemeinschaftsrecht* im engeren Sinn, sondern auch das → *flankierende Völkervertragsrecht* der Mitgliedstaaten. Ebenfalls zählen hierzu die politischen Beschlüsse in der → *Europäischen Politischen Zusammenarbeit (EPZ)* sowie die Festlegungen der Mitgliedstaaten in bezug auf künftig abzuschließende Vereinbarungen. Der gemeinschaftliche Besitzstand wird vor allem bei Verhandlungen über den Beitritt neuer Staaten zur EG als Inbegriff dessen benutzt, was die Beitrittskandidaten bei ihrem Eintritt in die EG als rechtliche und politische Verpflichtungen übernehmen müssen (→ *Beitrittsverfahren*).

Adonnino-Bericht. Neben dem → *Dooge-Bericht* die zweite Grundlage der → *Einheitlichen Europäischen Akte*. Benannt nach dem Italiener Adonnino, dem Vorsitzenden des vom Europäischen Rat im Sommer 1984 eingesetzten Ausschusses, der den Bericht über das → *Europa der Bürger* erstellte. Der Bericht enthielt u.a. Ausarbeitungen zu den Themen Bürgerrechte, Kultur, Erziehung und Jugendaustausch.

AETR-Urteil. Urteil des → *Gerichtshofes der Europäischen Gemeinschaft (EuGH)* vom 31.3.1971 aus Anlaß der Prüfung der EG-Abschlußkompetenz für das Europäische Übereinkommen über die Arbeit der im internationalen Straßenverkehr Beschäftigten (AETR). Durch dieses Urteil wurde die Doktrin begründet, nach der sich die → *Außenkompetenz* der EG nicht nur aus ausdrücklichen Vertragsbestimmungen über die EG-Abschlußbefugnis für völkerrechtliche → *Abkommen*, sondern auch aus anderen Vertragsbestimmungen und aus in ihrem Rahmen ergangenen → *Rechtsakten der EG* ergeben kann („Außenkompetenz kraft ausgeübter Innenkompetenz"). Die AETR-Rechtsprechung wurde später dahin erweitert, daß auch die vorherige Ausübung der Innenkompetenz dann keine Voraussetzung für die Abschlußkompetenz nach außen ist, wenn die Beteiligung der EG an völkerrechtlichen Vereinbarungen notwendig ist, um eines der Ziele der Gemeinschaft zu erreichen.

Agrarabschöpfung. → *Abschöpfung*.

Agrarfonds. Bezeichnung für den → *Europäischen Ausrichtungs- und Garantiefonds für die Landwirtschaft*.

Agrarforschung. Forschungs- und Entwicklungsprogramm zur Wettbewerbsfähigkeit der Landwirtschaft und Bewirtschaftung landwirtschaftlicher Ressourcen als Teil des Programms → *AIR*.

Agrarpolitik. Eine der gemeinschaftlichen Politiken, die ausdrücklich im → *EWG-Vertrag* erwähnt sind. Sie umfaßt alle Maßnahmen der EG zur Aufrechterhaltung des Gemeinsamen Marktes für landwirtschaftliche Erzeugnisse. Zentraler Bestandteil der Agrarpolitik sind die gemeinsamen → *Marktordnungen* für fast alle in der EG erzeugten Agrarprodukte. Zu den wichtigsten zählen jene für Getreide, Reis, Ölsaaten, Milch und Zucker. Der Rat der EG kann weitere Marktordnungen erlassen, wobei er die EG-Kommission ermächtigt, Detailregelungen auszuarbeiten. Die einzelnen Marktordnungen unterscheiden sich wesentlich; einige enthalten lediglich Handelsregelungen oder Qualitätsnormen, andere sehen preisstützende Maßnahmen vor, während die komplizierteren Marktordnungen vollständige Preissysteme darstellen. Die Preissysteme sollen am Binnenmarkt für ein einheitliches Preisniveau sorgen und dieses zugleich gegenüber dem Weltmarkt absichern. Im Mittelpunkt dieses Systems der Preisfestsetzung steht der Richtpreis (Orientierungspreis). Er wird vom Rat zu Beginn des Wirtschaftsjahres als agrarpolitisch erwünschter Erzeugerpreis festgesetzt und dient den Erzeugern als Orientierung. Vom Richtpreis wird der Schwellenpreis abgeleitet, der Mindestpreis für Agrarprodukte aus → *Drittstaaten*. Unter dem Schwellenpreis liegt der → *Interventionspreis*, zu dem die staatlichen Interventionsstellen in den Mitgliedstaaten Agrarprodukte aufkaufen. Für eine Reihe von Erzeugnissen (z.B. Getreide) bildet der Interventionspreis die Untergrenze, da die Interventionsstellen jede angebotene Menge zu diesem Preis aufkaufen müssen. Seit einigen Jahren gelten auf einigen Märkten neue Regelungen, wonach die Ankaufspreise je nach Marktlage festgesetzt werden. Wiederum andere Interventionsregelungen gelten bei Erzeugnissen wie Schweinefleisch, einigen Obst- und Gemüsesorten oder Tafelwein. Bei großem Angebot kann die EG Lagerbeihilfen zur privaten Lagerhaltung gewähren, um einen Teil der Produktion vorläufig vom Markt zu nehmen.

Da die Mindestpreise in der EG im allgemeinen höher sind als auf dem Weltmarkt, kann die Binnenmarktstützung nur funktionieren, wenn es für die betreffenden Produkte gleichzeitig auch einen Außenschutz gibt. Je nach Marktordnung besteht der Außenschutz aus variablen Einfuhrabschöpfungen (→ *Abschöpfung*) oder → *Zöllen* oder einer Kombination aus beiden. Die Einfuhrabschöpfungen sollen die Differenz zwischen

dem (niedrigeren) Einfuhrpreis und dem (höheren) Schwellenpreis ausgleichen. Für einige Veredelungsprodukte (Schweinefleisch, Eier, Geflügel) gibt es eine besondere Schutzmaßnahme gegen ungewöhnlich niedrige Angebotspreise bei Einfuhren aus Drittländern: Auf der Grundlage der auf dem Weltmarkt herrschenden durchschnittlichen Produktionskosten wird der Einschleusungspreis errechnet. Ein etwaiger niedriger Angebotspreis wird mit einer Zusatzabgabe belastet und so dem Einschleusungspreis angeglichen.
Um den Export von landwirtschaftlichen Gemeinschaftserzeugnissen zu fördern, gewährt die Gemeinschaft Beihilfen, die sog. → *Ausfuhrerstattungen*, die den Unterschied zwischen dem (höheren) EG-Marktpreis und dem (niedrigeren) Weltmarktpreis ausgleichen. Produktionserstattungen werden EG-Erzeugern der Verarbeitungsindustrie gewährt, wenn sie EG-Vorprodukte verwenden trotz der Konkurrenz billiger Importe. Diese Beihilfe gleicht den Unterschied zwischen höheren EG-Preisen und den Preisen für importierte Ware aus.
Der Agrarstrukturpolitik dient der → *Europäische Ausrichtungs- und Garantiefonds für die Landwirtschaft* (EAGFL). Im Mai 1992 hat der → *Rat* ein Maßnahmenpaket beschlossen, das der Agrarpolitik eine neue Ausrichtung gibt. Ziel ist, die immer kostspieliger gewordenen → *Marktordnungen* so zu reformieren, daß die Überproduktion von Agrarerzeugnissen eingedämmt und eine Umstellung auf umweltgerechtere Anbaumethoden gefördert wird. Erreicht werden soll dies durch eine generelle Senkung der garantierten Agrarpreise; den Ausgleich der Preissenkung in Form von Ausgleichszahlungen oder Prämien, die nicht mehr produktionsabhängig, sondern bezogen auf den Einsatz der Produktionsfaktoren gewährt werden; Maßnahmen zur Mengenreduzierung wie Quotenregelung, die Stillegung von Anbauflächen und die Festsetzung von Obergrenzen für die Prämiengewährung; die Förderung der Umstrukturierung landwirtschaftlicher Betriebe mit Hilfe einer Vorruhestandsregelung sowie durch die Schaffung von Anreizen für die Aufforstung bestimmter bisher landwirtschaftlich genutzter Flächen.

Agrarleitlinie. Vom Europäischen Rat im Februar 1988 festgelegte Begrenzung der Agrarmittel, nach der der jährliche Anstieg der Agrarausgaben real 74 % der erwarteten Zunahme des → *Bruttosozialprodukts* der Gemeinschaft nicht überschreiten darf. Für 1993 ergab sich daraus ein Höchstbetrag von 36.657 Mio. ECU.

Agrarstatistik. Referenzstatistik für die gemeinsame → *Agrarpolitik*, erweitert durch Pilotvorhaben für den Einsatz der Fernerkundung in der regionalen Flächenerfassung, der Ertragsvorausschätzung, Langzeituntersuchungen etc., insbesondere im Getreide- und Ölsaatenanbau.

Agrarstrukturfonds. Kurzbezeichnung für den → *Europäischen Ausrichtungs- und Garantiefonds für die Landwirtschaft*, Abteilung Ausrichtung.

AGREP. Kurzbezeichnung für die Datenbank der aus öffentlichen Mitteln finanzierten Agrarforschungsprojekte.

AIM. Abk. für Advanced Informatics in Medicine. Forschungsprogramm zur fortgeschrittenen Informatik in der Medizin im Rahmen des Programms allgemeiner → *Telematiksysteme*.

AIR. Abk. für Agro-Industrial Research. Forschungs- und Entwicklungsprogramm zur Verbesserung der Umwandlung, Nutzung und optimalen Verwertung biologischer Ressourcen Landwirtschaft, Agrarindustrie und Fischerei.

AKP-Staaten. Die derzeit 69 Entwicklungsländer aus Afrika, der Karibik und dem pazifischen Raum, die mit der EG durch die sogenannten → *Lomé-Abkommen* verbunden sind (→ *Europäischer Entwicklungsfonds*).

Aktiengesellschaft. → *Europäische Aktiengesellschaft*.

Aktion Jean Monnet. Förderprogramm für ein europäisches Integrationsstudium im Rahmen der postdoktoralen Forschung und des Unterrichts, insbesondere mittels der Errichtung europäischer Lehrstühle, europäischer Lehrveranstaltungen und Studienmodelle (→ *Jean-Monnet-Forschungsstipendien*). Zu Beginn des Studienjahres 1992/93 wurden mit finanzieller Unterstützung der Gemeinschaft 45 neue Europa-Lehrstühle eingerichtet, davon acht in der Bundesrepublik. Insgesamt gibt es an deutschen Hochschulen bereits 23 Europa-Lehrstühle.

Alleinvertriebsverträge. Derartige Verträge zur Monopolisierung des Absatzes sind EG-rechtlich unter dem Aspekt der Wettbewerbskontrolle nach Art. 85 → *EWG-Vertrag* von Interesse, wenn sie das Gebiet eines ganzen Mitgliedstaates gegen Paralleleinfuhren aus anderen Mitgliedstaaten abschotten. Soweit Vereinbarungen über den Alleinvertrieb (oder Alleinbezug) ausnahmsweise von der EG-Kommission hingenommen werden können, erfolgt dies im Rahmen von Gruppenfreistellungsverordnungen (→ *Freistellung*).

Allgemeiner Rat. Bezeichnung des → *Rates der Europäischen Gemeinschaft* in der Zusammensetzung der Außenminister (→ *Rat der EG*).

Allgemeines Zoll- und Handelsabkommen. → *GATT*.

ALTENER. Kurzbezeichnung für Commercialisation of Alternative Energies. Förderprogramm zur Entwicklung erneuerbarer Energiequellen und zur Stärkung der Wettbewerbsfähigkeit deren Erzeuger, um insbesondere Kohlendioxydemissionen zu begrenzen.

Amt für amtliche Veröffentlichungen. Amt mit Sitz in Luxemburg, das die amtlichen Veröffentlichungen der Gemeinschaft in allen → *Amtssprachen* herausgibt (z.B. das → *Amtsblatt der EG* und das → *Bulletin der EG*). In der Bundesrepublik Deutschland werden Veröffentlichungen des Amtes vom Bundesanzeiger Verlag Köln, Breite Straße, Postfach 10 80 06, 5000 Köln 1 vertrieben.

Amtsblatt der Europäischen Gemeinschaft. Vom → *Amt für amtliche Veröffentlichungen* der EG in Luxemburg in allen → *Amtssprachen* herausgegebenes Verlautbarungsorgan in zwei Teilen für veröffentlichungsbedürftige Rechtsvorschriften (Teil L) und sonstige Mitteilungen (Teil C), das der Erfüllung der Veröffentlichungsvoraussetzungen der → *Rechtsakte der EG* sowie der Unterrichtung der EG-Bürger dient.

Amtshilfe. Grenzüberschreitende Amtshilfe zwischen Behörden setzt entsprechende völkerrechtliche Vereinbarungen oder – in der EG – entsprechende → *Rechtsakte der EG* voraus (vgl. zur „Amtshilfe" zwischen Gerichten → *Rechtshilfe*). Regelungen zur Amtshilfe finden sich in Art. 5 und 213 → *EWG-Vertrag*. Durch eine Richtlinie vom 19.12.1977 (Amtshilfe-Richtlinie) wurde die Amtshilfe zwischen den Behörden der Mitgliedstaaten im speziellen Bereich der → *direkten Steuern* geregelt. Diese Amtshilfe soll der Verhinderung von Steuerflucht und Steuerumgehung dienen und verpflichtet die Mitgliedstaaten zur gegenseitigen Auskunftserteilung, um korrekte Steuerfestsetzungen zu ermöglichen. Seit 1979 wird die Amtshilfe auch auf den Bereich der → *Mehrwertsteuer* angewendet. In Umsetzung der Amtshilfe-Rechtlinie erging 1985 in Deutschland das EG-Amthilfegesetz. Eine Richtlinie vom 15.3.1976 regelt die gegenseitige Unterstützung bei der Beitreibung von Zöllen und → *Abschöpfungen*.

Amtssprachen. Die offiziellen Sprachen, in denen die Dokumente und Verlautbarungen der EG, vor allem die → *Rechtsakte der EG* herausgegeben werden. Z.Zt. besitzt die EG neun Amtssprachen: Dänisch, Deutsch, Englisch, Französisch, Griechisch, Italienisch, Niederländisch, Portugiesisch und Spanisch. Die Amtssprachen sind grundsätzlich gleichberechtigt, die Sprachfassungen der EG-Rechtsakte gleichwertig. Wegen der aufwendigen Übersetzungen hat sich in Brüssel bei der praktischen Arbeit aber ein tatsächliches Übergewicht des Englischen und Französischen schon aus Gründen der Ersparnis und der Arbeitserleichtung ergeben (Arbeitssprachen). Deutschland ist bemüht, auch Deutsch in den Kreis der Arbeitssprachen einzuführen. Eine modifizierte Sprachenregelung gilt für den → *Gerichtshof der Europäischen Gemeinschaft* (→ *Verfahrenssprachen*).

Amtszeit. In der EG gelten für die verschiedenen Organe und Ämter unterschiedliche Amtszeiten. Die Mitglieder der → *EG-Kommission* haben eine Amtszeit von vier Jahren, deren Präsident und die Vizepräsidenten von zwei Jahren. Durch die → *Maastrichter Verträge* ist die Amtszeit auf 5 Jahre – entsprechend der Wahlperiode des → *Europäischen Parlaments* – verlängert worden. Die Amtszeit für die Mitglieder des → *Gerichtshofes der Europäischen Gemeinschaft* beträgt sechs Jahre und die des Präsidenten drei Jahre. In der Regel kann eine begrenzte Amtszeit durch Wiederwahl um die gleiche Dauer verlängert werden. Der → *Rat der Europäischen Gemeinschaft* hat keine Amtszeit. Allerdings wechselt hier alle 6 Monate die Präsidentschaft.

Anerkennung der Diplome. Die Anerkennung von nationalen Diplomen eines jeden EG-Mitgliedstaates in der ganzen EG ermöglicht die berufliche Niederlassung der Diplomierten in allen Mitgliedstaaten, in denen ein solches Diplom hierfür erforderlich ist (→ *Niederlassungsfreiheit*). Die gegenseitige Anerkennung erfolgte zuerst im Bereich der medizinischen Abschlüsse (Ärzte, Zahnärzte, Tierärzte, Krankenschwestern und -pfleger, Apotheker), es folgten die Architektendiplome, und seit Januar 1991 gilt die Anerkennung für alle Hochschuldiplome mit einer mindestens dreijährigen Studiendauer.

Anerkennung, gegenseitige. → *Gegenseitige Anerkennung.*

Anfechtungsklage. Klage von EG-Mitgliedstaaten oder individuell Betroffenen (→ *Direktklagen*) gegen → *Rechtsakte der EG* wegen Rechtsfehlern (Unzuständigkeit, Verletzung wesentlicher Formvorschriften, Rechtsverstöße, Ermessensmißbrauch) innerhalb von zwei Monaten ab Bekanntgabe oder Kenntnisnahme. Im Vertrag zur → *Europäischen Gemeinschaft für Kohle und Stahl (EGKS)* ist die Anfechtungsklage abweichend geregelt.

Anfragen des Europaparlamentes. Das → *Europäische Parlament* (EP) übt seine politische Kontrollfunktion unter anderem durch mündliche oder schriftliche Anfragen an den → *Rat der Europäischen Gemeinschaft* oder die → *EG-Kommission* aus. Die Anfragen werden von den betroffenen Organen beantwortet, soweit der Fragegegenstand in die EG-Kompetenz fällt und vom jeweiligen Organ zu verantworten ist.

Anlastungsverfahren. Die EG-Mitgliedstaaten führen die Gemeinschaftspolitiken in der Regel in eigener Regie aus und erhalten dafür als Gegenleistung aus dem EG-Budget, d.h. aus den → *Einnahmen* der Gemeinschaft, einen bestimmten Prozentsatz. Da sie im allgemeinen in Vorleistung treten und auch in ihrem Rechtsgebiet die Gemeinschaftsleistungen an ihre Staatsangehörigen auszuzahlen haben, erfolgt in jedem Rechnungsjahr eine Abrechnung. Dabei werden die von den Mitgliedstaaten abzuführenden Mittel um den von ihnen zu beanspruchenden Verwaltungsaufwand gekürzt. Dieses Anlastungsverfahren gibt der EG-Kommission die Möglichkeit, bestimmte Ausgaben der Mitgliedstaaten für die EG nicht anzuerkennen (etwa, weil sie nicht EG-konform waren). Im Konfliktfall muß der → *Gerichtshof der Europäischen Gemeinschaft* entscheiden.

Anpassung an den technischen Fortschritt. Vor allem bei der → *technischen Rechtsangleichung* ist es erforderlich, die EG-Richtlinien immer wieder auf den neuesten Stand der Technik zu bringen, damit die damit verbundenen Marktregelungen nicht veralten. Die nötige Anpassung erfolgt durch Richtlinien-Novellen der EG-Kommission, die sich dabei des Sachverstandes der Mitgliedstaaten bedient und diese Anpassungen regelmäßig im Wege des → *Verwaltungsausschußverfahrens* vornimmt.

Anpassungsbeihilfen der EGKS. Soziale Flankierungssubventionen der → *Europäischen Gemeinschaft für Kohle und Stahl* (EGKS) zur sozialen und beruflichen Wiedereingliederung entlassener oder von Entlassung bedrohter Arbeitnehmer und für das endgültige Ausscheiden älterer Arbeitnehmer des Kohlebergbaus sowie der Eisen- und Stahlindustrie (gemäß Art. 56 1c und 2b → *EGKS-Vertrag*). → *RECHAR*, → *RESIDER*.

Anrechnungsmethode. Die Anrechnungsmethode bei der → *Körperschaftsteuer* führt in Deutschland dazu, daß die von einer Kapitalgesellschaft (GmbH, AG) gezahlte Körperschaftsteuer auf Ausschüttungen bei dem inländischen Anteilseigner auf seine persönliche Einkommen- oder Körperschaftsteuer angerechnet wird. Der Vorschlag für eine EG-Richtlinie zur Harmonisierung der Körperschaftsteuersysteme und der Regelungen der Quellensteuer auf Dividenden vom 24.7.1975 sah eine Teil-Anrechnung vor, d.h. es sollte den Anteilseignern nur ein Teil der von der Kapitalgesellschaft gezahlten Steuern angerechnet werden. Dies war ein Kompromißvorschlag, da ein Teil der EG-Staaten überhaupt keine Anrechnung kennt. Der Vorschlag ist jedoch zwischenzeitlich nach den Leitlinien zur Harmonisierung der → *direkten Steuern* offiziell zurückgezogen worden. Die Ruding-Kommission hält das Anrechnungssystem für nicht erstrebenswert bei der Angleichung der Körperschaftsteuersysteme, da Steuersubstrate aus den Sitzstaaten der Kapitalgesellschaften in die Wohnsitzstaaten der Anteilseigner überführt würden.

Anti-Dumpingverfahren. Verfahren bei der EG-Kommission, das auf die Feststellung des → *Dumpings* und die Erhebung eines → *Anti-Dumpingzolls* gerichtet ist. Bevor ein Anti-Dumpingzoll erhoben werden kann, müssen drei Voraussetzungen erfüllt sein: Vorliegen von → *Dumping*, Gefahr einer bedeutenden Schädigung eines EG-Industriezweiges sowie Vorliegen eines „Gemeinschaftsinteresses" an der Erhebung eines → *Anti-Dumpingzolls*. Das Anti-Dumpingverfahren wird gewöhnlich mit einer Beschwerde des betroffenen Industriezweiges an die EG-Kommission eingeleitet. Erachtet die Kommission die Beschwerde als begründet, beginnt sie mit der Untersuchung. Kommt die Kommission nach Anhörung der beteiligten Parteien zu dem Schluß, daß Dumping vorliegt, legt sie den betroffenen Waren einen vorläufigen → *Anti-Dumpingzoll* auf. Erst nach Beratung und Beschlußfassung im Rat der EG kann dieser die Erhebung eines endgültigen → *Anti-Dumpingzolls* aussprechen. Das Anti-Dumpingverfahren kann auch damit enden, daß der Exporteur sich bereiterklärt, den Preis um die Dumpingspanne zu erhöhen oder zumindest soweit anzuheben, daß eine Schädigung der EG-Industrie nicht gegeben ist.

Anti-Dumpingzoll. Abgabe, die auf die Einfuhr von Waren erhoben wird, wenn die Exportpreise niedriger sind als jene im Herkunftsland. Der Anti-Dumpingzoll soll diese Preisdifferenz ausgleichen. (→ *Dumping*)

Anwaltszwang. Prozessuale Festlegung, daß Privatpersonen vor Gericht nur mit Hilfe von Anwälten klagen können. Auch vor dem → *Europäischen Gerichtshof* (EuGH) und dem → *Gericht erster Instanz* herrscht Anwaltszwang, jedoch können sich die Staaten und die Organe der EG durch beamtete Bedienstete vertreten lassen. Hochschullehrer, denen nach Maßgabe der jeweiligen nationalen Rechtsordnung die Prozeßvertretung gestattet ist, haben auch vor dem EuGH die Stellung eines Anwalts.

APHW Abk. für Ausbildungspartnerschaften Hochschule/Wirtschaft. Ausbildungspartnerschaften im Rahmen eines europäischen Netzes des Förderprogramms → *COMETT.*

Arbeitnehmer-Mitbestimmung. → *Mitbestimmung.*

Arbeitsgruppen. Ständige oder ad hoc gebildete Arbeitsgruppen der EG-Kommission und des Ministerrates unterstützen die Meinungsbildung der beiden EG-Organe und dienen der Vorbereitung von Beschlüssen. In den Arbeitsgruppen der Kommission werden in der Regel die Entwürfe der Kommission von nationalen Experten diskutiert, während die Arbeitsgruppen des Rates mit oft denselben Experten (nunmehr als beamtete Vertreter der EG-Mitgliedstaaten) die Vorschläge der Kommission prüfen und sie für die spätere Diskussion im → *Ausschuß der Ständigen Vertreter* (AStV) und im Rat vorbereiten sowie fachlich strukturieren. Die Arbeitsgruppen setzen sich zusammen aus Vertretern aller Mitgliedstaaten und der EG-Kommission.

Arbeitslosenquote. siehe Abbildung Seite 23.

Arbitragegeschäft. Ausnutzung von lokalen und/oder zeitlichen Kursdifferenzen auf den → *Devisenmärkten.*

ARION. Abk. für Actieprogramma: Reizen met een instructiefkarakter voor Onderwijsspecialisten. Stipendienprogramm für kurzfristige Studienaufenthalte von Bildungsfachleuten zur Information über bildungspolitische Entwicklungen und Tendenzen anderer EG-Staaten, Vertiefung beruflicher Erfahrungen auf europäischer Ebene und Schaffung engerer Verbindungen zwischen den Bildungssystemen der EG.

Arm's-Length-Prinzip. Das Arm's-Length-Prinzip fordert, daß international verbundene Unternehmen bei ihren → *Lieferungen* und → *Leistungen* Preisvereinbarungen treffen müssen wie voneinander unabhängige Unternehmen (also wie zwischen fremden Dritten). Die Finanzverwaltungen können die angesetzten Verrechnungspreise durch Gewinnberichtigungen korrigieren. Bislang konnte der Steuerpflichtige immer nur hoffen, daß im Falle der Preiskorrektur in einem Staat die beiden beteiligten Staaten die Doppelbesteuerung (aufgrund des erhöhten Gewinns in einem Staat) mittels eines Verständigungsverfahrens im anderen Staat milderten. Die → *Schiedskonvention* (Konvention für ein Schiedsverfahren zur Vermeidung der Doppelbesteuerung für den Fall der Gewinnberichtigung zwischen verbundenen Unternehmen vom 23.7.1992), die vom EG-Ministerrat verabschiedet wurde, sieht nach Ratifizierung durch die Mitgliedstaaten einen Verständigungszwang durch Einschaltung eines Schiedsgerichts vor.

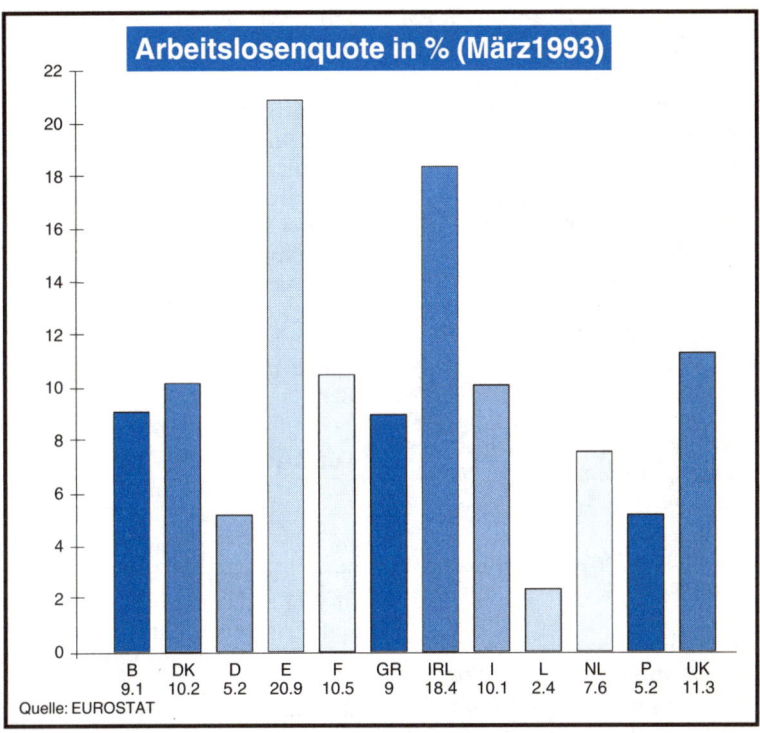

Armutsprogramm. Aktionsprogramm zur Eingliederung der am stärksten benachteiligten Gruppen und zur Bekämpfung großer Armut mittels regionaler und kommunaler Modellvorhaben sowie Initiativen nichtstaatlicher Organisationen.

ASEAN-Staaten. Die durch einen Zusammenarbeitspakt verbundenen südostasiatischen Staaten Malaysia, Singapur, Indonesien, Thailand, die Philippinen und Brunei-Daressalam. Die ASEAN-Pakt-Staaten stehen in enger Handelsvertraglicher Beziehung zur EG.

Assoziierung. Besonderes vertragliches Verhältnis der EG zu → *Drittstaaten* mit vorwiegend handelspolitischem Ziel als Vorstufe oder Ersatz des Beitritts (→ *Beitrittsverfahren*). Die Assoziierung wird durch ein sog. Assoziierungsabkommen mit dem Drittstaat oder der assoziierten Organisation begründet, das – seit der → *Einheitlichen Europäischen Akte* (EEA) – der Zustimmung des → *Europäischen Parlaments*

Assoziierung afrikanischer Staaten und Madagaskars

bedarf und gegebenenfalls in der Form des → *Gemischten Abkommens* geschlossen wird, wenn der Vertragsinhalt über die Regelungskompetenz der EG hinausreicht.

Assoziierung afrikanischer Staaten und Madagaskars. Abk. AASM. Die im → *EWG-Vertrag* vorgesehene → *Assoziierung* der Kolonien von EG-Staaten wurde nach der Entkolonialisierung abgelöst durch völkerrechtliche Abkommen mit der EG, die heute globalen Charakter haben. (→ *Jaunde-Abkommen*, → *Lomé-Abkommen*).

AStV. Abk. für → *Ausschuß der Ständigen Vertreter*.

Asylrecht. Mit der angestrebten Beseitigung der Binnengrenzen im Zuge der Verwirklichung des → *Binnenmarktes* sollen auch die → *Personenkontrollen* an den bisherigen nationalen Grenzen entfallen, was sich auch auf das unterschiedliche Asylrecht der Mitgliedstaaten auswirkt, da Asylberechtigte, die in einem Mitgliedstaat aufgenommen sind, sich dann in der gesamten EG frei bewegen können. Da die EG zur Regelung dieses Themas jedenfalls keine umfassende Zuständigkeit besitzt, wird hier das → *flankierende Völkervertragsrecht* als Harmonisierungsinstrument angewandt. In Zukunft wird das Asylrecht im Rahmen der → *Maastrichter Verträge* behandelt,

und zwar bei der → *innen- und justizpolitischen Zusammenarbeit*.

Aufenthalt, gewöhnlicher. Neben dem → *Wohnsitz* ist der gewöhnliche Aufenthalt eines Steuerpflichtigen Kriterium dafür, in welchem Land er – unbeschränkt – einkommensteuerpflichtig ist. Ein gewöhnlicher Aufenthalt wird in Deutschland bei einem Aufenthalt von mindestens einem halben Jahr (183 Tage) angenommen.

Aufenthaltsrecht. Befugnis für EG-Bürger, sich mit ihren Familienangehörigen ohne Einschränkung und Befristung in allen EG-Mitgliedstaaten aufzuhalten. Dazu gehört das entsprechende Ein- und Ausreiserecht. Einschränkungen sind nur aus Gründen der öffentlichen Sicherheit und Ordnung möglich.

Aufwertung. → *Abwertung und Aufwertung*.

Aufwertungsgewinne. Gewinne, die durch die Aufwertung einer Währung entstehen (durch Erhöhung des Marktkurses einer Währung oder durch offizielle Änderung der → *Leitkurse*). Man spricht von theoretischen Aufwertungsgewinnen, wenn die Ware oder Währung noch weiter gehalten wird, von realisierten Aufwertungsgewinnen, wenn die Währung aufgrund des gestiegenen Wechselkurses mit einem

Überschuß wieder verkauft wurde.

Ausfuhr. Ausfuhren in Drittstaaten sind von der → *Mehrwertsteuer* befreit. Ausfuhren in andere EG-Mitgliedstaaten werden als innergemeinschaftliche Lieferungen bezeichnet; sie sind ebenfalls mehrwertsteuerfrei. Andererseits wird die → *Einfuhr* nach den Mehrwertsteuersätzen des Einfuhrlandes belastet (→ *Bestimmungslandprinzip*). Diese Besteuerungsmethode bleibt auch nach Wegfall der EG-Binnenmarktgrenzen für eine Übergangszeit im unternehmerischen Bereich beibehalten. Ab ca. 1996 soll sich die Besteuerung nach dem → *Ursprungslandprinzip* richten. Im privaten Reiseverkehr gilt das Ursprungslandprinzip bereits seit dem 1. 1. 1993, so daß Steuerent- und -belastungen an der Grenze entfallen.

Ausfuhrbeihilfen. Mittel zur Ausfuhrförderung und zur Überwindung von Handelsbarrieren in → *Drittstaaten*. Die Koordination solcher → *Beihilfen* von EG-Mitgliedstaaten obliegt der EG als Teil der gemeinsamen → *Handelspolitik*. Innerhalb der EG sind Ausfuhrbeihilfen nach Art. 92 → *EWG-Vertrag* grundsätzlich verboten.

Ausfuhrerstattungen. → *Beihilfen* der EG an Exporteure von landwirtschaftlichen Erzeugnissen bei der Ausfuhr in → *Drittstaaten* zum Ausgleich des Unterschiedes zwischen dem höheren EG-Preis und dem niedrigeren Weltmarktpreis (→ *Agrarpolitik*).

Ausfuhrförderung. → *Exportförderung.*

Ausgaben, nicht-obligatorische. Ausgaben des Gemeinschaftshaushaltes, die sich nicht zwingend aus dem → *EWG-Vertrag* oder den aufgrund des Vertrages erlassenen Rechtsakten ergeben und über die nach Art. 203 Abs. 9 EWG-Vertrag das → *Europäische Parlament* als Teil der Haushaltsbehörde die letzte Entscheidung fällt. Zu ihnen gehören insbesondere die Ausgaben im Rahmen der → *Strukturfonds* sowie die Ausgaben für die sogenannten Binnenpolitiken im Bereich der Forschung, des Umweltschutzes, der Bildung, des Verkehrs, des Verbraucherschutzes etc.; in ihrem Umfang sind sie etwa halb so hoch wie die obligatorischen Ausgaben (→ *Ausgaben, obligatorische*).

Ausgaben, obligatorische. Im Gegensatz zu den nicht-obligatorischen Ausgaben sind dies diejenigen Ausgaben des Gemeinschaftshaushaltes, die sich zwingend aus dem → *EWG-Vertrag* oder den aufgrund des Vertrages erlassenen Rechtsakten ergeben. Obligatorisch sind beispielsweise die Ausgaben der gemeinsamen → *Agrarpolitik* (Garantiefonds). Der hohe Anteil der Agrarausgaben

Ausgleichsabgabe

von rund 60 % des EG-Haushaltes wurde inzwischen reduziert.

Ausgleichsabgabe. Unterschied zwischen angewandtem Agrarwechselkurs und festgestelltem → *Marktkurs* bei Agrarprodukten, die dem landwirtschaftlichen Interventionssystem der EG unterliegen. (→ *Finanzausgleich,* → *Grenzausgleich,* → *Agrarpolitik*)

Ausgleichszoll. Abgabe, die auf die Einfuhr von Waren von außerhalb der EG erhoben wird, für die im Ausfuhrland Beihilfen gewährt wurden.

Ausländische Einkünfte. Einkünfte, die im Ausland erzielt werden, sind in der Regel (mit Ausnahme der Zinseinkünfte) im Ausland steuerpflichtig. Die Besteuerung im Inland wird im allgemeinen durch Doppelbesteuerungsabkommen entweder durch Anrechnung der ausländischen Steuern oder durch Steuerfreistellung mit → *Progressionsvorbehalt* vermieden (→ *Doppelbesteuerung*).

Ausschuß der EG-Zentralbankpräsidenten. Am 8. Mai 1964 durch einen Beschluß des EG-Ministerrates ins Leben gerufen, hat dieser Ausschuß, dem die Präsidenten der Zentralbanken der EG-Mitgliedstaaten und der Generaldirektor des Luxemburgischen Währungsinstituts angehören, die Aufgaben,
– einen Informations- und Gedankenaustausch über alle unter die Zuständigkeit der Zentralbanken fallende Fragen durchzuführen;
– die Maßnahmen der nationalen Zentralbanken zu prüfen und zu analysieren sowie bei Entscheidungen der nationalen Behörden über die Ausrichtung der → *Geldpolitik* gehört zu werden;
– die Koordinierung der Geldpolitik der Mitgliedstaaten mit dem Ziel der → *Preis-* und → *Währungsstabilität* zu fördern;
– Stellungnahmen zur generellen Ausrichtung der Geld- und Wechselkurspolitik in den einzelnen Mitgliedstaaten abzugeben;
– Stellungnahmen gegenüber einzelnen Regierungen und dem Ministerrat abzugeben, welche die innere und äußere Währungslage der Gemeinschaft und insbesondere das Funktionieren des → *Europäischen Währungssystems* beeinflussen können.
Mit der Errichtung des in Maastricht beschlossenen → *Europäischen Währungsinstituts* wird der Ausschuß überflüssig und deshalb aufgelöst werden.

Ausschuß der Ständigen Vertreter. Abk. AStV. Zur Unterstützung des → *Rates der Europäischen Gemeinschaft* sowie zur Kontaktnahme mit der → *Kommission der Europäischen Gemeinschaft* und dem → *Europäischen Parlament* unterhalten die Mitgliedstaaten in Brüssel → *Ständige Vertretungen,* deren Leiter und Stellvertreter im Ausschuß der Ständigen Vertreter wöchentlich die Entscheidungen des Rates aufgrund der aus den Hauptstädten erhaltenen Weisungen vorbereiten. Da der Rat nur periodisch tagt, bildet der AStV die nötige permanente Repräsentanz der Mitgliedstaaten im institutionellen Gefüge der EG.

Ausschuß für Angelegenheiten der Europäischen Union. Gemäß dem durch die Grundgesetzänderung vom 21. 12. 1992 (BGBl. I S. 2086) eingefügten Art. 45 GG gebildeter Bundestagsausschuß zur Wahrnehmung der Rechte des Bundestages gem. Art. 23 GG gegenüber der Bundesregierung (→ *Europakammer*, → *Verfassungsschranken der Integration*).

Außenbeziehungen. Die EG entfaltet nicht nur intern ihre Wirksamkeit gegenüber ihren Mitgliedstaaten, sondern tritt auch nach außen in vielfacher Weise in Erscheinung (→ *Außenkompetenzen*), wobei naturgemäß ihre internen und in erster Linie wirtschaftlich orientierten Aktivitäten auch ihre Außenbeziehungen prägen. Durch Vertragsbestimmungen dazu aufgefordert, pflegt sie enge Beziehungen zum → *Europarat*, zur → *OECD* sowie den → *Vereinten Nationen* (UNO) und deren Unterorganisationen. Mit Hilfe von → *Assoziierungen* knüpft sie enge Bande zu fast allen Staaten der Dritten Welt und unterhält Handelsbeziehungen zu den übrigen Industrienationen im Westen und nach dem revolutionären Umschwung in Osteuropa seit 1989 auch im Osten. Weit über hundert Staaten unterhalten eigene Vertretungen bei der EG, die im Gegenzug bei den meisten dieser Staaten durch eigene Beauftragte vertreten ist. Bei den wichtigen internationalen Organisationen in New York, Genf, Paris und Wien unterhält die EG eigene diplomatische Vertretungen.

Außengrenzen der EG. Die EG ist kein Staat, verfügt also auch nicht über ein eigenes Staatsgebiet. Ihr Gebiet stellen also die Staatsgebiete der Mitgliedstaaten dar. Die einzelnen EG-Verträge haben einen unterschiedlichen territorialen Anwendungsbereich (→ *Zollgebiet*). Mit Erreichung des → *Binnenmarktes* entfallen die nationalen Binnengrenzen der EG-Mitgliedstaaten als Grenzlinien für den Waren- und Personenverkehr. Beim Personenverkehr bleiben sie zum Teil noch bestehen, soweit polizeiliche Belange dies erfordern (→ *Schengener Abkommen*, → *Grenzkontrollen*). Aber schon seit dem Beginn der → *Zollunion* gibt es keine Binnenzölle in den EG-Staaten mehr. Wenn auch die Steuergrenzen fallen, hat die Gemeinschaft nur noch Außengrenzen, die als Zoll-, Agrar- und polizeiliche Kontrollgrenzen die Funktionen der Grenzen gegenüber dem EG-Ausland übernehmen. Die Außengrenzen markieren zugleich den Geltungsbereich des → *Ge-*

Außenhandel

meinschaftsrechts, vor allem in bezug auf die Grundfreiheiten (→ *Freizügigkeit*, → *Diskriminierungsverbot*, freier → *Warenverkehr* und freier → *Kapitalverkehr*). An den Außen- und früheren Binnengrenzen stehen einheitliche EG-Grenzschilder.

Außenhandel. siehe Abbildung Seite 29.

Außenkompetenzen. Unter Außenkompetenz versteht man die Rechtsmacht, rechtsgültig völkerrechtliche Verträge mit Staaten oder internationalen Organisationen abzuschließen. Der EG steht eine Außenkompetenz zunächst in den vertraglich geregelten Fällen zu. Schließt die Gemeinschaft im Rahmen ihrer Außenkompetenz einen völkerrechtlichen Vertrag, dann bindet dieser auch die EG-Mitgliedstaaten; zwar entsteht kein völkerrechtliches Vertragsband zwischen den Vertragspartnern der Gemeinschaft und den EG-Mitgliedstaaten, wohl aber sind die EG-Mitgliedstaaten gemeinschaftsrechtlich verpflichtet, die eingegangenen Pflichten der Gemeinschaft zu erfüllen.

Auch wo ausdrückliche Außenkompetenznormen in den Verträgen fehlen, besitzt die EG nach der Rechtsprechung des Gerichtshofs (→ *AETR-Urteil*) eine Außenkompetenz, wenn die Beteiligung an einer völkerrechtlichen Vereinbarung nötig ist, um die Ziele der Gemeinschaft zu erreichen. Dies gilt insbesondere in Bereichen, in denen die Gemeinschaft zur Verwirklichung einer vom Vertrag vorgesehenen Politik Vorschriften erlassen hat, die in irgendeiner Form gemeinsame Rechtsnormen vorsehen. Dann dürfen die Mitgliedstaaten diese Normen nicht durch völkervertraglich eingegangene Verpflichtungen gegenüber → *Drittstaaten* unterlaufen, vielmehr hat die Gemeinschaft das Recht, ihre Politik auch im Außenbereich abzusichern. Diese Doktrin läßt sich mit dem Schlagwort „Ausgeübte Innenkompetenz schafft auszuübende Außenkompetenz" zusammenfassen. Sie wurde später vom → *Gerichtshof der Europäischen Gemeinschaft* (EuGH) auch auf Fälle ausgedehnt, in denen die bestehende Innenkompetenz (d.h. die Kompetenz der EG zur innergemeinschaftlichen Regelung einer Materie) noch gar nicht ausgeübt war oder nicht hatte ausgeübt werden können. Diese Rechtsprechung findet dann keine Anwendung, wenn die Innenkompetenz auf die innergemeinschaftliche Regelung beschränkt ist und der völkerrechtliche Vertrag darauf abzielt, Rechte, die nur für EG-Angehörige begründet wurden, auf Angehörige von → *Drittstaaten* zu übertragen. So können etwa die EG-Freizügigkeitsrechte nicht durch eine EG-Vereinbarung mit Drittstaaten „exportiert" werden; hierfür sind vielmehr nach wie vor die Mitgliedstaaten allein zuständig.

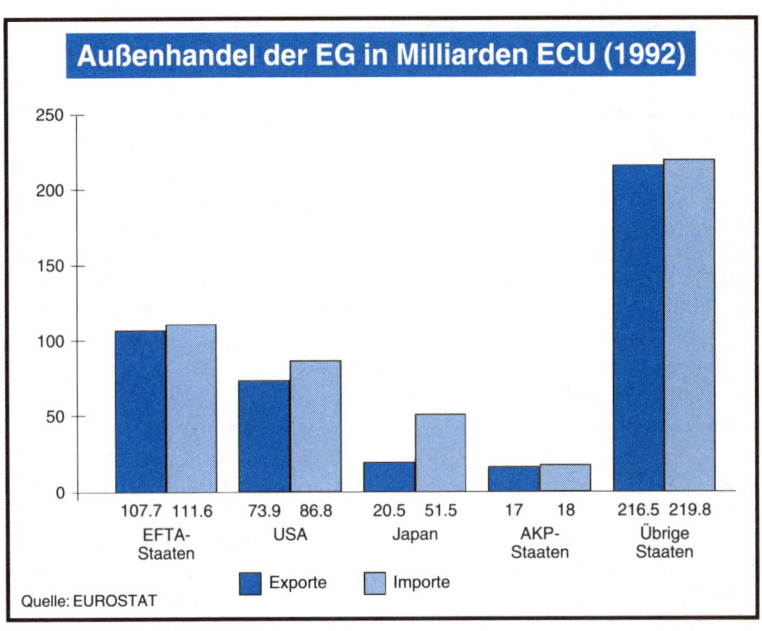

Außenprüfung. Außenprüfung ist der Fachausdruck für die Betriebsprüfung. Innerhalb der EG können zeitlich abgestimmte Betriebsprüfungen in verschiedenen Staaten durchgeführt werden. Im Zuge der Öffnung der Binnenmarktgrenzen muß damit gerechnet werden, daß die Zusammenarbeit der Finanzbehörden zunehmen wird, insbesondere auch auf dem Gebiet der → *Mehrwertsteuer*.

Außen- und Sicherheitspolitik. → *Gemeinsame Außen- und Sicherheitspolitik*.

Außensteuerrecht. Das Außensteuerrecht umfaßt in Deutschland die Bestimmungen des nationalen deutschen Steuerrechts zur Regelung der internationalen Beziehungen von natürlichen und juristischen Personen. Spezialregelungen sind im Außensteuergesetz (AStG) zur Regelung von international verbundenen Unternehmen (→ *Arm's-Length-Prinzip*) sowie für Wohnsitz- oder Betriebsstättenverlegungen ins Ausland enthalten. Darüber hinaus gehören zum Außensteuerrecht auch Regelungen in Einzelsteuergesetzen, z.B. zur Anrechnung ausländischer Steuern oder zur Vermeidung der → *Doppelbesteuerung*.

Außenzoll. → *Gemeinsamer Zolltarif.*

Austauschprogramme. Die EG fördert den Austausch von zahlreichen Bevölkerungsgruppen zwischen den Mitgliedstaaten, insbesondere von Jugendlichen, Studenten, Auszubildenden, Pädagogen, Wissenschaftlern sowie Angehörigen bestimmter Einrichtungen, vor allem von → *kleinen und mittleren Unternehmen* (KMU), Gemeinden und öffentlichen Verwaltungen.

Austritt. Während die Satzung des → *Europarates* in Art. 7 und 8 ausdrückliche Bestimmungen über das Ausscheiden und den Ausschluß von Mitgliedern enthält, fehlen in den EG-Verträgen vergleichbare Regelungen. Der Vertrag über die → *Europäische Gemeinschaft für Kohle und Stahl (EGKS)* ist allerdings nur für die Dauer von fünfzig Jahren vom Zeitpunkt seines Inkrafttretens an gültig (d.h. bis zum 23. Juli 2002). Dagegen sind die → *Römischen Verträge* auf unbegrenzte Zeit abgeschlossen. Dennoch ist unbestritten, daß ein Austritt eines EG-Mitgliedes letztlich mit Gemeinschaftsmitteln nicht verhindert werden kann, wenn der betreffende Staat beschließt, sich diesem Zwang nicht mehr unterzuordnen. Auf der anderen Seite gibt es zwar keinen förmlichen Ausschluß, aber bei Wegfall der stillschweigenden EG-Zugehörigkeitsvoraussetzung einer rechtsstaatlichen und demokratischen Staatsform wäre ein Mitwirken in der EG zumindest storniert. In einer → *Demokratieerklärung* hat der → *Europäische Rat* diese politische Zugehörigkeitsvoraussetzung verdeutlicht, so daß davon auszugehen ist, daß ein Staat, der die dort beschworenen Grundwerte und Prinzipien nicht mehr schützt und einhält, nicht Mitglied der Gemeinschaft bleiben kann.

Auswahlverfahren. Frz. Concours. Verfahren, nach dem die EG-Kommission den Nachwuchs für ihre Bediensteten auswählt. Die Concours für die Bewerber der A-Laufbahn (Akademiker) werden jährlich in allen Mitgliedstaaten durchgeführt. Die Auswahlprüfungen bestehen aus drei Teilen: einer nach dem Multiple-choice-Verfahren durchgeführte Vorauswahl, einer schriftlichen Prüfung, in der analytische und reaktionelle Fähigkeiten geprüft werden, und einer mündlichen Prüfung, grundsätzlich in der Muttersprache des Bewerbers, jedoch kann der Prüfungsausschuß auch eine 2. Amtssprache prüfen. Die Bewerber für die Laufbahn der Dolmetscher und Übersetzer werden in einem besonderen Verfahren geprüft. Wer die Prüfung bestanden hat, wird in einer Reserveliste aufgenommen und muß warten, bis eine Dienststelle Bedarf hat. Die Wartezeit kann u. U. recht lange (über ein Jahr) dauern, jedoch erhalten letztlich rd. 80 %

der erfolgreich geprüften Bewerber das Angebot einer Anstellung. Für Hochschulabsolventen gibt es die Möglichkeit, ein fünfmonatiges Praktikum bei der Kommission zu absolvieren. Diese Praktika beginnen jeweils im März und im Oktober.

B

BABEL. Abk. für Broadcasting Across the Barriers of European Language. Teilprogramm von → *MEDIA* zur Förderung mehrsprachiger Fernsehprogramme.

Ballungseffekt. Geographische Konzentration von Produktion und Beschäftigung in zentralgelegenen Regionen, Hauptstädten oder Entscheidungszentren aufgrund von Standortvorteilen. Ballungseffekte treten besonders angesichts der größeren Preis- und Kostentransparenz sowie der Tendenz zu einheitlichen Lohn- und Gehaltsabschlüssen (→ *Demonstrationseffekt*) bei einer neugeschaffenen Währungsunion auf, wenn nicht durch finanzielle Maßnahmen (→ *Finanzausgleich*) oder konsequente → *Regionalpolitik* gegengesteuert wird.

Bananenprotokoll. Im Zusammenhang mit dem EWG-Vertrag bei dessen Unterzeichnung am 15. 3. 1957 mitbeschlossenes Protokoll für die Einfuhr von Bananen, das zugunsten der Bundesrepublik Deutschland die zollfreie Einfuhr von Bananen aus Drittstaaten regelte. In Anwendung des Protokolls führte Deutschland zuletzt (1992) insgesamt 1.371.000 t Bananen zollfrei ein. Das Bananenprotokoll wurde durch die Bananenmarktordnung vom 13. Februar 1993 aufgehoben. Dagegen hat Deutschland vor dem → *Gerichtshof der EG* Klage erhoben. Den deutschen Antrag, im Wege einer einstweiligen Anordnung die zollfreie Einfuhr zunächst weiter zu gestatten, hat der Gerichtshof durch Beschluß vom 29. Juni 1993 zurückgewiesen.

Bank für Internationalen Zahlungsausgleich. Abk. BIZ (engl.: Bank for International Settlement, Abk. BIS). ‚Bank der Zentralbanken' mit Sitz in Basel. Hauptaufgabe der BIZ ist es, die Zusammenarbeit zwischen den nationalen Notenbanken zu erleichtern, vor allem für Finanztransaktionen, gegenseitige Abrechnungen und internationale Treffen der Notenbanken. In ihren Räumlichkeiten finden daher in der Regel auch die Sitzungen des Verwaltungsrates des → *Europäischen Fonds für währungspolitische Zusammenarbeit* (EFWZ) und des → *Ausschusses der EG-Zentralbankpräsidenten* statt.

Bankbilanz-Richtlinie. Die am 8.12.1986 verabschiedete Richtlinie ergänzt die → *Bilanz-Richtlinie* und die → *Konzernbilanz-Richtlinie* um die zunächst ausgeklammerten Vorschriften zur Rechnungslegung der Kreditinstitute. Sie wurde durch das Bankbilanzrichtliniengesetz vom 30.11.1990 ins deutsche Recht umgesetzt. Nach dem Vorbild des Bilanzrichtliniengesetzes vom 19.12.1985 ist dies durch Schaffung eines neuen Vierten Abschnittes im Dritten Buch des Handelsgesetzbuches (HGB) erfolgt. Die Rechnungslegung für Kreditinstitute ist damit auf die Regelungen im Handelsgesetzbuch und die Rechnungslegungsverordnung für Kreditinstitute konzentriert. Die neuen Vorschriften sind erstmals auf das nach dem 31.12.1992 beginnende Geschäftsjahr anzuwenden.

Bankgeheimnis. Aufgrund des Bankgeheimnisses sind deutsche Banken nicht verpflichtet, automatisch Auskünfte über Zinserträge an die Finanzbehörden zu übermitteln. In vielen Mitgliedstaaten der EG teilen dagegen die Banken systematisch die Zinserträge den Finanzbehörden mit.

BC-NET. Abk. für Business Cooperation Network. Das BC-Net ist ein Beratungsnetz für Unternehmenskooperationen. Es besteht aus 600 Beratungsorganisationen und Unternehmensberatern, die via Computer miteinander verbunden sind. Ziel dieses speziellen „Heiratsbüros" für kleine und mittlere Unternehmen (→ *KMU*) ist es, für interessierte Unternehmen an Hand eines „Kooperationsprofils" über das Netz einen geeigneten Partner zu finden. Alle → *EG-Beratungsstellen für Unternehmen* sind auch an das BC-Net angeschlossen. (→ *KMU-Politik*).

BCR. Abk. für Bureau Communautaire de Référence. → *Referenzbüro der EG-Kommission.*

Beamtenstatut. Das einheitliche EG-Dienstrecht der Gemeinschaftsbediensteten unter Zugrundelegung der dienstrechtlichen Parallelregelungen der Mitgliedstaaten. Das Beamtenstatut beruht auf den Prinzipien des Leistungswettbewerbs bei Einstellung und Beförderung, der Lebenszeitanstellung, des Versorgungsprinzips und des Laufbahnsystems. Wie in Deutschland kennt das EG-Beamtenstatut die vier Laufbahnen des einfachen, mittleren, gehobenen und höheren Dienstes. Dienstrechtliche Streitigkeiten (sogenannte Personalstreitigkeiten) führen vor das → *Gericht erster Instanz.*

Beggar-my-Neighbour-Policy. Begriff für den Versuch von Ländern, mittels erhöhter → *Abwertungen* der eigenen Währung heimische Produkte gegenüber den Handelspartnern zu verbilligen und somit einen Wettbewerbsvorteil zu erzielen.

Beihilfen. Soweit die staatlichen Beihilfen den innergemeinschaftlichen Wettbewerb verfälschen und damit handelsbeeinträchtigend sind, sind sie mit dem → *Gemeinsamen Markt* unvereinbar und damit verboten. Die durch die EG selbst gewährten Beihilfen sind dagegen gemeinschaftskonform.

Beihilfenaufsicht. Wettbewerbsaufsicht über das Beihilfegebaren der EG-Mitgliedstaaten. Die EG-Kommission hat Anspruch auf vollständige Unterrichtung über sämtliche geplanten Beihilfen der Mitgliedstaaten. Neue Beihilfen dürfen erst nach Genehmigung durch die Kommission gewährt, ohne Genehmigung in Kraft gesetzte müssen wieder aufgehoben werden; EG-widrige Subventionen sind vom Empfänger zurückzufordern. Die dreimonatige Prüfungsfrist für geplante Beihilfen zwingt die Kommission allerdings zu raschem Handeln, da der Mitgliedstaat nach der Frist von der Vereinbarkeit der Beihilfe mit dem → *Gemeinsamen Markt* ausgehen kann. Wird der Kommission eine nicht mitgeteilte Beihilfe bekannt (etwa durch Konkurrenten), so leitet sie ein förmliches Verfahren ein, das bis zum → *Gerichtshof der Europäischen Gemeinschaft* (EuGH) führen kann, wenn der Mitgliedstaat die beanstandete Beihilfe im Fall ihrer EG-Widrigkeit nicht aufhebt oder umgestaltet.

Beistand, kurzfristiger, mittelfristiger. → *Kreditmechanismen, Europäisches Währungssystem.*

Beitrittsverfahren. In den EG-Verträgen geregeltes Verfahren zur Aufnahme neuer Mitgliedstaaten in die EG. Der Beitritt, der grundsätzlich allen europäischen Staaten offensteht, setzt eine demokratische Staatsform und die Absicht, die politische Einigung Europas herbeizuführen, voraus. Deshalb waren früher wegen des Fehlens der ersten Voraussetzung die Staaten des Ostblocks und wegen des Fehlens der zweiten Voraussetzung die neutralen → *EFTA-Staaten* nicht beitrittsfähig. Der Beitritt bedarf seit der → *Einheitlichen Europäischen Akte* (EEA) der Zustimmung des → *Europäischen Parlamentes*. Der einstimmige Beitrittsbeschluß des → *Rates der Europäischen Gemeinschaft* erfolgt nach Anhörung der → *EG-Kommission*. Die Beitrittsbedingungen werden zusammen mit den nötigen Anpassungen und Änderungen der EG-Verträge in einem besonderen Beitrittsvertrag niedergelegt, einer Beitrittsakte mit meist zahlreichen Anhängen und Protokollen, die von allen Vertragspartnern nach dem jeweiligen nationalen Verfassungsrecht anzunehmen und zu ratifizieren sind.

Benelux-Staaten. Belgien, die Niederlande und Luxemburg beschlossen 1944, sich zu einer → *Zollunion ‚Benelux'* mit Generalsekretariat in Brüssel zusammenzuschließen. Das Abkommen wurde in den Folgejahren im Hinblick auf eine verstärkte wirtschaftliche Integration mehrmals ergänzt. Mit Gründung der Europäischen Wirtschaftsgemeinschaft (→ EWG-Vertrag) ist die wirtschaftliche Zusammenarbeit der Benelux-Staaten weitgehend in den Zielen der EWG aufgegangen; die engen wirtschaftspolitischen Beziehungen erfüllen aber nach wie vor für die drei Staaten eine wichtige Funktion.

Beratender Ausschuß der → Europäischen Gemeinschaft für Kohle und Stahl (EGKS). Das dem → *Wirtschafts- und Sozialausschuß* (WSA) entsprechende Beratungsgremium der EGKS. Der Beratende Ausschuß dient der → *Hohen Behörde* zur Unterstützung und besteht aus 72 bis 96 Mitgliedern, die paritätisch die Erzeuger, Arbeitnehmer, Verbraucher und Händler vertreten. Die Mitglieder werden vom → *Rat der Europäischen Gemeinschaft* auf zwei Jahre ernannt. Der Beratende Ausschuß ist in allen Fällen anzuhören, in denen der Vertrag es vorschreibt oder die Hohe Behörde es für angebracht hält.

Beratender Verbraucherrat. Gegründet 1989 im Rahmen der → *Verbraucherpolitik* zur Vertretung der Verbraucherinteressen. Er ersetzt den Beratenden Verbraucherausschuß (BVA). Seine ca. 40 Mitglieder umfassen Vertreter nationaler Verbraucherverbände, des Europäischen Büros der Verbraucherverbände (BEUC), des Komitees der Familienorganisationen bei den Europäischen Gemeinschaften (Coface), der Europäischen Gemeinschaft der Verbrauchergenossenschaften (Eurocoop) und des Europäischen Gewerkschaftsbundes (EGB).

Beratender Währungsausschuß. Im → *EWG-Vertrag* (Art. 105 Abs. 2) vorgesehenes Gremium zur Beratung der → *EG-Kommission* und des Ministerrates (→ *Rat der EG*). In ihm sitzen die Vertreter der Zentralbanken, der Wirtschafts- und Finanzministerien und der Kommission, um vor allem die Währungspolitiken der Mitgliedstaaten gegenseitig abzustimmen; insbesondere hat er die Aufgabe, „die Währungs- und Finanzlage der Mitgliedstaaten und der Gemeinschaft sowie den allgemeinen Zahlungsverkehr der Mitgliedstaaten zu beobachten und dem Rat und der Kommission regelmäßig darüber Bericht zu erstatten".

Beratungsstelle für Unternehmen. → *EG-Beratungsstelle für Unternehmen*

BERD. Abk. für Banque Européen pour la reconstruction et le développement. → *Europäische Bank für Wiederaufbau und Entwicklung*.

Berufsgeheimnis. Berufsgeheimnisse unterliegen in der EG eingeschränkter Auskunftspflicht sowie gesteigerter Geheimhaltungspflicht.

Beschlüsse. Beschlüsse der EG-Organe (→ *Rechtsakte der EG*) können Außenwirkung (bei verbindlichen Beschlüssen) oder lediglich Innenwirkung (Organisationsbeschlüsse) haben. Die völkerrechtlichen, verbindlichen Beschlüsse der EG-Mitgliedstaaten (→ *flankierendes Völkervertragsrecht*) bedeuten eine Quelle ergänzenden Europarechts. Wenn es sich um unverbindliche Beschlüsse der Mitgliedstaaten handelt, sind es in der Regel politische Festlegungen auf Gebieten außerhalb der EG-Verträge. Bestimmte Organisationsbeschlüsse der EG werden nicht von den EG-Organen, sondern von den Regierungen der Mitgliedstaaten getroffen (z.B. die Mitgliederernennung für den → *Gerichtshof der Europäischen Gemeinschaft*).

Bestandskraft. EG-Verwaltungs- und Legislativakte werden zwei Monate nach Bekanntgabe oder Kenntnisnahme bestandskräftig, d.h. formell unangreifbar. Ungeachtet der Bestandskraft kann jedoch eine Partei in einem Rechtsstreit, bei dem es auf die Geltung einer EG-Verordnung ankommt, Rechtsmängel und Anfechtungsgründe gegen diese Verordnung geltend machen (sogenannte inzidente → *Normenkontrolle*).

Bestimmungslandprinzip. Das Bestimmungslandprinzip besagt, daß sich die → *Mehrwertsteuer* und die → *Verbrauchsteuern* nach den Verhältnissen im Land des Verbrauchs bemessen. Dies wird dadurch erreicht, daß bei → *Ausfuhren* eine Steuerbefreiung eintritt und die → *Einfuhren* mit der Mehrwertsteuer (und gegebenenfalls den Verbrauchsteuern) des Bestimmungslandes belastet werden. Das Bestimmungslandprinzip gilt nur noch im unternehmerischen Bereich, und zwar übergangsweise bis voraussichtlich 1996. Danach soll – wie bereits jetzt im privaten Bereich – das → *Ursprungslandprinzip* eingeführt werden.

Betriebsprüfung. → *Außenprüfung*

Betriebsstätte. Eine Betriebsstätte wird zum Steuersubjekt eines ausländischen Staates, wenn es sich um eine feste Geschäftseinrichtung handelt (z.B. der Ort der Unternehmensleitung, eine Zweigniederlassung, eine Geschäftsstelle, eine Fabrikationsstätte u.ä.), von der aus der Unternehmer ganz oder teilweise seine Tätigkeit ausübt. In jedem mit einem anderen Staat abgeschlossenen Doppelbesteuerungsabkommen (→ *Doppelbesteuerung*) ist die Betriebsstätte speziell definiert; es ist auch ein Ausnahmeka-

Bevölkerung

talog enthalten. Eine steuerliche Betriebsstätte entsteht meistens bereits dann, wenn ein ständiger Vertreter mit Abschlußvollmacht im Ausland für das Unternehmen tätig wird.

Bevölkerung. siehe Abbildung Seiten 37 u. 38.

Bibliotheksprogramm. Forschungs- und Entwicklungsprogramm im Rahmen von → *Telematiksystemen* zum Einsatz der neuen Informationstechnologien im Bibliotheksbereich für den Verbund und die Verfügbarkeit maschinenlesbarer internationaler Kataloge sowie der Verbesserung der Fernleihe.

BIC. Abk. für → *Business and Innovation Centers.*

Bilanz-Richtlinie. Diese gesellschaftsrechtliche Richtlinie, verabschiedet am 25.7.1978, dient der Harmonisierung der Rechnungslegungsvorschriften von Gesellschaften bestimmter Rechtsformen (→ *gesellschaftsrechtliche Harmonisierung*). Sie behandelt die Gliederung und den Inhalt des Jahresabschlusses (Bilanz, Gewinn- und Verlustrechnung, Anhang) sowie die Offenlegung dieser Dokumente für die Aktiengesellschaft (AG), die Kommanditgesellschaft auf Aktien (KGaA) und die Gesellschaft mit beschränkter Haftung (GmbH). Sie legt auch die anzuwendenden Bewertungsmethoden fest. Die Bilanz-Richtlinie wurde per Gesetz vom 19.12.1985 zusammen mit der → *Konzernbilanz-* und der → *Abschlußprüferrichtlinie* in der Bundesrepublik Deutschland umgesetzt.

Bilanzierungsvorschriften. Die handelsrechtlichen Bilanzierungsvorschriften sind durch die → *Bilanz-Richtlinie* innerhalb der EG bereits harmonisiert. Die Harmonisierung der steuerrechtlichen Bilanzierungsvorschriften war im Vorentwurf einer Richtlinie über die Harmonisierung der Gewinnermittlungsvorschriften vom März 1988 enthalten. Die weitere Verfolgung dieser Harmonisierungsbestrebungen ist jedoch bis auf weiteres ausgesetzt. (→ *Gewinnermittlung*).

Bindungswirkung. Entscheidungen des → *Gerichtshofes der Europäischen Gemeinschaft* sind bindend, wenn Gültigkeitsfragen des → *Gemeinschaftsrechtes* beantwortet werden. Gesetzeskraft ist seinen Urteilen – anders als den Entscheidungen des Bundesverfassungsgerichts – aber nicht zuzumessen.

Binnengrenzen der EG. Die innergemeinschaftlichen Grenzen der EG-Mitgliedstaaten sind die Teile der nationalen Grenzen, die andere EG-Staaten berühren (→ *Außengrenzen der EG*). Im → *Binnenmarkt* verlieren die Binnengrenzen ihre grenzabschotten-

Fläche, Bevölkerung und Bevölkerungsdichte der Mitgliedstaaten

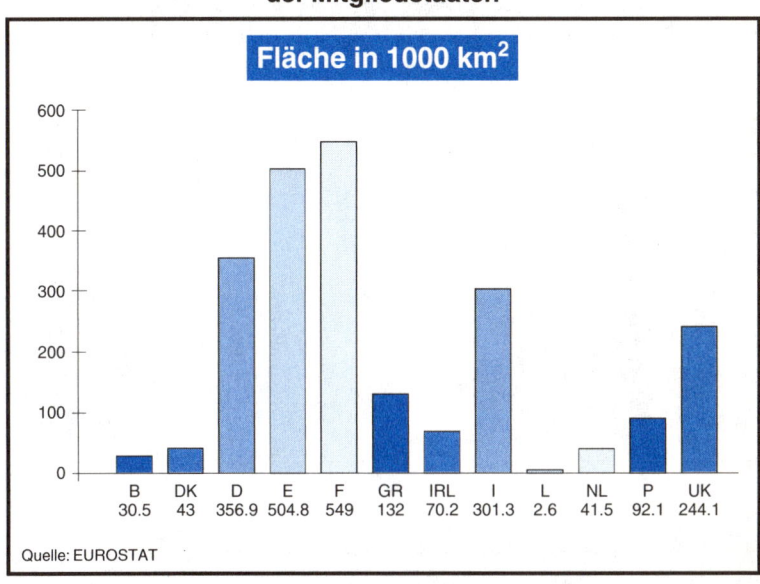

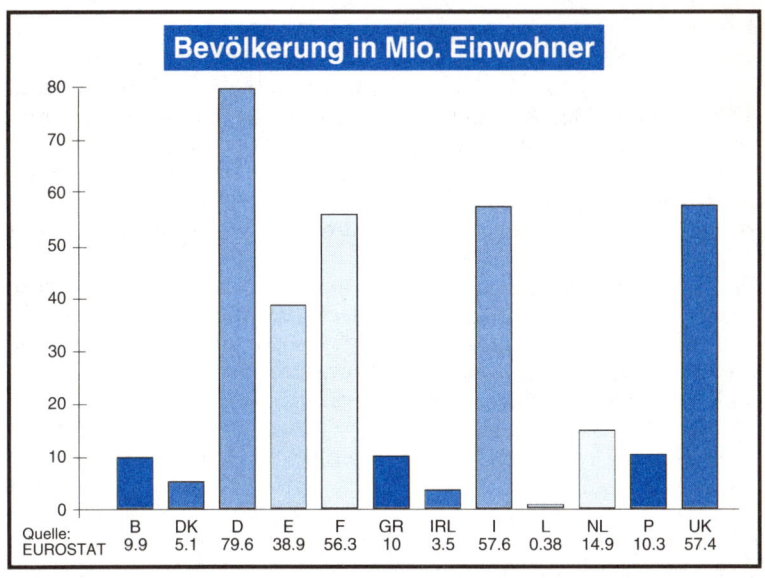

Fläche in 1000 km²

	B	DK	D	E	F	GR	IRL	I	L	NL	P	UK
	30.5	43	356.9	504.8	549	132	70.2	301.3	2.6	41.5	92.1	244.1

Quelle: EUROSTAT

Bevölkerung in Mio. Einwohner

	B	DK	D	E	F	GR	IRL	I	L	NL	P	UK
	9.9	5.1	79.6	38.9	56.3	10	3.5	57.6	0.38	14.9	10.3	57.4

Quelle: EUROSTAT

Binnenmarkt

Bevölkerungsdichte in Einwohner per km^2

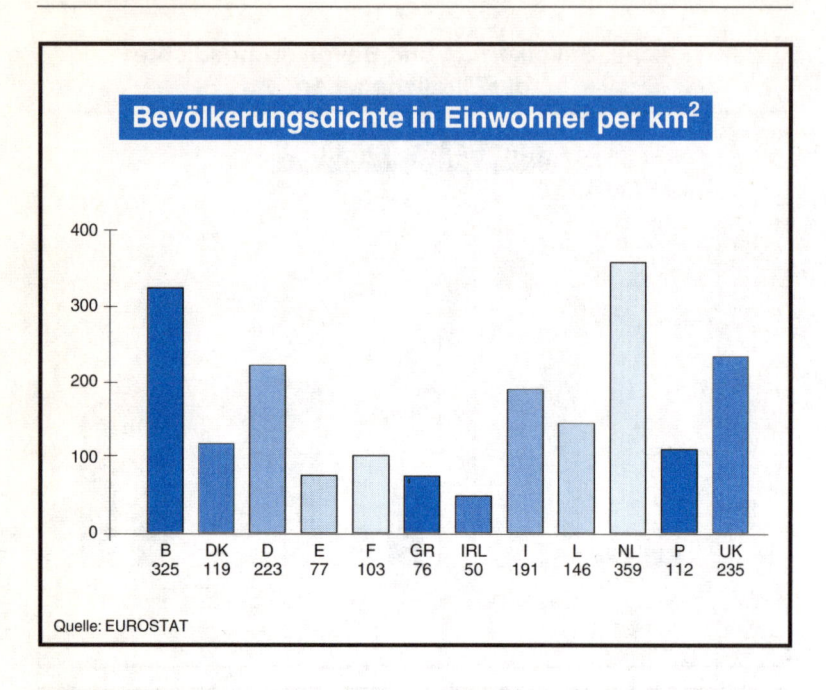

B	DK	D	E	F	GR	IRL	I	L	NL	P	UK
325	119	223	77	103	76	50	191	146	359	112	235

Quelle: EUROSTAT

den Wirkungen (→ *Freizügigkeit*, freier → *Warenverkehr*).

Binnenmarkt. Der Binnenmarkt ist der Zielbegriff, unter dem die wirtschaftlichen Integrationsziele der Römischen Verträge durch die → *Einheitliche Europäische Akte* (EEA) zusammengefaßt wurden. Der Binnenmarkt umfaßt einen Raum ohne Binnengrenzen, in dem der freie Verkehr von Waren, Personen, Dienstleistungen und Kapital gewährleistet ist. Damit werden die sogenannten vier Grundfreiheiten des → *Gemeinsamen Marktes* angesprochen, die im EWG-Vertrag durch die Gewährleistung des → *freien Warenverkehrs*, der Niederlassungs- und Dienstleistungsfreiheit, der Freizügigkeit und der Freiheit des Kapitalverkehrs umschrieben sind. In der EG wurde das Binnenmarktziel im wesentlichen wie vorgesehen bis zum 31.12.1992 erreicht. Dies geschah entweder durch → *Rechtsangleichung* oder durch → *gegenseitige Anerkennung* der noch unangeglichenen nationalen Regelungen. Der Termin war von der EG-Kommission vorgegeben worden, welche die nötigen Maßnahmen 1985 im Weißbuch zum Binnenmarkt aufgeführt und in einem Anhang von etwa 300 Vorhaben konkretisiert hatte. In der → *Einheitlichen Europäischen Akte* wurde das Ziel in Art. 8a verankert.

Die Defizite der Entwicklung lagen bis zu diesem Zeitpunkt vor allem in den Bereichen der technischen Handelshemmnisse, des gewerblichen Rechtsschutzes, des öffentlichen Auftragswesens, der Telekommunikation, des Gesellschaftsrechts, der Dienstleistungen und der Steuerharmonisierung. Auch in Zukunft wird es noch einen Regulierungsbedarf vor allem im Steuerbereich und bei der Personenfreizügigkeit geben (→ *Steuerharmonisierung*, → *Personenkontrollen*).

Binnenschiffahrt. Die Regelungen zur Binnenschiffahrt fallen in den Bereich der → *Verkehrspolitik*. Die Schiffahrtsfreiheit, d.h. der freie Transport durch einen anderen Mitgliedstaat ist für die Rheinschiffahrt bereits durch die Mannheimer Rheinschiffahrtsakte gewährt worden. Für Transporte auf den anderen EG-Binnengewässern bestehen noch Beschränkungen wie Preisvorschriften und Einschränkungen bei der → *Kabotage*.
Aufgrund der Überkapazitäten und der nachlassenden Nachfrage in der Binnenschiffahrt betreibt die EG seit 1989 ein Stillegungsprogramm für Binnenschiffe. In den betroffenen Mitgliedstaaten werden Stillegungsfonds eingerichtet, die aus den Pflichtbeiträgen der Schiffseigner gespeist werden. Aus diesen Fonds werden Prämien an Eigner gezahlt, die Schiffe aus dem Verkehr nehmen.

BIOMED. Kurzbezeichnung für das Koordinierungsprogramm für Forschungs- und Entwicklung in Medizin und Gesundheitswesen zur Steigerung der wissenschaftlichen und wirtschaftlichen Leistungsfähigkeit nationaler Forschung und Entwicklung, der Optimierung der Kapazität und Effizienz der Gesundheitsversorgung sowie der Koordinierung von Forschungstätigkeiten der EG-Mitgliedstaaten. Das Programm fördert Aktivitäten insbesondere auf den Gebieten der epidemologischen, biologischen und klinischen Forschung, der Krankheiten von großer sozioökonomischer Bedeutung wie Krebs, Herz-, Kreislaufkrankheiten und Aids sowie zur Analyse des menschlichen Genoms.

BIOREP. Kurzbezeichnung für die Datenbank der biotechnologischen Forschungsprojekte in allen Mitgliedstaaten.

BIP. Abk. für → *Bruttoinlandsprodukt*.

BIZ. Abk. für → *Bank für Internationalen Zahlungsausgleich*.

Börsenumsatzsteuer. Die Börsenumsatzsteuer ist seit dem 1.1.1991 abgeschafft.

BRAIN. Abk. für Basic Research in Adaptive Intelligence and Neurocomputing. Forschungsprogramm im Rahmen von → *SCIENCE* zur Erzeugung künstlicher und adaptiver Intelligenz und Entwicklung eines lernfähigen Computers.

Bretton-Woods-System. 1944 fand in Bretton Woods (New Hampshire, USA) die Währungs- und Finanzkonferenz der Vereinten Nationen mit 44 Staaten statt. Mit dem Abkommen von Bretton Woods wurde eine Neuordnung des internationalen Währungssystems auf Goldbasis mit der Einführung fester Wechselkurse sowie die Errichtung des → *Internationalen Währungsfonds* und der → *Weltbank* beschlossen. Infolge der weltweiten Währungskrise hoben die USA im August 1971 die Einlösepflicht von Dollar in Gold auf. Im März 1973 brach das Bretton-Woods-System zusammen.

BRIDGE. Abk. für Biotechnological Research for Innovation, Development and Growth in Europe. Forschungs- und Entwicklungsprogramm zur Schaffung einer ausreichenden Forschungsinfrastruktur, der Beseitigung von Engpässen, der experimentellen Beurteilung möglicher Gefahren und der Verbesserung von Normen und Kapazitäten in den Biowissenschaften.

BRITE. Abk. für Basic Research in Industrial Technologies for Europe. Forschungs- und Entwicklungsprogramm für industrielle Fertigungstechnologien zur Stärkung der Wettbewerbsfähigkeit und Stimulierung der grenzüberschreitenden Zusammenarbeit in Europa.

Brüsseler Pakt. Der am 17.3.1948 durch die Hinzunahme der → *Benelux-Staaten* erweiterte und ursprünglich gegen Deutschland gerichtete Verteidigungsvertrag Englands und Frankreichs vom 4.3.1947 wird Brüsseler Pakt genannt. Er ist Vorläufer der → *Westeuropäischen Union (WEU)*, die durch Hinzutritt von Italien und der Bundesrepublik Deutschland entstand. Der Brüsseler Pakt ist nicht zu verwechseln mit dem Brüsseler Abkommen (→ *Gerichtsstands- und Vollstreckungsabkommen*).

Bruttoinlandsprodukt (BIP). siehe Abbildung Seite 41.

Buchführung. Die Harmonisierung der Buchführungsvorschriften erfolgte über die → *Bilanz-Richtlinie.* (→ *Bilanzierungsvorschriften*)

Bulletin der Europäischen Gemeinschaft. Von der EG-Kommission herausgegebene, monatlich erscheinende Veröffentlichung über die Integrationsentwicklung der EG und die Tätigkeit ihrer Organe. Bedeutsame Verlautbarungen über besondere Programme, Vorschläge und Vorhaben werden als Beilagen zum Bulletin veröffentlicht. Die wichtigsten Themen werden in Jahresberichten zusammengefaßt, wel-

Bruttoinlandsprodukt pro Einwohner in ECU (1990)

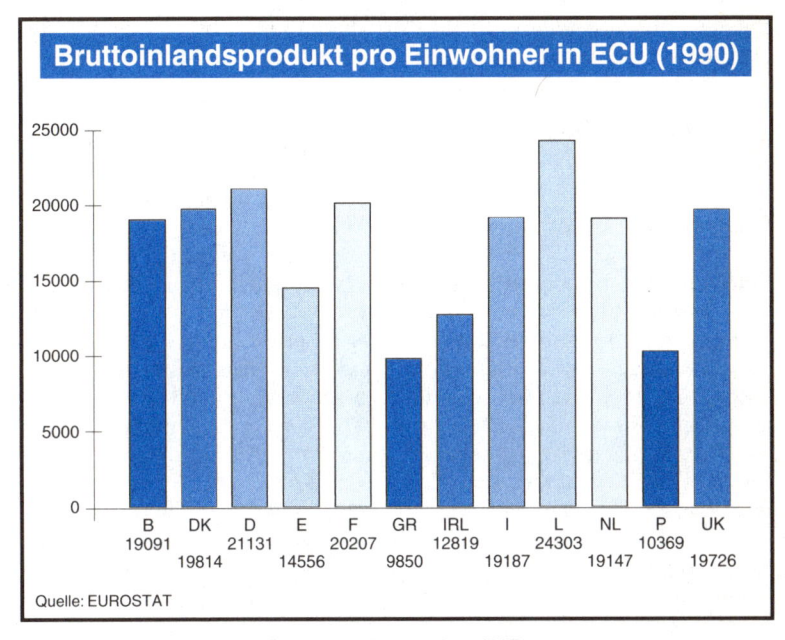

Land	Wert
B	19091
DK	19814
D	21131
E	14556
F	20207
GR	9850
IRL	12819
I	19187
L	24303
NL	19147
P	10369
UK	19726

Quelle: EUROSTAT

Verwendung des BIP zu Marktpreisen (%) 1980, 1990

1980	EUR 10	B	DK	D	GR	F	IRL	I	L	NL	UK
Privater Verbrauch	61,5	62,8	56,2	60,2	68,9	63,7	63,5	63,2	59,1	59,4	60,2
Staatsverbrauch	16,9	18,1	26,8	14,1	16,0	15,3	21,3	16,4	16,6	18,1	21,5
Bruttoanlageinvestitionen	21,2	21,4	18,3	23,6	23,5	21,6	28,9	19,8	25,3	21,0	17,8

1990	EUR 12	B	DK	D	GR	E	F	IRL	I	L	NL	P	UK
Privater Verbrauch	61,1	61,9	52,3	60,2	72,3	62,4	60,3	55,4	61,8	57,1	58,8	63,1	63,3
Staatsverbrauch	16,4	14,3	24,8	12,3	21,2	15,2	18,0	15,7	17,3	16,3	14,8	16,7	19,9
Bruttoanlageinvestitionen	20,9	20,3	17,7	21,2	19,7	24,6	21,2	19,1	20,2	25,3	21,5	26,4	19,2

Quelle: EUROSTAT

che einen umfassenden Überblick über das Gemeinschaftsgeschehen im Berichtsjahr geben.

Bundesbank. → *Deutsche Bundesbank.*

Business and Innovation Center. Abk. BIC. Die EG fördert die Einrichtung von Unternehmens- und Innovationszentren. Diese Zentren sollen Jungunternehmern beim Aufbau ihres Betriebes durch Beratung, Training, technische Hilfe sowie Bereitstellung von Betriebsflächen Hilfestellung leisten. Die EG beteiligt sich zur Hälfte an den Kosten der Errichtung von BICs in den Regionen, die im Rahmen des → *Regionalfonds* oder der → *Integrierten Mittelmeerprogramme* gefördert werden.

Business Cooperation Center. Abk. BCC. Beratungsstellen, die zum → *BC-Net* gehören.

C

CADDIA. Abk. für Cooperation in Automisation of Data and Documentation for Imports and Exports and the Management of Financial Control of the Agriculture Market. 1985 vom Rat der EG verabschiedetes Programm für den Einsatz von Telematik (→ *Telematiksysteme*) in den gemeinschaftlichen Informationssystemen in Verbindung mit den Bereichen Zoll, Landwirtschaft und Statistik. Es soll die Vermittlung von Nachrichten, Entwicklung von Schnittstellen-Software sowie eine harmonisierte Struktur von Datenbanken etc. erlauben. Das Programm zielt auch darauf ab, auf nationaler Ebene Informatiksysteme für den Datenaustausch zwischen der EG-Kommission und den einzelnen Mitgliedstaaten zu entwickeln und einzurichten. Beispiele für Aktivitäten im Rahmen von CADDIA: im Zollsektor → *TARIC*; im Agrarsektor → *IDES*; im statistischen Sektor → *EUROFARM.* Es gibt zahlreiche Verbindungen zu Gemeinschaftsprogrammen wie → *STAR,* → *TEDIS.*

Career Awards. Jährlich vergebene Geldprämien für herausragende Leistungen junger Wissenschaftler in der EG.

Cassis-de-Dijon-Urteil. Aus Anlaß des deutschen Einfuhrverbotes für einen französischen Johannisbeerlikör (Cassis de Dijon) wegen Nichteinhaltung der deutschen Mindestalkoholregelung für Liköre entschied der Europäische Gerichtshof, daß zwar nationale Regelungen den freien Warenverkehr behindern dürften, wenn sie zwingend aus Steuerkontroll-, Gesundheits- und Verbraucherschutzgründen oder wegen der Sauberkeit des Handelsverkehrs geboten seien, daß dies aber nicht für die in Frage stehenden Mindestalkoholregelungen gelte. Ein in einem Mitgliedstaat rechtmäßig hergestelltes und in den Verkehr gebrachtes Getränk dürfe auch in die anderen Mitgliedstaaten eingeführt werden. Die Cassis-de-Dijon-Entscheidung verhindert, daß ausländische Waren durch die Anwendung nationaler Vorschriften tatsächlich schlechter behandelt werden, weil sie inländischen nicht entsprechen.

CDI. Abk. für Center for the Development of Industry. Zentrum für industrielle Entwicklung. Gemeinsame Agentur der EG und der → *AKP-Staaten* zur Förderung der industriellen Zusammenarbeit mit Sitz in Brüssel und Büros in allen AKP-Staaten. Das CDI fördert u.a. Durchführbarkeits- und Marktstudien, Ausbildung von AKP-Personal in der EG und Geschäftsreisen von → *kleinen und mittleren Unternehmen* (KMU) der EG in die AKP-Staaten.

Cecchini Bericht. 1988 veröffentlichter Endbericht des von der EG-Kommission 1986 gestarteten Forschungsprogrammes über „Die Kosten der Nichtverwirklichung Europas"; benannt nach dem Leiter des Forschungsprogramms Paolo Cecchini. Auf der Grundlage der Daten aus Untersuchungen von 13 Wirtschaftszweigen wurde versucht, die Auswirkungen der EG-Marktzersplitterung ökonomisch zu beziffern. Diese Kosten wurden auf mindestens 200 Mrd. ECU jährlich geschätzt. Kosteneinsparungen in dieser Höhe soll die Verwirklichung des → *Binnenmarktes* sichern.

CEDEFOP. Abk. für Centre Européen pour le développement de la formation professionelle. → *Europäisches Zentrum für die Förderung der Berufsbildung* mit Sitz in Berlin.

CELAD. Abk. für Comité Européen de lutte anti-drogue. Europäischer Ausschuß zur Bekämpfung des Drogenmißbrauchs, der sich im Rahmen der intergouvernementalen Zusammenarbeit mit den Problemen der Drogenbekämpfung befaßt. Nach Art. K 1 Nr. 4 des Maastrichter Vertrages wird diese Materie zukünftig als ein wichtiger Bereich gemeinsamen Interesses in die neue innen- und justizpolitische Zusammenarbeit einbezogen. CELAD begleitet Aktionen zur Drogenbekämpfung und befaßt sich mit Informationsaustausch und Koordinierung der Arbeiten der → *Pompidou-Gruppe* des Europarates (siehe auch → *Europäische Drogenbeobachtungsstelle*).

CELEX. Abk. für Communitatis Europae Lex → *Celex-System*.

Celex-System. Das von der EG-Kommission betriebene computergestützte Rechtsinformationssystem der EG, das mehrsprachig und auf der Basis der Volltextspeicherung staatlichen und privaten Benutzern den Zugriff zum Gemeinschaftsrecht ermöglicht. Es enthält zur Zeit über 80.000 Dokumente und umfaßt in gesonderten Bereichen vor allem das primäre und sekundäre Gemeinschaftsrecht, die völkerrechtlichen Verträge und die Rechtsprechung des → *Gerichtshofes der EG.* Die Wiedergabe des nationalen Folgerechtes und die Speicherung einschlägiger wissenschaftlicher Literatur sind vorgesehen. Mit dem Celex-System wird das → *Fundstellenverzeichnis* des geltenden Gemeinschaftsrechtes erstellt.

CEMT. Abk. für Conférence Européenne des Ministres des Transports. → *Europäische Konferenz der Verkehrsminister.*

CEN. Abk. für Comité Européen de Normalisation. → *Europäisches Komitee für Normung.*

CENELEC. Abk. für Comité Européen de Normalisation Electrotechnique. Europäisches Komitee für Elektrotechnische Normung (→ *Europäisches Komitee für Normung*).

CEPT. Abk. für Conférence Européenne des Administrations des Postes et des Télécommunications. → *Europäische Konferenz der Post- und Fernmeldeverwaltungen.*

CERIF. Abk. für Common European Research Information Format. Gemeinsames Datenformat für das geplante Verbundnetz europäischer Forschungsdatenbanken.

CERN. Abk. für Conceil Européen pour la Recherche Nucléaire, jetzt Organisation Européenne pour la Recherche Nucléaire. → *Europäische Organisation für Kernforschung.*

Clearing. Verrechnung, Aufrechnung oder Abrechnung im grenzüberschreitenden Handels- und Überweisungsverkehr zwischen zwei (bilateral) oder mehreren (multilateral) Wirtschaftssubjekten. Unter ECU-Clearing versteht man ein elektronisches Interbank-ECU-Abrechnungssystem (seit 1985) auf Tageswertbasis zwischen den privaten ECU-Clearing-Banken, die sich in der „ECU-Banking Association" (EBA) zusammengeschlossen haben und das weltweite → *SWIFT*-System (Society for Worldwide Interbank Financial Telecommunications) benutzen. Die täglich entstehenden ECU-Salden bei den angeschlossenen ECU-Clearing-Banken werden mit Hilfe der → *Bank für internationalen Zahlungsausgleich* (BIZ) als Agent der EBA ausgeglichen.

Clearing-Verfahren. Der Kommissionsvorschlag zur Harmonisierung der → *Mehrwertsteuer* nach Wegfall der Binnengrenzen sah ein Clearing-Verfahren vor, durch das die EG-Mitgliedstaaten bei grenzüberschreitenden → *Lieferungen* oder → *Leistungen* den Mehrwertsteuer- oder Vorsteuerüberhang gegenseitig ausgleichen sollten, um bei Anwendung des Ursprungslandprinzips das → *Bestimmungslandprinzip* im unternehmerischen Bereich aufrechtzuerhalten. Das Clearing-Verfahren wird während der Geltung der Übergangslösung (bis 1996) nicht angewandt.

CODEST. Abk. für Committee for the European Development of Science and Technology. Ausschuß der EG-Kommission aus Vertretern der Mitgliedstaaten zur Begleitung der Forschungspolitik.

COMECON. Abk. für Council for Mutual Economic Assistance. → *Rat für Gegenseitige Wirtschaftshilfe.*

COMETT. Abk. für Community Programme in Education and Training for Technology. Vom Rat der EG 1989 beschlossenes Förderprogramm zur Aus- und Weiterbildung im Technologiebereich. Das Programm dient der Zusammenarbeit von Hochschule und Wirtschaft (dort vor allem der → *kleinen und mittleren Unternehmen*) und fördert durch Ausbildungspartnerschaften, Austauschprogramme und Stipendien die Wettbewerbsfähigkeit der europäischen Industrie auf dem Gebiet der neuen Technologien (→ *APHW*). Nach der Anfangsphase beschloß der Rat eine zweite von 1990 bis 1994 reichende Phase (COMETT II), in der die bisherigen Aktionen weiter ausgebaut werden.

COMEXT. Kurzbezeichnung für Statistikdatenbank über den Außenhandel der Gemeinschaft mit ungefähr 200 → *Drittstaaten* sowie über den innergemeinschaftlichen Handel.

Conseil Européen pour la Recherche Nucléaire, Abk. CERN. → *Europäische Organisation für Kernforschung.*

Conférence Européenne des Administrations des Postes et des Télécommunications. Abk. CEPT. → *Europäische Konferenz der Post- und Fernmeldeverwaltungen.*

CORDIS. Abk. für Community Research and Development Information System. Datenbank über Inhalte, Projekte, Partner, Ausschreibungen und Ergebnisse der Forschungs- und Entwicklungsprogramme der Gemeinschaft.

CORINE. Abk. für Coordination des Informations sur l'environnement. Umweltdatenbank der EG.

COST. Abk. für European Cooperation on Scientific and Technical Research. Von der EG-Kommission koordinierte Kooperation von EG-Mitgliedstaaten und europäischen → *Drittstaaten* in Bezug auf einzelstaatliche Forschungsprogramme und -projekte; Vorbild von → *EUREKA*.

Council for Mutual Economic Assistance, → *Rat für gegenseitige Wirtschaftshilfe*.

CRAFT. Abk. für Cooperative Research Action for Technology. Fördermaßnahme zur Einbeziehung von → *kleinen und mittleren Unternehmen* (KMU) in die transnationale Forschung durch Pilotprojekte gemeinsamer Forschung von solchen Unternehmen mit Forschungseinrichtungen und Universitäten.

CREST. Abk. für Scientific and Technical Research Committee. Wissenschaftlicher Ausschuß der EG-Kommission zur Begleitung der Forschungspolitik. (→ *CODEST*, → *IRDAC*).

D

DAVID. Abk. für Development of Audiovisual Identity. Verbund der Fernsehanstalten der kleinen EG-Länder Belgien, Dänemark, Griechenland, Irland, Niederlande und Portugal zur Wahrung und Förderung ihrer kulturellen Identität im audiovisuellen Bereich im Rahmen des Programms → *MEDIA*.

Davignon-Bericht. Der 1970 als Luxemburger Bericht von den Staats- und Regierungschefs der sechs damaligen EG-Staaten angenommene Davignon-Bericht legte den Rahmen für die politische Zusammenarbeit der Mitgliedstaaten auf dem außerhalb der Gemeinschaftskompetenz verbliebenen Bereich der Außenpolitik fest. Er wurde benannt nach seinem Verfasser, dem damaligen Direktor der politischen Abteilung im belgischen Außenministerium. Der Bericht initiierte regelmäßige Treffen der Außenministerien der EG-Staaten. Mehrfach ausgebaut, bildete er die Grundlage für die → *Europäische Politische Zusammenarbeit* (EPZ).

De-minimis-Regel. Regel des EG-Wettbewerbsrechts, nach der → *horizontale* oder → *vertikale Vereinbarungen* von geringer Bedeutung (d.h. geringer Marktanteil und geringer Umsatz), generell nicht als wettbewerbsbeeinträchtigend angesehen werden.

Dealing-at-arm's length-Regel. → *Arm's-Length-Prinzip*.

Defrenne II. Urteil des → *Gerichtshofes der EG* von 1976, nach dem der im → *EWG-Vertrag* enthaltene Grundsatz des gleichen Entgelts für Männer und Frauen bei gleicher Arbeit in den EG-Mitgliedstaaten unmittelbar wirksam ist, d.h. zu seiner Verwirklichung keines zusätzlichen innerstaatlichen Rechtsaktes bedarf. Bedeutung hatte dieses Urteil vor allem für jene Mitgliedstaaten, in deren Rechtsordnungen zu dieser Zeit der Grundsatz noch nicht verankert war.

Delors-Bericht. Bericht einer Expertengruppe von April 1989 unter dem Vorsitz des EG-Kommissions-Präsidenten Jacques Delors über die erforderlichen Voraussetzungen für die Errichtung einer → *Wirtschafts- und Währungsunion* (WWU) in der EG.
Er enthält neben einer Beschreibung des Endzustandes der WWU und ihrer institutionellen Mindestvoraussetzungen konkrete Vorschläge, wie in drei Stufen das Ziel einer einheitlichen EG-Währung erreicht werden kann.

Delors-Pakete. Bezeichnung für bestimmte Maßnahmenkataloge der EG, benannt nach dem seit 1985 amtierenden Präsidenten der EG-Kommission Jacques Delors. DELORS-PAKET I. Beim → *Europäischen Rat* im Februar 1988 verabschiedetes Maßnahmenbündel zur Umsetzung der → *Einheitlichen Europäischen Akte*, insbesondere durch eine Finanzreform der Gemeinschaft, die Verdopplung der → *Strukturfonds* sowie der Eindämmung der Agrarausgaben.
DELORS-PAKET II. Schlagwort für die Neuausrichtung der EG-Binnenpolitiken in den Jahren 1993 bis 1997 auf dem Wege zur → *Wirtschafts- und Währungsunion* mit neuen Elementen in der Finanz-, Struktur- und Agrarpolitik der Gemeinschaft.

Demokratie-Erklärung. Am 8.4.1978 vom → *Europäischen Rat* abgegebene politische Grundsatzerklärung über die Einhaltung der parlamentarischen Demokratie und die Wahrung der Menschenrechte als Grundlage für die EG und als Voraussetzung für die Zugehörigkeit der Mitgliedstaaten zur Gemeinschaft.

Demonstrationseffekt. Bei der Bildung einer Wirtschafts- und Währungsunion besteht aufgrund der leichten Vergleichbarkeit von Preisen, Löhnen und Kosten die Tendenz, Tarifabschlüsse bei Löhnen und Gehältern für den gesamten Währungsraum einheitlich abzuschließen (Preis- und Kostenangleichung). Diese Tendenz wird Demonstrationseffekt genannt. Da in einem solchen Fall die Lohnkosten in der Peripherie und im Zentrum der Union kaum Unterschiede aufweisen, werden die Unternehmer unter dem Gesichtspunkt der Transportkosten eher Standorte in die zentral gelegenen Regionen oder Entscheidungszentren legen und damit zu einem geographischen Konzentrationseffekt (→ *Ballungseffekt*) beitragen.

Deregulierung. Beseitigung von einzelstaatlichen Beschränkun-

Deutsche Bundesbank

gen, die der Verwirklichung des → *Binnenmarktes* entgegenstehen. Darunter fällt die Liberalisierung des Geld- und Kapitalverkehrs genauso wie die Öffnung des → *öffentlichen Auftragswesens* oder die Liberalisierung des → *Luftverkehrs*.

Deutsche Bundesbank. Seit 1957 die zentrale Notenbank der Bundesrepublik Deutschland mit Sitz in Frankfurt. Sie hat vor allem folgende Aufgabenbereiche: Ausgabe von Banknoten, Steuerung des Geld- und Kreditvolumens mit Hilfe der Diskont-, Offenmarkt- und Mindestreservepolitik, Rediskontierung von Wechseln, Bankenüberwachung, Abwicklung des Zahlungsverkehrs mit dem Ausland, Interventionen auf den Devisenmärkten im Rahmen von internationalen Abkommen. (→ *Europäisches Währungssystem,* → *Internationaler Währungsfonds*)

Devisenkontrollen. → *Geld- und Kapitalverkehr.*

Devisenmärkte. Börsen oder heute auch schon elektronisch organisierte ‚Stand-by-Data-Basen', mit deren Hilfe Währungen gehandelt werden. Dabei unterscheidet man Kassa- (sofortige Transaktion), Termin- (zukünftige Transaktion) und → *Swapgeschäfte* (Kombination von Kassa- und Termingeschäft).
Devisenmärkte können frei, reglementiert oder sogar gespalten sein; letzteres bedeutet nur, daß es für ein- und dieselbe Währung je nach Art der Transaktion eine freie oder eine reglementierte Kursbildung gibt. Ein Beispiel für einen gespaltenen Devisenmarkt gab es bis März 1990 in Belgien (Handelstransaktionen: reglementierter Kurs, Geld- und Kapitaltransaktionen: freier Kurs).
Im → *Bretton-Woods-System* und im → *Europäischen Währungssystem* kann sich der Kurs auf dem Devisenmarkt nur innerhalb bestimmter Bandbreiten um einen → *Leitkurs* frei bewegen. Sollte ein Marktteilnehmer bereit sein, eine Währung außerhalb der Bandbreite zu kaufen oder zu verkaufen, so interveniert die entsprechend verantwortliche Zentralbank durch Abgabe oder Ankauf der betroffenen Währung.

Devisenreserven. Internationale Zahlungsmittel, die zum Ausgleich eines Zahlungsdefizites einer Währungszone zwischen den Notenbanken benutzt werden können. Hierzu gehören Goldreserven, → *Sonderziehungsrechte* des → *Internationalen Währungsfonds* (IWF), → *ECU* im Rahmen des → *Europäischen Währungssystemes* (EWS) und US-Dollar. Neben diesen offiziellen Devisenreserven können auch konvertible Fremdwährungen im Besitz einer Notenbank zu den Devisenreserven (im weitesten Sinne) gezählt werden.

DIANE. Abk. für Direct Information Access Network for Europe. Europäisches Netz für den Direktzugang zu Datenbankinformationen.

Dienstleistungsfreiheit. → *Dienstleistungsverkehr, freier.*

Dienstleistungshaftungs-Richtlinie. Die EG-Kommission hat im Herbst 1990 den Vorschlag für eine Dienstleistungshaftungs-Richtlinie beschlossen und diesen Vorschlag im Januar 1991 dem Rat vorgelegt. Durch die Richtlinie soll eine von einer vertraglichen Beziehung unabhängige Verschuldenshaftung für Schäden geregelt werden, die aufgrund einer nicht ordnungsgemäßen Dienstleistung an Körper, Gesundheit und privat genutzten Sachen entstehen. Die Vorlage enthält die Umkehr der Beweislast zugunsten des Geschädigten, der nur den Zusammenhang zwischen Dienstleistung und Schaden nachweisen muß, während der Dienstleistende sein Nichtverschulden zu beweisen hat. Bei Annahme dieses Vorschlages durch den Rat der EG müßte das deutsche Haftungsrecht weitgehend umgestaltet werden.

Dienstleistungsverkehr, freier. Der freie Dienstleistungsverkehr zählt zu den vier → *Grundfreiheiten* und ermöglicht EG-Bürgern, Dienstleistungen über die nationalen Grenzen hinweg zu erbringen, ohne dabei irgendwelchen Beschränkungen wegen der Staatsangehörigkeit unterworfen zu sein. Zu den Dienstleistungen zählen selbständige, gewerbliche, landwirtschaftliche oder freiberufliche Tätigkeiten. Als Gegenstück zur → *Niederlassungsfreiheit* hat die Dienstleistungsfreiheit nicht die dauerhafte, sondern nur die jeweils vorübergehende Erbringung von Dienstleistungen in einem anderen Mitgliedstaat im Auge.

Direkte Steuern. Unter dem Begriff „direkte Steuern" faßt man diejenigen Steuern zusammen, die unmittelbar vom Steuerpflichtigen erhoben werden, also insbesondere die → *Einkommensteuer* oder die → *Körperschaftsteuer*. Die Harmonisierung der direkten Steuern innerhalb der EG hat 1990 durch die Annahme der → *Mutter-Tochter-Richtlinie* und der → *Fusionsrichtlinie* ihren Anfang genommen. Weitere Richtlinienentwürfe liegen vor. Nach den generellen Vorstellungen der EG-Kommission, die in den sogenannten Leitlinien zur Unternehmensbesteuerung niedergelegt sind, wird nicht mehr das Ziel einer vollständigen Harmonisierung der direkten Steuern verfolgt, vielmehr sollen nur Hemmnisse beseitigt werden, die einer grenzüberschreitenden Betätigung von Unternehmen entgegenstehen.
In den zwölf Steuergebieten der EG wird die grenzüberschreitende Tätigkeit häufig schlechter gestellt als die nationale Betätigung eines Unternehmens. Eines der

Ziele bei der Vollendung des → *Binnenmarktes* besteht gerade darin, den Unternehmen zu ermöglichen, in der gesamten Gemeinschaft tätig zu sein, ohne durch Grenzen oder Vorschriften eingeschränkt zu werden. Dazu müssen die nationalen Rechtsvorschriften angepaßt werden. Grenzüberschreitende Unternehmenszusammenschlüsse werden durch die → *Fusionsrichtlinie* begünstigt. → *Doppelbesteuerungen* bei Dividendenausschüttungen einer Tochtergesellschaft an ihre Muttergesellschaft werden durch die → *Mutter-Tochter-Richtlinie* vermieden. Eine weitere Art von Hemmnissen stellen die Fälle von Doppelbesteuerungen dar, die sich daraus ergeben, daß die Mitgliedstaaten Konzernverrechnungspreise nach unterschiedlichen Regeln und Verfahren berichtigen (→ *Arm's-Length-Prinzip*). Derartige wirtschaftliche Doppelbelastungen treten in den Beziehungen zwischen verbundenen Unternehmen auf, die ihre Lieferungs- und Leistungsbeziehungen nach Verrechnungspreisen abrechnen und bei denen nationale Finanzverwaltungen Gewinnberichtigungen vornehmen. Diese Doppelbelastungen können im Wege des Verständigungsverfahrens aufgrund der Doppelbesteuerungsabkommen, nunmehr jedoch auch aufgrund einer → *Schiedskonvention* gelöst werden. Weitere Harmonisierungen im Bereich der direkten Steuern sieht der Entwurf einer Richtlinie zur → *Verlustberücksichtigung* ausländischer → *Betriebsstätten* und ausländischer Tochtergesellschaften mit den Gewinnen der Muttergesellschaft im Inland vor. → *Quellensteuern* von Lizenzen und Zinsen im Konzernverband sollen entfallen.

Eine vollständige Harmonisierung etwa der Körperschaftsteuersysteme oder der Gewinnermittlungsvorschriften (→ *Gewinnermittlung*), wie sie noch in den 70er Jahren vorgesehen waren, wird derzeit nicht weiterverfolgt. Das Ruding-Kommitee hat einen Bericht erstellt, inwieweit die direkten Steuern zu Wettbewerbsverzerrungen führen und Vorschläge für eine weitere Harmonisierung vorgelegt.

Direktklagen. Als Direktklagen werden die Prozesse vor dem → *Gerichtshof der EG* (EuGH) bezeichnet, die von einer (natürlichen oder juristischen) Person erhoben werden, die durch eine EG-Entscheidung unmittelbar und individuell betroffen ist. Heute gehen die Direktklagen regelmäßig an das → *Gericht erster Instanz*.

Diskriminierungsverbot. In der EG ist die unterschiedliche Behandlung von EG-Bürgern aufgrund ihrer Staatsangehörigkeit verboten (vgl. Art. 7 EWG-Vertrag). Nicht unter das Diskriminierungsverbot fällt die Schlechterstellung der eigenen Staatsangehörigen (sogenannte umgekehrte Diskriminierung).

Dividendenbesteuerung. Dividenden und andere Ausschüttungen von Kapitalgesellschaften werden zunächst durch → *Quellensteuern* belastet; in Deutschland durch die → *Kapitalertragsteuer* in Höhe von 25 Prozent. Darüber hinaus unterliegen sie beim Empfänger der Einkommen- oder Körperschaftsteuer, wobei jedoch gegebenenfalls die Quellensteuern angerechnet werden. Durch die sogenannten → *Mutter-Tochter-Richtlinie* sollen → *Doppelbesteuerungen* vermieden werden, die dadurch entstehen, daß bereits der bei der Tochtergesellschaft besteuerte Gewinn bei der Ausschüttung von Dividenden an die Muttergesellschaft nochmals besteuert wird. Die in der EG bei Mutter-Tochter-Verhältnissen insgesamt auftretende Steuerbelastung darf nicht davon abhängig sein, ob die Tochtergesellschaft dem gleichen oder einem anderen EG-Mitgliedstaat als die Muttergesellschaft angehört. Die Mutter-Tochter-Richtlinie löst das Problem, indem bei der Tochtergesellschaft keine Quellensteuer auf die gezahlte Dividende und bei der Muttergesellschaft auf die zugeflossene Dividende keine → *Körperschaftsteuer* erhoben wird. Jedoch kann die Mutter-Tochter-Richtlinie nur angewandt werden, wenn die Gesellschaften Kapitalgesellschaften sind, die der Körperschaftsteuer unterliegen und eine mindestens 25prozentige Beteiligung besteht (in Deutschland mindestens 10 Prozent).

In anderen Fällen kann die Dividendenbesteuerung im grenzüberschreitenden Verkehr nur durch (teilweise) Erstattung bzw. (teilweise) Anrechnung der gezahlten Quellensteuern abgemildert werden. Eine gänzliche Vermeidung der Doppelbelastung bei der Dividendenbesteuerung würde nur bei einem harmonisierten Körperschaft- und Einkommensteuersystem erfolgen, das derzeit aber von der EG nicht angestrebt wird.

DLR. Abk. für Deutsche Forschungs- und Versuchsanstalt für Luft- und Raumfahrt. Träger bzw. nationale Kontaktstelle mehrerer europäischer Forschungs- und Entwicklungsprogramme.

Dollarreserven. Im → *Europäischen Währungssystem* (EWS) spielen Dollarreserven eine sehr wichtige Rolle. Da der US-Dollar weiterhin die wichtigste Transaktionswährung der Welt ist, wird der „internationale Wert" einer nationalen Währung zu einem großen Teil durch die Devisenmarkttransaktionen zwischen der nationalen Währung und dem Dollar bestimmt. Mit Hilfe von Dollaran- und -verkäufen durch die jeweilige Notenbank kann die Position der entsprechenden Währung innerhalb der zugelassenen Schwankungsbreiten im →

Europäischen Währungssystem beeinflußt werden. Jede am EWS beteiligte Zentralbank muß ihre Dollarreserven (20 Prozent) in Form von dreimonatigen → *Swap-Geschäften* beim → *Europäischen Fonds für Währungspolitische Zusammenarbeit* hinterlegen, um offizielle → *Ecu* zu erhalten, die wiederum als Ausgleichszahlungen im Rahmen des Interventionssystems benutzt werden können. Dollarreserven sind auch wichtiges „Zahlungsreservepolster" für jede Zentralbank.

Dooge-Bericht. Der Bericht enthielt Vorschläge für ein besseres Funktionieren der europäischen Zusammenarbeit innerhalb der EG und der → *Europäischen Politischen Zusammenarbeit* (EPZ). Der Bericht war eine Grundlage für die Gipfelkonferenz der EG-Regierungschefs (→ *Europäischer Rat*) im Juni 1985 in Mailand. Damit wurde der Weg zur → *Europäischen Union* mit der Schaffung eines Wirtschaftsraumes ohne Grenzen, der Stärkung der → *Europäischen Politischen Zusammenarbeit* unter Einschluß von Fragen der Sicherheit und Verteidigung sowie der Verbesserung der Entscheidungsstrukturen der EG durch eine Stärkung der Rechte des → *Europäischen Parlamentes* vorgezeichnet. Er wurde nach dem irischen Senator Dooge benannt, dem Vorsitzenden der Arbeitsgruppe, die den Bericht erarbeitet hatte.

Doppelbesteuerung. Grenzüberschreitende Aktivitäten von Steuerpflichtigen können zur Doppelbesteuerung führen, weil die Steuerpflichtigen in der Regel im Wohnsitzstaat mit ihrem gesamten Welteinkommen zur Besteuerung herangezogen werden und zusätzlich im „Tätigkeits-" oder „Belegenheitsstaat" mit den dortigen Einkünften. Zur Vermeidung der Doppelbesteuerung hat die Bundesrepublik Deutschland mit den wichtigsten Staaten Abkommen zur Vermeidung der Doppelbesteuerung abgeschlossen. Mit allen EG-Staaten bestehen solche Vereinbarungen.

Die Doppelbesteuerungsabkommen weisen meist das Besteuerungsrecht der Einkünfte dem Belegenheits- oder Tätigkeitsstaat zu. Der Wohnsitzstaat stellt diese Einkünfte entweder steuerfrei oder rechnet die ausländischen Steuern an. Bei Freistellung kann der Wohnsitzstaat die inländischen Einkünfte mit dem Steuersatz belegen, der sich ergeben würde, wenn auch die ausländischen Einkünfte steuerpflichtig wären (sogenannter Progressionsvorbehalt).

Trotz dieses Abkommens kann es dennoch zu Doppelbesteuerungen kommen, wenn die beiden beteiligten Staaten bei grenzüberschreitenden Aktivitäten von konzernverbundenen Unternehmen nicht die intern verrechneten Preise anerkennen (Transferpreise, → *Arm's-Length-Prinzip*). Zur Lösung dieses Problems hat der

Ministerrat eine → *Schiedskonvention* verabschiedet, die nach Ratifizierung durch die 12 Mitgliedstaaten in Kraft tritt.

Dreiparteienkonferenz. Forum zur Erörterung von Fragen der → *Sozialpolitik*, in dem die EG-Kommission, die Regierungen der EG-Mitgliedstaaten sowie die europäischen Organisationen der Arbeitgeberverbände und der Gewerkschaften vertreten sind.

Drittstaaten. Staaten, die der EG nicht angehören; dazu gehören auch (noch) Beitrittskandidaten und die der EG assoziierten Staaten.

DRIVE. Abk. für Dedicated Road Infrastructure for Vehicle Safety in Europe. Teil des Forschungs- und Entwicklungsprogramms für → *Telematiksysteme* zur Einführung einer integrierten Straßentransport-Infrastruktur mit höherer Verkehrsleistung und -sicherheit, EG-Beitrag zu → *PROMETHEUS*.

Dublin-Gruppe. Gremium, das sich der Drogenbekämpfung auf globaler Ebene widmet und die Aktivitäten der EG-Staaten, der USA, Kanadas, Schwedens, Japans und Australiens mit dem Programm der Vereinten Nationen (→ *UNDCP*) zusammenführt. Die Dublin-Gruppe führt jährlich Konsultationstagungen in sieben Regionalregionen (z. B. Südwestasien, Osteuropa, Balkan etc.) mit unfassendem Informationsaustausch über die jeweiligen Maßnahmen der Mitgliedstaaten durch.

Dumping. Der Verkauf von Waren auf ausländischen Märkten zu Preisen, die niedriger sind als jene, zu denen die Waren im Herkunftsland angeboten werden. Unter Berücksichtigung verschiedener korrigierender Faktoren wird aus den beiden Preisen die Dumpingspanne berechnet. Als Gegenmaßnahme (→ *Anti-Dumpingverfahren*) kann die Gemeinschaft auf Dumping-Einfuhren → *Anti-Dumpingzölle* erheben. Dumping wurde bisher hauptsächlich von den fernöstlichen Handelspartnern der EG (Japan, Hongkong, Südkorea und Taiwan) sowie von den ehemaligen Ostblockländern praktiziert. Zu den typischen Dumpingprodukten zählen elektronische Geräte, Halbleiter, Textilien und chemische Produkte.

Durchführung des Gemeinschaftsrechts. Die der EG übertragenen Hoheitsrechte betreffen hauptsächlich Legislativbefugnisse der EG-Organe. Nur ausnahmsweise wurden (z.B. im Beihilfe- und Kartellbereich) auch Exekutivrechte auf die Gemeinschaft übertragen. Dies führt dazu, daß die Durchführung des → *Gemeinschaftsrechtes* grundsätzlich Sache der nationalen Exekutive ist. Die Anfechtung von Verwaltungsakten, die aufgrund des

EG-Rechtes erlassen wurden, erfolgt vor den nationalen Gerichten. Sind EG-Rechtsfragen für ihre Entscheidungen ausschlaggebend, müssen die nationalen Gerichte allerdings das → *Vorabentscheidungsverfahren* beachten.
Von der exekutiven Durchführung des Gemeinschaftsrechtes zu unterscheiden ist die legislative Durchführung, d.h. der Erlaß von Durchführungsvorschriften. Mit der legislativen Durchführung ist in der Regel die EG-Kommission betraut, wenn nicht ausnahmsweise (z.B. zur straf- oder bußgeldrechtlichen Durchsetzung des Gemeinschaftsrechtes, für die die EG keine Kompetenz hat) der Rat die Mitgliedstaaten ermächtigt. Von der Durchführung des Gemeinschaftsrechts ist die → *Umsetzung des Gemeinschaftsrechts* zu unterscheiden, welche die (zweistufige) Umsetzung gemeinschaftsrechtlicher Richtlinien in nationales Recht bedeutet.

Durchführungsbefugnisse der EG-Kommission. Gemäß Art. 155 EWG-Vertrag hat die Kommission die Befugnisse, die ihr der Rat zur Durchführung der von ihm erlassenen Vorschriften überträgt. Diese Durchführungsbefugnisse ähneln in gewisser Hinsicht dem Recht der Bundesregierung, aufgrund gesetzlicher Ermächtigung Regierungsverordnungen zu erlassen (vgl. Art. 80 Grundgesetz). Im Gegensatz zur ausdrücklichen Regelung des Grundgesetzes, wonach die Ermächtigung nach Inhalt, Zweck und Ausmaß bestimmt sein muß, fehlt im EG-Recht eine solche ausdrückliche Eingrenzung.
Die Durchführungsbefugnisse der Kommission sind oft an ein → *Verwaltungsausschußverfahren* gebunden, das den nationalen Experten Einfluß auf die Ausgestaltung der Durchführungsvorschriften der Kommission gibt.

E

EABS. Abk. für Euro Abstracts. Datenbank der gleichnamigen Zeitschrift über die Veröffentlichungen im Rahmen wissenschaftlicher und technischer Forschungen der EG-Kommission.

EAG-Richtlinie. → *Rechtsakte der EG.*

EAG-Verordnung. → *Rechtsakte der EG.*

EAG. Abk. für → *Europäische Atomgemeinschaft*, die gelegentlich anstelle der Kurzbezeichnung „EURATOM" verwendet wird.

EAGFL. Abk. für → *Europäischer Ausrichtungs- und Garantiefonds für die Landwirtschaft.*

EBRD. Abk. für European Bank for Reconstruction and Development. → *Europäische Bank für Wiederaufbau und Entwicklung.*

EBWE. Abk. für → *Europäische Bank für Wiederaufbau und Entwicklung.*

EC-International Investment Partners. Förderprogramm der EG zur industriellen Zusammenarbeit und Stimulierung europäischer Direktinvestitionen mittels Joint Ventures in den Entwicklungsländern Asiens, Lateinamerikas und des südlichen Mittelmeerraumes.

ECHO. Abk. für European Community Host Organisation. Vertriebsstelle für EG-Datenbanken mit Sitz in Luxemburg.

ECLAS. Abk. für European Commission Library Automated System. Datenbank der Zentralbibliothek der EG-Kommission.

ECTS. Abk. für European Community Course Credit Transfer System. Pilotprojekt der EG innerhalb von → *ERASMUS* zur gegenseitigen Anerkennung von Studienleistungen in Betriebswirtschaftlehre, Chemie, Maschinenbau, Medizin und Geschichte beim Hochschulwechsel.

ECU. Abk. für European Currency Unit. Symbiose aus dem Namen einer alten französischen Goldmünze (écu-d'or) und der englischen Abkürzung für Europäische Währungseinheit (European Currency Unit). Der ECU löste mit Errichtung des → *Europäischen Währungssystems* (EWS) 1979 in Wert und Zusammensetzung die → *Europäische Rechnungseinheit* (ERE) ab. Seitdem wird er als ein Korb aus Anteilen der Währungen der Mitgliedstaaten definiert. Die nationalen Währungen sind dabei im Verhältnis ihrer wirtschaftlichen Stärke im ECU vertreten.
Der Anteil jeder Währung am Eckwährungskorb wurde alle fünf Jahre angepaßt. Darüber hinaus wurde die Zusammensetzung des ECU wegen der Erweiterung der EG um weitere Mitglieder geändert. Nach dem Beitritt von Portugal und Spanien setzt sich der ECU seit dem 21.9.1989 aus folgenden Währungsbeträgen zusammen:
1 ECU = DM 0,6242 + FF 1,332 + UKL 0,08784 + LIT 151,8 + HFL 0,2198 + PTA 6,885 + BFR 3,301 + DKR 0,1976 + IRL 0,008552 + ESC 1,393 + DRA 1,44 + LFR 0,13 (→ *Währungskürzel*, siehe auch Abbildung Seite 57).
Seit dem 1.2.1993 lauten die Leitkurse des ECU wie folgt: BFR 40,2802; DKR 7,44934; DM 1,95294; DRA 259,306; ESC 180,624; FF 6,54988; HFL 2,20045; IRL 0,809996; LFR 40,2802; LIT 1796,22; PTA 142,150; UKL 0,808431.
Man unterscheidet zwischen dem sogenannten **offiziellen** ECU, dem **privaten** ECU und dem **Grünen** ECU: Als offizieller ECU wird der ECU im → *Euro-*

päischen Währungssystem zwischen den Notenbanken benutzt. Er ist Rechengröße für den Zahlungsverkehr zwischen den Notenbanken sowie für die Abrechnungen aus Käufen und Verkäufen zur Kursstützung. Darüber hinaus dient er als Rechengröße für Zahlungsbilanzhilfen der Gemeinschaft an Mitgliedstaaten, die sich in wirtschaftlich schwieriger Lage befinden.
Den **privaten** ECU kann jeder bei Privatbanken kaufen und auf einem Konto wie eine ausländische Devise halten. Der ECU ist in keinem Land offizielles Zahlungsmittel und nicht als Münze oder Banknote im Umlauf. Im Laufe der letzten Jahre ist er zu einem transnationalen Finanzierungs- und Anlageinstrument geworden. Im Hinblick auf das internationale Anleihe-Volumen rangiert der ECU schon unter den wichtigsten Anlagewährungen der Welt wie US-Dollar, DM, YEN und Schweizer Franken. Obwohl auch der private ECU das Ergebnis der Marktkurse seiner Währungskorbkomponenten ist, wird er an einigen Börsen in Europa nach Angebot und Nachfrage gehandelt. Im Verhältnis Kunde-Bank wird der Preis für diesen ECU wie bei jeder anderen ausländischen Währung unter Zugrundelegung von An- und Verkaufskursen festgesetzt. Der private ECU-Kreislauf ist völlig vom offiziellen ECU-Kreislauf getrennt. Zur besseren gegenseitigen Abrechnung haben die Privatbanken bei der →

Bank für internationalen Zahlungsausgleich (BIZ) in Basel einen Clearing-Mechanismus für private ECU eingerichtet (→ *Clearing*).
Der **Grüne** ECU ist eine Recheneinheit, in der die gemeinsam beschlossenen EG-Agrarpreise festgelegt werden. Ihre Umrechnungssätze in nationale Währungen weichen von denen des offiziellen und des privaten ECU dadurch ab, daß sie zum Teil bei Wechselkursanpassungen im EWS aus (agrar-)einkommenspolitischen oder (konsum-)preispolitischen Gründen nicht den offiziellen neuen Leitkursen zwischen ECU und nationalen Währungen folgen. Die Differenz zwischen grünen Agrarkursen und den offiziellen Leitkursen wird durch die → *Währungsausgleichsbeträge* überbrückt. (→ *Agrarpolitik*)

ECU-Fakturierung. Im internationalen Bereich, insbesondere bei großen multinationalen Firmen, wird heute zum Teil schon in ECU fakturiert. Alle Transaktionen können so in einer gemeinsamen Verrechnungseinheit verbucht werden. Zwischen Firmen hängt eine ECU-Fakturierung von der Verhandlungsposition der Vertragspartner ab. Wer nicht in seiner eigenen nationalen Währung einen Vertrag abschließen will oder kann, wird versuchen, in der nächst stärkeren Währung zu einem Übereinkommen zu gelangen.

Der ECU

Zusammensetzung und Anteile der nationalen Währungen
(European Currency Unit/Europäische Währungseinheit)

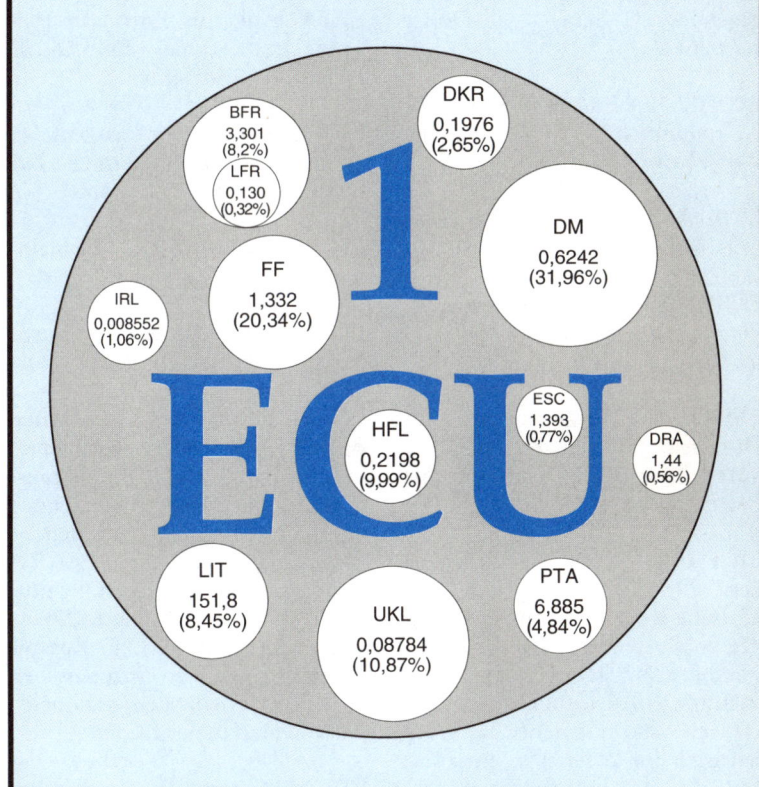

- BFR 3,301 (8,2%)
- LFR 0,130 (0,32%)
- DKR 0,1976 (2,65%)
- DM 0,6242 (31,96%)
- IRL 0,008552 (1,06%)
- FF 1,332 (20,34%)
- HFL 0,2198 (9,99%)
- ESC 1,393 (0,77%)
- DRA 1,44 (0,56%)
- LIT 151,8 (8,45%)
- UKL 0,08784 (10,87%)
- PTA 6,885 (4,84%)

1 ECU = 6,885 PTA + 1,393 ESC + 1,332 FF + 0,008552 IRL + 151,8 LIT + 1,44 DRA + 0,1976 DKR + 0,2198 HFL + 3,301 BFR + 0,130 LFR + 0,08784 UKL + 0,6242 DM (Währungskorb vom 21.9.1989)

Gewicht der Währungen im ECU-Korb in % (1.2.1993)

Gegenüber einer US-Dollar-Fakturierung hat ein Vertrag in ECU insbesondere für die Wirtschaftssubjekte innerhalb des Gebietes des → *Europäischen Währungssystems* den Vorteil, daß ihre nationale Währung im Durchschnitt weniger gegenüber dem ECU als gegenüber dem US-Dollar schwankt.

EC. Abk. für European Economic Community. → *Europäische Wirtschaftsgemeinschaft*.

EEF. Abk. für → *Europäischer Entwicklungsfonds*.

EFBG. Abk. für → *Europäische Finanzierungsberatungsgesellschaft*.

EFDO. Abk. für European Film Distribution Office. Europäisches Vertriebsbüro für Kinofilme als Beteiligter an → *MEDIA*.

Effet utile. „Nützliche Wirksamkeit". Der Effet utile ist die französische Kurzbezeichnung für einen vom → *Gerichtshof der EG* in ständiger Rechtsprechung angewandten Auslegungsgrundsatz. Danach sind Gemeinschaftsvorschriften im Zweifel so auszulegen, daß der beabsichtigte Integrationszweck auch tatsächlich erreicht wird („in dubio pro communitate" = im Zweifel zugunsten der Gemeinschaft).

EFICS. Abk. für European Forestal Information and Communication System. Forstwirtschaftliches Informations- und Kommunikationssystem der EG. (→ *Forstwirtschaft*)

EFRE. Abk. für → *Europäischer Fonds für regionale Entwicklung*.

EFTA. Abk. für European Free Trade Association. → *Europäische Freihandelsassoziation*.

EFWZ. Abk. für → *Europäischer Fonds für währungspolitische Zusammenarbeit*.

EG. → Europäische Gemeinschaft.

EG-Aktiengesellschaft. → Europäische Aktiengesellschaft.

EG-Ausschuß des Deutschen Bundestages. 1991 gegründeter Fachausschuß aus 31 Bundestagsabgeordneten und 9 beratenden deutschen Mitgliedern aus dem → *Europäischen Parlament* zur Beratung von EG-Vorlagen, institutionellen Angelegenheiten, Vertragsänderungen und zur Zusammenarbeit mit dem Europäischen Parlament sowie den nationalen Parlamenten in der EG.

EG-Beratungsstelle für Unternehmen. Informations- und Beratungsstellen, engl. Euro Info Centers (EIC), sollen den → *kleinen und mittleren Unternehmen* (KMU) in der EG als Anlaufstelle für alle die Gemeinschaft und den Binnenmarkt betreffende Fragen dienen. Als Kern der gemeinschaftlichen KMU-Politik geben sie vor allem Hilfestellung bei der Inanspruchnahme von Förderungen und bei der Teilnahme an Forschungs- und Ausbildungsprogrammen. Derzeit bestehen 210 Beratungsstellen in der EG, 38 davon in Deutschland. Sie werden bei bestehenden Organisationen und Verbänden (wie z.B. Handelskammern) eingerichtet und von der EG-Kommission, Generaldirektion XXIII (Unternehmenspolitik, Handel, Tourismus und Gemeinwirtschaft), unterstützt.

EG-Gipfel. Halbjährliche Konferenz des → *Europäischen Rates* zur Erörterung wichtiger Fragen der EG und der → *Europäischen Politischen Zusammenarbeit* (EPZ).

EG-Klausel. Vorbehalt in völkerrechtlichen Abkommen der EG-Mitgliedstaaten mit → *Drittstaaten* zur Aufrechterhaltung der EG-Kompetenzen und Sicherung künftiger gemeinsamer EG-Politiken. Die EWG-Klausel stellt insoweit sicher, daß der Grundsatz „pacta sunt servanda" (Verträge müssen eingehalten werden) nicht zu einer Veränderungssperre des Gemeinschaftswerkes wird.

EG-Kommission. Die Kommission der Europäischen Gemeinschaft(en), eines der vier Hauptorgane der EG (neben dem → *Rat der Europäischen Gemeinschaf-* *t(en)*, dem → *Europäischem Parlament* und dem → *Gerichtshof der EG*, ist als Exekutivorgan der Gemeinschaft mit legislativem Initiativrecht der eigentliche Motor der europäischen Integration. (Siehe Abb. S. 61) Als Vertreterin der Gemeinschaftsinteressen hat sie die Aufgabe, die Einhaltung der Gemeinschaftsverträge und des → *Gemeinschaftsrechts* durch die Mitgliedstaaten zu überwachen und notfalls im → *Vertragsverletzungsverfahren* vor dem EuGH durchzusetzen. Die Kommission führt den → *Haushalt* der Gemeinschaft, verwaltet die → *Strukturfonds* sowie die Mittel für Forschungs- und Entwicklungsprogramme der EG. Im Bereich der Wettbewerbs- und → *Beihilfeaufsicht* und bei der Abwehr von → *Dumping* hat sie die Befugnis, Einzelentscheidungen gegen EG-Mitgliedstaaten und Unternehmen zu erlassen. Im Legislativbereich wirkt sie nicht nur durch die ihr allein zustehenden Vorschläge für → *Richtlinien* und → *Verordnungen* mit, sondern ist in den verschiedenen Gesetzgebungsverfahren (→ *Legislative der EG*) auch aktiv als Vermittlerin zwischen den widerstrebenden Interessen der Mitgliedstaaten tätig. Da der Rat von ihren Vorschlägen nur einstimmig abweichen kann, ist die Kommission in einer starken Position, wenn sie eine beabsichtigte Regelung offiziell vorgeschlagen oder später abgeändert hat.

Die Kommission ist seit dem

EG-Kommission

1.7.1976 durch den sogenannten Fusionsvertrag (→ *Fusion der Organe*) für alle drei Gemeinschaftsverträge zuständig. In Bezug auf die → *Europäische Gemeinschaft für Kohle und Stahl* (EGKS) wird sie heute noch Hohe Behörde genannt. Sie setzt sich aus derzeit 17 Mitgliedern zusammen, die von den Regierungen der Mitgliedstaaten im gegenseitigen Einvernehmen für vier Jahre ernannt werden. Wiederernennung ist zulässig. Nach Ratifikation der → *Maastrichter Verträge* wird die Amtszeit der Kommission in Angleichung an die Wahlperiode des → *Europäischen Parlaments* fünf Jahre betragen (Art. 158 EGV). Außerdem wird zukünftig das Europäische Parlament bei der Ernennung beteiligt werden, und zwar wird es bei der Kandidatur des Kommissionspräsidenten angehört und muß bei der Ernennung der Kommission zustimmen. Dies soll erstmalig auf die ab 1995 amtierende Kommission Anwendung finden. Die größeren Mitgliedstaaten (Deutschland, Frankreich, England, Italien und Spanien) entsenden je zwei Mitglieder in die Kommission, die übrigen jeweils ein Mitglied. Der Rat kann aber die Zahl der Mitglieder durch einstimmigen Beschluß ändern.

Der Präsident und die 6 Vizepräsidenten der Kommission werden für jeweils 2 Jahre ernannt. Nach dem neuen Art. 161 EGV wird es künftig höchstens zwei Vizepräsidenten geben, die zudem von der Kommission selbst aus ihrer Mitte bestimmt werden. Seit 1985 ist der Franzose Jacques Delors Kommissionspräsident.

Die Kommissionsmitglieder üben ihre Tätigkeit in voller Unabhängigkeit aus. Sie unterliegen keinen Weisungen von dritter Stelle und dürfen keine andere Tätigkeit ausüben. Die Kommission ist eine Kollegialbehörde, d. h. jedes Mitglied hat bei den Entscheidungen, gleich aus welchem Bereich und unabhängig von seinen Zuständigkeiten, das gleiche Stimmrecht. Dies gilt auch für den Präsidenten; anders als der deutsche Bundeskanzler hat er keine „Richtlinienkompetenz". In der Praxis wird er allerdings kaum überstimmt. Für Beschlüsse ist die (einfache) Mehrheit erforderlich.

Jedes Kommissionsmitglied verfügt nach französischem Vorbild über eine Art Ministerbüro, das sogenannte Kabinett, mit 5 bis 7 Mitgliedern. Die Kabinettchefs vertreten ihren Kommissar und bereiten die Entscheidungen der Kommission in eigenen wöchentlichen Sitzungen vor.

Die Kommission stützt sich auf einen Beamtenapparat, der heute über 14.000 Bedienstete zählt. Die Kommissionsbediensteten verrichten ihre Arbeit im Rahmen einer hierarchischen Organisationsstruktur, die dem Vorbild der Ministerialbürokratie in den Mitgliedstaaten folgt. Zur Zeit erfüllen 23 → *Generaldirektionen* die Arbeit. Sie sind für die unterschiedlichen Sachbereiche (z.B.

EG-Kommission
(Organisation, Aufgaben und Unterorganisationen)

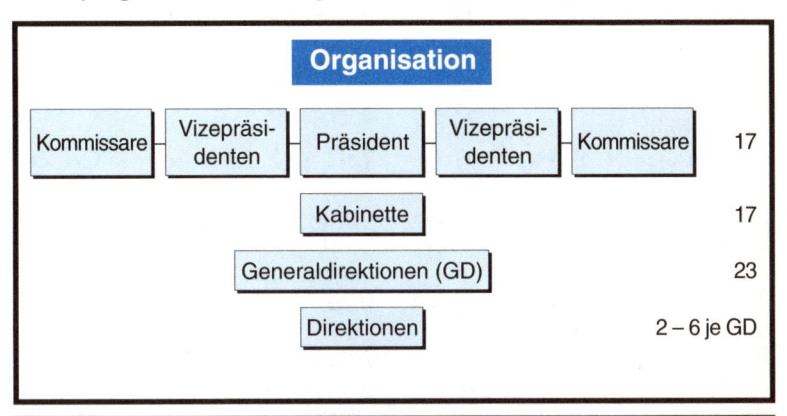

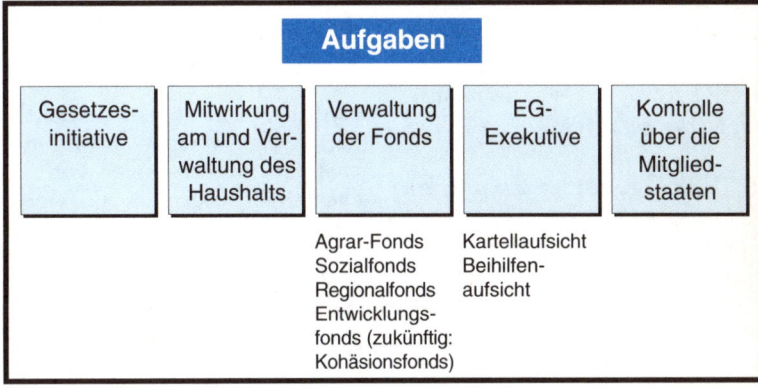

Organisation

Kommissare – Vizepräsidenten – Präsident – Vizepräsidenten – Kommissare	17
Kabinette	17
Generaldirektionen (GD)	23
Direktionen	2 – 6 je GD

Aufgaben

| Gesetzesinitiative | Mitwirkung am und Verwaltung des Haushalts | Verwaltung der Fonds | EG-Exekutive | Kontrolle über die Mitgliedstaaten |

Agrar-Fonds
Sozialfonds
Regionalfonds
Entwicklungsfonds (zukünftig: Kohäsionsfonds)

Kartellaufsicht
Beihilfenaufsicht

Unterorganisationen

| unselbständige Unterorganisationen | selbständige Unterorganisationen |

z.B.
- Gemeinsame Kernforschungsstelle
- Amt für amtliche Veröffentlichungen
- Euratom-Versorgungsagentur

z.B.
- Europ. Zentrum für die Förderung der Berufsbildung (CEDEFOP)
- Europ. Stiftung zur Verbesserung der Lebens- und Arbeitsbedingungen
- Europ. Markenamt (geplant)

EG-Rechtsakte

Außenbeziehungen, Wettbewerb, Verkehr, Landwirtschaft, Haushalt) zuständig und entsprechen nationalen Ministerien. Hinzu kommen Ämter, verschiedene Querschnittsdienste und Sonderinstitutionen (z. B. → *Juristischer Dienst*, Übersetzungsdienst, Euratom-Versorgungsagentur oder → *Amt für amtliche Veröffentlichungen* der EG).
Eine Generaldirektion gliedert sich in Direktionen, als weitere Unterteilung folgen Abteilungen.

EG-Rechtsakte. → Rechtsakte der EG.

EGB. Abk. für → *Europäischer Gewerkschaftsbund*.

EGKS. Abk. für → *Europäische Gemeinschaft für Kohle und Stahl*.

EGKS-Umlagen. Während die → *Römischen Verträge* keine eigenen EG-Steuern kennen, berechtigt der ältere EGKS-Vertrag (→ *Europäische Gemeinschaft für Kohle und Stahl*) die Gemeinschaft, sich die zur Erfüllung ihrer Aufgaben erforderlichen Mittel u.a. durch Erhebung von Umlagen auf die Erzeugung von Kohle und Stahl zu beschaffen. Diese Umlagen stellen eine Art gemeinschaftlicher Umsatzsteuer dar. (→ *Einnahmen der EG*).

EGV. Abk. für Vertrag über die Europäische Gemeinschaft.

EHI. Abk. für → *Europäisches Hochschulinstitut*.

EIB. Abk. für → *Europäische Investitionsbank*.

EIC. Abk. für Euro Info Centers. → *EG-Beratungsstellen für Unternehmen*.

Eigenmittel der EG. → *Einnahmen der EG*.

EINECS. Abk. für European Inventory of existing chemical substances. Europäisches Verzeichnis der chemischen Substanzen, die auf dem Markt sind.

Einfuhr. Im außenwirtschaftlichen Sinne versteht man unter Einfuhr das Verbringen von Sachen und Elektrizität aus einem fremden in das eigene Wirtschaftsgebiet. Als Einfuhr gilt auch das Verbringen aus einem Zollfreigebiet, Zollausschuß oder Zollverkehr in den freien Verkehr des Wirtschaftsgebietes. Einfuhr im Sinne des Zollrechts ist das Verbringen von Waren in das Zollgebiet. Die Einfuhr von Waren von einem EG-Mitgliedstaat in einen anderen ist grundsätzlich ohne Genehmigung zulässig.

Einfuhr-Umsatzsteuer. Umsatz- bzw. → *Mehrwertsteuer* des Importlandes, die bei der → *Einfuhr* von Waren aus Staaten außerhalb der EG erhoben wird, um die Importwaren, die regelmäßig von der Umsatzsteuer des Exportlandes befreit sind, mit der inländischen Umsatzsteuer zu belasten. Auf diese Weise sollen gleiche Wettbewerbsverhältnisse erreicht werden. Bei Einfuhren aus anderen EG-Staaten wird seit dem 1. 1. 1993 keine Einfuhr-Umsatzsteuer mehr erhoben. Bei Einfuhren von Privatpersonen bleibt es bei der Besteuerung im Ursprungsland. Bei Einfuhren durch Unternehmen wird eine → *Erwerbsbesteuerung* durchgeführt. Der einführende Unternehmer kann die Erwerbsbesteuerung als Vorsteuer abziehen und erhebt beim Weiterverkauf der Waren dann die inländische Umsatzsteuer (Mehrwertsteuer).

Eingangsabgaben. Eingangsabgaben sind in der EG solche Abgaben, die bei der Einfuhr aus → *Drittstaaten* in die Gemeinschaft erhoben werden sowie eigene → *Einnahmen* der EG. Im Sinne des deutschen Zollrechts werden zusätzlich auch die → *Einfuhrumsatzsteuer* und die → *Verbrauchsteuern* hierunter gerechnet.

Einheitliche Europäische Akte. Abk. EEA. Die EEA stellte die erste große Reform der → *Römischen Verträge* dar, vor allem des Vertrages zur → *Europäischen Wirtschaftsgemeinschaft* (EWG-Vertrag). Vorstufen der EEA waren die Arbeiten des → *Europäischen Parlamentes*, das 1984 einen Entwurf für die Gründung einer → *Europäischen Union* vorlegte und die Feierliche Erklärung zur Europäischen Union, welche die im → *Europäischen Rat* versammelten Staats- und Regierungschefs der EG am 19.6.1983 in Stuttgart unterzeichneten. In dieser Erklärung bekundete die höchste europäische Leitungsinstitution, daß eine weitere Integrationsentwicklung durch Stärkung und Ausbau der Gemeinschaftsinstitutionen und neue Aktivitäten in den Bereichen Kultur, Recht und Außenpolitik angestrebt werde. Zur Verwirklichung dieser Direktiven wurden 1984 der Dooge-Ausschuß für institutionelle Fragen und der Adonnino-Ausschuß für das → *Europa der Bürger* eingesetzt. Die Ausschüsse legten dem Europäischen Rat ausführliche Berichte (→ *Adonnino-Bericht*, → *Dooge-Bericht*) vor, die im Sommer 1985 zur Einsetzung einer Regierungskonferenz zur Änderung der EG-Verträge führten (gegen die Stimme Großbritanniens, Dänemarks und Griechenlands, die sich aber dem Mehrheitsbeschluß beugten). Im Februar 1986 unterzeichneten die EG-Staaten das ausgearbeitete Vertragswerk – die „Einheitliche Europäische Akte". Nach Abschluß der innerstaatlichen Ratifizierungsverfahren trat die EEA am 1.7.1987 in Kraft.
Durch die EEA wurden Kapitel über den wirtschaftlichen und sozialen Zusammenhalt, über die Forschung und technologische Entwicklung und über die Umwelt in den EWG-Vertrag eingefügt. Für den → *Binnenmarkt*,

hervorgehoben als Integrationsziel Nr. 1, wurde als neues Legislativverfahren das sogenannte → *Zusammenarbeitsverfahren* eingeführt. Dies verknüpfte das Europäische Parlament enger als bisher mit der Ratsarbeit. Das Verfahren führte an Stelle des Einstimmigkeits- das Mehrheitsprinzip für Entscheidungen des Rates bei allen binnenmarktbezogenen → *Rechtsakten* der EG ein. Zwar war das integrationsfreundlichere Mehrheitsprinzip bereits in den Römischen Verträgen angelegt, es kam aber – vor allem seit dem → *Luxemburger Kompromiß* von 1966 – praktisch nicht zur Geltung. Mit Inkrafttreten der EEA und unter dem Eindruck des neuen integrativen Impulses in Richtung „Binnenmarkt 1993" ist das Mehrheitsprinzip tatsächlich verwirklicht worden, auch ohne den ausdrücklichen Verzicht auf ein Vetorecht (→ *Binnenmarkt*). In den Fällen des Beitrittes oder der → *Assoziierung* dritter Staaten, die der Zustimmung des Rates bedürfen, erhielt das Europäische Parlament ein echtes Mitentscheidungsrecht. In bezug auf die rechtsprechende Gewalt der EG wurde eine Ratsermächtigung (mit Antragsrecht des → *Gerichtshofes der EG*) vorgesehen, die zur Schaffung des → *Gerichtes erster Instanz* führte. Die beiden Integrationsstränge → *Europäische Gemeinschaften* und → *Europäische Politische Zusammenarbeit* waren bisher mehr oder weniger isoliert nebeneinander hergelaufen. Durch die EEA wurden sie zusammengeführt und dem → *Europäischen Rat* als der für beide verbindlichen Leitungsinstanz zugeordnet.

Einheitswährung. Einziges legales Zahlungsmittel in einer Währungszone (→ *Währungskonzepte für die EG*).

Einkommensteuer. Alle europäischen Staaten belasten das zu versteuernde Einkommen der natürlichen Personen mit einer Einkommensteuer, bei der sich die Steuerhöhe nicht nur nach den objektiven Merkmalen (Höhe des Einkommens), sondern auch nach subjektiven Merkmalen (Familienstand, private Aufwendungen zur Vorsorge, außergewöhnliche Belastungen etc.) richtet. Die Belastungen differieren von Land zu Land sehr stark. Eine Harmonisierung der Einkommensteuer in der EG ist derzeit nicht geplant.

Einnahmen der EG. Der Vertrag zur → *Europäischen Gemeinschaft für Kohle und Stahl* (EGKS, Montanunion) von 1951 sah noch Steuereinnahmen der Gemeinschaft in Form von Umlagen vor, die den Mitgliedstaaten auf die Erzeugung von Kohle und Stahl auferlegt wurden. Die beiden → *Römischen Verträge* zur Gründung der → *Europäischen Atomgemeinschaft* (EURATOM) und der → *Europäischen Wirtschaftsgemeinschaft* (EWG) von 1957 wurden demgegenüber nach einem

Einnahmen der EG

festgelegten Verteilungsschlüssel durch sogenannte Matrikularbeiträge der Mitgliedstaaten finanziert. Neben dem Aufbringungsschlüssel für die Haushaltseinnahmen gab es noch eine Reihe weiterer Beitragsschlüssel, die unterschiedlich regelten, in welcher Höhe die Mitgliedstaaten für bestimmte Aufgaben kostenpflichtig waren (z.B. für die Deckung des Sozialfonds, die Zeichnung des Kapitals für die → *Europäische Investitionsbank* oder den Investitionshaushalt von EURATOM). Damit blieben die Römischen Verträge weit hinter der weitgehenden Finanzierungsautonomie der Montanunion zurück. Ab 1971 wurde der EG-Haushalt schrittweise durch immer höhere Eigenmittel der EG finanziert, bis 1975 die vollständige Eigenfinanzierung einsetzte. Die Eigenmittel der Gemeinschaft setzten sich im wesentlichen zusammen aus den Agrarabschöpfungen (→ *Abschöpfungen*) und den Zöllen; hinzu kamen bestimmte Mehrwertsteuer-Einnahmen der Mitgliedstaaten, die in jährlich festgesetzter Höhe an die EG abzuführen waren. Hierbei durfte zunächst ein Prozent dieser Einnahmen nicht überschritten werden. Als in den achtziger Jahren die Kosten der gemeinsamen → *Agrarpolitik* den Rahmen der abzuführenden Steuermittel zu sprengen drohten, wurde er ab 1986 auf 1,4 Prozent des Mehrwertsteuer-Aufkommens erhöht. Schon zwei Jahre später mußte die Finanzierung aufgrund weiter gestiegener Ausgaben wieder neu geregelt werden. In dem sogenannten Delors-Paket I (→ *Delors-Paket*) verknüpfte die EG-Kommission die Änderung der Finanzverfassung mit der Reform der EG-Strukturpolitik und der Bereinigung der Agrarüberschüsse. Das Paket wurde am 24.6.1988 vom Rat verabschiedet. Bezüglich der eigenen Einnahmen sah der Beschluß die Zuweisung der bisher noch als nationale Einnahmen erhobenen EGKS-Zölle an die Gemeinschaft vor. Hinzu kam eine 4. Quelle, nämlich ein nach dem Bruttosozialprodukt der Mitgliedstaaten berechneter Anteil an nationalen Mitteln. Dieser Anteil dient nur der Spitzenfinanzierung, d.h. er wird nur erhoben, wenn die Ausgaben durch die übrigen Einnahmen nicht gedeckt werden können. Der Höchstsatz der abzuführenden Mehrwertsteuer-Mittel blieb bei 1,4 Prozent. Die Bemessungsgrundlage, die wegen der nach wie vor unterschiedlichen Mehrwertsteuer-Sätze in den Mitgliedstaaten noch als Maßstab einzusetzen ist, darf 55 Prozent des jeweiligen Bruttosozialproduktes nicht überschreiten. Die Obergrenze für die gemeinschaftlichen Eigenmittel beträgt zur Zeit 1,20 % des gesamten Bruttosozialproduktes in der EG. Die Mitgliedstaaten einigten sich anläßlich der Tagung des Europäischen Rates in Edinburgh im Dezember 1992 darauf, diese Obergrenze bis zum Jahr 1999 auf 1,27 % anzuheben. Eine Änderung der Sätze setzt eine förmliche Änderung der EG-Finanzverfassung voraus und bedarf daher einer von allen Mitgliedstaaten akzeptierten und ratifizierten Regelung. Den größten Anteil an den gesamten EG-Einnahmen haben die Mehrwertsteuer-Einnahmen (1989 ca. 26 Mrd. ECU, Bruttosozialprodukt-Mittel ca. 4 Mrd. ECU, Zölle ca. 10 Mrd. ECU, Agrarabschöpfungen einschließlich Zuckerabgabe ca. 3 Mrd. ECU; Gesamteinnahmen 1989 ca. 42,5 Mrd. ECU).

Einschleusungspreis. → *Agrarpolitik.*

Einstimmigkeitsprinzip. → *Konsensprinzip.*

Einzeldarlehen. In Ländern, in denen keine → *Globaldarlehen* der → *Europäischen Investitionsbank* (EIB) bereitstehen, kann die EIB direkte Einzeldarlehen gewähren.

Einzelfreistellung. → *Freistellung.*

Eisenbahnverkehr. Die Maßnahmen der EG auf dem Gebiet des Eisenbahnverkehrs waren bisher vor allem auf die Stärkung der Wettbewerbsfähigkeit der Eisenbahnen und die Harmonisierung der staatlichen Eingriffe (hauptsächlich der Subventionen) gerichtet. Im Gegensatz zu anderen Verkehrssektoren (→ *Binnenschiffahrt,* → *Luftverkehr,* → *Seeverkehr,* → *Straßenverkehr*) wird der Eisenbahnverkehr von staatlichen Gesellschaften mit Monopolstellung betrieben. Nachdem sich die Tätigkeit der EG bisher hauptsächlich auf die Koordinierung des Infrastruktur-Aufbaus in den Mitgliedstaaten (→ *Hochgeschwindigkeitszug,* → *Kombinierter Verkehr*) konzentrierte, ist die EG-Kommission nun bestrebt, eine Koordinationsfunktion beim Ausbau eines transeuropäischen Eisenbahnnetzes und dem Aufbau eines europäischen Netzes für den → *kombinierten Verkehr* zu übernehmen.

Elektrizitätsverwendung. Die EG führt ein Programm durch zur Erhöhung der Effizienz beim Umgang mit Elektrizität. Dazu gehören Verbraucherinformation und technische Beratung, Demonstrationsvorhaben, Untersuchungen sowie Normung, Herstellung, Vermarktung und Einsatz effizienter Geräte und Maschinen.

ELISE. Abk. für European Information-Exchange Network on Local Development and Local Employment Initiatives, Europäisches Informationsnetz für örtliche beschäftigungspolitische Maßnahmen in ganz Europa, das 1985 zur Bekämpfung der Arbeitslosigkeit in der EG geschaffen wurde.

ELTA. Abk. für European Learning Technology Association. Verband der europäischen Entwickler von Lerntechnologien und Interessenten an → *DELTA*.

EMA. Abk. für European Monetary Agreement. → *Europäisches Währungsabkommen*.

Embargo. Ausfuhrverbot nach bestimmten Ländern aus politischen oder militärischen Gründen.

Empfehlung. In den → *Römischen Verträgen* als solche bezeichnete Verlautbarung von Rat und EG-Kommission, die ohne Rechtsverbindlichkeit zur Erfüllung ihrer Aufgaben und nach Maßgabe der Verträge an die Mitgliedstaaten gerichtet wird. Im Vertrag zur → *Europäischen Gemeinschaft für Kohle und Stahl* bezeichnen die Empfehlungen die Rechtsakte, die in den Römischen Verträgen → *Richtlinien* genannt werden. (→ *Rechtsakte der EG*)

EMRK. Abk. für → *Europäische Menschenrechtskonvention*.

ENDOC. Kurzbezeichnung für EG-Datenbank über die Informations- und Dokumentationszentren in den EG-Mitgliedstaaten auf dem Gebiet der Umwelt.

Energieplanung. Titel eines EG-Förderprogramms zur Erstellung regionaler Energiebilanzen, Durchführbarkeitsstudien für Energieversorgungsprojekte und die Energiewirtschaft im regionalen und städtischen Umfeld.

Energiepolitik. Die Energiepolitik der EG ist einerseits auf rationelle und effiziente Energieverwendung (→ *SAVE*, → *THERMIE*) sowie Verringerung der Abhängigkeit von Rohölimporten gerichtet, andererseits auf die Verwirklichung des Binnenmarktes auf dem Energiesektor. Die Hindernisse für die Liberalisierung des Energiesektors liegen vor allem in den unterschiedlichen Marktstrukturen der Mitgliedstaaten sowie dem starken staatlichen Einfluß. Um den freien Austausch von Energie innerhalb der EG zu ermöglichen, sollen wirtschaftliche Barrieren wie Verteilungsmonopole und Preisbildungspraktiken abgeschafft werden. Dies soll durch eine strikte Anwendung des Prinzips des freien → *Waren- und Dienstleistungsverkehrs* sowie des → *Wettbewerbsrechtes* erreicht werden. Um die Transparenz bei der Preisbildung für Energieprodukte in den Mitgliedstaaten zu fördern, hat die Gemeinschaft ein Preisüberwachungssystem eingeführt. Demnach müssen alle Energieversorgungsunternehmen Preise und Bezugsbedingungen alle 2 Jahre dem → *Statistischen Amt der EG* (EUROSTAT) melden. Im Bereich der Infrastruktur ist der Aufbau eines europäischen Leitungsnetzes für Strom und Gas vorgesehen. Den ersten Schritt zur Bildung einer Europäischen

Energiegemeinschaft bildete im November 1991 die Unterzeichnung eine Europäischen Energiecharta durch die Staaten West- und Osteuropas sowie elf Nachfolgestaaten der ehemaligen Sowjetunion.

Die Energiecharta umfaßt den Zugang zu den Energiequellen und deren Ausbeutung, regelt die Liberalisierung des Handels mit Energieträgern und enthält technische Bestimmungen und Sicherheitsvorschriften. 1992 wurden die Verhandlungen über ein rechtlich verbindliches Basisabkommen aufgenommen, in dem Regeln betreffend den Energieaustausch, die Wettbewerbsbedingungen, den Transport und Transit, die Umwelt, Investitionen und die Beilegung von Streitigkeiten festgelegt werden.

ENREP. Abk. für Environmental Research Projects. EG-Datenbank über die EG-Forschungsvorhaben im Umweltschutz.

ENS. Abk. für European Nervous System. Vernetzung der einzelstaatlichen Infrastrukturen in der EG insbesondere auf den Gebieten Verkehr, Energie, Verwaltung, Berufsbildung und Technologie.

Entbürokratisierung. Der EG-Administration in Brüssel wird häufig Bürokratisierung und Zentralismus vorgeworfen. Die EG-Kommission bemüht sich, die EG-Legislative möglichst zu straffen und auf wesentliches zu beschränken Das ist in den → *Maastrichter Verträgen* zur verbindlichen Rechtsregel erhoben worden. Auf Grenzen stößt die Kommission dabei, wenn die Mitgliedstaaten in den Richtlinien möglichst alle Eigenheiten nationaler Rechtstraditionen verankert wissen wollen, was zur Überladung des EG-Rechtsaktes mit Detailregelungen führt. Die Harmonisierung von zwölf eigenständigen nationalen Rechtsordnungen ist aber oft nicht ohne Zugeständnisse an Klarheit und Verständlichkeit möglich.

Der Entbürokratisierung dienlich ist der neue Ansatz, statt der Harmonisierung künftig verstärkt die → *gegenseitige Anerkennung* nationaler Rechte vorzusehen.

Entscheidungen der EG. Verbindliche Rechtsakte der EG zur Regelung eines Einzelfalls, im EGKS-Vertrag (→ *Europäische Gemeinschaft für Kohle und Stahl*) sinngleich mit → *Verordnungen* (→ *Rechtsakte der EG*).

Entstrickung. Als Entstrickung wird die Verbringung von Wirtschaftsgütern aus einer inländischen Gesellschaft in ihre ausländische → *Betriebsstätte* bezeichnet. Hierbei würden normalerweise die in dem Wirtschaftsgut enthaltenen stillen Reserven aufgedeckt und besteuert. Der Bundesminister der Finanzen hat jedoch Regeln zur Vermeidung der negativen Steuerfolgen erlassen.

Entwicklungspolitik. Gesamtheit der politischen Aktionen zur Verbesserung der Strukturen und Einkommen von Staaten oder Teilen von Staaten, die wegen ihrer historischen, geographischen oder politischen Entwicklung Rückstände aufweisen. So definiert dient die externe, auf andere Staaten bezogene Entwicklungspolitik der Heranführung der Entwicklungländer an den Status der Industriestaaten und die interne Entwicklungspolitik als staatliche Struktur- oder Regionalpolitik der Angleichung der Produktions- und Vermögensstrukturen unterschiedlicher Landesteile. Die → *Römischen Verträge* sahen eine externe Entwicklungspolitik nur in begrenztem Umfang, nämlich in Form der Assoziierung außereuropäischer Gebiete der Mitgliedstaaten (→ *Assoziierung afrikanischer Staaten und Madagaskars*) vor. Im Rahmen der → *Jaunde*- und → *Lomé-Abkommen* und mit Mitteln des → *Europäischen Entwicklungsfonds* sowie im Wege der → *Nahrungsmittelhilfe* wurde aber auch von der EG die globale Aufgabe einer gemeinsamen Entwicklungspolitik aufgegriffen. Instrumente sind die handelspolitischen Verträge oder die Assoziationsverträge der EG, die zum Teil auch als → *gemischte Abkommen* abgeschlossen werden.

ENVIREG. Abk. für Environnement régional. Gemeinschaftsinitiative des → *Europäischen Fonds für regionale Entwicklung* für den Umweltschutz und die sozioökonomische Entwicklung. Das Programm finanziert z.B. Maßnahmen zur Abwasserentsorgung, Bekämpfung der Ölverschmutzung in Mittelmeerhäfen oder Giftmüllentsorgung.

EP. Abk. für → *Europäisches Parlament*.

EPA. Abk. für → *Europäisches Patentamt*.

EPHOS. Abk. für European Procurement Handbook for Open Systems. Europäisches Beschaffungshandbuch für offene Systeme. Das im wesentlichen von Deutschland, Frankreich und Großbritannien erarbeitete Handbuch konkretisiert in wesentlichen Teilbereichen der Informationstechnik die gemeinsamen Anforderungen der öffentlichen Verwaltungen.

EPOCH. Abk. für European Programme on Climatology and Natural Hazards. EG-Förderprogramm zur Forschung und technologischen Entwicklung im Umweltschutz. Gefördert werden vor allem die Erforschung globaler Umweltveränderungen sowie Folgen und technologische Risiken von Naturkatastrophen. Seit 1991 ist das Programm Teil von → *STEP*.

EPÜ. Abk. für → *Europäisches Patentübereinkommen*.

EPZ. Abk. für → *Europäische Politische Zusammenarbeit.*

ERASMUS. Abk. für European Action Scheme for the Mobility of University Students. EG-Aktions-Programm zur Förderung der Mobilität von Hochschulstudenten und der Zusammenarbeit zwischen den Hochschulen in der EG. Innerhalb eines europäischen Hochschulnetzes für Austausch, gemeinsame Curriculumentwicklung, Ausländerintensivkurse etc. werden Stipendien für Studenten und Lehrpersonal vergeben, Einzelprojekte zur Anerkennung von Diplomen, Studienzeiten und Studienleistungen (→ *ECTS*) durchgeführt sowie Informationszentren über die Arbeit der Hochschulen geschaffen.

Erbschaftsteuer. In Deutschland wird die Erbschaftsteuer bei Erbfällen und bei Schenkungen progressiv nach der Höhe des Erwerbs und abnehmendem Verwandtschaftsgrad erhoben. Auch andere europäische Staaten erheben Erbschaftsteuern. Hierbei kann es zu → *Doppelbesteuerungen* kommen, da die Bundesrepublik Deutschland Abkommen zur Vermeidung der Doppelbesteuerung auf dem Gebiet der Erbschaftsteuer nur mit fünf Staaten, davon innerhalb der EG nur mit Griechenland, geschlossen hat.

ERE. Abk. für → *Europäische Rechnungseinheit.*

ERH. Abk. für → *Europäischer Rechnungshof.*

Erwägungsgründe. Aus dem französischen Rechtsraum stammende Gepflogenheit, vor dem eigentlichen Gesetzeswortlaut die Motive des Gesetzgebers mitzuteilen. Die Erwägungsgründe vor den → *Rechtsakten der EG* stellen Auslegungshilfen für die Exekutive und Judikative dar und ermöglichen Klarstellungen unterhalb der Regelungsschwelle.

Erzeugerpreis. → *Agrarpolitik.*

ESA. Abk. für European Space Agency. → *Europäische Weltraumorganisation.*

ESCF. Abk. für European Seed Capital Fund Network. Netz von 24 EG-bezuschußten Fonds zur Bereitstellung von Startkapital für neue Unternehmen (→ *EVCA*).

ESF. Abk. für → *Europäischer Sozialfonds.*

ESPRIT. Abk. für European Strategic Programme for Research and Development in Information Technology. EG-Forschungsprogramm zur technologischen Entwicklung im Bereich der Informationstechnologie. Eine entsprechende Grundlagenforschung soll zur Verbesserung der Wettbewerbsfähigkeit der europäischen informations-technologischen Industrie beitragen.

ESZB. Abk. für Europäisches System der Zentralbanken. → *Europäisches Zentralbanksystem.*

ETP. Abk. für Executive Training Programme. EG-Schulungsprogramm in Japan für junge Führungskräfte aus EG-Unternehmen zur Steigerung der Ausfuhren, der Zusammenarbeit mit japanischen Unternehmen und der Verbesserung der Landeskenntnisse europäischer Führungskräfte (→ *HTP*).

ETS. Abk. für European Telecommunications Standards. → *Europäische Fernmeldenorm.*

ETSI. Abk. für European Telecommunications Standards Institute. → *Europäisches Institut für Fernmeldenormen.*

EuGH. Abk. für Europäischer Gerichtshof (→ *Gerichtshof der EG*).

EURAM. Abk. für European Research on Advanced Materials. Teil des Forschungsprogramms für Materialien, Entwurfs- und Fertigungstechnologien → *BRITE.*

EURATOM. Kurzbezeichnung für → *Europäische Atomgemeinschaft.*

EURCO. Erste europäische → *Rechnungseinheit* in Form eines → *Währungskorbes* (1973) mit dem Ziel, die Risiken bei Anleihen in Fremdwährungen dadurch zu vermindern, daß man sich auf das Ergebnis der durchschnittlichen Entwicklung eines festgelegten Bündels von Währungen bezog.

Euregio Maas – Rhein. Grenzüberschreitende Regionalorganisation der Gebiete Lüttich, Limbourg und Aachen, seit 9. April 1991 in der Unternehmensform der → *Europäischen Wirtschaftlichen* Interessenvereinigung (EWIV), erste Regionalorganisation mit eigener Rechtsperson.

EUREKA. Abk. für European Research Coordination Agency. Am 17.7.1985 gegründete Organisation zur Förderung der verstärkten technologischen, industriellen und wissenschaftlichen Zusammenarbeit von Unternehmen und Forschungseinrichtungen in Europa. Von den etwa 400 Einzelprojekten sind → *HDTV*, → *JESSI*, → *PROMETHEUS* die bekanntesten. Dadurch soll die Wettbewerbsfähigkeit auf den Weltmärkten gesteigert werden. Mitglieder sind die EG-Staaten, die EG-Kommission, die Staaten der → *Europäischen Freihandelsassoziation* (EFTA) und die Türkei. Beschlußorgan von EUREKA ist die jährliche Ministerkonferenz, das Sekretariat in Brüssel, das auch die vierteljährlichen EUREKA-News herausgibt.

EURET. Abk. für European Research for Transport. Forschungsprogramm für → *Luft-*, → *Stra-*

ßen- und → *Eisenbahnverkehr*. Es soll die Nutzung der Informationstechnologie fördern, die Dienstleistungsqualität erhöhen und die Verkehrssicherheit verbessern.

EURISTOTE. EG-Datenbank mit über 10.000 Dissertationen und Studien auf dem Gebiet der europäischen Integration.

Euro-Anleihen. Anleihen, die auf den internationalen Finanzmärkten in Europa in den wichtigsten Währungen der Welt durch Bankenkonsortien plaziert werden.

Euro-Banken. Banken, die aktiv an den → *Euro-Märkten* teilnehmen.

Euro-Devisen. Auch Euro-Währungen. Alle Währungen, die außerhalb ihres Herkunftlandes an internationalen Finanzplätzen (→ *Euro-Märkte*) gehandelt werden.

Euro-Dollar. US-Dollars, die auf den → *Euro-Märkten* gehandelt werden.

Euro-Info-Centers. Abk. EIC. → *EG-Beratungsstellen für Unternehmen*.

Euro-Märkte. Internationale Geld-, Kapital- und Kreditmärkte in Fremdwährungen an den Finanzzentren Europas. Die größten Finanzplätze sind London, Luxemburg, Frankfurt, Paris, Zürich und Mailand. Teilmärkte sind zum einen der Euro-Geld- und Devisenmarkt sowie der Euro-Kreditmarkt, zum anderen der Euro-Kapital- oder Bondmarkt.
Der Geld- und Devisenmarkt besteht aus Transaktionen, die vom „Spot-Geschäft" hin zu Vereinbarungen mit Laufzeiten normalerweise bis zu einem Jahr reichen. Dieser Markt kennt nur eine begrenzte Anzahl von Marktteilnehmern (sogenannte erste Bankadressen). Die Abwicklung von Geld- und Devisengeschäften kann daher auch relativ formlos und ohne Absicherung der Kredite im gegenseitigen Vertrauen erfolgen. Kredite an Nicht-Banken werden über den Euro-Kreditmarkt abgewickelt, der ausführliche Verträge und Absicherungen kennt.
Der Kapital- oder Bondmarkt ist die langfristige Komponente; auf ihm werden → *Euro-Anleihen* durch internationale Bankkonsortien gleichzeitig auf verschiedenen internationalen Bankplätzen aufgelegt (im Gegensatz zu den klassischen Auslandsanleihen, welche von einer Bank oder Bankgruppe im gleichen Land plaziert werden).

Euro-Schalter. Bezeichnung für → *EG-Beratungsstellen für Unternehmen*.

Eurobarometer. Unter dieser Bezeichnung läßt die EG-Kommission seit 1973 von nationalen Meinungsforschungsinstituten halbjährlich in allen EG-Mitgliedstaaten Meinungsumfragen durchführen. Sie sollen Aufschluß über Einstellungen und Ansichten der EG-Bürger zur EG und ihre Beurteilung der Zukunft der EG geben. Die Ergebnisse werden in einem Bericht zusammengefaßt und von der Kommission veröffentlicht.

EUROCONTACT. Kurzbezeichnung für die EG-Datenbank über Forschungsinteressen und -tätigkeiten im Bereich der Informations- und Telekommunikationstechnologie mit Sitz in Dublin. Sie soll die Kontaktaufnahme und Partnersuche bei der Teilnahme an den Forschungsprogrammen der EG-Kommission erleichtern.

EUROFARM. Kurzbezeichnung für Informationssystem zur Ermittlung der EG-Landwirtschaftsstruktur auf der Basis von Daten über einzelne Agrarbetriebe. EUROFARM ist eine Einrichtung im Rahmen des Programms → *CADDIA*.

Eurofed. → *Europäische Zentralbank*.

EUROFORM. EG-Initiative im Rahmen des → *Europäischen Sozialfonds* zur Förderung neuer Berufsqualifikationen, Fachkenntnisse und Beschäftigungsmöglichkeiten im Zuge des Technologiewandels und der Vollendung des → *Binnenmarktes*.

Euromethod. Vorhaben der EG-Kommission, in Zusammenarbeit mit den Mitgliedstaaten zu einer höheren Effizienz bei der Planung und Entwicklung von Informationssystemen zu gelangen (→ *EPHOS*).

Europa-Abkommen. Assoziierungsabkommen, welche die EG mit den ehemaligen Ostblockstaaten abgeschlossen hat (→ *Assoziierung*). Unterzeichnet wurden Europa-Abkommen mit Polen, Ungarn, Tschechien, der Slowakei, Bulgarien und Rumänien. Als Vorstufe zu möglichen Assoziierungsabkommen schloß die EG Handels- und Kooperationsabkommen mit Albanien und den baltischen Staaten ab. Neben der schrittweisen Errichtung einer → *Freihandelszone*, wobei die EG die Zölle rascher abbaut als ihre Vertragspartner, umfassen die Europa-Abkommen politische und kulturelle Vereinbarungen und sind langfristig auf eine etwaige Integration der Partnerländer in die Gemeinschaft angelegt.

Europa der Bürger. Durch die Gipfelkonferenz von Paris 1974 zum ersten Mal angestoßene und von dem → *Adonnino-Bericht* ins politische Blickfeld gerückte Zielvorstellung von Aktionen, die das Integrationsgeschehen für den einzelnen EG-Bürger anschaulicher und erlebbarer gestalten sollen. Das Europa der Bürger zeichnet sich durch gemeinsame Symbole (→ *Europafahne* und

Europa der Vaterländer

-*hymne*, Embleme und Briefmarken) und bürgernahe Errungenschaften (besondere Rechte und Freizügigkeiten, Steuerfreigrenzen, besonders betonte aufenthalts- und berufsrechtliche Vergünstigungen) aus. Durch die → *Maastrichter Verträge* (Kommunalwahlrecht, Ombudsmann, Bürgerrechte) wurde das Europa der Bürger weiter konkretisiert.

Europa der Vaterländer. Von dem französischen Staatspräsidenten Charles de Gaulle 1960 geprägter Begriff eines vereinten Europas durch bloße Zusammenarbeit weiterhin souveräner Nationalstaaten. Demgegenüber vertraten die europäischen Föderalisten die supranational ausgerichtete Konzeption eines föderativen Zusammenschlusses der europäischen Staaten unter Aufgabe ihrer Eigenstaatlichkeit (→ *Europa-Union*, → *Fouchetpläne*). Dem Prinzip des Europas der Vaterländer folgte die → *Europäische Politische Zusammenarbeit*, dem Konzept der Föderalisten die EG.

Europa gegen Krebs. EG-Gesundheitsprogramm, das der → *Rat der EG* 1985 beschlossen hat. Der Aktionsplan 1990 – 1994 erstreckt sich auf Initiativen in den 4 Schlüsselbereichen Krebsforschung, Krebsverhütung, Unterrichtung und Gesundheitserziehung sowie Ausbildung des medizinischen Personals.

Europa Kolleg. Das 1949 gegründete Kolleg in Brügge, Belgien, bietet seit 1950 einen einjährigen postuniversitären Lehrgang über die EG und Fragen der europäischen Integration an. Der Lehrgang wird in 3 Fachrichtungen geführt: Europarecht, Wirtschaft und Verwaltungswissenschaften. Die beiden Arbeitssprachen des Europa-Kollegs sind Englisch und Französisch. Der Lehrkörper besteht aus etwa 60 Gastprofessoren. Jährlich nehmen etwa 200 Studenten aus Europa und Übersee am Lehrgang teil.

Europa mit zwei Geschwindigkeiten. Frz. → *Europe à deux vitesses*.

Europa-Paß. Seit Januar 1981 gibt es den Reisepaß der EG-Mitgliedstaaten mit einheitlicher Form, der aber nach wie vor als nationales Ausweispapier von nationalen Paßämtern ausgestellt wird. Der Europa-Paß ist damit noch kein eigentlicher EG-Paß für Bürger der Gemeinschaft, bedeutet aber immerhin ein gemeinsames Zeichen der Gemeinschaftszugehörigkeit, freilich ein Zeichen, dessen praktische Bedeutung gering ist, da innerhalb der EG der Personalausweis, den ohnehin jedermann haben muß, als Reisedokument genügt (→ *Europa der Bürger*).

Europa-Union. 1) Ein 1946 gegründeter Zusammenschluß europäischer Föderalisten, die mit dem

→ *Hartensteiner Programm* das erste konkrete Europakonzept formulierten (nicht zu verwechseln mit der → *Europäischen Union*). Das Programm sah die Schaffung eines geeinten Europas durch weitreichende Übertragung nationaler Souveränität auf eine überstaatliche Gemeinschaft vor. 2) Zusammenschluß von privaten Vereinigungen, die sich in Deutschland im Mai 1984 zur Europa-Union Deutschland verbanden. Die Europa-Union will durch Kongresse, Publikationen und Vereinsarbeit sowie mit Hilfe prominenter Politiker und Wissenschaftler die europäische Einigung unterstützen.

Europabeauftragte. In vielen EG-Mitgliedstaaten gibt es Europabeauftragte. Die Aufgabe dieser politischen oder beamteten Funktionsträger besteht meist darin, mit anderen Europabeauftragten in Kontakt zu treten, um gemeinsame europapolitische Entschließungen zu treffen. Es gibt sie auch in den Bundesländern, dort oft auf Ministerebene. Ferner hat jedes Bundesministerium einen höheren Ministerialbeamten als Europabeauftragten benannt. Die Europabeauftragten der Bundesregierung dienen dem ressortübergreifenden Gedankenaustausch über aktuelle EG-Themen.

Europafahne. Als Europafahne verwendet die EG seit 1986 die vom → *Europarat* übernommene blaue Fahne mit dem Kreis aus zwölf goldenen fünfzackigen Sternen. Die Anzahl der Sterne beruht nicht darauf, daß die EG derzeit zwölf Mitgliedstaaten hat, sondern auf dem Vorbild des Europaratsemblems, das ebenfalls nicht mit der weit höheren Zahl der Europaratsmitglieder korrespondiert. Es ist auch nicht das Hinzufügen weiterer Sterne vorgesehen, wenn sich die Zahl der EG-Mitglieder erhöht.

Europahymne. Als Europahymne wird in der EG wie im → *Europarat* die „Ode an die Freude" aus Beethovens 9. Sinfonie verwendet. Ohne daß damit der Europahymne eine besondere Bedeutung verliehen wird, dient sie zusammen mit der → *Europafahne* als Symbol für die werdende Staatlichkeit der Gemeinschaft.

Europäische Aktiengesellschaft. Eine neue Gesellschaftsform, deren Einführung in allen EG-Mitgliedstaaten mit einheitlichen Rechtsvorschriften geplant ist. Die Europäische Aktiengesellschaft soll es Gesellschaften aus verschiedenen Mitgliedstaaten ermöglichen, sich zusammenzuschließen, um auf diese Weise größere, konkurrenzfähigere europäische Unternehmen formen zu können. Die Idee einer EG-AG besteht bereits seit den 70er Jahren, doch war bisher zwischen den Mitgliedstaaten keine Einigung über die Frage der Beteiligung der Arbeitnehmervertretung an Unternehmensentscheidungen zu erzielen. Nach einem neueren Vorschlag der Kommission ist nun vorgesehen, mehrere Beteiligungsmodelle zur Auswahl zu stellen, zwischen denen Gesellschaften bei ihrer Gründung wählen könnten. Der Verwirklichung dieser Idee stehen aber nach wie vor die Meinungsverschiedenheiten hinsichtlich der Mitbestimmungsfrage entgegen.

Europäische Atomgemeinschaft. Abk. EURATOM, auch EAG. Neben der → *Europäischen Wirtschaftsgemeinschaft* (EWG) ist die EURATOM die zweite der durch die → *Römischen Verträge* am 25.3.1957 gegründeten Gemeinschaften. Sie ist wie die ältere → *Europäische Gemeinschaft für Kohle und Stahl* (EGKS) eine sogenannte Sektorgemeinschaft und stellt eine supranationale Organisation für die friedliche Nutzung der Kernenergie dar. Seit 1967 sind die Organe der drei Gemeinschaften fusioniert (→ *Fusion der Organe*). Zweck von EURATOM war die Förderung, Koordinierung und Kontrolle der nuklearen Forschung und Kernenergieindustrie ihrer Mitgliedstaaten. Abgesehen von den integrationspolitischen Impulsen sind die sektoralen Vertragsziele der Atomgemeinschaft hinter den ursprünglichen Vorstellungen zurückgeblieben. Dies liegt besonders an einem Interessenkonflikt zwischen den Atomstaaten (Frankreich und Großbritannien) und den übrigen EG-Ländern.

Der Vertrag kann als überholungsbedürftig angesehen werden, weil EURATOM auch einem Mangel an Kernbrennstoffen vorbeugen sollte – dieser Mangel ist aber nicht eingetreten – und weil die Gefahren der Atomenergie nicht in angemessener Weise berücksichtigt wurden.

Europäische Bank für Wiederaufbau und Entwicklung. Abk. EBWE. 1991 gegründetes Finanzinstitut mit Sitz in London, getragen von 40 Staaten, der EG und der → *Europäischen Investitionsbank* (EIB), zur Finanzierung der wirtschaftlichen Umstrukturierung der ehemaligen Ostblockländer in Mittel- und Osteuropa, die sich Pluralismus, Mehrparteiensystem und Marktwirtschaft zum Ziel gesetzt haben. Das Kapital der Bank beträgt 10 Mrd. ECU. Dadurch können an den privaten Sektor Darlehen von ca. 2 Mrd. ECU jährlich vergeben werden. 75 Prozent des Kapitals werden von europäischer Seite zur Verfügung gestellt, wobei die EG, die EIB und die 12 Mitgliedstaaten der EG allein 51 Prozent aufbringen. Die Gründung dieser Bank geht auf eine Initiative des französischen Staatspräsidenten Mitterand und auf einen Beschluß des Europäischen Rates vom 7./8.12.1989 zurück.

Europäische Drogenbeobachtungsstelle. Abk. EDB. Geplante Gemeinschaftseinrichtung zur Informationssammlung und Beobachtung der Entwicklung in der Drogenszene.

Europäische Fernmeldenorm. Engl. European Telecommunications Standard. Abk. ETS. Vom → *Europäischen Institut für Fernmeldenormen* herausgegebene, nicht verbindliche Norm. Die Mitgliedstaaten sind aber verpflichtet, entgegenstehende nationale Normen zurückzuziehen.

Europäische Fernmeldesatelliten-Organisation. Kurzbezeichnung EUTELSAT. Von der → *Europäischen Konferenz der Post- und Fernmeldeverwaltungen* (CEPT) 1977 gegründete Regierungsorganisation mit Sitz in Paris. Ihr Ziel ist die Planung, der Bau und Betrieb von Fernmeldesatelliten für den internationalen Fernsprechverkehr, die Datenübertragung und die Übertragung von Fernsehprogrammen. 1983 startete der erste Satellit EUTELSAT 1.

Europäische Finanzierungsberatungsgesellschaft. Abk. EFBG. Als Aktiengesellschaft (3 Mio ECU Kapital) mit Sitz in Luxemburg hat sie zum Ziel, Vorhaben von → *kleinen und mittleren Unternehmen* aus den EG-Mitgliedstaaten mittels Beratung, Studien und Information zu unterstützen. Insbesondere geht es um transnationale Projekte im Industrie- und Dienstleistungssektor, bei denen fortgeschrittene oder innovative Technologien zum Einsatz kommen.

Europäische Freihandelsassoziation. European Free Trade Association. Abk. EFTA. Die als Gegenpol zur → *Europäischen Wirtschaftsgemeinschaft* (EWG) am 4.1.1960 gegründete EFTA mit Sitz in Genf schloß die nicht der EG angehörenden westeuropäischen Staaten Dänemark, Großbritannien, Norwegen, Österreich, Portugal, Schweden, Schweiz und Liechtenstein zu einer Freihandelszone zusammen. Island wurde 1970 Mitglied; Finnland, das seit Gründung mit der EFTA assoziiert war, wurde 1985 Vollmitglied. Die EFTA konnte sich gegenüber der bald durch eine → *Zollunion* gestärkten EG nicht durchsetzen und verlor ihre Hauptvertreter im Laufe der Jahre an die EG. Großbritannien und Dänemark schieden 1973 aus; Portugal verließ die EFTA 1986. Mit den sogenannten Rest-EFTA-Staaten schloß die EG später Handelsverträge und hat inzwischen mit den meisten von ihnen im Rahmen eines → *Europäischen Wirtschaftsraums* (EWR) diese vertraglichen Bindungen institutionell verstärkt und durch ein besonderes Assoziationsverhältnis abgelöst. Die Mehrzahl der EFTA-Staaten hat in den letzten Jahren den Beitritt zur EG beantragt. Österreich hat dies bereits 1989 getan. Schweden, Finnland, die Schweiz und Norwegen sind inzwischen diesem Beispiel gefolgt.

Europäische Gegenseitigkeitsgesellschaft. Abk. EUGGES. In ihrem im Frühjahr 1992 vorgelegten Paket, das Vorschläge für die → *Europäische Genossenschaft* und den → *Europäischer Verein* betraf, war auch ein Vorschlag über das Statut der Europäischen Gegenseitigkeitsgesellschaft enthalten, einer weiteren supranationalen Rechtsform für Unternehmer, die im Gemeinschaftsgebiet eine grenzüberschreitende Tätigkeit ausüben wollen. In Deutschland kommen als Gründungsmitglieder einer EUGGES nach dem Entwurf nur Versicherungsvereine auf Gegenseitigkeit in Betracht. Die Regelung der mitbestimmungsrechtlichen Aspekte ist aber ähnlich problematisch wie bei der → *Europäischen Aktiengesellschaft* oder der → *Europäischen Genossenschaft*.

Europäische Gemeinschaft für Kohle und Stahl. Abk. EGKS; auch Montanunion. Mit der Unterzeichnung des Pariser Vertrages vom 18.4.1951 durch Belgien, die Bundesrepublik Deutschland, Frankreich, Italien, Luxemburg und die Niederlande wurde eine auf 50 Jahre angelegte Gemeinschaft zur Errichtung eines gemeinsamen Marktes für Kohle und Stahl gegründet. Der Vertrag trat am 23.7.1952 in Kraft. Er war der erste Schritt in Richtung einer europäischer Integration und geht auf einen Plan des damaligen französischen Außenministers Robert Schuman (→ *Schuman-Plan*) und seines Beraters Jean Monnet zurück. Die EGKS wurde mit vier Organen ausgestattet, der Hohen Behörde, dem Rat, der parlamentarischen Versammlung und dem Gerichtshof. Mit der → *Fusion der Organe* sind die Befugnisse auf die gemeinsamen Organe der EG übergegangen.

Die EGKS ist sachlich auf die Grundstoffindustrien Kohle und Stahl beschränkt und sieht lediglich für den Warenverkehr einen Binnenmarkt durch den Abbau zwischenstaatlicher Wirtschaftsschranken vor. Zur Deckung der Ausgaben konnte die EGKS von den Unternehmen eine Umlage auf die Erzeugung von Kohle und Stahl erheben (→ *EGKS-Umlagen*).

Europäische Gemeinschaft(en). Abk. EG. Seit 1967 Sammelbegriff für die → *Europäische Gemeinschaft für Kohle und Stahl* (EGKS, Montanunion), die → *Europäische Wirtschaftsgemeinschaft* (EWG) und die → *Europäische Atomgemeinschaft* (EAG, EURATOM). Besonders im allgemeinen Sprachgebrauch und zur Betonung des Integrationsgedanken wurde der Singular üblich, der durch die → *Maastrichter Verträge* zukünftig alleinige Bezeichnung für die bisherige EWG (Europäische Wirtschaftsgemeinschaft) sein wird. Die Verschmelzung der juristisch voneinander getrennten Gemeinschaften hat durch die institutionelle Verzahnung der Organe (→ *Fusion der Organe*) begonnen, ist aber noch nicht vollendet worden. Die EG ist kein Staat, sondern eine in fortschreitender Entwicklung befindliche Gemeinschaft mit zunehmenden staatlichen Zügen, auf die die Mitgliedstaaten Hoheitsrechte zur eigenständigen Ausübung übertragen haben und in deren Ausübungsbereichen die Mitgliedstaaten mit ihrer Staatsgewalt zurücktreten. Die über die → *Einheitliche Europäische Akte* und die → *Maastrichter Verträge* (Europäische Union) fortentwickelte EG soll ihrer politischen Intention entsprechend zu einer → *Politischen Union* fortentwickelt werden, deren struktuelle Umrisse derzeit allerdings noch unklar und umstritten sind (→ *Geschichte der EG*).

Europäische Genossenschaft. Die Kommission hat dem Rat den Vorschlag einer Verordnung über das Statut der Europäischen Genossenschaft und den einer Richtlinie zur mitbestimmungsrechtlichen Ergänzung dieses Statuts vorgelegt, um die wirtschaftliche Betätigung der Genossenschaften durch eine supranationale Rechtsform zu erleichtern. Die Vorschläge orientieren sich an denjenigen für die → *Europäische Aktiengesellschaft* und hängen deshalb von deren Erfolg ab (vgl. auch → *Europäischer Verein* und → *Europäische Gegenseitigkeitsgesellschaft*).

Europäische Integration. Begriff für den Zusammenhalt und das Zusammenwachsen der EG-Mitgliedstaaten zu einer übergeordneten europäischen Einheit. Integration bedeutet in diesem Sinne, daß die Staaten ihre Souveränität einschränken bzw. aufgeben und nationale Hoheitsrechte auf neue, überstaatliche Institutionen übertragen. Der darin liegenden Gefahr eines übertriebenen Zentralismus muß durch die Betonung des → *Subsidiaritätsprinzips* entgegengewirkt werden.

Europäische Integrationsforschung. Wissenschaftsstipendien zur Forschung über die Europäische Integration (→ *Jean-Monnet-Forschungsstipendium*).

Europäische Investitionsbank. Abk. EIB. Durch den Vertrag zur → *Europäischen Wirtschaftsgemeinschaft* (EWG) gegründete Strukturentwicklungsbank der EG für die Entwicklung des → *Gemeinsamen Marktes*, Stärkung des wirtschaftlichen und sozialen Zusammenhaltes der Gemeinschaft und Verringerung des Rückstandes der ärmeren Regionen. Mitglieder der EIB sind die EG-Staaten; sie wird von deren Finanzministern, die als Gouverneursrat fungieren, geleitet und von einem Verwaltungsrat sowie einem Direktorium geführt. Das Eigenkapital stellen die EG-Staaten, die EIB kann aber auch Anleihen auf dem Kapitalmarkt aufnehmen. Ihr Finanzierungsvolumen betrug 1992 insgesamt 17 Mrd. ECU für Investitionen in regionalen Fördergebieten, Umstellungen und Modernisierungen aus strukturellen Gründen, Investitionen im Umwelt-, Energie- und anderen Infrastrukturbereichen sowie Investitionen in Entwicklungs- (→ *AKP-Staaten*; → *Europäischer Entwicklungsfonds*) und Mittelmeerländern und in Bulgarien, Polen, Rumänien, Ungarn und Tschechien. Sitz der EIB ist Luxemburg; Niederlassungen gibt es in Athen, Brüssel, Lissabon, London, Madrid und Rom.

Europäische Konferenz der Post- und Fernmeldeverwaltungen. Abk. CEPT für frz. Conférence des Administrations des Postes et des Télécommunications. Der 1959 gegründeten CEPT gehören 32 Verwaltungen des Post- und/oder Fernmeldewesens aus 26 europäischen Staaten, darunter alle Mitgliedstaaten der EG und → *EFTA* an. Ziel der CEPT ist die Harmonisierung sowie Verbesserung der Post- und Fernmeldedienste durch den Ausbau der grenzüberschreitenden Kommunikation mit standardisierten Diensten (→ *Europäisches Institut für Fernmeldenormen*). Alle drei Jahre hält die CEPT eine Generalkonferenz ab. Sie unterhält ein ständiges Verbindungsbüro in Bern, Schweiz.

Europäische Konferenz der Verkehrsminister. In diesem Gremium sind die Verkehrsminister der meisten westeuropäischen Staaten vertreten. Ziel ist die Koordinierung der europäischen Verkehrspolitik z.B. durch Angleichung der Straßenverkehrsvorschriften.

Europäische Kulturstiftung. → *Europäische Stiftung*.

Europäische Menschenrechtskonvention. Abk. EMRK. Am 4.11.1950 unterzeichneten die Staaten des → *Europarates* die Europäische Menschenrechtskonvention, die am 3.9.1953 in Kraft trat. Mit dieser Konvention wurde eine Reihe von Menschenrechten und Grundfreiheiten garantiert, z.B. Recht auf Leben, Verbot der Folter, Recht auf Freiheit und Sicherheit, Gewissens- und Religionsfreiheit, Presse- und Meinungsfreiheit. Als Organe für ein Rechtsschutzverfahren wurden die Europäische Kommission für Menschenrechte und der Europäische Gerichtshof für Menschenrechte errichtet.
Die verwaltungsmäßig in den Europarat integrierte Kommission für Menschenrechte mit Sitz in Straßburg ist die Anlaufstelle im Beschwerdeverfahren gegen Menschenrechtsverletzungen. Jeder Staat des Europarates stellt ein Kommissionsmitglied. Die Mitglieder werden vom Ministerkomitee des Europarates mit absoluter Mehrheit für 6 Jahre gewählt; Wiederwahl ist möglich. Die

Menschenrechtskommission tagt fünfmal im Jahr für jeweils 14 Tage. Sie kann von den Mitgliedstaaten, aber auch von natürlichen Personen angerufen werden, sofern der betreffende Mitgliedstaat ein Klagerecht anerkannt hat (wie z.B. alle EG-Staaten).

Während die sogenannte Staatenbeschwerde wegen Konventionsverletzung durch einen anderen Vertragsstaat relativ selten ist, hat die Individualbeschwerde immer größere Bedeutung erlangt. Eine individuelle Beschwerde ist nur zulässig, wenn vorher der innerstaatliche Rechtsweg erschöpft ist und danach nicht mehr als sechs Monate vergangen sind. Sie ist an den Sekretär der Europäischen Menschenrechtskommission zu richten. Zunächst prüft die Kommission die Zulässigkeit der Beschwerde. Hierbei nimmt sie Stellungnahmen der Regierung des betroffenen Mitgliedstaats entgegen und führt erforderlichenfalls auch eine mündliche Verhandlung durch. Ist die Beschwerde zulässig und eine gütliche Einigung nicht möglich, so legt die Kommission dem Ministerkomitee eine (der Öffentlichkeit nicht zugängliche) Stellungnahme vor. Dieser Bericht wird auch dem betroffenen Mitgliedstaat, nicht aber dem Beschwerdeführer zugeleitet.

Innerhalb von 3 Monaten kann dann von der Kommission, dem betroffenen Staat oder dem Staat, welchem der Beschwerdeführer angehört, (also nicht von Einzelpersonen) der Europäische Gerichtshof für Menschenrechte angerufen werden. Wird die Beschwerde nicht vor den Gerichtshof gebracht, so trifft das Ministerkomitee in einem nicht öffentlichen Verfahren eine Entscheidung, für die eine Zweidrittelmehrheit erforderlich ist.

Der Gerichtshof für Menschenrechte ist für alle Auslegungs- und Anwendungsfragen der Menschenrechtskonvention zuständig. Die Anzahl der Richter entspricht der Zahl der Europaratsstaaten. Die Richter werden von der Parlamentarischen Versammlung aus einer Vorschlagsliste der Mitgliedstaaten gewählt (jeweils maximal 3 Kandidaten, 2 davon müssen eigene Staatsangehörige sein). Die Richter werden für 3 Jahre gewählt; Wiederwahl ist zulässig.

Der MRK-Gerichtshof tagt in der Regel in Kammern mit 7 Richtern. Einer Kammer gehört stets der Richter aus dem betroffenen Staat an. Kommt der Gerichtshof im Fall einer Individualbeschwerde zu dem Schluß, daß der angeklagte Staat die Europäische Menschenrechtskonvention verletzt hat, so hat sich dieser Staat dem Urteil zu fügen und muß gegebenenfalls eine Entschädigung zahlen. Zur Verbesserung des EG-Grundrechtsschutzes wird der Beitritt der Gemeinschaft zur EMRK betrieben.

Europäische Norm. Abk. EN. Von den europäischen Normungsinstituten (→ *CEN*, → *CENELEC*) ausgearbeitete oder anerkannte Norm. Sie muß in allen Mitgliedstaaten als nationale Norm umgesetzt werden, wenn sie durch eine EG-Richtlinie inkorporiert wird und ersetzt dann entgegenstehende nationale Normen (→ *Normen*).

Europäische Organisation für Kernforschung. (Frz. Conseil Européen pour la Recherche Nucléaire, Abk. CERN). Die CERN, mit Sitz in Genf, wurde 1952 gegründet, um die Zusammenarbeit der europäischen Staaten auf dem Gebiet der nuklearen Grundlagenforschung zu fördern. Ihr gehören 14 europäische Länder an, darunter 10 EG-Mitgliedstaaten; die EG-Kommission genießt Beobachterstatus.

Europäische Politische Gemeinschaft. Abk. EPG. Nach der Gründung der → *Europäischen Gemeinschaft für Kohle und Stahl* im Jahre 1952 sollte die EPG in enger Verbindung mit dem → *Europarat* und in Ausdehnung der 1951-52 entwickelten → *Europäischen Verteidigungsgemeinschaft* (EVG) auf das gesamte politische Spektrum der Mitgliedstaaten die politische Einigung Westeuropas bringen. Mit dem Scheitern des EVG-Vertrages am 30.8.1954 in der französischen Nationalversammlung war auch die EPG obsolet geworden.

Europäische Politische Zusammenarbeit (EPZ). Bereits im Herbst 1961 war eine Gruppe unter dem Vorsitz des damaligen französischen Botschafters Fouchet beauftragt worden, auch für die Entwicklung der politischen Dimension des europäischen Einigungswerkes Sorge zu tragen und ein Statut für eine europäische politische Union auszuarbeiten. Fouchet unterbreitete einen Vertragsentwurf über die Gründung einer Staatenunion mit enger Kooperation in außen-, sicherheits- und kulturpolitischen Fragen, also jenen Bereichen, die bei der Übertragung von Hoheitsrechten auf die EG ausgespart geblieben waren. Zur Verwirklichung dieser Zusammenarbeit sollte sich der Rat alle vier Monate auf der Ebene der Staats- und Regierungschefs und in der Zwischenzeit mindestens einmal auf der Ebene der Außenminister treffen.

Damit war die Zielrichtung vorgegeben, die weitere politische Integration nicht durch Verstärkung der supranationalen Gemeinschaftsgewalt zu betreiben, sondern durch intergouvernementale Zusammenarbeit, also auf der Basis des Konsensprinzips und mit Hilfe einvernehmlicher völkerrechtlicher oder vertraglicher Beschlüsse.

Die Arbeiten am Fouchet-Plan gerieten – nicht zuletzt unter dem Einfluß der ersten Beitrittsanträge der Briten, Dänen und Iren – bald ins Stocken. Die Optionen freilich erwiesen sich als zukunftsträchtig. Das an Stelle der Politischen Union am 22.1.1963 geschlossene bilaterale Freundschaftsbündnis zwischen Frankreich und Deutschland unterstrich die Bedeutung der Achse Paris-Bonn, konnte indes den verpaßten politischen Zusammenschluß der Sechs nicht ersetzen.

Zu einem neuen Anstoß kam es erst, nachdem die Gipfelkonferenz von Den Haag nach den Krisen der sechziger Jahre den Grund gelegt hatte auch für die künftige politische Zusammenarbeit. Diese bald als EPZ überall bekannte Zusammenarbeit gründete sich auf den → *Davignon-Bericht*.

Mit der EPZ erhielt die Einigungsbewegung neben dem supranationalen einen intergouvernementalen Strang, der sich durch enge Konsultations- und Beratungskontakte der Außenministerien auszeichnete und sich auch in anderen intergouvernementalen Bereichen (z.B. der Zusammenarbeit in der Innen- und Justizpolitik) als fruchtbar erwies. Die EPZ wurde zunächst nicht in völkervertraglich verbindlicher Form festgelegt, sondern beruhte auf einem politischen Konsens der Partnerstaaten, die ihre Zusammenarbeit erst anderthalb Jahrzehnte später im Rahmen der → *Einheitlichen Europäischen Akte* (EEA) legalisierten. Das Problem der Kohärenz von EPZ und EG beschäftigte die Politiker jahrelang. Es wurde im Rahmen der EEA formell durch die Institutierung des → *Europäischen Rates* als Oberorgan über EG und EPZ bewältigt, wird allerdings materiell erst durch die Zusammenführung der beiden Stränge erledigt sein. Eine Aufgabe, die sich die Konferenz über die → *Politische Union* gestellt hat, die in den → *Maastrichter Verträgen* einen (vorläufigen) Abschluß fand. Die dort vereinbarte Einbeziehung derjenigen Politikbereiche in die Gemeinschaft, die zum eigentlichen Souveränitätskern der Staaten gehören, stellt an die Integrationsbereitschaft der Mitgliedstaaten hohe Anforderungen. Ob zukünftig tatsächlich auch die Außenpolitik vergemeinschaftet werden wird (bis hin zu Mehrheitsbeschlüssen in diesem Bereich), ist angesichts der neuen, die Nationen herausfordernden weltpolitischen Fragen (Golfkonflikt, Bürgerkrieg im ehemaligen Jugoslawien) unsicher und setzt einen Grundkonsens über die politische Zukunft der EG voraus, der nicht ohne die beitretenden → *EFTA*-Staaten gefunden werden kann.

Europäische Rechnungseinheit. Abk. ERE. Im Jahre 1975 vom EG-Ministerrat beschlossene Recheneinheit in Form eines → *Währungskorbes*, die zunächst im → *Europäischen Entwicklungsfonds* und später in anderen Anwendungsbereichen verschiedene alte → *Rechnungseinheiten* der Gemeinschaftsinstitutionen ablöste. Der Ausgangswert der ERE stimmte mit dem am 28.6.1974 festgesetzten Wert der → *Sonderziehungsrechte* des → *Internationalen Währungssystems* überein.

Europäische Rechtsakademie

Der → *ECU* löste 1981 die ERE ab.
1 ERE = DM 0,828+UKL 0,0885+FF 1,15+LIT 109 + HFL 0,286+BFR 3,66+LFR 0,14+DKR 0,217+IRL 0,00759 (→ *Währungskürzel*).

Europäische Rechtsakademie. Eine vom Land Rheinland-Pfalz gegründete und vom Bund politisch unterstützte Akademie, die den Rechtsanwendern des europäischen Rechts insbesondere in Justiz und Verwaltung Gelegenheit bieten soll, sich durch den Besuch von Vorlesungsreihen beruflich und dienstlich fortzubilden. Die Europäische Rechtsakademie mit Sitz in Trier steht Besuchern aus allen EG-Staaten offen und verpflichtet auch Dozenten aus den EG-Organen.

Europäische Stiftung. Auch Europäische Kulturstiftung. Kulturellen Zwecken dienendes Institut, 1982 von den EG-Mitgliedstaaten ins Leben gerufen.

Europäische Stiftung zur Verbesserung der Lebens- und Arbeitsbedingungen. Im Jahre 1975 durch EG-Verordnung errichtete Stiftung mit Arbeitsschwerpunkt im sozialpolitischen Bereich. Die Stiftung ist eine rechtlich selbständige Unterorganisation der → *EG-Kommission* und hat ihren Sitz in Dublin.

Europäische Umweltagentur. Geplante Koordinationsstelle für die Erfassung und Auswertung von Umweltdaten aus allen EG-Mitgliedstaaten. Ihre Einrichtung wurde im Mai 1990 im Ministerrat beschlossen, zur Zeit besteht jedoch noch Uneinigkeit über den Sitz der Agentur. Die Agentur hat die Aufgabe, die Tätigkeit der nationalen und regionalen, privaten sowie öffentlichen Umweltorganisationen zu koordinieren und das von diesen Einrichtungen zur Verfügung gestellte Datenmaterial aufzuarbeiten. Sie unterhält außerdem Kontakt zu anderen internationalen Organisationen in Fragen des Umweltschutzes. Das EG-Programm → *CORINE* wird in die Tätigkeit der Umweltagentur einbezogen.

Europäische Union. Zielbegriff der EG gemäß dem Gipfelkommuniqué der Staats- und Regierungschefs vom 21.10.1972. Danach sollten die Europäischen Gemeinschaften noch vor dem Ende des Jahrzehnts in eine Europäische Union umgewandelt werden. Diese Union blieb jedoch in ihren Konturen vage. Die zu ihrer Verwirklichung eingeleiteten Phasen (→ *Tindemans-Bericht*, → *Dooge-Bericht* und vor allem die → *Einheitliche Europäische Akte*) sind Vorbereitung zur → *Politischen Union* gewesen. Die Europäische Union wurde durch den Maastrichter Vertrag vom 7. 2. 1992 konkretisiert und soll durch den Zusammenschluß von → *Europäischer Politischer Zusammenarbeit*, → *Wirtschafts- und Wäh-*

rungsunion, → *Europäischen Gemeinschaften* und → *innen- und justizpolitischer Zusammenarbeit* jenen Integrationsschritt verwirklichen, der erstmals vor 20 Jahren mit dem Begriff der Europäischen Union umschrieben wurde (→ *Maastrichter Verträge*).

Europäische Universität. → *Europäisches Hochschulinstitut.*

Europäische Verteidigungsgemeinschaft. Abk. EVG. Die 6 Gründerstaaten der → *Europäischen Gemeinschaft für Kohle und Stahl* (Belgien, Bundesrepublik Deutschland, Frankreich, Italien, Luxemburg, Niederlande) unterzeichneten am 27.5.1952 den EVG-Vertrag zur Aufstellung einer europäischen Armee. Die Verwirklichung der Verteidigungsgemeinschaft scheiterte 1954 am Widerstand der französischen Nationalversammlung. Grundlage des EVG-Vertrages war ein vom französischen Ministerpräsidenten René Pleven am 24.10.1950 vorgeschlagener Plan (Pleven-Plan). Grundgedanke der EVG war der Wunsch, daß sich Deutschland an der Verteidigung Westeuropas beteiligte und die neu aufzustellenden deutschen Streitkräfte in eine übernationale Verteidigungsorganisation integriert wurden. Neben der militärischen Komponente sah der Vertrag ebenfalls Maßnahmen für eine europäische Integration in anderen Bereichen vor. Heute wird der Gedanke der EVG im Rahmen der → *Westeuropäischen Union* und insbesondere durch die deutsch-französische Brigade wiederaufgegriffen, die der Kern einer künftigen Europa-Armee sein soll.

Europäische Vornorm. Von den europäischen Normungsinstituten (→ *CEN*, → *CENELEC*) ausgearbeiteter Entwurf einer → *Europäischen Norm*. Sie dient auf Gebieten raschen technologischen Wandels als Richtschnur, bis eine Europäische Norm oder ein Harmonisierungsdokument erlassen wird.

Europäische Währungseinheit. Engl. European Currency Unit. Abgekürzt für → *ECU*.

Europäische währungspolitische Rechnungseinheit. Abk. EWRE. Rechnungseinheit des → *Europäischen Fonds für währungspolitische Zusammenarbeit* von 1973 bis 1979. Sie wurde 1979 wie später auch die → *Europäische Rechnungseinheit* durch den → ECU ersetzt.

Europäische Währungsschlange. Bildlicher Ausdruck für die Tatsache, daß zwischen den Währungen des → *Europäischen Wechselkursverbundes* und dem US-Dollar von April 1972 bis Februar 1973 (Beginn des Floatens des US-Dollars) die europäischen Währungen sich aufgrund des multilateralen Interventionssystems mit einer Bandbreite von ± 2,25% um ihren jeweiligen bilateralen Mittelkurs nicht mehr als maximal 2,25% voneinander entfernen konnten. Somit bilden sie ein Währungsband mit einer maximalen Breite von 2,25% im „Interventionstunnel" gegenüber dem US-Dollar; daher der Ausdruck: „Schlange im Tunnel" (Band europäischer Währungen gegenüber dem US-Dollar).

Europäische Weltraumorganisation. Engl. European Space Agency. Abk. ESA. Von den EG-Mitgliedstaaten Belgien, Dänemark, Deutschland, Frankreich, Großbritannien, Irland, Italien, Niederlande, Spanien sowie den → *EFTA-Staaten* Norwegen, Österreich, Schweden und der Schweiz (unter Assoziierung Finnlands und Kooperation Kanadas) 1975 gegründete Organisation mit Sitz in Paris. Sie dient der Koordinierung, Durchführung und Unterstützung europäischer Projekte zur friedlichen Erforschung und Nutzung des Weltraums. Die ESA ist vor allem durch die Trägerrakete Ariane und die Pläne des europäischen Raumgleiters Hermes und der Forschungskapsel Columbus (für die Ankopplung an eine amerikanische Weltraumstation) bekannt geworden. Sie ist keine EG-Einrichtung, sondern eine internationale Staatenorganistion.

Europäische Wirtschaftliche Interessenvereinigung. Abk. EWIV. Durch Verordnung des Rates vom 25.7.1985 geschaffene supranationale Unternehmensform. Unternehmen verschiedener EG-Mitgliedstaaten können Teile ihrer Geschäftstätigkeit zur gemeinsamen Erledigung einer EWIV übertragen. Sie soll vor allem die grenzüberschreitende Zusammenarbeit → *kleiner und mittlerer Unternehmen* fördern und erspart diesen die Übernahme fremden Rechtes. Die EWIV dient nicht der eigenen Gewinnerzielung, sondern soll die flankierende Kooperation etwa im Werbebereich oder bei Arbeitsgemeinschaften im Banksektor erleichtern. Sie wird verstärkt bei der grenzüberschreitenden Zusammenarbeit von Freiberuflern (z. B. Anwälten) genutzt. Sie ergänzt, ersetzt aber nicht die Schaffung einer supranationalen Gesellschaftsform (→ *Europäische Aktiengesellschaft*). Nach dem deutschen EWIV-Ausführungsgesetz vom 14.4.1988 sind für derartige Vereinigungen mit Sitz in Deutschland weitgehend die Vorschriften über die Offene Handelsgesellschaft (OHG) anwendbar.

Europäische Wirtschaftsgemeinschaft. Abk. EWG. Zusammen mit der → *Europäischen Atomgemeinschaft* wurde die EWG am 25. März 1957 von den sechs Mitgliedern der → *Europäischen Gemeinschaft für Kohle und Stahl* Belgien, Bundesrepublik Deutschland, Frankreich, Italien, Luxemburg und Niederlande gegründet und trat am 1. Januar 1958 in Kraft. Heute zählt die Gemeinschaft 12 → *Mitgliedstaaten*. Ziel der EWG ist es, die Volkswirtschaften ihrer Mitglieder stufenweise zu einem → *Binnenmarkt* mit einer → *Wirtschafts- und Währungsunion* zu verschmelzen (→ *EWG-Vertrag*). In der Europäischen Wirtschaftsgemeinschaft leben nach der deutschen Vereinigung ca. 340 Mio Menschen auf einer Fläche von rund 2,4 Mio Quadratkilometern (→ *Bevölkerung*).

Europäische Zahlungsunion. Abk. EZU. 1950 gegründet regelte sie den Zahlungsverkehr zwischen den Mitgliedstaaten der Organisation für europäische wirtschaftliche Zusammenarbeit (OEEC). Sie wurde 1958 mit dem Inkrafttreten des → *Europäischen Währungsabkommens* aufgelöst.

Europäische Zentralbank. Abk. EZB. Die EZB ist die zusammen mit dem → *Europäischen Zentralbanksystem* durch den → *Maastrichter Vertrag* über die Europäische Union gegründete unabhängige supranationale Bank (→ *Europäisches Zentralbanksystem*). Nach dem Vorbild der Federal Reserve Banks des US-amerikanischen Zentralbanksystems wird die Europäische Zentralbank auch „Eurofed" genannt. Der Sitz wird nach der Entscheidung auf dem EG-Sondergipfel in Brüssel Ende Oktober 1993 Frankfurt/M. sein.

Europäischer Agrarfonds. Kurzbezeichnung für → *Europäischer Ausrichtungs- und Garantiefonds für die Landwirtschaft*.

Europäischer Ausrichtungs- und Garantiefonds für die Landwirtschaft. Abk. EAGFL. Kurzbezeichnung Agrarfonds. → *Strukturfonds* der EG für die Finanzierung der gemeinsamen → *Agrarpolitik*. Die Abteilung Ausrichtung finanziert Maßnahmen zur Verbesserung der Agrarstrukturen, d.h. sie vergibt Mittel für die Anpassung der Produktion an die Erfordernisse des Marktes, für die Verarbeitung und Vermarktung der Erzeugnisse und für Rationalisierungen. Der Haushaltsplan 1993 hat dafür Mittel in Höhe von 3,4 Mrd. ECU bereitgestellt. Die Abteilung Garantie stellt das Geld für die garantierten Agrarpreise, die EG-Landwirte infolge der festgesetzten Produktpreise für ihre Erzeugnisse selbst dann erhalten, wenn sie ihre Produkte auf dem freien Markt mangels Nachfrage nicht absetzen können. Für die Abteilung Garantie haben 1993 Mittel in Höhe von 34 Mrd. ECU zur Verfügung gestanden.

Europäischer Entwicklungsfonds. Abk. EEF. Instrument für die Finanzierung von Maßnahmen zur wirtschaftlichen, sozialen und kulturellen Entwicklung der → *AKP-Staaten*, die durch das → *Lomé-Abkommen* mit der EG verbunden sind. Der zur Zeit laufende 7. Fonds umfaßt von 1990 bis 1995 10,7 Milliarden ECU und

Europäischer Finanzraum

wird von direkten Einzahlungen der EG-Mitgliedstaaten gespeist. Daneben werden Risikokapital, dreiprozentige Zinsverbilligungen sowie Darlehen der → *Europäischen Investitionsbank* gewährt, wie z.B. für die Stabilisierung der Ausfuhrerlöse (→ *STABEX*) oder Erlösstützungen im Bergbaubereich (→ *SYSMIN*).

Europäischer Finanzraum. Teil des → *Binnenmarktes* der EG, der bis zum 31.12.92 erreicht sein soll. Der Europäische Finanzraum umfaßt den freien Geld- und Kapitalverkehr sowie die Niederlassungs- und Dienstleistungsfreiheit für Makler und Unternehmen der Finanzwirtschaft (Banken, Versicherungen etc.). Im einzelnen bedeutet das:
- jeder Bürger kann in jedem Mitgliedland der Gemeinschaft sein Geld frei anlegen, Konten errichten, Kredite aufnehmen und Versicherungsverträge abschließen,
- Banken und Versicherungen müssen ihre Finanzprodukte frei und ungehindert anbieten können,
- Wertpapiere können an allen Börsen notiert und in allen Gemeinschaftsländern aufgelegt werden.

Europäischer Fonds für regionale Entwicklung. Abk. EFRE. 1975 eingerichteter → *Strukturfonds* der EG als regionalpolitisches Förderinstrument zum Ausgleich der wichtigsten regionalen Ungleichgewichte in der Gemeinschaft. Mit der → *Einheitlichen Europäischen Akte* ist der Regionalfonds in Artikel 130 c EWG-Vertrag verankert worden insbesondere zur strukturellen Anpassung der rückständigen Gebiete, Umstellung der Industriegebiete mit rückläufiger Entwicklung und Verbesserung der Lebens- und Arbeitsbedingungen in ländlichen Gebieten. Der EFRE erhöhte 1991 die verschiedenen nationalen Regionalfördermittel um etwa 6,8 Milliarden ECU.

Europäischer Fonds für währungspolitische Zusammenarbeit. Abk. EFWZ. Der Fonds, errichtet durch eine Verordnung des EG-Ministerrates vom 3.4.1973, wird von einem Verwaltungsrat geleitet, der aus den Präsidenten der Zentralbanken der EG-Mitgliedstaaten und einem Vertreter für die Währungspolitik Luxemburgs besteht. Ein Mitglied der EG-Kommission nimmt an den Sitzungen des Verwaltungsrates teil. Der Fonds hat als wesentliche Aufgaben:
– das gute Funktionieren des EG-Devisensystems zu gewährleisten (→ *Europäischer Wechselkursverbund,* → *Europäisches Währungssystem*),
– die aus dem multilateralen → *Interventionsmechanismus* entstehenden Transaktionen zu verbuchen und den entsprechenden Saldenausgleich durchzuführen sowie
– die → *Kreditmechanismen* des EWS zu verwalten.

Offizieller Arbeitsort des Fonds ist Luxemburg; durch eine Mandatsübergabe werden die täglichen Arbeiten in Basel von der → *Bank für Internationalen Zahlungsausgleich* (BIZ) übernommen. Grund dafür ist, daß sich die Notenbank-Gouverneure der EG neben ihrer Funktion als Mitglieder des EFWZ-Verwaltungsrates auch im Rahmen des → *Ausschusses der Zentralbankpräsidenten* oder als Mitglieder der BIZ oder des → *Elferclubs* regelmäßig in Basel treffen müssen. Mit der in Maastricht beschlossenen Errichtung des → *Europäischen Währungsinstituts* wird der Fonds überflüssig und deshalb aufgelöst.

Europäischer Gerichtshof. Abk. EuGH. → *Gerichtshof der Europäischen Gemeinschaften.*

Europäischer Gerichtshof für Menschenrechte. → *Europäische Menschenrechtskonvention.*

Europäischer Gewerkschaftsbund. Abk. EGB. Dachorganisation nationaler europäischer Arbeitnehmerverbände aus allen Staaten der EG und der → *Europäischen Freihandelsassoziation* sowie aus Malta, Zypern und der Türkei. Der EGB wurde gegründet am 8.2.1973; sein Sitz ist Brüssel.

Europäischer Rat. Nach der Gründung der EG trafen die Staats- und Regierungschefs der Mitgliedstaaten zunächst in unregelmäßigen Abständen und schließlich immer häufiger auf Gipfelkonferenzen zusammen, um die politischen Leitlinien der EG-Politik festzulegen. Seit der Aufnahme regelmäßiger Treffen im Jahre 1974 wird dieses Gipfelkonferenz-Gremium Europäischer Rat genannt. Die Gipfeltreffen waren in den EG-Gründungsverträgen ursprünglich nicht vorgesehen. Der Europäische Rat ist erst 1986 in der → *Einheitlichen Europäischen Akte* (EEA) als EG-Institution vertraglich festgelegt worden. Neben den Staats- und Regierungschefs nimmt auch der Präsident der → *EG-Kommission* am Europäischen Rat teil. Der Rat wird unterstützt von den Außenministern und einem Mitglied der EG-Kommission.

Nach der Gipfelkonferenz von Paris am 10.12.74 traf sich der Europäische Rat zunächst dreimal jährlich. Seit Inkrafttreten der EEA findet die Konferenz mindestens zweimal im Jahr statt; Sondersitzungen sind nicht unüblich. Der Europäische Rat hat die theoretische Möglichkeit, selbst Beschlüsse zu erlassen, nie wahrgenommen. Er ist aber der maßgebliche Impulsgeber der EG, der politische Weisungen an den Ministerrat und die → *EG-Kommission* erteilt und die Integrationsentwicklung durch politische, grundsätzlich einvernehmlich geschlossene Initiativen und Konzeptionen fördert. Im Europäischen Rat fließen die beiden parallelen Integrationsströme – EG und → *Europäische Politische Zusammenarbeit* – zusammen. Im Rahmen der → *Maastrichter Verträge* ist eine weitere Stärkung des Europäischen Rates erfolgt. Danach ist der Europäische Rat der Impulsgeber der Union und legt die allgemeinen politischen Zielvorstellungen für ihre Entwicklung fest.

Europäischer Rechnungshof. Abk. ERH. Der ERH wurde 1975 zur externen Finanzkontrolle der EG in Luxemburg eingerichtet und ersetzte den bisherigen Kontrollausschuß. Der ERH besteht aus zwölf Mitgliedern, die vom → *Rat der EG* auf sechs Jahre gewählt werden, eine Qualifikation als Rechnungsprüfer aufweisen müssen und ihr Amt in voller Unabhängigkeit ausüben. Der ERH hat alle Einnahmen und Ausgaben der EG-Organe nachzuprüfen und erstattet darüber nach Abschluß eines jeden Haushaltsjahres einen Jahresbericht, der im → *Amtsblatt der EG* veröffentlicht wird. Über direkte Sanktionsmöglichkeiten verfügt der ERH ebensowenig wie sein deutsches Pendant, der Bundesrechnungshof. Seine Berichte sind aber vor allem für das → *Europäische Parlament* unentbehrliche Unterlagen für die politische Kontrolle der EG-Organe.

Europäischer Rechtsraum. Der Begriff ist die Übersetzung des politischen Zielbegriffes Espace Judiciaire Européen, mit dem Frankreich 1977 die Vertiefung der Rechtsbeziehungen zwischen den EG-Mitgliedstaaten entsprechend der → *Europäischen Politischen Zusammenarbeit* (EPZ) beabsichtigte (→ *Rechtspolitik,* → *innen- und justizpolitische Zusammenarbeit*). Im Strafrecht wurde der Europäische Rechtsraum hinsichtlich einer Reihe von Themen angestrebt (Rechtshilfe in Strafsachen, Übertragung der Strafverfolgung, Anerkennung und Vollstreckung ausländischer Strafurteile, Überstellung von Gefangenen). Als Rechtsinstrumente kommen strafrechtliche Übereinkommen in Betracht. Die eingesetzten Arbeitsgruppen haben noch nicht zu konkreten Ergebnissen geführt.

In zivilrechtlicher Hinsicht ist der Europäische Rechtsraum durch die bereits bestehenden Abkommen (→ *Gerichtsstands- und Vollstreckungsübereinkommen*, IPR-Schuldrechtsübereinkommen) gekennzeichnet; die Arbeitsgruppen beschäftigen sich hier vor allem mit Fragen der EG-weiten Rechtshilfe (u.a. in bezug auf Minderjährigenschutz, Kindesentführungen und Unterhaltssachen) und erarbeiten ähnlich wie im Strafrechtssektor völkerrechtliche Vereinbarungen unter den Mitgliedstaaten.

Europäischer Regionalfonds. Kurzbezeichnung für → *Europäischer Fonds für regionale Entwicklung*.

Europäischer Sozialfonds. Abk. ESF. Schon im Gründungsvertrag zur → *Europäischen Wirtschaftsgemeinschaft* (EWG) vorgesehener Fonds für die Verbesserung der Beschäftigungsmöglichkeiten der Arbeitskräfte und zur Hebung der Lebenshaltung. Er wurde 1988 mit den Funktionen der anderen → *Strukturfonds* in engeren Zusammenhang gebracht. Wie die anderen Fonds wird der ESF von der → *EG-Kommission* verwaltet. Das Ausgabevolumen stieg in einem Jahrzehnt von 500 Millionen ECU (1976) auf über 3 Milliarden ECU (1987). Hauptempfängerländer sind Irland, Griechenland und Portugal.

Europäischer Sozialraum. Politischer Leitbegriff für die soziale Dimension des → *Gemeinsamen Marktes* der EG. Im Europäischen Sozialraum sollen die sozialen Unterschiede zwischen den ärmeren und reicheren Mitgliedstaaten möglichst ausgeglichen werden (d.h. Löhne, Krankengeld, Arbeitslosenunterstützung, aber auch Arbeitssicherheitsvorschriften und Mitbestimmungsrechte). Angesichts rechtlicher und politischer Schwierigkeiten und notwendiger hoher Finanzleistungen der starken Mitgliedstaaten zugunsten der weniger entwickelten Staaten ist dieses Ziel allenfalls langfristig und in Etappen erreichbar (vgl. auch → *Maastrichter Verträge*).

Europäischer Verein. Die EG-Kommission hat den Vorschlag einer Verordnung über das Statut des Europäischen Vereins vorgelegt. Mit diesem Projekt will sie die grenzüberschreitende Betätigung von Vereinen und Stiftungen in der Gemeinschaft fördern. Der Vorschlag steht in Zusammenhang mit den ebenfalls vorgelegten Vorschlägen über die Statuten der → *Europäischen Genossenschaft* und der sog. → *Europäischen Gegenseitigkeitsgesellschaft*, mit denen die Kommission bessere Rahmenbedingungen für die Betätigung im Binnenmarkt schaffen will.

Europäischer Währungsfonds. Abk. EWF. Ein europäischer Währungsfonds sollte im Rahmen der 2. Stufe der → *Wirtschafts- und Währungsunion* errichtet werden. Er sollte Teile der offiziellen Währungsreserven der angeschlossenen Zentralbanken „poolen" (gemeinsam verwalten) und die Ausgangsbasis für ein künftiges → *Europäisches Zentralbanksystem* darstellen. Mit dem Beschluß von Maastricht und der Annahme der Statuten eines Europäischen Systems der Zentralbanken wurde dieser Anlauf überflüssig.

Europäischer Wechselkursverbund. „Abkommen von Basel" (1972) zwischen den Zentralbanken von Belgien, Dänemark, Bundesrepublik Deutschland, Schweiz, Frankreich, Norwegen,

Niederlande, Schweden und Großbritannien; neben dem bilateralen Interventionssystem der betreffenden Währungen gegenüber dem US-Dollar wurde ein zusätzliches multilaterales Interventionssystem zwischen den angeschlossenen Zentralbanken beschlossen, und zwar mit einer Bandbreite von ± 2,25% um den jeweiligen bilateralen Leitkurs zwischen dem angeschlossenen europäischen Währungen. Gegenüber dem US-Dollar entstand dadurch die sogenannte → *Europäische Währungsschlange*. Das in Basel beschlossene Wechselkurssystem mit festen, aber anpassungsfähigen Paritäten zwischen den europäischen Währungen wurde fortgesetzt, auch als im März 1973 die Wechselkurse aller Mitgliedswährungen gegenüber dem US-Dollar freigegeben wurde. Es wurde im März 1979 vom → *Europäischen Währungssystem* (EWS) abgelöst.

Europäischer Wirtschaftsraum. Abk. EWR. Zusammenschluß von EG-Staaten und EFTA-Staaten (→ *Europäische Freihandelsassoziation*) zu einem umfassenden Wirtschaftsraum, in dem der freie Waren-, Dienstleistungs-, Kapital- und Personenverkehr sowie die Niederlassungsfreiheit verwirklicht sind und der auf gemeinsamen Regeln und gleichen Wettbewerbsbedingungen beruht. Die EFTA-Staaten übernehmen die Rechtsvorschriften der Gemeinschaft im Bereich der vier → *Grundfreiheiten*, wobei jedoch eine Reihe von Ausnahmen bzw. Übergangsbestimmungen für bestimmte Sektoren eingeräumt werden. Für die Landwirtschaft, die Fischerei und den Verkehr wurden in bilateralen Abkommen besondere Vereinbarungen getroffen.

Das EWR-Abkommen, das nach langen Verhandlungen als Kompromißlösung am 2. Mai 1992 unterzeichnet wurde, sieht eine Vertiefung und Ausweitung der Beziehungen der EG und der EFTA in den Bereichen Sozialpolitik, Verbraucherschutz, Umweltpolitik, Statistik und Gesellschaftsrecht vor. Eine Zusammenarbeit ist vor allem für die Bereiche Forschung und Entwicklung, Information und Bildung, Jugendschutz, Kleine und Mittlere Unternehmen (→ *KMU*), Fremdenverkehr und Katastrophenschutz vorgesehen.

Um mit dem Abkommen auch einen Beitrag zur Verringerung des wirtschaftlichen und sozialen Gefälles zwischen den Regionen zu leisten, führen die EFTA-Staaten einen Finanzierungsmechanismus ein, der einen Beitrag zur Förderung der unter Ziel Nr. 1 der Strukturfonds der Gemeinschaft fallenden Regionen Griechenlands, Portugals, Spaniens und Irlands leisten soll.

Die Organe des EWR sind:
– der Rat als oberstes Organ, der sich aus Vertretern der Regierungen der Mitgliedstaaten zusammensetzt;

Europäisches Institut für Fernmeldenormen

– der Gemeinsame Ausschuß als Exekutivorgan;
– der Gemischte Parlamentarische EWR-Ausschuß, der aus Mitgliedern des → *Europäischen Parlaments* und der nationalen Parlamente der EFTA-Staaten besteht; und
– der Konsultativausschuß, der Vertreter der Sozialpartner aller Vertragsstaaten umfaßt und beratende Funktion hat.

Die Überwachung und Durchsetzung der Vertragsbestimmungen übernehmen in den EG-Staaten die → *EG-Kommission* und der → *Gerichtshof der EG*. Für die Besorgung dieser Aufgabe in den EFTA-Staaten richten diese eine EFTA-Überwachungsbehörde sowie einen EFTA-Gerichtshof ein. Nach der Unterzeichnung des EWR-Abkommens machte das Ausscheiden der Schweiz infolge des negativen Volksentscheides vom 6. Dezember 1992 eine Änderung des Abkommens notwendig. In einem Zusatzprotokoll wurde festgelegt, daß die Schweiz nicht am EWR teilnimmt. Ferner wird der Vertrag für Liechtenstein erst zu einem späteren Zeitpunkt wirksam werden, wenn nämlich das Land seine zoll- und währungsrechtlichen Beziehungen zur Schweiz den neuen Umständen angepaßt haben wird.

Das Abkommen wird nun in Kraft treten, sobald die Ratifizierungsverfahren in allen 18 EWR-Staaten abgeschlossen sein werden.

Wenn das fast tausendseitige Vertragswerk dennoch nicht als der große europäische Fortschritt erscheint, der EG und EFTA vereint, so deshalb, weil die EFTA-Staaten inzwischen die Vollmitgliedschaft in der EG anstreben und selbst den EWR-Vertrag nur als Vorstufe hierfür betrachten.

Europäisches Hochschulinstitut. Abk. EHI. Durch völkerrechtlichen Vertrag der EG-Mitgliedstaaten vom 19.4.1972 gegründete Universität. Das EHI wurde 1976 in Florenz eröffnet und dient der Postgraduiertenfortbildung, d.h. Hochschulabsolventen können sich in den Disziplinen Geschichte, Politik, Recht und Wirtschaft europabezogen fortbilden (zweijähriges Studium mit Promotionsabschluß).

Europäisches Institut für Fernmeldenormen. Engl. European Telecommunications Standards Institute. Abk. ETSI. Es wurde 1989 von der → *Europäischen Konferenz der Post- und Fernmeldeverwaltungen* (CEPT) als selbständige Institution gegründet. Die Aufgabe dieser privaten Einrichtung, der alle privaten und öffentlichen Fernmeldeunternehmen in den Mitgliedsländern der CEPT beitreten können, ist die Ausarbeitung von → *Europäischen Fernmeldenormen*. Die Normen werden vom zuständigen Technischen Komitee vorbereitet und vom Technischen Rat beschlossen. Eine vorläufige Norm kann erlassen werden, wenn eine Versuchsperiode notwendig ist oder die Norm nur eine Zwischenlösung darstellt.

Europäisches Komitee für Normung. Abk. CEN für frz. Comité Européen de Normalisation. Das 1961 gegründete Komitee bildet heute zusammen mit dem 1973 errichteten Komitee für elektrotechnische Normung CENELEC (für frz. Comité Européen de Normalisation Electrotechnique) die gemeinsame europäische Normungsinstitution mit Sitz in Brüssel. CEN/CENELEC setzen sich aus den nationalen Normungsinstituten der EG- und → *EFTA*-Staaten zusammen. Deutsches Mitglied ist das Deutsche Institut für Normung (DIN). Hauptaufgabe von CEN/CENELEC ist die Erarbeitung → *Europäischer Normen*. Sie dient damit der Beseitigung technischer → *Handelshemmnisse*.

Europäisches Markenamt. Auf der Grundlage einer EG-Marken-Verordnung über ein einheitliches → *Markenrecht* soll ein EG-Markenamt eingerichtet werden. Die Verordnung wird einen gemeinschaftsweit einheitlichen Schutz von Warenzeichen und Dienstleistungsmarken mit sich bringen. Ihre Verabschiedung ist bisher u.a. an der Frage des Markenamtssitzes gescheitert.

Europäisches Parlament. Abk. EP. Von den 4 Hauptorganen der EG ist das Europäische Parlament das demokratische Legitimationsorgan der Gemeinschaft. In den ursprünglichen Gründungsverträgen noch „Versammlung" genannt, stellt es seit dem Inkrafttreten der → *Römischen Verträge* am 1.1. 1958 die gemeinsame Volksvertretung der drei EG-Vertragsgemeinschaften dar. Seit den ersten direkten und unmittelbaren Wahlen im Jahre 1979 heißt das Organ auch offiziell „Europäisches Parlament". Die Wahlen finden alle 5 Jahre statt. Bis zur ersten Direktwahl wurden die Abgeordneten von den Parlamenten der EG-Mitgliedstaaten bestimmt und in das Europäische Parlament delegiert.

Das EP hat derzeit 518 Mitglieder. Die 4 großen Mitgliedstaaten Deutschland, Frankreich, Italien und Großbritannien stellen je 81 Abgeordnete, Spanien 60, die Niederlande 25, Griechenland, Belgien und Portugal je 24, Dänemark 16, Irland 15 und Luxemburg 6. Die 5 neuen Bundesländer haben 18 Vertreter als Beobachter ohne Stimmrecht in das EP entsandt. Die zukünftige demokratische Repräsentation der zusätzlichen 16 Millionen Deutschen war in den → *Maastrichter Verträgen* noch nicht geregelt. Nach den Beschlüssen des Europäischen Rates vom 11.–12. Dezember 1992 in Edinburgh sollen künftig die 18 Beobachter Sitz- und Stimmrecht erhalten, so daß die Abgeordnetenzahl der Bundesrepublik Deutschland auf 99 ansteigt. Da beschlossen wurde, auch die Abgeordnetenzahl anderer Mitglied-

Europäisches Parlament

staaten anzuheben, wird sich das Europäische Parlament nicht unbeträchtlich vergrößern. Es wird nach Ratifizierung der entsprechenden Vertragsänderungen 567 Abgeordnete zählen.

Mitgliedstaat	Künftige Mandatszahl	Veränderung
D	99	+18
I	87	+ 6
GB	87	+ 6
F	87	+ 6
E	64	+ 4
NL	31	+ 6
B	25	+ 1
P	25	+ 1
GR	25	+ 1
DK	16	± 0
Irl	15	± 0
L	6	± 0
	567	+49

Nach den 3. Direktwahlen vom 15.-18.6.1989 bilden die Sozialisten mit 180 Abgeordneten die größte Fraktion, die Christdemokraten stellen 121 Abgeordnete, die Liberalen 49, die Konservativen 34 und die Grünen 30. Nach Aufsplitterung der Kommunisten in zwei Fraktionen (Vereinigte Europäische Linke mit 28 und Koalition der Linken mit 14 Abgeordneten) ging deren Einfluß zurück. Die derzeit 10 Fraktionen sind nur lose Zusammenschlüsse, denn die entsprechenden nationalen Parteien unterscheiden sich nicht unbeträchtlich voneinander, und europäische Parteien gibt es noch nicht (siehe Abbildung Seite 96).

An der Spitze des EP steht ein Präsidium mit dem Präsidenten, der von 14 Vizepräsidenten unterstützt wird. Dem Präsidium gehören – allerdings nur mit beratender Stimme – noch 5 sogenannte Quästoren an, die mit administrativen und finanziellen Aufgaben betraut sind. Die Exekutivaufgaben des Parlamentes werden von dem Generalsekretariat mit Sitz in Luxemburg erfüllt (derzeit rund 3.300 Bedienstete). Die eigentliche parlamentarische Arbeit des Parlamentes vollzieht sich in Plenartagungen, die in der Sitzungsperiode monatlich für je eine Woche in Straßburg stattfinden und in 18 Ausschüssen vorbereitet werden (z.B. Haushalt, Landwirtschaft, Recht, Verkehr etc.). Die Ausschüsse tagen in Brüssel und treten dort einmal im Monat für ein oder zwei Tage zusammen. Sie führen auch Hearings durch, in denen Sachverständige den Abgeordneten die nötige Fachkunde vermitteln. Ferner erarbeiten sie Entschließungsanträge und Ausschußberichte zu Vorschlägen der EG-Kommission, zu denen das Parlament Stellung nehmen muß. Im Hinblick auf die Kompetenzen hält das EP dem Vergleich zu den nationalen Parlamenten noch nicht stand. Im legislativen Bereich hat nach wie vor der Rat das letzte Wort. Mit der → *Einheitlichen Europäischen Akte* von 1985 sind die Mitwirkungsrechte des EP aber gewachsen. Für die Aufnahme oder → *Assoziierung* neuer Staaten ist seitdem die Zustim-

Europäisches Parlament
(Politische Zusammensetzung, Aufgaben und Rechte)

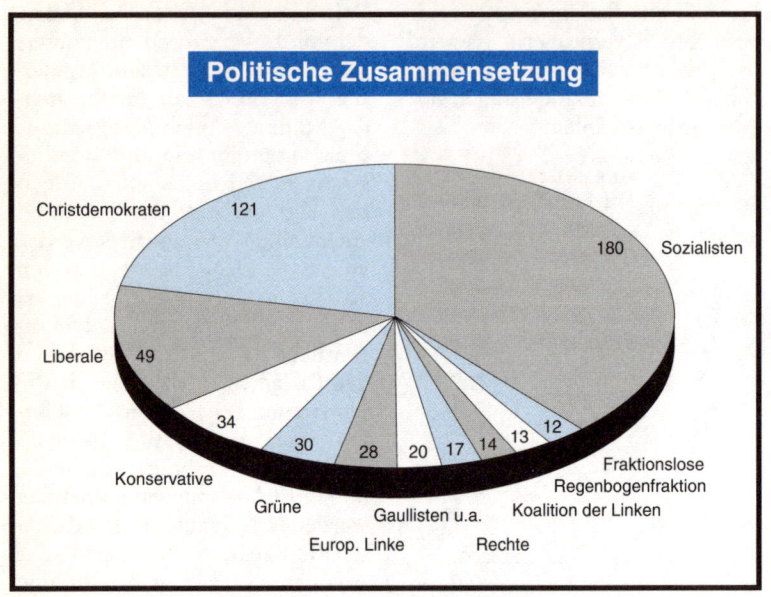

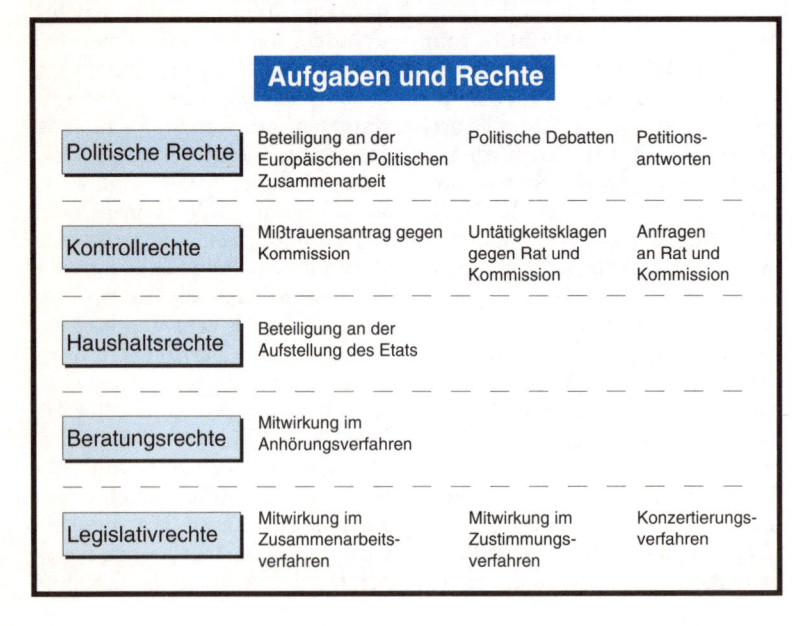

Politische Zusammensetzung

- Christdemokraten 121
- Sozialisten 180
- Liberale 49
- Konservative 34
- Grüne 30
- Europ. Linke 28
- Gaullisten u.a. 20
- Rechte 17
- Koalition der Linken 14
- Regenbogenfraktion 13
- Fraktionslose 12

Aufgaben und Rechte

Politische Rechte	Beteiligung an der Europäischen Politischen Zusammenarbeit	Politische Debatten	Petitionsantworten
Kontrollrechte	Mißtrauensantrag gegen Kommission	Untätigkeitsklagen gegen Rat und Kommission	Anfragen an Rat und Kommission
Haushaltsrechte	Beteiligung an der Aufstellung des Etats		
Beratungsrechte	Mitwirkung im Anhörungsverfahren		
Legislativrechte	Mitwirkung im Zusammenarbeitsverfahren	Mitwirkung im Zustimmungsverfahren	Konzertierungsverfahren

mung des Parlamentes erforderlich. Auch im sogenannten Zusammenarbeitsverfahren, der für die Verwirklichung des → *Binnenmarktes* vorgesehenen Prozedur des erweiterten Legislativverfahrens mit qualifizierter Ratsmehrheit, hat das Parlament mehr Befugnisse erhalten.
Das EP hat Konrollrechte gegenüber Rat und Kommission. Es kann bei Untätigkeit dieser Organe Untätigkeitsklage vor dem → *Europäischen Gerichtshof* erheben und hat das Recht, die Kommission durch ein Mißtrauensvotum mit Zweidrittelmehrheit zum Rücktritt zu zwingen. Außerdem können die EP-Abgeordneten mündliche und schriftliche Anfragen stellen.
Besonders weit reichen die EP-Befugnisse im Budgetbereich. Seit 1975 bilden EP und Rat zusammen die Haushaltsbehörde, die den EG-Etat aufstellt. Soweit die Ausgaben nicht rechtlich zwingend vorgeschrieben sind (sog. nicht-obligatorischer Bereich), hat das Parlament weitreichende Gestaltungsmöglichkeiten. Es kann aus wichtigem Grund den Haushaltsentwurf insgesamt ablehnen und die Vorlage eines neuen Entwurfes verlangen. Zur endgültigen Feststellung des Etats ist ein entsprechender EP-Beschluß nötig.
Vorschläge der Kommission mit finanzieller Auswirkung werden gemäß einer Vereinbarung zwischen Rat, Kommission und EP im sog. Konzertierungsverfahren vor ihrem Erlaß auf ihre haushaltsrechtlichen Auswirkungen überprüft.
Die weitere Verstärkung der Parlamentsrechte vor allem im Legislativbereich war ein Zentralthema der zweiten EG-Reform. (→ *Maastrichter Verträge*). Die Ergebnisse von Maastricht bedeuten einen weiteren Fortschritt, wenn auch die vollständige Gesetzgebungskompetenz des EP noch nicht erreicht ist. Immerhin ist durch das neue → *Kodezisionsverfahren* das bisherige Mitentscheidungsverfahren in wichtigen Punkten fortentwickelt worden. Durch das Vermittlungsverfahren mit nachfolgender dritter Lesung hat das EP die Möglichkeit, seinen Standpunkt zur Geltung zu bringen und kann letztlich durch ein Veto einen vom Rat gebilligten Entwurf zum Scheitern bringen.
Auch sonst hat Maastricht für das EP wichtige Verbesserungen gebracht. Es kann Untersuchungsausschüsse einsetzen, spricht in den Außenbeziehungen mit (wichtige internationale Abkommen bedürfen künftig der Zustimmung des Europäischen Parlaments) und ist in den Ernennungsprozeß der Kommission eingeschaltet. Das künftige einheitliche Wahlrecht in der Gemeinschaft bedarf der Zustimmung des EP. Insgesamt ist nach Maastricht die allgemeine Auffassung von dem „ohnmächtigen" Europäischen Parlament nicht mehr gerechtfertigt.

Europäisches Patentamt. Abk. EPA. Das Europäische Patentamt ist ein durch internationale Übereinkommen von EG-Staaten und → *Drittstaaten* 1975 gegründetes Amt mit Sitz in München, in dem nationale Patente in einem für alle Mitgliedstaaten einheitlichen Verfahren angemeldet und erteilt werden (→ *Gemeinschaftspatentübereinkommen*).

Europäisches Patentübereinkommen. Abk. EPÜ. Das EPÜ vom 5.10.1973 ist ein völkerrechtliches Übereinkommen mit internationaler Wirkung für derzeit 14 europäische Staaten (darunter die EG-Mitgliedstaaten mit Ausnahme von Irland und Portugal, ferner Österreich, Schweden, die Schweiz und Liechtenstein). Das EPÜ regelt ein einheitliches Patenterteilungsverfahren, welches neben dem nationalen Verfahren durchgeführt werden kann. Der Patentschutz wird jedoch nach dem jeweiligen nationalen Recht geregelt. Eine einheitliche Wirkung erzielt erst das Gemeinschaftspatent der EG-Mitgliedstaaten (→ *Europäisches Patentamt*, → *Gemeinschaftspatentübereinkommen*).

Europäisches System der Zentralbanken. → *Europäisches Zentralbanksystem.*

Europäisches Umweltbüro Abk. EEB. 1974 in Brüssel gegründeter Dachverband von inzwischen über 120 nationalen Umwelt- und Naturschutzorganisationen in den EG-Staaten. In Zusammenarbeit mit den Mitgliedverbänden erstellt das EEB Stellungnahmen, Beschwerden und Forderungspapiere zur Weiterleitung an die EG-Organe und führt Kampagnen zur Durchsetzung ökologischer Aufgaben durch.

Europäisches Währungsabkommen. Engl. European Monetary Agreement; Abk. EMA. 1955 geschlossenes und von 1958 bis 1972 als Nachfolger der → *Europäischen Zahlungsunion* bestehendes Abkommen, das im Januar 1973 wiederum von den Mitgliedern der → *Organisation für wirtschaftliche Zusammenarbeit und Entwicklung* (OECD) durch ein Abkommen über die währungspolitische Zusammenarbeit abgelöst wurde. Es sollte vor allem den reibungslosen Zahlungs- und Abrechnungsverkehr zwischen den angeschlossenen Zentralbanken regeln. Mit der organisatorischen Abwicklung dieser Ziele war die → *Bank für Internationalen Zahlungsausgleich* in Brüssel betraut.

Europäisches Währungsinstitut. Abk. EWI; Ergebnis (→ *Maastrichter Verträge*) eines Kompromisses auf dem Wege zur → *Europäischen Zentralbank*; anstatt in der vorgesehenen 2. Stufe (ab 1994) zur → *Wirtschafts- und Währungsunion* (WWU) schon auf der Basis der Statuten eines → *Europäischen Zentralbanksystems* (EZBS) arbeiten zu müssen,

wurde als Zwischenlösung bis zum Übergang in die 3. Stufe der WWU in einem besonderen Protokoll vereinbart, ein Europäisches Währungsinstitut zu errichten, das die erforderlichen Voraussetzungen für den Eintritt in die 3. Stufe schaffen soll.
Das EWI hat insgesamt die folgenden Aufgaben:
– die Zusammenarbeit zwischen den nationalen Zentralbanken zu verstärken,
– die Koordinierung des → *Europäischen Währungssystems* zu überwachen,
– Konsultationen zu Fragen durchzuführen, die in die Zuständigkeit der nationalen Zentralbanken fallen und die Stabilität der Finanzinstitute und -märkte berühren,
– die Aufgabe des → *Europäischen Fonds für währungspolitische Zusammenarbeit* (EFWZ) zu übernehmen,
– die Entwicklung des ECU zu überwachen,
– die Effizienz des grenzüberschreitenden Zahlungsverkehrs zu fördern,
– die Vorarbeiten zu leisten, die für die Errichtung des ESZB und die Verfolgung einer einheitlichen Währungspolitik sowie die Schaffung einer einheitlichen Währung in der dritten Stufen erforderlich sind.
Mitglieder des EWI sind die Zentralbanken der Mitgliedstaaten und das Luxemburgische Währungsinstitut. Der → *Ausschuß der Zentralbankpräsidenten* und der → *Europäische Fonds für währungspolitische Zusammenarbeit* werden mit der Errichtung des EWI überflüssig und daher aufgelöst. Auf dem EG-Sondergipfel in Brüssel Ende Oktober 1993 haben die Staats- und Regierungschefs der Gemeinschaft sich auf Frankfurt/Main als Sitz des Europäischen Währungsinstituts geeinigt.

Europäisches Währungssystem. Abk. EWS. Das EWS geht auf eine Entschließung des → *Europäischen Rates* vom 5.12.1978 zurück und trat am 13.3.1979 in Kraft (→ *Stufenplan*). Es löste den → *Europäischen Wechselkursverbund* ab. Die Errichtung des EWS stellt einen weiteren Anlauf dar, ein System für eine engere währungspolitische Zusammenarbeit zu organisieren, und zwar mit dem Ziel, in Europa zu einer relativen Währungsstabilität zu kommen.
Das EWS umfaßt im wesentlichen 4 Punkte:
– die Einführung des → *ECU* und damit die Ablösung der → *Europäischen währungspolitischen Rechnungseinheit* des → *Europäischen Fonds für währungspolitische Zusammenarbeit* als Bezugsgröße des Leitkurssystems zwischen den europäischen Zentralbanken,
– einen multilateralen Wechselkurs- und → *Interventionsmechanismus* für die Währungen der teilnehmenden Länder,
– eine Ausweitung der bestehenden → *Kreditmechanismen* sowie

Europäisches Zentralbanksystem

– finanzielle Hilfen (zusätzliche Darlehen und Zinssubventionen) zur Stärkung der Wirtschaft der weniger wohlhabenden EWS-Mitgliedstaaten.

Es war eine Anlaufphase von 2 Jahren geplant. Für das endgültige System war ein → *Europäischer Währungsfonds*, die Poolung der Währungsreserven, die uneingeschränkte Verwendung des ECU als Reservewährung sowie als Instrument für den Saldenausgleich vorgesehen. Aufgrund der wirtschaftlichen und politischen Rahmenbedingungen zu Beginn der 80er Jahre kam es nicht zu einer ernsthaften Diskussion über die 2. Stufe. Erst auf dem Treffen des → *Europäischen Rates* in Hannover 1988 und im → *Delors-Bericht* von 1989 wurde diese Idee wieder aufgegriffen. Alle EG-Mitgliedstaaten gehören dem EWS an. Die griechische Drachma nimmt jedoch nicht am Wechselkurs- und Interventionsmechanismus teil, und die Lira und das britische Pfund sind im Herbst 1992 wieder ausgeschieden. Die Fortsetzung des EWS stellt die Währungsunion im Rahmen der → *Maastrichter Verträge* dar.

Europäisches Zentralbanksystem. Abk. EZBS; auch Europäisches System der Zentralbanken, Abk. ESZB. Kernstück des Stufenplans zur → *Wirtschafts- und Währungsunion* und der in Maastricht vereinbarten Vertragsänderungen für die EG (→ *Maastrichter Verträge*). Die Statuten dieses Europäischen Zentralbanksystems wurden von dem → *Ausschuß der EG-Zentralbankpräsidenten* ausgearbeitet und einstimmig angenommen. Das Europäische Zentralbanksystem wird föderalistisch organisiert sein (→ *Zentralbanksystem, föderalistisches*), d.h., daß Struktur, Aufgaben und Unabhängigkeit sich sehr am Modell der Deutschen Bundesbank orientiert haben. Es wurden folgende Grundsätze festgelegt:

– Das System wird dem Ziel der Preisstabilität verpflichtet sein; es wird, soweit dies mit dem Ziel der Preisstabilität vereinbar ist, die auf Gemeinschaftsebene von den zuständigen Instanzen beschlossene Witschaftspolitik unterstützen.

– Das System wird für die Erarbeitung und Umsetzung der einheitlichen Geldpolitik, die Wechselkurssteuerung, die Verwaltung der Devisenreserven und für das ordnungsmäßige Funktionieren des Zentralbanksystems zuständig sein.

– Das System wird weder Kredite an öffentliche Stellen gewähren noch für Schulden der Mitgliedstaaten einspringen.

– Die Unabhängigkeit des Systems von politischen Entscheidungsorganen auf europäischer und nationaler Ebene soll dadurch gewährleistet werden, daß die Mitglieder des Direktoriums für eine angemessen lange Amtszeit bestellt werden (8 Jahre) und daß auch die Bestellung der nationalen Zentralbankpräsidenten mit dem

Ziel der Weisungsungebundenheit in diesen Statuten vereinbar ist.
– Es ist den EG-Organen zur Rechenschaftslegung verpflichtet.
– Das System wird eine einheitliche Währung ausgeben und verwalten (→ *ECU*).

Europäisches Zentrum für die Förderung der Berufsbildung. Frz. Centre Européen pour le développement de la Formation professionelle. Abk. CEDEFOP. Rechtlich selbständige Einrichtung der EG mit Sitz in Berlin, gegründet 1975. Das CEDEFOP unterstützt die EG-Kommission auf dem Gebiet der Berufs(weiter)bildung, es dokumentiert die neuesten Entwicklungs- und Forschungsarbeiten und fördert den Informations- und Erfahrungsaustausch im Bereich der Berufsbildung. CEDEFOP führt Kurse und Seminare durch und gibt ein gemeinschaftliches Bulletin zur Berufsbildung heraus.

Europakammer. Gemäß Art. 52 Abs. 3a des Grundgesetzes für Angelegenheiten der Europäischen Union gebildeter besonderer Ausschuß des Bundesrates zur Koordinierung der Positionen der Länder in EG-Angelegenheiten (vgl. das entsprechende Gremium der Bundestages → *Ausschuß für Angelegenheiten der Europäischen Union*).

Europaparlament. → *Europäisches Parlament*.

Europarat. Der Europarat, nicht zu verwechseln mit dem → *Europäischen Rat*, war die erste Organisation nach dem 2. Weltkrieg, die sich europapolitischen Zielen wie der Förderung einer engeren Verbindung und Zusammenarbeit zwischen den Staaten Europas gewidmet hat. Zu den 10 Staaten, die den Europarat am 5.5.1949 gegründet haben (Belgien, Dänemark, Frankreich, Großbritannien, Irland, Italien, Luxemburg, die Niederlande, Norwegen, Schweden) sind inzwischen weitere 18 europäische Länder hinzugekommen (BR Deutschland, Finnland, Griechenland, Island, Liechtenstein, Malta, Österreich, Polen, Portugal, San Marino, Bulgarien, Schweiz, Spanien, Türkei, Ungarn, Zypern sowie seit Mitte 1993 die tschechische und die slowakische Republik als Nachfolgestaaten der Tschechoslowakei). Der Europarat hat seinen Sitz in seinem Gründungsort Straßburg. Seine Organe sind das Ministerkomitee und die Parlamentarische Versammlung.
Dem Ministerkomitee als Entscheidungsorgan gehören die Außenminister der Mitgliedstaaten an. Der Vorsitz wechselt alle 6 Monate. Das Komitee tritt zweimal jährlich in nichtöffentlicher Sitzung zusammen, ansonsten treffen sich jeden Monat die Ständigen Vertreter der Mitgliedstaaten. Daneben finden regelmäßig Fachministerkonferenzen statt. Das Ministerkomitee kann Beschlüsse nur einstimmig fassen.

Sie gehen als Empfehlungen zur Ausgestaltung des nationalen Rechtes an die Mitgliedstaaten. Entscheidungen des Komitees können auch die Form von völkerrechtlichen Übereinkommen (Konventionen) haben.

Die Parlamentarische Versammlung ist ein beratendes Organ, dessen Mitglieder von den nationalen Parlamenten entsandt werden. Sie tagt dreimal jährlich öffentlich in Straßburg. Die Versammlung kann Empfehlungen an das Ministerkomitee abgeben, schriftliche und mündliche Anfragen an die Minister stellen und bei der Entscheidung über ihren Verwaltungsetat mitsprechen. Ihre Sitzungen werden von etwa 50 Ausschüssen vorbereitet, die regelmäßig in Straßburg oder Paris tagen.

Die Arbeit des Ministerkomitees und der Versammlung wird in einem gemischten Ausschuß koordiniert. Dem Europarat steht ein Sekretariat mit einem Generalsekretär an der Spitze zur Seite. Der Generalsekretär wird für 5 Jahre von der Parlamentarischen Versammlung auf Empfehlung des Ministerkomitees gewählt. Er leitet die etwa 900-köpfige Verwaltung und vertritt den Europarat nach außen.

Insgesamt hat der Europarat viel zur Bildung eines europäischen Zusammengehörigkeitsgefühls beigetragen. Er wirkt vor allem in den Bereichen Kultur und Recht. Seine wichtigste Konvention ist die → *Europäische Menschenrechtskonvention*. Damit ist er auf Feldern tätig, auf denen die in erster Linie ökonomisch ausgerichtete EG zumindest in ihrer ersten Entwicklungsphase wenig tätig war. Unter dem Zielaspekt einer → *Politischen Union* greift die EG jedoch zunehmend sämtliche Politiken auf. In Bezug auf die Sicherheitspolitik geht sie sogar über den Europarat hinaus, der ausdrücklich Fragen der nationalen Verteidigung ausgeklammert hat.

Europartenariat. Initiative der EG-Kommission zur Stimulierung der wirtschaftlichen Entwicklung in den rückständigen Regionen der EG in Form von Kooperationen zwischen Betrieben der betreffenden Region und Unternehmen aus den übrigen Mitgliedstaaten, dem → *Europäischen Wirtschaftsraum* und verschiedenen Drittländern.

Europastaatssekretäre. Die Europastaatssekretäre bilden in der Bundesregierung einen besonderen Staatssekretärsausschuß, dem die Staatssekretäre der mit EG-Fragen befaßten Ressorts angehören (z.B. Auswärtiges Amt, Bundesministerium für Wirtschaft). Regelmäßig nehmen aber auch Vertreter der anderen Ministerien wegen genereller oder spezieller EG-politischer Berührung ihrer Ressortinteressen teil. Die Sitzungen der Europastaatssekretäre finden in unregelmäßigen Abständen unter Vorsitz eines Staatsministers des Auswärtigen Amtes statt und dienen der Ressortabstimmung in wichtigen politischen, fachlichen oder rechtlichen EG-Fragen.

Europe à deux vitesses. Frz. für Europa mit zwei Geschwindigkeiten. Bezeichnung für die Einführung unterschiedlicher Integrationsgeschwindigkeiten in der EG je nach Integrationsbereitschaft und -fähigkeit der Mitgliedstaaten. Diese Strategie ist umstritten, da sie die Einheitlichkeit des Gemeinschaftssystems gefährdet. Wegen der Blockademöglichkeit einzelner Mitgliedstaaten in Konsensbereichen läßt sie sich aber zur Erreichung von Fortschritten oft nicht vermeiden. Ein Beispiel für dieses Vorgehen ist das → *Europäische Währungssystem* (EWS), an dessen → *Wechselkurs- und Interventionsmechanismus* nicht alle EG-Länder teilnehmen. Die Möglichkeit einer abgestuften Integration ist nach der EG-Reform durch die → *Einheitliche Europäische Akte* auch im EWG-Vertrag (Art. 8c) angelegt. Auch in den → *Maastrichter Verträgen* findet sich dieses Integrationsmodell. Das Europe à deux vitesses ist im Bereich praktizierter Mehrheitsentscheidungen wegen der dort möglichen Überwindung von Blockierern weniger dringlich.

European Bank for Reconstruction and Development. Abk. EBRD. → *Europäische Bank für Wiederaufbau und Entwicklung.*

European Currency Unit. Abk. für → *ECU.*

European Economic Community. Abk. EEC. → *Europäische Wirtschaftsgemeinschaft.*

European Free Trade Association. Abk. EFTA. → *Europäische Freihandelsassoziation.*

European Monetary Agreement. Abk. EMA. → *Europäisches Währungsabkommen.*

European Space Agency. Abk. ESA. → *Europäische Weltraumorganisation.*

European Telecommunications Standards. Abk. ETS. → *Europäische Fernmeldenorm.*

European Telecommunications Standards Institute. Abk. ETSI. → *Europäisches Institut für Fernmeldenormen.*

Europol. Kurzbezeichnung für Europäisches Polizeiamt, das nach dem Maastrichter Vertrag über die Europäische Union (→ *Maastrichter Verträge*) dem EG-weiten Austausch von Informationen dienen soll und damit der polizeilichen Zusammenarbeit zur Verhütung und Bekämpfung des Terrorismus, des illegalen Drogenhandels und der internationalen Schwerkriminalität. Der Vertrag bezeichnet die Errichtung von Europol als gemeinsames Interesse, ohne aber die Gründung selbst schon vorwegzunehmen.

Euroschalter. Bezeichnung für → *EG-Beratungsstellen für Unternehmen.*

EUROSTAT. Kurzbezeichnung für → *Statistisches Amt der EG.*

EUROTECH CAPITAL. Pilotaktion zur Entwicklung von Finanzierungsformen für transnationale Hochtechnologieprojekte (THTP).

EUROTECNET. Abk. für European Technical Network. Aktionsprogramm zur Förderung von Innovationen infolge des technologischen Wandels. Hierzu werden ein Netzwerk aufgebaut sowie Seminarkonzepte und Datenbanken angeboten.

Euro-Telefon. Vom Bundesministerium für Wirtschaft eingerichteter telefonischer Auskunftsdienst, bei dem sich jedermann über Fragen der EG informieren kann. Das Euro-Telefon beantwortet unter der Rufnummer 0130-85-1992 (alte Bundesländer) und Berlin 234-1992 (neue Bundesländer) Anfragen von Montag bis Freitag in der Zeit von 9.00–18.00 Uhr, donnerstags bis 20.30 Uhr (Berlin: Mo–Do 9.00–16.00 Uhr, Fr 9.00–15.00 Uhr).

EUROTRA. Kurzbezeichnung für European Research and Development Programme for a Machine Translation System of advanced design. EG-Forschungsrogramm zur Entwicklung eines einsatzfähigen maschinellen Übersetzungssystems für die → *Amtssprachen der EG.* Teil des Programms → *Telematiksysteme.*

EURYDICE. Netz von Stellen der EG-Staaten zum Informationsaustausch über Erziehung und Ausbildung.

EUTELSAT. Kurzbezeichnung für European Telecommunications Satellite Organisation (→ *Europäische Fernmeldesatellitenorganisation*).

EVCA. Abk. für European Venture Capital Association. Europäischer Verband der Risikokapitalfonds, der bei einschlägigen EG-Programmen mitwirkt.

EVG. Abk. für → *Europäische Verteidigungsgemeinschaft.*

EWF. Abk. für → *Europäischer Währungsfonds.*

EWG. Abk. für → *Europäische Wirtschaftsgemeinschaft.* In dem Maastrichter Vertrag über die Europäische Union wird der Ausdruck „Europäische Wirtschaftsgemeinschaft" durch „Europäische Gemeinschaft" ersetzt. Dementsprechend wird aus der Abkürzung EWG-Vertrag die

Abkürzung EGV für den Vertrag über die Europäische Gemeinschaft.

EWG-Klausel. → *EG-Klausel.*

EWG-Vertrag. Wichtigster der am 25.3.1957 geschlossenen → *Römischen Verträge,* der die gesamte Wirtschaft der Mitgliedstaaten unter dem Zielbegriff des → *Gemeinsamen Marktes* zusammenfaßt. Der EWG-Vertrag regelt in 248 Artikeln die vier Grundfreiheiten freier → *Waren-,* → *Kapital-,* → *Personen-* und → *Dienstleistungsverkehr* und die gemeinsame Wettbewerbs-, Agrar-, Verkehrs- und Wirtschaftspolitik. Durch die → *Einheitliche Europäische Akte* sind auch Regelungen über die gemeinsame Forschungs- und Umweltpolitik in den Vertrag aufgenommen worden. Ferner enthält der Vertrag die nötigen institutionellen und strukturellen Regelungen, die das Funktionieren dieser internationalen Organisation mit eigenen Organen und Einrichtungen gewährleistet. Eine weitere Entwicklung brachten die → *Maastrichter Verträge,* durch die der EWG-Vertrag novelliert und in der Bezeichnung in EGV geändert wurde (→ *EWG*).

EWIV. Abk. für → *Europäische Wirtschaftliche Interessenvereinigung.*

EWR. Abk. für → *Europäischer Wirtschaftsraum.*

EWRE. Abk. für → *Europäische Währungspolitische Recheneinheit.*

EWS. Abk. für → *Europäisches Währungssystem.*

EWS-Währungen. Alle Währungen, die am → *Europäischen Währungssystem* (EWS) teilnehmen. Genau genommen sind dies aber nur diejenigen Währungen, die am Wechselkurs- und Interventionsmechanismus des EWS teilnehmen. Mit dem Beitritt des portugiesischen Escudo am 6.4.1992 nehmen alle EG-Währungen mit Ausnahme der griechischen Drachmi am Interventionssystem teil. Allerdings schieden im Herbst 1992 die Lira und das britische Pfund wieder aus.

Exportförderung. Seit 1983 besteht ein EG-Programm zur Förderung der Ausfuhren in bestimmte → *Drittstaaten* (insbesondere nach Asien) und zur Erleichterung des Marktzugangs. Gefördert werden Gemeinschaftsmessestände, organisierte Geschäftsreisen, Schulungs- und Informationsseminare sowie Marktstudien.

Exportstabilisierungsmaßnahmen. Hilfen der EG für → *AKP-Staaten* zum Ausgleich von Exporterlösen aus dem Verkauf von Rohstoffen bei schwankenden Weltmarktpreisen (→ *Sysmin,* → *Stabex*).

EXPROM. Abk. für Export Promotion. EG-Exportförderprogramm nach Japan zum Ausbau des Handels und der Verbesserung der Marktkenntnisse mittels sektorenbezogener Maßnahmen wie Marktstudien und Messebeteiligungen; außerdem zur Übersetzung japanischer Texte und zur Durchführung von Trainingskursen für Führungskräfte (→ *HTP*, → *ETP*).

EZB. Abk. für → *Europäische Zentralbank.*

EZBS. Abk. für → *Europäisches Zentralbanksystem.*

F

Fachministerräte. → *Rat der Europäischen Gemeinschaften.*

FAST. Abk. für Forecasting and Assessment in Science and Technology. Unterprogramm von → *MONITOR* zur langfristigen Vorausschau der Wechselbeziehungen zwischen Wissenschaft, Technologie, Ökonomie und Gesellschaft.

FECOM. Abk. für Fonds Européen de Coopération Monétaire. → *Europäischer Fonds für währungspolitische Zusammenarbeit.*

Feierliche Erklärung. Auch Feierliche Deklaration. Der an sich unspezifische Begriff wurde bekannt durch die Feierliche Erklärung von Stuttgart am 19.6.1983, als der → *Europäische Rat* die politischen Vorraussetzungen zur → *Einheitlichen Europäischen Akte* formulierte und vor allem die sicherheitspolitische, juristische und kulturelle Dimension des europäischen Einigungswerkes hervorhob.

Fernmeldewesen. Nach den Plänen der EG-Kommission von 1981 soll das Fernmeldewesen in der EG einheitlich geregelt werden. Das Ziel ist die Schaffung eines → *Gemeinsamen Marktes* für Telekommunikationsdienste und -geräte. Dies soll erreicht werden durch Trennung hoheitlicher und betrieblicher Aufgaben in den staatlichen Fernmeldeverwaltungen, Liberalisierung des Endgerätemarktes, Harmonisierung der technischen Spezifikationen, gegenseitige Anerkennung von Gerätezulassungen, Zulassung privater Anbieter zu Mobilfunk, Satellitenkommunikation und Mehrwertdiensten sowie durch eine stärkere Kostenorientierung der Tarifstrukturen.

Fernseh-Richtlinie. Die Richtlinie der EG vom 3.10.1989 „Fernsehen ohne Grenzen" soll gewährleisten, daß kein Mitgliedstaat den Empfang von Fernsehproduktionen eines anderen EG-Landes verbieten kann. Ferner enthält die Richtlinie Bestimmungen über Fernsehwerbung (u.a. Verbot von Tabak- und Zigarettenwerbung, Arzneimittelwerbung nur für ärztlich zu verordnende Medikamente, Einschränkungen der Alkoholwerbung) und den Jugendschutz. Außerdem sollen die Fernsehunternehmen in den EG-Staaten über 50 Prozent ihrer Gesamtsendezeit aus europäischen Produktionen bestreiten. Obwohl die Bevorzugung europäischer Programmproduktionen rechtlich nicht verpflichtend ist, hat dieser Punkt zu einer Kontroverse mit den deutschen Bundesländern geführt, die ihre Kulturhoheit beeinträchtigt sahen. Sie haben aus grundsätzlichen Erwägungen eine Klage vor dem Bundesverfassungsgericht erhoben.

Finanzausgleich. Finanzieller Solidaritätsmechanismus; insbesondere in föderativ aufgebauten Staaten gibt es neben einer gemeinsamen Regionalpolitik mit direkten Finanzzuweisungen einen automatischen, auf objektiven Wirtschaftskriterien (Indikatoren, Durchschnittszahlen) basierenden Ausgleichsmechanismus zwischen an Steueraufkommen armen und reichen Gemeinden bzw. Regionen (in der Bundesrepublik Deutschland z.B. den Gemeindefinanzierungsausgleich und den horizontalen Finanzausgleich zwischen den Bundesländern). Hauptziel eines Finanzausgleiches zwischen den öffentlichen Haushalten auf den verschiedenen politischen und demokratischen Entscheidungsebenen ist es, zu einer harmonischen wirtschaftlichen und sozialen Entwicklung in allen Gemeinden und Regionen beizutragen. Dabei wird bewußt öffentliche Kaufkraft in Gebiete gelenkt, die in der wirtschaftlichen Entwicklung hinter dem Durchschnitt (z.B. Steuern, Einkommen pro Kopf etc.) hinterherhinken. Damit soll eine mit marktwirtschaftlichen Prinzipien noch zu vereinbarende Investitions- und Ausgabenpolitik der öffentlichen Hand unterstützt werden, die insbesondere darin besteht, die Infrastruktur des Gebietes zu verbessern und für private Investitionen attraktiver zu machen. Automatische Finanzausgleichmechanismen kann es im Prinzip nur zwischen Gebieten geben, die gleiche Steuersysteme und -strukturen besitzen (→ *Kohäsion*, → *Delors-Paket II*).

Finanzbeiträge. Vor Einführung eigener Einnahmen bestritt die EG ihren Haushalt aus Finanzbeiträgen (sogenannten Matrikularbeiträgen) der Mitgliedstaaten, die je nach deren Größe und Wirtschaftskraft in einem speziellen Aufbringungsschlüssel berechnet wurden. Nur die → *Europäische Gemeinschaft für Kohle und Stahl* wurde nicht durch Finanzbeiträge, sondern Umlagen und Anleihen finanziert. Nach dem ursprünglichen Aufbringungsschlüssel hatte die Bundesrepu-

Fischereistruktur

blik Deutschland 28 Prozent der gesamten Finanzbeiträge zu leisten.

Fischereistruktur. Gemäß Art. 42 und 43 EWG-Vertrag fördert die EG Maßnahmen zur Verbesserung der Fischereistrukturen sowie zur Produktion (Aufzucht), Verarbeitung und Vermarktung von Fischereierzeugnissen mit dem Ziel, die Anpassung der Fischerei an die Entwicklung des Marktes zu bewirken.

Fläche der EG-Staaten. siehe Tabelle → *Bevölkerung*.

FLAIR. Abk. für Food Linked Agro-Industrial Research. Forschungs- und Entwicklungsprogramm der EG für Nahrungsmittel-Wissenschaften und -Technologien als Teil von → *AIR* zur Förderung der Wettbewerbsfähigkeit der europäischen Nahrungsmittelindustrie sowie der Erhöhung der Nahrungsmittelqualität und -sicherheit.

Flankierendes Völkervertragsrecht. Völkervertragliche Vereinbarungen der EG-Mitgliedstaaten, die außerhalb der EG-Kompetenzen europabezogene Fragen regeln. Das flankierende Völkervertragsrecht ist Europarecht im weiteren Sinne, weil es nicht von den EG-Organen, sondern den Mitgliedstaaten gesetzt wird. Es zählt zum sogenannten → *acquis communautaire* (gemeinschaftlicher Besitzstand).

Föderativprinzip. Gliederungsprinzip eines staatlichen Gemeinwesens, in dem einer Zentralgewalt einzelne Glieder bzw. Staaten mit eigener Kompetenzausstattung gegenüberstehen. Ein Bundesstaat (wie die Bundesrepublik Deutschland) und ein Staatenbund sind nach diesem Prinzip gestaltet (→ *Subsidiaritätsprinzip*).

Fonds. → *Strukturfonds*.

Fonds Européen de Coopération Monétaire. Abk. FECOM. → *Europäischer Fonds für währungspolitische Zusammenarbeit*.

FORCE. Abk. für Formation Continuée en Europe. Das EG-Aktionsprogramm unterstützt länderübergreifende Partnerschaften von Unternehmen und Sozialpartnern sowie den Austausch von Weiterbildungsinstrumenten zur Stützung von Effizienz, Wettbewerbsfähigkeit und Innovation im Weiterbildungsbereich.

Förderungswürdigkeit. Im Rahmen der EG-Finanzierungsinstrumente (z.B. → *Neues Gemeinschaftsinstrument*) gibt es unterschiedliche Kriterien für die Vergabe von Krediten. Die Kriterien können sektoraler (Wirtschaftssektor, Branche), regionaler (Regionen mit hoher Arbeitslosigkeit), unternehmensspezifischer (Größe, rechtliche Abhängigkeit) und projektgebundener (private oder öffentliche Investitionen) Art sein (→ *Kreditprogramme*).

Forschungspolitik. Die Forschungspolitik der Gemeinschaften basierte in der Anfangsphase der europäischen Integration auf den beiden Sektorenverträgen über die → *Europäische Gemeinschaft für Kohle und Stahl* und die → *Europäische Atomgemeinschaft*, die eine fachbezogene Forschungs- und Technologiepolitik ermöglichten. Eine umfassende Forschungspolitik fand erst in der → *Einheitlichen Europäischen Akte* ihre Grundlage. Sie wurde seitdem entwickelt, um die Wettbewerbsfähigkeit der europäischen Industrien gegenüber ihren amerikanischen und japanischen Konkurrenten zu stärken. Die Forschungsaktivitäten der Mitgliedstaaten werden nach Maßgabe des sogenannten Forschungsrahmenprogramms unterstützt und ergänzt. Das von 1990-94 laufende Programm umfaßt eine Größenordnung von 6,6 Mrd. ECU. Die Hälfte dieser Mittel fließt in den Bereich Telekommunikation. Weitere Forschungsthemen betreffen die Werkstechnologie, den Umwelt- und den Energiesektor (→ *Gemeinsame Forschungsstelle*). Für das Vierte Rahmenprogramm (1994–1998) soll der Etat auf Vorschlag der EG-Kommission um mehr als das Doppelte auf 13,1 Mrd. ECU aufgestockt werden. Neben den bisherigen Schwerpunkten werden neue Akzente gesetzt, beispielsweise durch Einführung neuer Themen wie Forschung über gesellschaftspolitische Fragen oder über das Verkehrswesen.

Forstwirtschaft. Teilbereich der gemeinsamen → *Agrarpolitik*. Die EG führt ein Aktionsprogramm durch zur Aufforstung landwirtschaftlicher Nutzflächen, Entwicklung und Aufwertung des Waldes, zum Anbau und zur Verarbeitung von Kork, zum Schutz des Waldes gegen Luftverschmutzung und Brände sowie zur Einführung eines forstwirtschaftlichen Informations- und Kommunikationssystems (→ *EFICS*).

Fouchetpläne. Anfang der 60er Jahre von dem damaligen französischen EG-Botschafter Fouchet entwickelte politische Einigungspläne auf der Grundlage einer Staatenunion (→ *Europa der Vaterländer*). Die Pläne, die später in der → *Europäischen Politischen Zusammenarbeit* eine gewisse Realisierung fanden, scheiterten zunächst an dem Widerstand der Partner Frankreichs. Während Frankreich ein Europa der unabhängigen Vaterländer erreichen wollte, waren die anderen EG-Staaten gegen eine Herabstufung des übernationalen Integrationsprinzips auf die Ebene eines Bundes souveräner Staaten. Das Scheitern der Fouchetpläne führte dann zum Abschluß des deutsch-französischen Zusammenarbeitsvertrages vom 22.1.1963. Dieser Vertrag verstärkte die Achse Bonn-

Paris, wirkte sich aber auf die weitere Integration nicht in dem Maße aus, wie sich die Vertragspartner dies vorgestellt hatten.

Fraktionen des Europäischen Parlamentes. → *Europäisches Parlament.*

Frauenpolitik. Bereits in den Gründungsverträgen zur Europäischen Gemeinschaft wurde 1957 der Grundsatz „Gleicher Lohn für gleiche Arbeit" festgeschrieben. In der Tagespolitik der Mitgliedstaaten blieb er jedoch viele Jahre lang ohne praktische Auswirkungen. Erst 1975, dem „Internationalen Jahr der Frau", wurden neue Anstöße zur Umsetzung einer europäischen Frauenpolitik sichtbar. Bis 1986 beschloß die EG verschiedene Richtlinien über Lohn- und Chancengleichheit sowie über Gleichbehandlung im System der sozialen Sicherheit. Mit dem 1990 verabschiedeten „Aktionsprogramm zur Förderung der Chancengleichheit für Frauen und Männer" soll bis 1995 die Stellung der Frau in Recht und Gesetz, auf dem Arbeitsmarkt und in der Gesellschaft weiter verbessert werden. Daneben tragen Frauenförderprogramme dazu bei, Ausbildungs- und Arbeitsmarktchancen von Frauen in qualifizierten Berufen zu verstärken. Beispiele sind → *IRIS,* → *COMETT,* → *PETRA* oder → *NOW.* Der → *Gerichtshof der EG* entschied in den letzten Jahren in über 50 Fällen gegen die Diskriminierung der Frau und damit für eine konsequente Einhaltung des Gemeinschaftsziels, Männer und Frauen gleichzubehandeln. Im Rahmen der → *Maastrichter Verträge* haben sich die Mitgliedstaaten – mit Ausnahme Großbritanniens – in einem Zusatzabkommen über die Sozialpolitik noch einmal ausdrücklich dem Ziel verpflichtet, die Chancengleichheit von Männern und Frauen auf dem Arbeitsmarkt und die Gleichbehandlung am Arbeitsplatz zu verwirklichen.

Freier Kapitalverkehr. → *Kapitalverkehr, freier.*

Freier Warenverkehr. → *Warenverkehr, freier.*

Freihandelszone. Die im Allgemeinen Zoll- und Handelsabkommen (→ *GATT*) festgelegte Freihandelszone ist eine Gruppe von zwei oder mehr Zollgebieten, in denen Zölle und beschränkende Handelsvorschriften für annähernd den gesamten Handel beseitigt werden. Infolge der Freihandelsabkommen der EG mit der → *Europäischen Freihandelsassoziation* (EFTA) besteht seit 1977 mit Ausnahme des Agrarbereiches in Westeuropa praktisch bereits eine große Freihandelszone (→ *Zollunion,* → *EWR*).

Freistellung. Begriff des → *Wettbewerbsrechtes,* genauer des → *Kartellrechtes.* Danach kann ein Kartell unter bestimmten Voraussetzungen ausnahmsweise vom Kartellverbot des Artikels 85 → *EWG-Vertrag* freigestellt werden; entweder im Einzelfall oder für Gruppen von Vereinbarungen. Dabei geht es vor allem um solche Vereinbarungen, die im Verbraucherinteresse Verbesserungen der Warenerzeugung bewirken und dem technischen oder wirtschaftlichen Fortschritt dienen. Über Einzelfreistellungen wird von der → *EG-Kommission* auf Antrag entschieden, Gruppenfreistellung erfolgen über Verordnung. Die EG-Kommission hat bisher 12 Gruppenfreistellungsverordnungen erlassen. Sie betreffen u.a. Vertriebsverträge, Spezialisierungsvereinbarungen bei kleineren Unternehmen, Vereinbarungen über Forschung und Entwicklung sowie über die Vergabe von Lizenzen für die Verwendung von Patenten und Know-how.

Freistellungsmethode. Methode zur Verhinderung der → *Doppelbesteuerung* im Rahmen der Einkommen- und Körperschaftbesteuerung, bei der die im Ausland erzielten und besteuerten Einkünfte im Inland von der Besteuerung freigestellt werden, gegebenenfalls mit → *Progressionsvorbehalt* (Gegenteil: → *Anrechnungsmethode*).

Freiverkehrsfähigkeit. Freiverkehrsfähigkeit ist die im → *Binnenmarkt* vorausgesetzte und daher angestrebte Vertriebsfreiheit von Handelsgütern aller Art. Freiverkehrsfähigkeit wird durch → *Rechtsangleichung* der nationalen Vermarktungsbedingungen oder → *gegenseitige Anerkennung* etwaiger Zulassungen oder Genehmigungen erreicht. Grundbestimmend für die Freiverkehrsfähigkeit ist Art. 30 EWG-Vertrag, der alle Beschränkungen des innergemeinschaftlichen Handels untersagt (Freier Warenverkehr).

Freizügigkeit der Arbeitnehmer. Die zum freien → *Personenverkehr* zählende Freiheit der EG-Arbeitnehmer, EG-weit unter den Bedingungen der einheimischen Erwerbspersonen jedwede Arbeit aufzunehmen, ohne daß besondere nationale Bedingungen hierfür aufgestellt werden dürfen. Zu den Rechten gehören Aufenthalts- und Verbleiberechte der Arbeitnehmer und ihrer Familien und Teilhabe an sozialen Vergünstigungen, auf die die einheimischen Arbeitnehmer Anspruch haben. Die Freizügigkeit der Selbständigen ist gesondert geregelt (→ *Niederlassungsfreiheit*).

Fremdwährungskonto. Bankkonto auf eine ausländische Währung, das in einem Land bankrechtlich den Status einer ausländischen Devise hat. Es ist insbesondere dann von Vorteil, wenn gleichzeitig Einnahmen und Ausgaben in der gleichen ausländischen Währung auftreten und dadurch nicht jedes Mal Umtauschgebühren anfallen.

Führerschein, europäischer. Seit dem 1.1.1986 stellen die EG-Mitgliedstaaten Führerscheine aus, die auf das Modell zurückgehen, das auf der Wiener Straßenverkehrskonferenz 1968 festgelegt worden ist. Die Richtlinie 80/1263 des Rates legt einheitliche Führerscheinklassen sowie Mindestforderungen für das Bestehen einer theoretischen und praktischen Fahrprüfung fest. Neben der gegenseitigen Anerkennung der nationalen Führerscheine sieht sie auch den Umtausch des Führerscheins im Fall des Wohnsitzwechsels in einen anderen Mitgliedstaat vor. Die Festlegung des Mindestalters für die Fahrerlaubnis und der Gültigkeitsdauer erfolgt weiterhin nach einzelstaatlichen Vorschriften. Die Einführung des EG-Modells ist der erste Schritt zur Einführung eines einheitlichen EG-Führerscheins. (→ *Verkehrspolitik*).

Fundstellenverzeichnis. Auf der Datenbank → *CELEX* beruhendes Verzeichnis der im → *Amtsblatt der EG* veröffentlichten Rechtsakte. Es erscheint zweimal jährlich in 2 Bänden (chronologisches und alphabetisches Register).

Fusion der Organe. Die Verschmelzung der (identischen) Organe der 3 (unterschiedlichen) → *Europäischen Gemeinschaften*. Durch das zusammen mit den → *Römischen Verträgen* am 25.3.1957 geschlossene „Abkommen über gemeinsame Organe für die EG" wurden Europäisches Parlament, Gerichtshof und Wirtschafts- und Sozialausschuß fusioniert. Die Einsetzung eines gemeinsamen Rates und einer gemeinsamen Kommission erfolgte durch den Fusionsvertrag vom 8.4.1965.

Fusion der Verträge. Vorgesehene, aber bis heute noch nicht verwirklichte Verschmelzung der EG-Gründungsverträge zu einem einheitlichen Vertragswerk. Auch die → *Einheitliche Europäische Akte* und die → *Maastrichter Verträge* brachten im wesentlichen nur Reformen des EWG-Vertrages.

Fusionsrichtlinie. Vom Rat der EG am 23.7.1990 verabschiedete Richtlinie zur steuerlichen Erleichterung der grenzüberschreitenden Zusammenarbeit von Unternehmen. Die Flexibilität industrieller und kommerzieller Strukturen soll gefördert, steuerliche Hindernisse für die Umstrukturierung von Unternehmen in Form von Konzentration (Fusion) oder Spezialisierung (Aufspaltung, Einbringung von Unternehmensteilen) sollen abgebaut werden. Diese Umstrukturierungen können steuerlich neutral erfolgen. Die Fusionsrichtlinie ist nur anwendbar auf Kapitalgesellschaften, die der Körperschaftsteuer unterliegen. Sie gilt nur für grenzüberschreitende Vorgänge. In Deutschland ist die Fusionsrichtlinie mit Wirkung vom 1.1.1992 in Kraft getreten; sie ist auch auf nationale Vorgänge anwendbar.

G

GANAT. Kurzbezeichnung für „Gemeinschaftliche Aktionen zum Naturschutz". Naturschutzaktionen der EG in Form von Pilotvorhaben zur Erhaltung oder Wiederherstellung hochgradig bedrohter Lebensräume gefährdeter Arten von besonderer Bedeutung.

GAP. Abk. für Gemeinsame → *Agrarpolitik.*

GATT. Abk. für General Agreement on Tariffs and Trade. Allgemeines Zoll- und Handelsabkommen. Das Abkommen wurde 1947 zwischen 23 Staaten abgeschlossen. Das GATT ist zugleich handelspolitisches Vertragswerk und eine Sonderorganisation der → *Vereinten Nationen* mit Sitz in Genf. Das GATT hat heute 97 Vertragsstaaten als Vollmitglieder; die Vertragsbestimmungen werden von rund 30 weiteren Staaten ohne formellen Beitritt angewandt. Ziel ist die Erreichung eines freien Welthandels durch den internationalen Abbau von → *Handelshemmnissen.* Das GATT enthält Bestimmungen über → *Zölle,* → *mengenmäßige Beschränkungen,* andere → *nichttarifäre Hemmnisse,* → *Subventionen* und → *Dumping.* Im Rahmen des GATT sind bisher 7 große multilaterale Verhandlungsrunden abgeschlossen worden (z.B. 1964-67 Kennedy-Runde, 1973-79 Tokio-Runde). Seit 1986 läuft die Uruguay-Runde. Als Organisation verfügt das GATT über Vollversammlung, Rat, Sekretariat, Ausschüsse und Arbeitsgruppen.

Gebietsansässige und Gebietsfremde. Bankrechtlich, insbesondere bei Konteninhabern, wird unterschieden, ob das Wirtschaftssubjekt (Person oder Firma) seinen offiziellen Wohnsitz innerhalb oder außerhalb des währungspolitischen Geltungsbereiches einer Zentralbank hat. Diese Unterscheidung hat vor allem den Sinn, den Einsatz der währungspolitischen Instrumente einer Zentralbank durch eine klare Abgrenzung der Konteninhaber und ihrer möglichen Transaktionsmotive effizienter einsetzen zu können.

Gefährdungshaftung. Verschuldungsunabhängiges Haftungssystem. Nach der → *Produkthaftungs-Richtlinie* haften Hersteller innerhalb der EG, Importeure und Vorlieferanten auch ohne eigenes Verschulden für die Schäden, die fehlerhafte Produkte beim Konsumenten verursachen.

Gegenseitige Anerkennung. Methode zur Überwindung nationaler Rechtsunterschiede in der EG, soweit diese Unterschiede nicht durch → *Rechtsangleichung* oder Rechtsvereinheitlichung zu beseitigen sind. Im Wege der gegenseitigen Anerkennung akzeptieren die Mitgliedstaaten unterschiedliche Vorschriften und Qualifikationen anderer EG-Staaten, die den gleichen Zweck verfolgen, als gleichwertig. Nach einer Rechtsangleichung kann die gegenseitige Anerkennung auch die Verwaltungsakte (Prüfungszeugnisse, Kennzeichnungen von Waren, Erlaubnisse staatlicher Behörden) betreffen. Anstelle einer Rechtsangleichung wird sie für nicht so bedeutende Rechtsgebiete häufig auch als das weniger aufwendige Mittel zur Erreichung von Binnenmarktzielen eingesetzt.

Geldmarkt. Markt für kurzfristige Geld- und Kredittransaktionen bis zu einer Laufzeit von maximal 1 Jahr; man unterscheidet nationale (Transaktionen nur in der Landeswährung) und internationale Geldmärkte (→ *Euro-Märkte*).
Die Spanne reicht von Tagesgeldern über Termingelder bis zu Kreditvereinbarungen mit normalerweise einer Laufzeit von 1 Jahr.

Geldpolitik. Der Teil der Notenbankpolitik, der auf den → *Geldmarkt* ausgerichtet ist. Die Geldpolitik umfaßt vor allem folgende Bereiche und Instrumente:
– Diskont- und Lombardpolitik (Änderung des Diskont- und Lombardsatzes),
– Mindestreservenpolitik (Anteil der Kundeneinlagen bei den Banken, welcher unverzinslich bei der Zentralbank hinterlegt werden muß, also nicht für die Vergabe von Krediten durch die Bank zur Verfügung steht),
– → *Offenmarktpolitik* (durch den An- oder Verkauf von marktfähigen Offenmarkt-Papieren beeinflußt die Zentralbank die Liquidität bzw. die Kosten der Finanzinstitute und damit indirekt die Zinssätze).

Geltungsbereich der EG-Verträge. Grundsätzlich umfaßt der Geltungsbereich der EG-Verträge neben den europäischen Staatsgebieten der Mitgliedstaaten auch deren außereuropäische Gebiete, soweit diese nicht inzwischen selbständig geworden sind oder es keine Ausnahmeregelungen gibt.

Gemeinsame Agrarpolitik. → *Agrarpolitik*.

Gemeinsame Außen- und Sicherheitspolitik. Abk. GASP. Bezeichnung der früher im Rahmen der → *Europäischen Politischen Zusammenarbeit* angestrebten außenpolitischen Dimension des europäischen Einigungswerkes. Die GASP ist neben der reformierten und um die → *Wirtschafts- und Währungsunion* erweiterten EG sowie der → *innen- und justizpolitischen Zusammenarbeit* eine der 3 Säulen, auf denen die mit den →

Maastrichter Verträgen angestrebte → *Europäische Union* ruht. Der → *Nordatlantikpakt* (NATO), die → *Westeuropäische Union* (WEU) sowie die → *Konferenz für Sicherheit und Zusammenarbeit in Europa* (KSZE) stellen die Bezugspunkte der neuen europäischen Sicherheitspolitik im Rahmen der GASP dar.

Gemeinsame Forschungsstelle der EG. Abk. GFS. Gemäß Art. 8 des Vertrages zur → *Europäischen Atomgemeinschaft* errichtete Forschungsinstitution mit ausgegliederten Zentren in Ispra (Italien), Petten (Niederlande), Karlsruhe und Geel (Belgien). Seit 1983 betreibt sie in Culham (England) eine Versuchsanlage für thermonukleare Fusion. Die ursprünglich nur im Bereich der Kernforschung tätige GFS wurde 1985 umorganisiert und ist heute auch in anderen Sektoren (Umwelt, Werkstoffe, neue Technologien) tätig. Sie hat über 2.000 Mitarbeiter.

Gemeinsamer Markt. Bis zur Einführung des Begriffs → *Binnenmarkt* Bezeichnung für die zentrale Aufgabe, innerhalb der EG einen Wirtschaftsraum zu schaffen, in dem der freie Verkehr von Waren und sonstigen Leistungen gewährleistet ist. Als erste Stufe der wirtschaftlichen → *Integration* sieht der → *EWG-Vertrag* die Errichtung des Gemeinsamen Marktes mit einer vollständigen Anwendung der vier → *Grundfreiheiten* vor. Wesentliche Grundlage ist eine → *Zollunion*, die sich auf den gesamten Warenaustausch innerhalb der Gemeinschaft erstreckt. Dieses Ziel der Zollunion ist erreicht, ein Gemeinsamer Markt im Sinne eines vollendeten Wirtschaftsraums ohne Binnengrenzen ist aber noch nicht vollständig hergestellt. Vor allem in den Bereichen des Steuerrechts und des → *Personenverkehrs* bestehen noch nationale Unterschiede und gemeinschaftsrechtliche Regelungslücken. Im Rahmen der EG-Reform, die zur → *Einheitlichen Europäischen Akte* führte, wurde die Bewältigung dieser verbleibenden Aufgaben als schrittweise Verwirklichung des Binnenmarktes bis Ende 1992 neu formuliert. Heute versteht man unter dem Gemeinsamen Markt generell die ökonomische Zielerreichung der EG. Der Binnenmarkt ist ein Unterziel, das im wesentlichen durch eine Verwirklichung der vier → *Grundfreiheiten* gekennzeichnet ist. Insofern gehören auch die gemeinsamen Politiken in den Bereichen Landwirtschaft, Verkehr, Wettbewerb und Außenwirtschaft zum Gemeinsamen Markt.

Gemeinsamer Zolltarif. Abk. GZT. Durch unmittelbar geltende EG-Verordnung eingeführter Katalog der für die einzelnen Waren und Produkte geltenden Zolltarife. Der GZT beruht auf dem Brüsseler Zolltarifschema, einer internationalen Vereinbarung, die nicht EG-Rechtscharakter besitzt.

Gemeinschaftliche Rechtsgrundsätze. Der → *Gerichtshof der EG* hat in seiner Rechtsprechung zu den Grundrechten auch bestimmte gemeinschaftliche Rechtsgrundsätze als ungeschriebene Bestandteile des → *Gemeinschaftsrechtes* herausgestellt. Beispiele sind das Vertrauensschutzprinzip, der Grundsatz der Verhältnismäßigkeit, das Prinzip der Rechtsklarheit und -sicherheit oder das rechtliche Gehör.

Gemeinschaftliche Umweltaktion. Abk. GUA. Viertes EG-Aktionsprogramm (1987 – 1992) im Rahmen der → *Umweltpolitik*. Es setzt weitere Akzente für eine vorbeugende Umweltschutzpolitik und führt Instrumente ein, damit der Umweltschutz systematisch zum Bestandteil der übrigen Gemeinschaftspolitiken wird (z.B. → *Umweltverträglichkeitsprüfung*). Seit 1993 läuft das fünfte Umweltprogramm der EG. Es widmet sich auch den weltweiten Problemen wie der Klimaveränderung sowie der Erhaltung der biologischen Vielfalt und der Ozonschicht.

Gemeinsames Unternehmen. Im Vertrag zur → *Europäischen Atomgemeinschaft* (EAG) vorgesehene grenzüberschreitende Gesellschaftsform zur Entwicklung der Kernindustrie in der EG. Das Gemeinsame Unternehmen besitzt Rechtspersönlichkeit in allen Mitgliedstaaten. Es wird nach Vorbereitung durch die EG-Kommission vom Rat errichtet, beruht also auf gemeinschaftsrechtlicher Grundlage. Es unterliegt aber zugleich den nationalen handels- und gesellschaftsrechtlichen Bestimmungen des Staates, in dem es seinen Sitz hat. Schon wegen der Mitbestimmungsfragen hat sich diese supranationale Unternehmensform nicht durchgesetzt. Es gibt nur Fälle, in denen bestehende nationale Unternehmen zusätzlich den Status eines Gemeinsamen Unternehmens erhielten.

Gemeinschaftlicher Besitzstand. → *Acquis communautaire*.

Gemeinschaftscharta der sozialen Grundrechte der Arbeitnehmer. Auch Sozial-Charta genannt. Am 9.1.1989 von den Staats- und Regierungschefs der EG angenommene Erklärung, in der die sozialen Grundrechte der Arbeitnehmer in der EG festgelegt sind. Diese Charta umfaßt u.a. das Recht auf → *Freizügigkeit* im gesamten EG-Gebiet, das Recht auf freie Wahl und Ausübung eines Berufes gegen gerechtes Entgelt, Maßnahmen zur Verbesserung der Lebens- und Arbeitsbedingungen, den Anspruch auf sozialen Schutz und Leistungen der sozialen Sicherheit sowie die Gleichbehandlung von Männern und Frauen (→ *NOW*).

Gemeinschaftsdarlehen. Im Jahre 1975 vom Rat der EG beschlossenes Finanzierungsinstrument. Ursprünglich stand es nur den Mitgliedstaaten zur Verfügung, die durch die Ölpreiserhöhungen direkt oder indirekt Zahlungsbilanzprobleme aufwiesen. Im Laufe der Jahre wurden auch andere Kriterien für die Weitergabe der im Namen der EG aufgenommenen Anleihen beschlossen. Bisher haben Italien, Irland, Frankreich, Griechenland und Portugal diese Darlehen in Anspruch genommen.

Gemeinschaftsfinanzierung der GAP. Die Gemeinschaftsfinanzierung bedeutet die Finanzierung der gemeinsamen → *Agrarpolitik* in der EG durch den → *Europäischen Ausrichtungs- und Garantiefonds für die Landwirtschaft*. Sie ist neben dem → *Marktprinzip* und der → *Gemeinschaftspräferenz* ein Hauptprinzip der EG-Agrarpolitik.

Gemeinschaftsinitiative. Als Gemeinschaftsinitiativen werden die Förder- und Aktionsprogramme der → *EG-Kommission* zur Ergänzung von Maßnahmen im Rahmen der → *Strukturfonds* bezeichnet.

Gemeinschaftskompetenz. Befugnis der EG-Organe zu (meist) legislativer Ausübung staatlicher Hoheitsgewalt kraft entsprechender → *Hoheitsrechtsübertragung*. Die Gemeinschaftskompetenz kann die Regelung gemeinschaftsinterner Aufgaben (Innenkompetenzen) oder den Abschluß völkerrechtlicher Verträge (→ *Außenkompetenzen*) erlauben.

Gemeinschaftskontingente. Zu diesen zählen Einfuhrkontingente (→ *Kontingente*), die von der EG autonom festgesetzt oder vertraglich ausgehandelt wurden, und Ausfuhrkontingente, die von → *Drittstaaten* im Wege der Selbstbeschränkung übernommen wurden. Die Gemeinschaftskontingente werden unter den EG-Mitgliedstaaten quotenmäßig aufgeteilt (→ *Handelspolitik*).

Gemeinschaftsmarke. → *Markenrecht*.

Gemeinschaftspatentübereinkommen. Abk. GPÜ. Das GPÜ bezweckt die Einführung eines EG-weit geltenden Gemeinschaftspatents, das im → *Europäischen Patentamt* angemeldet und erteilt wird. Das bereits 1975 unterzeichnete Abkommen konnte nicht in Kraft treten, weil es zwei EG-Staaten nicht ratifiziert hatten. Deshalb wurde 1989 der Versuch unternommen, das Abkommen dahin zu ändern, daß es schon nach einer Ratifizierung der meisten Mitgliedstaaten in Kraft treten kann. Die Erreichung des → *Binnenmarktes* wäre behindert, wenn dies nicht rechtzeitig verwirklicht würde. Territoriale Patentrechtsgrenzen behindern nämlich durch die unterschiedli-

Gemeinschaftspräferenz

chen Ausformungen des gewerblichen Rechtsschutzes den Austausch patentierter Waren in der EG.

Gemeinschaftspräferenz. Grundsatz in der → *Agrarpolitik* in der EG (neben dem → *Marktprinzip* und dem Grundsatz der → *Gemeinschaftsfinanzierung*). Die Gemeinschaftspräferenz bedeutet den Schutz des Agrarbinnenmarktes gegen Niedrigpreiseinfuhren und Weltmarktschwankungen durch das besondere Agrar-Erstattungs- und Abschöpfungssystem.

Gemeinschaftsrecht. Das in den EG-Verträgen niedergelegte und das von den EG-Organen gesetzte autonome Recht. Es stellt eine eigenständige Rechtsordnung dar, die weder dem Völkerrecht noch dem nationalen Recht zuzuordnen ist. Entgegenstehendes nationales Recht wird unanwendbar und muß vom nationalen Gesetzgeber umgehend aufgehoben werden. Auch bloß umsetzungsbedürftiges Gemeinschaftsrecht (vor allem die → *Richtlinien*) bindet den nationalen Gesetzgeber weitgehend, indem es ihn zur Umsetzung zwingt und zukünftig entgegenstehendes nationales Recht verhindert (Kompetenzsperre). Der Vorrang des Gemeinschaftrechtes ist nicht ausdrücklich in den EG-Verträgen verankert, sondern beruht auf der Rechtsüberzeugung der EG-Staaten.

Man unterscheidet zwischen dem primären und dem sekundären Gemeinschaftsrecht. Das primäre Recht umfaßt die Gründungsverträge, die späteren Änderungs- und Beitrittsakte sowie die gleichrangigen verbindlichen Protokolle und Anhänge. Als sekundäres Gemeinschaftsrecht wird das Recht bezeichnet, das nach den in den Verträgen niedergelegten Verfahren (→ *Legislative der EG*) von den Organen der Gemeinschaft im Rahmen ihrer vertragsgemäßen Kompetenz als eigenständiges Recht beschlossen wird und zu seiner Verbindlichkeit keiner wie immer gearteten nationalen Billigung oder Anerkennung bedarf.

Als Gemeinschaftsverfassungsrecht steht das primäre Recht grundsätzlich über dem sekundären Recht und wird als Maßstab dafür herangezogen, ob das Sekundärrecht korrekt ergangen ist. Zum Gemeinschaftsrecht zählt ferner das in der EG geltende Gewohnheitsrecht einschließlich der ungeschriebenen Grundsätze, die der → *Gerichtshof der EG* im Rahmen seiner richterlichen Rechtsfortbildung den nationalen Rechtsordnungen oder völkerrechtlichen Grundsätzen entnommen und weiterentwickelt hat. Hierzu gehören vor allem seine Grundsätze zur Geltung der Menschen- und Grundrechte im Gemeinschaftsrecht. Diese richterliche Rechtsquelle ist wichtig, weil das Gemeinschaftsrecht keine systematisch konzipierte

Rechtsordnung darstellt, sondern sektoriell beschränkte und zielorientiert ausgerichtete Rechtsregeln umfaßt, die lückenhaft sind und der Ausfüllung bedürfen. Nicht zum eigentlichen Gemeinschaftsrecht gehört das → *flankierende Völkervertragsrecht* der EG-Mitgliedstaaten (etwa das → *Gerichtsstands- und Vollstreckungsübereinkommen*), die verbindlich gewordenen sogenannten Beschlüsse der im Rat vereinigten Vertreter der Regierungen der Mitgliedstaaten oder die Beschlüsse im Rahmen der → *Europäischen Politischen Zusammenarbeit*. Diese gehören als Europarecht im weiteren Sinne aber zum sogenannten → *acquis communautaire* (Gemeinschaftlicher Besitzstand).

Gemeinschaftstreue. Die Gemeinschaftstreue ist die allgemeine Loyalitätspflicht der EG-Mitgliedstaaten gegenüber der Gemeinschaft, deren Erfüllung sich in der korrekten Beachtung der gemeinschaftsrechtlichen Pflichten und der Mitwirkung bei der Tätigkeit der EG-Organe niederschlägt. Sie ist ähnlich wie die Bundestreue nach der deutschen Verfassungsordnung nicht nur im Verhältnis der Gliedstaaten zur Gemeinschaft, sondern auch umgekehrt zu beachten und führt damit zur gegenseitigen Pflicht zum gemeinschafts- bzw. mitgliedstaatenfreundlichen Verhalten.

Gemeinschaftswährung. → *Währungskonzepte.*

Gemischte Abkommen. Als gemischte Abkommen bezeichnet man völkerrechtliche Verträge mit → *Drittstaaten* oder internationalen Organisationen, die von der EG und ihren Mitgliedstaaten gemeinsam abgeschlossen werden, weil wegen der behandelten Materie die → *Außenkompetenz* sowohl der EG als auch ihren Mitgliedstaaten zusteht. Ursprünglich waren gemischte Verträge nur für zulässig erachtet worden, wenn sämtliche EG-Staaten an ihnen teilnahmen. Heute werden gemischte Verträge auch dann anerkannt, wenn nur ein Teil der Mitgliedstaaten sich ihnen anschließt.

Bei den gemischten Abkommen ist es erforderlich, daß die Gemeinschaft gemäß ihrem Verfahren und die teilnehmenden Mitgliedstaaten gemäß ihren jeweiligen nationalen Vertragsabschließungsbedingungen und -verfahren die völkervertraglichen Pflichten übernehmen. Während gemäß Art. 228 Abs. 2 EWG-Vertrag ein von der Gemeinschaft abgeschlossenes völkerrechtliches Abkommen für alle Mitgliedstaaten gemeinschaftsinterne Verbindlichkeit entfaltet, werden bei gemischten Abkommen völkervertragliche Außenbindungen zu den dritten Vertragspartnern (nur) von den Mitgliedstaaten angeknüpft, die Vertragsstaaten des Übereinkommens sind (→ *Assoziierung,*

→ *Handelspolitik*, → *Präferenzabkommen*, → *Mischbeschlüsse*).

General Agreement on Tariffs and Trade. Allgemeines Zoll- und Handelsabkommen. Abk. → *GATT*

Generalanwälte. Unabhängige und unparteiliche Mitglieder des → *Gerichtshofes der EG* (EuGH) oder des → *Gerichtes erster Instanz*. Sie unterstützen die Gerichte durch begründete Anträge am Schluß der Verhandlungen, ohne an der Urteilsfindung teilzunehmen. Während dem EuGH sechs nur für dieses Amt bestellte Generalanwälte zugeordnet sind, werden beim Gericht erster Instanz die Generalanwälte aus den Richtern für bestimmte Rechtssachen bestellt. Die Generalanwälte teilen protokollarisch den Rang der Richter und werden ebenso besoldet.

Generaldirektion. Abk. GD (oder frz. DG für Direction Générale). Die → *EG-Kommission* ist zur Zeit in 23 Generaldirektionen oder Hauptabteilungen untergliedert, die jeweils von einem Generaldirektor geleitet werden. Die Generaldirektionen sind vergleichbar mit den nationalen Ministerien und weiter untergliedert in Direktionen und Abteilungen. Es bestehen folgende Zuständigkeiten:

GD I	Auswärtige Beziehungen
GD II	Wirtschaft und Finanzen
GD III	Binnenmarkt und gewerbliche Wirtschaft
GD IV	Wettbewerb
GD V	Beschäftigung, Arbeitsbeziehungen und soziale Angelegenheiten
GD VI	Landwirtschaft
GD VII	Verkehr
GD VIII	Entwicklung
GD IX	Personal und Verwaltung
GD X	Information, Kommunikation und Kultur
GD XI	Umwelt, nukleare Sicherheit und Katastrophenschutz
GD XII	Wissenschaft, Forschung und Entwicklung
GD XIII	Telekommunikation, Informationsindustrie und Innovation
GD XIV	Fischerei
GD XV	Finanzinstitutionen und Gesellschaftsrecht
GD XVI	Regionalpolitik
GD XVII	Energie
GD XVIII	Kredit und Investitionen
GD XIX	Haushalt
GD XX	Finanzkontrolle
GD XXI	Zollunion und indirekte Steuern
GD XXII	Koordinierung der strukturpolitischen Instrumente
GD XXIII	Unternehmenspolitik, Handel, Touris-

mus und Gemeinwirtschaft

Generalsekretariat des Rates. Das Generalsekretariat unterstützt den → *Rat der EG* und den → *Ausschuß der Ständigen Vertreter* der Mitgliedstaaten bei der Vorbereitung der Sitzungen, sorgt für die Übersetzungen, Dokumente und Protokollführung, veröffentlicht die Ratsbeschlüsse, soweit sie der Öffentlichkeit zugänglich gemacht werden, und berät den Rat in Rechtsfragen. Es führt die Prozesse des Rates vor dem → *Europäischen Gerichtshof*, faßt die Ratsberichte an das → *Europäische Parlament* ab, stellt den Etat des Rates auf und verwaltet ihn. Das Generalsekretariat mit Sitz in Brüssel umfaßt fünf Generaldirektionen sowie einen Juristischen Dienst und hat über 2.000 Bedienstete.

Genscher-Colombo-Initiative. Am 6.11.1981 von Deutschland und Italien unterbreiteter und von ihren Außenministern erarbeiteter Entwurf einer Europäischen Akte als Vorschlag für die Umwandlung der EG in eine → *Europäische Union*. Die wesentlichen Elemente der Initiative wurden in einer Feierlichen Erklärung am 20.6.1983 vom → *Europäischen Rat* verabschiedet. Darin wurde die Absicht ausgedrückt, die Gemeinschaft durch die „Vertiefung bestehender und die Ausarbeitung neuer politischer Zielsetzungen im Rahmen der Verträge von Paris und Rom" zu stärken.

Gericht erster Instanz. Durch die → *Einheitliche Europäische Akte* wurde der → *Rat der EG* ermächtigt, eine Tatsacheninstanz für bestimmte Rechtssachen zu schaffen. Grund dafür war die steigende Arbeitsbelastung des → *Gerichtshofes der EG* und die Absicht, den Rechtsschutz des einzelnen dadurch zu verbessern, daß sich eine besondere Gerichtsinstanz mit größerem Zeitaufwand um die tatsächlichen Urteilsgrundlagen kümmern kann. So wurde durch Beschluß des Rates vom 25.11.1988 ein Gericht erster Instanz geschaffen, das am 31.10.1989 in Luxemburg seine Arbeit aufnahm. Es ist zuständig für Streitigkeiten von EG-Bediensteten gegen ihre Anstellungsbehörde, ferner für Klagen von natürlichen und juristischen Personen gegen Entscheidungen in EG-Wettbewerbsverfahren und schließlich für Prozesse von Unternehmen und Verbänden gegen Entscheidungen der → *Europäischen Gemeinschaft für Kohle und Stahl*. Eine Erweiterung dieser Zuständigkeit für Individualklagen in → *Anti-Dumping-Verfahren* ist vorgesehen.
Das neue Gericht ist institutionell Teil des EuGH und unterliegt seiner Rechtskontrolle. Es umfaßt 12 Richter, die von den Regierungen der EG-Staaten einvernehmlich für 6 Jahre ernannt werden. Jeder Mitgliedstaat entsendet einen

Gerichtshof der Europäischen Gemeinschaften

Richter. Die Wiederernennung von Richtern nach Ablauf ihrer Amtszeit ist möglich. Der Präsident des Gerichtes wird aus der Mitte der Richter für 3 Jahre gewählt. In bestimmten Rechtssachen übernehmen Richter dieser Instanz die Funktion eines → *Generalanwaltes* zur Unterstützung des Gerichtes. Das Gericht tagt im Regelfall in Kammern mit 3 oder 5 Richtern, kann aber in bestimmten Fällen auch als Plenum zusammentreten.

Gerichtshof der Europäischen Gemeinschaften auch Europäischer Gerichtshof. Abk. EuGH. Der EuGH arbeitet seit dem 1.1.1958 in Luxemburg als gemeinsamer Gerichtshof der 3 Europäischen Gemeinschaften. Er ist eines der 4 Hauptorgane (→ *Institutionen und Strukturen der EG*). Seit dem 31.10.1989 ist dem Gerichtshof ein → *Gericht erster Instanz* beigeordnet.
Der EuGH besteht aus 13 Richtern und 6 → *Generalanwälten*, die von den Regierungen der EG-Staaten im gegenseitigen Einvernehmen für 6 Jahre ernannt werden. Eine Wiederernennung ist zulässig. Jeder Mitgliedstaat stellt einen Richter, eine dreizehnte Stelle, die notwendig ist, weil der EuGH als Plenum mit ungerader Richterzahl entscheiden muß, wird abwechselnd von Deutschland, Spanien, Frankreich, Italien und Großbritannien besetzt. Diese fünf großen Mitgliedstaaten stellen auch jeweils einen Generalanwalt, der sechste wird abwechselnd von den kleineren Mitgliedstaaten gestellt (siehe Abbildung Seite 123).
Die Richter und Generalanwälte sind nur dem europäischen Recht verpflichtet. Die Richter wählen aus ihrer Mitte für die Dauer von 3 Jahren den Präsidenten des Gerichtshofes; auch dessen Wiederwahl ist zulässig. Der Gerichtshof tagt entweder in Vollsitzungen mit mindestens 7 Richtern oder in Kammern zu 3 oder 5 Richtern. Die einzelnen Richter sind auf 4 Dreierkammern und 2 Fünferkammern aufgeteilt. Entscheidungen werden mit Mehrheit gefällt; Sondervoten überstimmter Richter gibt es nicht.
Der Prozeß vor dem Gerichtshof ist ein Anwaltsprozeß; nur die Staaten und Organe der Gemeinschaft können sich durch Bevollmächtigte vertreten lassen, die keine Anwälte sind. Entscheidungen des EuGH gegen individuelle Beklagte sind, soweit Zahlungen auferlegt wurden, vollstreckbare Titel und werden nach den Zivilprozeßvorschriften des Staates behandelt, in dem sie vollstreckt werden. Eine Zwangsdurchsetzung von EuGH-Urteilen gegen Mitgliedstaaten gab es bisher nicht. Unterließ es ein Mitgliedstaat, die nötigen Konsequenzen aus einem Urteil zu ziehen, konnte er nur erneut wegen Mißachtung eines EuGH-Urteils verurteilt werden. Nach der in Maastricht beschlossenen Reform kann das Gericht einen Mitgliedstaat,

Gerichtshof der EG
(Zusammensetzung und Aufgaben)

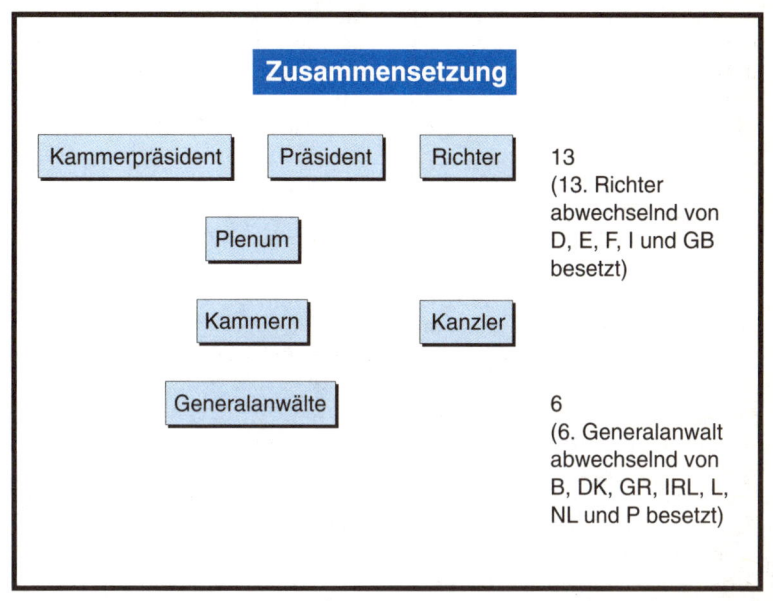

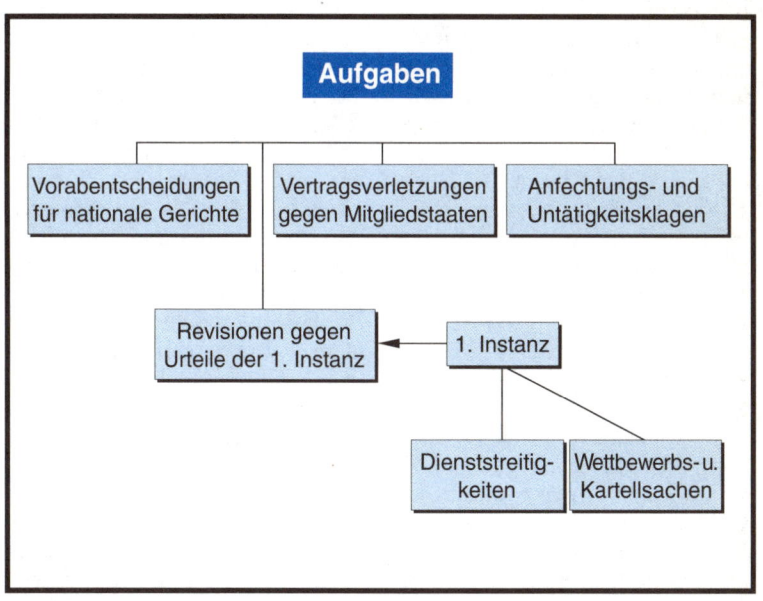

Zusammensetzung

Kammerpräsident   Präsident   Richter   13
(13. Richter abwechselnd von D, E, F, I und GB besetzt)

Plenum

Kammern   Kanzler

Generalanwälte   6
(6. Generalanwalt abwechselnd von B, DK, GR, IRL, L, NL und P besetzt)

Aufgaben

- Vorabentscheidungen für nationale Gerichte
- Vertragsverletzungen gegen Mitgliedstaaten
- Anfechtungs- und Untätigkeitsklagen

Revisionen gegen Urteile der 1. Instanz ← 1. Instanz
- Dienststreitigkeiten
- Wettbewerbs- u. Kartellsachen

Gerichtsstands- und Vollstreckungsabkommen 124

der ein EuGH-Urteil mißachtet, in einem neuen Verfahren zu einem Zwangsgeld oder einer Geldbuße verurteilen. Eine Zwangsvollstreckung gibt es hier allerdings nicht.
Der Gerichtshof ist zuständig für Streitigkeiten zwischen Mitgliedstaaten und Vertragsverletzungsklagen, die die EG-Kommission gegen einen Mitgliedstaat erhebt (siehe Abbildung Seite 123). Er entscheidet ferner, ob Rat und Kommission rechtmäßig handeln. In diesem Zusammenhang ist er befugt, verbindliche Rechtsakte dieser Organe für nichtig zu erklären. Eine solche Nichtigkeitsklage können neben Rat und Kommission auch Mitgliedstaaten erheben. Selbst natürlichen und juristischen Personen ist dieser Klageweg offen, wenn sie darlegen können, durch den angefochtenen Rechtsakt unmittelbar und individuell betroffen zu sein. Ähnlich ausgestaltet ist die sogenannte Untätigkeitsklage, bei der der EuGH den Rat oder die Kommission anhalten kann, einen pflichtwidrig unterlassenen Beschluß zu erlassen.
Von besonderer Bedeutung ist das Vorabentscheidungsverfahren, ein vor dem EuGH durchgeführtes Zwischenverfahren nationaler Prozesse. Es kann von dem nationalen Richter zur Vorabentscheidung prozeßerheblicher EG-rechtlicher Vorfragen durch den Gerichtshof eingeleitet werden. Es muß in einem solchen Fall eingeleitet werden, wenn es sich bei dem vorlegenden Gericht um einen letztinstanzlichen Spruchkörper handelt. Durch die Vorabentscheidungen wird gewährleistet, daß die EG-Rechtsvorschriften überall in der Gemeinschaft von den Gerichten in gleicher Weise angewandt werden. Da sich die Vorlagefragen auch auf die Gültigkeit von → *Rechtsakten der EG* erstrecken, ist der EuGH auf diese Weise allein für die Gültigkeitsprüfung des bestehenden Gemeinschaftsrechts zuständig.
Er ist ferner zuständig für Schadensersatzprozesse gegen die Gemeinschaft, die auf Grund vertraglicher oder deliktischer Haftung ihrer Bediensteten verklagt werden kann. Schließlich übt er die Revisionskontrolle gegenüber dem → *Gericht der ersten Instanz* aus und kann in bestimmten Fällen auch als Schiedsgericht oder als Gutachter tätig werden.
So hat der Gerichtshof, je nach Klage- oder Funktionsart, die unterschiedlichsten Aufgaben. Er ist zugleich Verfassungs-, Verwaltungs-, Zivilgericht, Rechtsmittelinstanz, Schieds- und Gutachterstelle. Seine Hauptaufgabe liegt aber in seiner Funktion als EG-Verfassungsgericht. Hier ähnelt er dem Bundesverfassungsgericht der Bundesrepublik Deutschland.

Gerichtsstands- und Vollstreckungsabkommen. Abk. GVÜ. Seit dem 1.2.1979 ist das am 27.9.1968 von den 6 EG-Gründerstaaten in Brüssel (daher auch Brüsseler Abkommen) unterzeichnete Übereinkommen „über die gerichtliche Zuständigkeit und die Vollstreckung gerichtlicher Entscheidungen in Zivil- und Handelssachen" in Kraft. Auch die → *EFTA*-Staaten schlossen sich an (→ *Luganer Übereinkommen*). Damit ist das GVÜ zu einem europaweit geltenden Teil eines grenzüberschreitenden Zivilprozeßrechts geworden. Es regelt in den Bereichen des Zivil- und Handelsrechts die Gerichtsstände und gewährleistet die gegenseitige Anerkennung der ergangenen Urteile. Der → *Gerichtshof der EG* ist gemäß einem besonderen Auslegungsprotokoll, das sich an den Grundzügen des → *Vorabentscheidungsverfahrens* orientiert, zuständig für die Auslegung und damit für die einheitliche Auslegung und Anwendung des Übereinkommens.

Geschichte der EG. Abgesehen von philosophischen Ansätzen, die bis ins Mittelalter zurückreichen, nahm die Idee eines Zusammenschlusses der europäischen Staaten erst im 20. Jahrhundert politische Gestalt an. Die Ansätze mündeten nach dem 1. Weltkrieg in die Paneuropa-Bewegung des Grafen Coudenhove-Kalergi und die Europa-Initiative des französischen Politikers Briands. Beide Initiativen wurden in der nationalen Autarkiepolitik nach der Weltwirtschaftskrise nicht mehr fortgeführt und gingen im 2. Weltkrieg weitgehend unter. Erst der totale Zusammenbruch Hitler-Deutschlands und der Verlust der früheren Machtpositionen der übrigen europäischen Staaten machten den Weg frei für eine realere Europapolitik.

Allgemein wird in Winston Churchills Rede vom 19.9.1946 in der Züricher Universität der Beginn der europäischen Einigung gesehen. Churchill forderte dort die Schaffung der Vereinigten Staaten von Europa, räumte aber Großbritannien selbst wegen des Commonwealth keinen Platz in diesem Europa ein. Zur gleichen Zeit verabschiedeten die in der → *Europa-Union* vereinigten europäischen Föderalisten in Hertenstein (Schweiz) ihr Europakonzept. Das sogenannte → *Hertensteiner Programm* beinhaltete die Errichtung einer Europäischen Gemeinschaft durch Übertragung wirtschaftlicher, politischer und militärischer Souveränitätsrechte.

Die erste Realisierung der europäischen Einigungsideen beruhte auf einer sicherheitspolitischen Motivation. Der Druck der Sowjetunion, der nach Abzug der amerikanischen Kriegstruppen vom europäischen Kontinent stärker wurde, führte am 17.3.1948 zum Abschluß des Brüsseler Paktes zwischen Frankreich, Großbritannien und den drei Benelux-Staaten. Parallel zu diesem Militärbündnis wurde auf amerikanische Initiative der wirtschaftliche Wiederaufbau in Europa gefördert. Der Marshallplan setzte die nötigen Finanzmittel frei. Die am 16.4.1948 zur Verteilung und Verwaltung der Marshallplanmittel gegründete → *Organisation für europäische wirtschaftliche Zusammenarbeit* (OEEC) war die erste europäische Organisation zur Verwirklichung einer grenzüberschreitenden Wirtschaftskooperation in Westeuropa.

Im Jahr darauf, am 4.4.1949, wurde die → *Nato* gegründet, die den militärischen Zusammenschluß im Westen fortsetzte. Einen Monat später unterzeichneten 10 Staaten Europas das Statut des → *Europarates*. Mit dem Europarat sollte der europäische Bund erreicht werden, ein Ziel, für das diese Organisation mit ihren Instrumenten und Organen trotz mancher damit erreichten europapolitischen Errungenschaft nicht ausreichend gewappnet war.

Am 9.5.1950 schlug der französische Außenminister Robert Schuman vor, die Gesamtheit der französischen und deutschen Kohle- und Stahlproduktion unter eine gemeinsame Hohe Behörde zu stellen. Dazu sollte eine Organisation geschaffen werden, die den anderen europäischen Staaten zum Beitritt offen stand. Ziel des sogenannten → *Schuman-Plans* war, durch die Europäisierung der kriegswichtigen Montanindustrie die Möglichkeit einer kriegerischen Auseinandersetzung zwischen den westeuropäischen Staaten (vor allem zwischen Deutschland und Frankreich) dauerhaft auszuräumen. Außerdem sollte der Grundstein für eine zunächst wirtschaftliche und dann auch politische europäische Integration gelegt werden.

Am 18.4.1951 unterzeichneten Belgien, Deutschland, Frankreich, Italien, die Niederlande und Luxemburg in Paris den auf dem Schuman-Plan beruhenden Vertrag zur Gründung der → *Europäischen Gemeinschaft für Kohle und Stahl* (EGKS). Mit dieser Montanunion entstand eine internationale Organisation mit bisher beispiellosen Befugnissen. Der Anwendungsbereich der EGKS war zwar relativ beschränkt. Die neue Gemeinschaft war aber die Initialzündung für weitere Etappen in der eingeschlagenen Richtung und damit für die seitdem erfolgreich verfolgte Konzeption dynamischer Entwicklung der EG durch Einzelschritte.

Angesichts des durch den Koreakrieg bewirkten Einigungsdrucks wollte man die Entwicklung beschleunigen. Der Plan einer → *Europäischen Verteidigungsgemeinschaft* (EVG) gedieh durch einen Vertrag der EGKS-Staaten von 1952 bis zur Unterschriftsreife. Die Partner in der Montanunion ratifizierten bis auf Frankreich den EVG-Vertrag. Als im Jahr darauf der Vertragsentwurf für eine Europäische Politische Gemeinschaft (EPG) ausgearbeitet wurde, in dem die Verträge über die Montanunion und die Verteidigungsgemeinschaft verknüpft und ergänzt wurden zu einer umfassenden Gemeinschaft übernationalen Charakters mit eigenem Grundrechtskatalog und einem

Geschichte der EG

Zweikammerparlament, schien die Vollendung der politischen Einigung Westeuropas in greifbare Nähe gerückt zu sein. Die Errichtung der EVG und der damit verknüpften EPG scheiterten jedoch im Sommer 1954 am Widerstand der französischen Nationalversammlung.
Danach besann man sich wieder auf die Politik der kleinen Schritte und des begrenzten Integrationsmodells. Der → *Brüsseler Pakt* wurde zur → *Westeuropäischen Union* (WEU) erweitert, der neben Großbritannien alle 6 EGKS-Staaten angehörten. Am 5.5.1955 wurde das Besatzungsstatut für die Bundesrepublik Deutschland aufgehoben, und deren Beitritt zur Nato war der nächste Schritt.
In der vom belgischen Außenminister Paul Henri Spaak initiierten Konferenz von Messina wurden auch die wirtschaftlichen Ansätze des Integrationsprozesses wieder aufgegriffen und die Weichen für die Gründung der → *Europäischen Atomgemeinschaft* (EURATOM) und der → *Europäischen Wirtschaftsgemeinschaft* (EWG) gestellt. Diese Verträge wurden von den 6 EGKS-Staaten am 25.3.1957 in Rom unterzeichnet.
Mit den sogenannten Römischen Verträgen, die am 1.1.1958 in Kraft traten, war der Rahmen für die künftige Integrationsentwicklung hergestellt. Die neuen Verträge, die nach dem Vorbild des EGKS-Vertrages die Übertragung weitreichender Kompetenzen auf Gemeinschaftsorgane vorsahen, waren einander strukturell sehr ähnlich. Der EURATOM-Vertrag regelte – ähnlich wie sein älterer Vorgänger auf dem Montansektor – nur einen bestimmten Ausschnitt, nämlich die zivile Nutzung der Kernenergie. Der EWG-Vertrag zielte umfassend darauf ab, die Märkte der Gründerstaaten zu einem Gemeinsamen Markt zusammenzuschließen. Schon beim Abschluß der Römischen Verträge wurden die Organe Versammlung (das später Parlament genannte Organ), Gerichtshof und Wirtschafts- und Sozialausschuß der drei Gemeinschaften fusioniert. Die Fusion des Rates und der Kommission erfolgte erst Jahre später durch den sogenannten Fusionsvertrag vom 8.4.1965 zur Einsetzung eines gemeinsamen Rates und einer gemeinsamen Kommission der EG. Bis heute unterblieb aber eine vollständige → *Fusion der Verträge*, so daß es nach wie vor im Rechtssinne drei europäische Gemeinschaften gibt.
Die EG-Kommission wurde unter ihrem ersten Präsidenten Walter Hallstein zum Integrationsmotor. Die Zollunion für den gewerblichen Sektor wurde 1968 durch raschen Abbau der Binnenzölle sogar früher als vorgesehen erreicht. Die Einbeziehung der Agrarzölle erfolgte erst zwei Jahre später. Zunächst machten die Herstellung der gemeinsamen → *Agrarpolitik* und die Ablösung der bisherigen nationalen Marktordnungen

durch gemeinsame Marktordnungen große Schwierigkeiten. Die Preisfestsetzungen vor allem für Getreide belasteten jahrelang die EG-Debatten, obwohl die ersten Marktordnungen schon 1962 nach zum Teil hektischen und leidenschaftlichen Verhandlungen beschlossen worden waren.

Die gemeinschaftliche Agrarfinanzierung löste die schwerste Krise der jungen Gemeinschaft aus, als 1965 die Kommission hierfür die Einführung eigener EG-Einnahmen vorschlug und Frankreich dem widersprach. Da es sich nach dem Vertrage um Beschlüsse handelte, die der Rat mit Mehrheit verabschieden konnte, Frankreich aber einen Mehrheitsbeschluß nicht akzeptieren wollte, nahm es ab Juli 1965 nicht mehr an den Ratstagungen teil (Politik des leeren Stuhles). Erst nach einem halben Jahr kam es in Luxemburg zu einem Kompromiß, der zu einer de-facto-Nichtanwendung der Mehrheitsregel führte.

Am Ende der Übergangszeit zur Erreichung der Zollunion formulierten die EG-Staats- und Regierungschefs auf der Gipfelkonferenz von Den Haag am 1./2.12.1969 die neuen Integrationsziele, die seitdem die EG-Entwicklung bestimmten: die Vollendung des Gemeinsamen Marktes mit gemeinsamer Agrarfinanzierung, eigenen Einnahmen der Gemeinschaft und Haushaltsbefugnissen des → *Europäischen Parlamentes*, die Stärkung der EG durch eine → *Wirtschafts- und Währungsunion* sowie durch die → *Europäische Politische Zusammenarbeit* und die Erweiterung der EG.

Die innergemeinschaftliche Konsolidierung der Gemeinschaft verlief erfolgreich. Am 21.4.1970 wurde die Ersetzung der bisherigen Finanzbeiträge der Mitgliedstaaten durch eigene Mittel der Gemeinschaft beschlossen. Am gleichen Tag erfolgte die Unterzeichnung des Vertrages zur Verstärkung der Haushaltsbefugnisse des Europäischen Parlaments.

Auch die politische Dimension des Gemeinschaftswerkes wurde verdeutlicht, zwar nicht durch Übertragung außenpolitischer Kompetenzen auf die Gemeinschaft, sondern durch → *intergouvernementale Zusammenarbeit* der nationalen Außenminister. Sie tagten hinfort regelmäßig im Rahmen der → *Europäischen Politischen Zusammenarbeit* und entwickelten so einen parallel zur EG verlaufenden Kooperationsstrang, der die Mitgliedstaaten auf der Basis von Konsensbeschlüssen befähigte, auch zu den nichtökonomischen Fragen gemeinsamen Interesses Stellung zu beziehen.

Dagegen hatte die Entwicklung einer Wirtschafts- und Währungsunion schlechte Startbedingungen. Zwar vermochte der luxemburgische Ministerpräsident und Finanzminister Werner in seinem Plan vom 8.10.1970 noch, ein Konzept zur stufenweisen Verwirklichung einer solchen Union

Geschichte der EG

vorzulegen (→ *Werner-Bericht*). Die 1971 hereinbrechende weltweite Währungskrise, die im August 1971 zur Aufhebung der freien Gold-Konvertibilität des Dollars und im März 1973 zum Zusammenbruch des Weltwährungssystems von → *Bretton Woods* führte und durch die anschließenden Ölkrisen noch verstärkt wurde, ließ die ehrgeizige Vorstellung einer Wirtschafts- und Währungsunion als Illusion erscheinen. Zunächst kam es darauf an, den Markt bei zusammenbrechenden Kursen notdürftig zusammenzuhalten und ein nötiges Maß mitgliedstaatlicher Solidarität zu bewahren. Erst nach der Schaffung des → *Europäischen Währungssystems* am 13.3.1979 und den Schritten zur Vollendung des → *Binnenmarktes* seit 1985 wurde ein erneuter Versuch unternommen, zu einer wirtschafts- und währungspolitisch einheitlichen Integrationszone zu gelangen. Mit dem → *Delors-Bericht* vom 17.4.1989 wurde ein Stufenplan zur Errichtung einer Wirtschafts- und Währungsunion vorgelegt. Seit Dezember 1990 liefen die Verhandlungen über diese Union, die in dem am 7. Februar 1992 unterzeichneten Vertragswerk von Maastricht eine konsequente Ausprägung fand.

Die Erweiterung um neue Mitgliedstaaten vollzog sich nach der Gipfelkonferenz in Den Haag angesichts der langwierigen Vorgeschichte unerwartet rasch. Die Grundprämissen des Beitritts – keine Beeinträchtigung des Gemeinschaftlichen Besitzstandes (→ *acquis communautaire*) und Erleichterungen für die neuen Mitglieder nur für einen zeitlich begrenzten Übergang – wurden seitdem bei allen Beitrittsverhandlungen als Gemeinschaftsbedingungen durchgesetzt. Am 1.1.1973 traten Großbritannien, Irland und Dänemark der EG bei. Griechenland wurde am 1.1.1981 zehntes EG-Mitglied; Spanien und Portugal traten am 1.1.1986 bei. Die bisher letzte de-facto-Erweiterung der EG erfolgte durch den Beitritt der ehemaligen DDR zur Bundesrepublik Deutschland am 3.10.1990. Inzwischen haben die Türkei, Marokko, Österreich, Malta und Zypern sowie die Schweiz, Schweden, Norwegen und Finnland Beitrittsanträge gestellt. Seit Februar 1993 laufen die Beitrittsverhandlungen mit Österreich, Schweden und Finnland. Die Schweiz ist nach ihrem Nein zum → *Europäischen Wirtschaftraum* vorerst nicht mehr dabei. Die Erweiterung wird im Zeichen des revolutionären Umbruchs im Osten aber nicht auf diese Staaten beschränkt werden können, sondern in weiterer Zukunft auch die sich annähernden osteuropäischen Staaten einbeziehen müssen. Um sie auf die ökonomischen Verhältnisse vorzubereiten, hat die EG mit ihnen → *Europa-Abkommen* abgeschlossen.

Wichtige Etappen für den inneren Ausbau der Gemeinschaft waren

die Institutionalisierung des → *Europäischen Rates* als regelmäßiges Treffen der EG-Staats- und Regierungschefs am 9./10.12.1974, der Ausbau der → *Europäischen Politischen Zusammenarbeit* und die Direktwahl des Europäischen Parlamentes (erstmals vom 7.-10.6.1979).
Der Beschluß der Staats- und Regierungschefs der EG vom 20.10.1982 zum Ausbau der EG zu einer → *Europäischen Union* kennzeichnet den Willen, die Entwicklung nicht abreißen zu lassen. Der belgische Premierminister Leo Tindemans hatte bereits am 29.12.1975 einen Bericht über die → *Europäische Union* zur Weiterentwicklung der europäischen Integration vorgelegt (→ *Tindemans-Bericht*).
Die weitere Entwicklung der EG in den 80er Jahren war durch die → *Feierliche Erklärung von Stuttgart* des Europäischen Rates vom 19.6.1983 geprägt, die gemeinsam mit dem Weißbuch der Kommission zum Binnenmarkt vom 14.6.1985 zur EG-Reform im Rahmen der → *Einheitlichen Europäischen Akte* vom Februar 1986 führte. Diese erste große EG-Reform nach dem Abschluß der Römischen Verträge legte die Basis für die Entwicklung, die zu den → *Maastrichter Verträgen* führte. Die Phase nach Maastricht ist gekennzeichnet durch die Ratifikationen in den EG-Mitgliedstaaten, die durch das negative Referendum in Dänemark vom 2. Juni 1992 gestört wurden. Schon die Ausnahme zugunsten Großbritanniens im Sozialbereich hatte die Grenzen der Integrationsbereitschaft aufgezeigt. Das dänische Referendum ließ schlagartig erkennen, daß die politische Einigung Europas eine neue, die Bevölkerungen überzeugende Politik erfordert. Auch in Deutschland blieb das Maastrichter Vertragswerk nicht unumstritten, besonders wegen des Währungsteils. Obwohl das Verfahren der Zustimmung durch die gesetzgebenden Körperschaften erfolgreich abgeschlossen werden konnte, unterblieb zunächst die Hinterlegung der Ratifikationsurkunde, da das Bundesverfassungsgericht mit der Prüfung der Verfassungsmäßigkeit des Vertrages befaßt worden war.
Nach dem positiven Urteil des Bundesverfassungsgerichts vom 12. Oktober 1993 hinterlegte Deutschland die Ratifikationsurkunde in Rom. Der Vertrag trat am 1. November 1993 in Kraft.

Gesellschaftsrechtliche Harmonisierung. Während grundsätzlich nur öffentlich-rechtliche Vorschriften mit Binnenmarktbezug von der Harmonisierung betroffen sind, erfaßt die gesellschaftsrechtliche Harmonisierung ausnahmsweise auch das Privatrecht (weitere Ausnahme: → *Verbraucherschutzrecht*). So gelten die Regeln über die → *Niederlassungsfreiheit* auch für die Gesellschaften des bürgerlichen Rechtes und des Handelsrechtes einschließlich der Genossenschaften und sonstigen juristischen Personen des öffentlichen und privaten Rechtes der EG-Mitgliedstaaten, wenn sie einen Erwerbszweck verfolgen (Art. 58 EWG-Vertrag). Dies gilt auch für die → *Dienstleistungsfreiheit* (Art. 66 EWG-Vertrag). Diese Einbeziehung bedeutet für das nationale Gesellschaftsrecht eine gemeinschaftsrechtliche Koordinierung und Angleichung vor allem der Schutzbestimmungen, die im Interesse der Gesellschafter sowie Dritter vorgeschrieben sind (Art. 54 Abs. 3 Buchstabe g EWG-Vertrag). Aber auch binnenmarktbezügliche Rechtsangleichungskompetenzen (Art. 100, 100 a EWG-Vertrag) und die → *Lückenausfüllungsklausel* (Art. 235 EWG-Vertrag) wurden für die gesellschaftsrechtliche Harmonisierung herangezogen. Inzwischen sind über ein Dutzend gesellschaftsrechtliche Richtlinien verabschiedet und weitgehend in den Mitgliedstaaten umgesetzt, weitere sind in Vorbereitung (→ *Bilanz-Richtlinie,* → *Konzernbilanz-Richtlinie*).

Gesellschaftsteuer. Die Gesellschaftsteuer, eine der drei → *Kapitalverkehrsteuern*, ist im Zuge der → *Steuerharmonisierung* in der EG mit Wirkung ab 1.1.1992 aufgehoben. Der Gesellschaftsteuer unterlagen der Erwerb von Gesellschaftsrechten an einer inländischen Kapitalgesellschaft durch den ersten Erwerber sowie weitere Leistungen von Gesellschaftern einer inländischen Kapitalgesellschaft.

Gesetzgebung. → *Legislativverfahren.*

Gesundheitsschutz. Im Rahmen der → *Sozialpolitik* der EG nimmt der Gesundheitsschutz zunehmend größeren Raum ein. Maßnahmen der Gemeinschaft erstrecken sich vor allem auf die Erhöhung der Sicherheit am Arbeitsplatz. Einzelvorschriften sind bisher unter anderem ergangen für die manuelle Handhabung von Lasten, die Arbeit an Bildschirmgeräten, die Gefährdung durch Karzinogene und biologische Arbeitsstoffe sowie durch Asbest am Arbeitsplatz. Vorschläge der Kommission liegen vor über Mindestvorschriften für die medizinische Versorgung auf Schiffen, die Arbeitszeitgestaltung sowie den Schutz von schwangeren Frauen am Arbeitsplatz.

Getränkesteuer. In der Bundesrepublik Deutschland wird eine Biersteuer und eine Kaffeesteuer erhoben. Im Rahmen der EG wird diskutiert, auch eine Weinsteuer oder eine Limonadensteuer einzuführen.

Gewerbesteuer. In der Bundesrepublik Deutschland wird eine Gewerbesteuer auf den Gewerbeertrag und auf das Gewerbekapital von gewerblichen Unternehmen erhoben. Die Gewerbesteuer soll eine objektive Steuer zum Ausgleich der Lasten sein, die ein Unternehmen der Gemeinde verursacht (Äquivalenztheorie). Nur wenige EG-Staaten (z.B. Luxemburg, Frankreich, Italien) kennen solche lokalen Abgaben, die jedoch bei weitem nicht die quantitative Bedeutung der deutschen Gewerbesteuer haben. An eine Harmonisierung, die im wesentlichen auf einen Abbau der deutschen Gewerbesteuer hinauslaufen würde, wird derzeit nicht gedacht.

Gewerbliche Schutzrechte. Die gewerblichen Schutzrechte (Patente, Warenzeichen, Gebrauchsmuster, Sorten, Urheberrechte) sind in der EG prinzipiell schutzwürdig (Art. 36 EWG-Vertrag). Sie gehen grundsätzlich den Regeln des Binnenmarkts vor, allerdings nur dann, wenn sie gemeinschaftskonform, diskriminierungsfrei und ohne marktabschottende Wirkung ausgeübt werden. Solange diese Rechte in der Gemeinschaft noch nicht harmonisiert sind, ist es Aufgabe des → *Gerichtshofes der EG*, durch seine Rechtsprechung für Ausgleich zwischen den schützenswerten Belangen der Schutzrechtsinhaber und den Anforderungen des Freiverkehrs in der Gemeinschaft zu sorgen (→ *Gemeinschaftspatentübereinkommen*).

Gewinnermittlung. Die Steuerbelastung von Unternehmensgewinnen hängt nicht nur von der Höhe des Steuersatzes, sondern vor allem von der Bemessensgrundlage ab, also von der Gewinnermittlung. Die relativ großen Unterschiede bei der steuerlichen Gewinnermittlung in den verschiedenen EG-Mitgliedstaaten sollten abgebaut werden. Ein Vorentwurf für eine Richtlinie zur Harmonisierung der Gewinnermittlungsvorschriften vom März 1988 ist jedoch von der EG-Kommission nicht weiter verfolgt worden. Der Vorentwurf basierte im größtmöglichen Umfang auf der handelsrechtlichen → *Bilanz-Richtlinie*. Er enthielt jedoch keine Spielräume für nationale Regelungen, so daß letztlich die Mitgliedstaaten keine Möglichkeit gehabt hätten, individuelle Steueranreizmaßnahmen zu erlassen. In diesem Richtlinienvorschlag wurde das Problem des in der EG unterschiedlich geregelten Maßgeblichkeitsprinzips nicht gelöst. Das in Deutschland angewandte Maßgeblichkeitsprinzip verlangt, daß bei Inanspruchnahme steuerlicher Vergünstigungen die Bilanzierung in der Steuerbilanz genauso wie in der Handelsbilanz vorzunehmen ist (bzw. umgekehrt). In anderen EG-Staaten kann die → *Handelsbilanz* unabhängig von der Steuerbilanz aufgestellt werden.

GFS. Abk. für → *Gemeinsame Forschungsstelle der EG*, → *Europäischer Rat*.

Gipfelkonferenzen. → *Geschichte der EG*, → *Europäischer Rat*.

Gleichbehandlung. → *Diskriminierungsverbot.*

Globaldarlehen. Darlehen zur Mitfinanzierung von kleinen und mittleren Vorhaben in der Industrie und im Dienstleistungssektor, die von der → *Europäischen Investitionsbank* und im Rahmen des → *Neuen Gemeinschaftsinstrumentes* gewährt werden. Es handelt sich dabei um Kreditlinien für Finanzinstitute in den EG-Mitgliedstaaten. Diese stellen daraus → *Teildarlehen* zur Verfügung, normalerweise in der jeweiligen Landeswährung.

GmbH & Co.-Richtlinie. Am 8.11.1990 gegen die Stimmen der Bundesrepublik Deutschland, der Niederlande und Luxemburgs verabschiedete Richtlinie der EG. Durch sie werden alle Personenhandelsgesellschaften, bei denen die persönlich haftenden Gesellschafter Gesellschaften im Sinne der Bilanz-Richtlinie sind, in dem Anwendungsbereich der → *Bilanz-Richtlinie* und der → *Konzernbilanz-Richtlinie* einbezogen. Die Richtlinie betrifft in erster Linie die Bundesrepublik Deutschland, weil die Form der GmbH & Co. in keinem anderen Mitgliedstaat auch nur annähernd die gleiche Bedeutung hat. Die Richtlinie war bis zum 1.1.1993 in deutsches Recht umzusetzen. Die Anpassung des deutschen Rechts steht noch aus.

Gold. Gold spielt als Bezugsgröße im internationalen Währungssystem keine Rolle mehr, seitdem die Statuten des → *Internationalen Währungsfonds* (IWF) 1978 geändert wurden. Als Währungsreserve der Zentralbanken spielt das Gold insoweit noch eine Rolle, als es in den Gesamtwährungsreserven eines Landes nach wie vor einen großen Anteil des Gesamtwertes der Reserven ausmachen kann. Gold als Währungsreserve hängt stark von der Goldpreisentwicklung auf dem internationalen Markt ab. Die Goldbestände der Notenbank werden neben den Guthaben an → *Sonderziehungsrechten* und US-Dollar als offizielle Devisenreserven eines Landes bzw. Währungszone betrachtet (→ *Goldreserven*).

Goldreserven. 20 Prozent der Goldreserven der Zentralbanken, die am → *Europäischen Währungssystem* (EWS) teilnehmen, werden in Form dreimonatiger → *Swap-Geschäfte* beim → *Europäischen Fonds für währungspolitische Zusammenarbeit* (EFWZ) hinterlegt. Dies geschieht im Austausch für offizielle → *ECU*, die wiederum einem möglichen Saldenausgleich zwischen den am EWS-Interventionsmechanismus beteiligten Zentralbanken dienen. Man spricht in diesem Zusammenhang auch von einer Monetarisierung des Goldes. Aufgrund des schwankenden Goldpreises würde Gold sonst kaum als Währungsausgleichsreserve benutzt werden. Da die Goldbestände beim EFWZ nur rechtlich hinterlegt, aber nicht auf ihn übertragen wurden (letzteres würde ein endgültiges Pooling der Devisenreserven der beteiligten Zentralbanken darstellen), gleichzeitig die Swapvereinbarungen auf dem jeweils herrschenden Goldpreis Bezug nehmen, ist der Wert der Goldbestände bzw. -reserven der Zentralbanken und damit auch der Gegenwert in ECU Schwankungen unterworfen.

Gravier-Urteil. Urteil des → *Gerichtshofs der EG* vom 13.2.1985, das unter Heranziehung des → *Diskriminierungsverbotes* die allgemeinen Grundsätze der EG für die Berufsausbildung (Art. 128 EWG-Vertrag) dahin weit auslegte, daß nicht nur die Kinder von Wanderarbeitnehmern, sondern Schüler und Studenten allgemein einen EG-rechtlichen Anspruch auf Gleichbehandlung haben. In dem konkreten Fall entschied der Gerichtshof, daß eine französische Studentin in Belgien ebensowenig wie ihre belgischen Kommilitonen Studiengebühren zu zahlen brauchte. Das gilt aber gemäß der Folgerechtsprechung des Gerichtshofes nicht für die Ausbildungsförderung, die nur den EG-Arbeitnehmern und deren Kindern zusteht.

Grenzausgleich. Im Agrarhandel innerhalb der EG üblicher Ausgleich von durch Währungsschwankungen verursachten Preisschwankungen durch die Erhebung bzw. Erstattung von Ausgleichsabgaben (→ *Währungsausgleichsbeträge*).

Grenzgänger. Personen, die nicht in dem Staat arbeiten, in dem sie wohnen und täglich nach Hause zurückkehren. Eine mögliche → *Doppelbesteuerung* kann durch entsprechende Abkommen vermieden werden. Deutschland hat mit Belgien, Frankreich, den Niederlanden, Österreich und der Schweiz besondere Abkommen zur Besteuerung der Grenzgänger geschlossen. Danach erfolgt unter bestimmten Voraussetzungen die Besteuerung im Wohnsitzstaat (und nicht im Tätigkeitsstaat), damit die Grenzgänger so besteuert werden wie ihre Nachbarn bei gleichem Einkommen und gleichen persönlichen Verhältnissen. Überlegungen der EG-Kommission aus den 70er Jahren, eine generelle Regelung für Grenzgänger zu erreichen, werden jetzt wieder aufgegriffen.

Grenzkontrollen. Der mit der Schaffung des → *Binnenmarktes* bewirkte „Raum ohne Binnengrenzen" bedeutet auch den Fortfall der innergemeinschaftlichen Grenzkontrollen der in der EG kursierenden Warenströme und → *Grenzgänger*. Um das dadurch an den nationalen Grenzen entstehende Sicherheitsdefizit auszugleichen, bleiben Ausgleichsmaßnahmen nötig (vgl. auch → *Schen-*

gener Abkommen, → *TREVI*, → *innen- und justizpolitische Zusammenarbeit*).

Grundfreiheiten. Die vier Grundfreiheiten freier → *Warenverkehr*, freier → *Personenverkehr*, freier → *Kapitalverkehr* und freier → *Dienstleistungsverkehr* sind die Eckpfeiler des → *Gemeinsamen Marktes*.

Grundrechte der EG. In den → *Römischen Verträgen* fehlte ein ausdrücklicher Grundrechtskatalog, wie er etwa in dem deutschen Grundgesetz verankert ist. Der → *Gerichtshof der EG* füllte diese Lücke erst nach und nach durch seine Rechtssprechung aus und entwickelte unter Heranziehung der → *Europäischen Menschenrechtskonvention* und der nationalen Rechtsordnungen Grundrechte und grundrechtsgleiche Verbürgungen auch für das Gemeinschaftsrecht, so etwa für den Gleichheitssatz, den Eigentumsschutz, die Berufsfreiheit, die Religionsfreiheit und die Achtung der Privatsphäre. Da außerdem in den EG-Verträgen das Diskriminierungsverbot, die Gleichbehandlung von Mann und Frau, die Marktfreiheit, die Vereinigungsfreiheiten und der Schutz von Berufs- und Geschäftsgeheimnissen ausdrücklich geregelt sind, stellt sich heute die EG-Rechtsordnung auch als grundrechtlich gesichert dar. Die durch die – politische – Grundrechtserklärung der EG-Organe 1977 unterstrichene Bindung der EG an die anerkannten Grund- und Menschenrechte wurde in Maastricht durch Art. F des Unionsvertrages ausdrücklich zur Rechtsbasis der Union (→ *Solange-Rechtsprechung*). Zur weiteren Verstärkung der Grundrechte in der EG dient der Plan eines Beitritts der Gemeinschaft zur → *Europäischen Menschenrechtskonvention*.

Grüner Wechselkurs. Offizieller Umrechnungskurs zwischen nationaler Währung und Grünem → *ECU* als Agrar-Rechnungseinheit.

Gruppenfreistellung. → *Freistellung*.

Güterkraftverkehr. → *Straßenverkehr*.

GZT. Abk. für → *Gemeinsamer Zolltarif*.

H

Haftung. 1. der EG. Die Gemeinschaft haftet vertraglich nach dem Recht, das auf den betreffenden Vertrag anzuwenden ist (Art. 215 EWG-Vertrag). Deliktische Haftung der Gemeinschaft besteht gemäß den hierfür geltenden allgemeinen Rechtsgrundsätzen der Mitgliedstaaten für die Schäden, die durch die EG-Organe oder

deren Bedienstete in Ausübung ihrer Amtstätigkeit verursacht wurden. Für Klagen ist der → *Gerichtshof der EG* zuständig.
2. der Mitgliedstaaten. Eine mitgliedstaatliche Haftung bei EG-Verstößen ist in den Verträgen nicht vorgesehen. Bei pflichtwidrigem Verhalten kann die EG-Kommission den betreffenden Mitgliedstaat vor dem → *Gerichtshof der EG* verklagen (→ *Vertragsverletzungsverfahren*). In seiner jüngsten Rechtsprechung hat allerdings der Gerichtshof eine mitgliedstaatliche Haftung gegenüber dem Bürger statuiert, wenn der Mitgliedstaat dem Bürger durch einen Rechtsverstoß (z.B. Nichtumsetzung einer Richtlinie) einen Schaden zugefügt hat.

Handelsbilanz. Volkswirtschaftlich der Saldo von Exporten und Importen eines Landes. Man spricht von einer negativen Handelsbilanz, wenn die Summe der Importe jene der Exporte übersteigt; im umgekehrten Fall ist die Handelsbilanz positiv. Im Handel mit → *Drittstaaten* war die Handelsbilanz der EG insgesamt zuletzt 1986 positiv und seither negativ. 1991 betrug das Handelsbilanzdefizit 71 Mrd. ECU. Einfuhren im Wert von 494 Mrd. ECU standen Ausfuhren in der Höhe von 423 Mrd. ECU gegenüber. Gegenüber der → *Europäischen Freihandelsassoziation* (EFTA), dem größten Handelspartner der EG, war die Handelsbilanz 1991 leicht negativ. Im Handel mit den USA hat sich das Defizit seit 1989 vergrößert, während jener mit Japan, dem drittgrößten Handelspartner der EG, traditionell ein hohes Defizit zuungunsten der EG aufweist. Wie in den vorhergegangenen Jahren beliefen sich die EG-Importe aus Japan 1991 auf mehr als den doppelten Wert der Exporte (→ *Außenhandel* der EG).

Handelshemmnisse. Während direkte Handelshemmnisse wie Zölle und → *mengenmäßige Beschränkungen* in der EG beseitigt sind, behindern die indirekten oder sogenannten nicht-tarifären Handelshemmnisse weiterhin den freien → *Warenverkehr*. Zu diesen → *Maßnahmen gleicher Wirkung* wie mengenmäßige Einfuhrbeschränkungen zählen vor allem technische Normen, Prüfverfahren, unterschiedliche Qualitätsanforderungen im Lebens- und Arzneimittelrecht. Seit 1993 dürfen derartige Handelshemmnisse keine Rolle mehr spielen.

Handelsvertreter-Richtlinie. Die Handelsvertreter-Richtlinie vom 18.12.1986 harmonisiert die Regelungen über die Rechtsbeziehungen zwischen Handelsvertreter und Prinzipal. Sie ist weitgehend an das deutsche Recht angelehnt. Die Richtlinie wurde inzwischen durch Änderung der §§ 84, 85 des Handelsgesetzbuches in deutsches Recht umgesetzt.

Handynet-Projekt. Abk. für Computergestütztes Informationssystem über Behindertenfragen im Rahmen von → *HELIOS*.

HarmonisierungsdokumentAbk. HD. Normungsdokument der europäischen Normungsinstitute (→ *CEN*, → *CENELEC*). Es enthält wie die → *europäische Norm* (EN) einheitliche Bestimmungen zur Normung, läßt jedoch einzelne nationale Abweichungen technischer oder rechtlicher Art zu (→ *Normen*).

Haushalt der EG. Einnahmen- und Ausgabenplan der Gemeinschaft mit einem Umfang von 128,8 Milliarden DM im Jahr 1992 (siehe Abbildung Seite 138). Er setzt sich im wesentlichen aus den Zolleinnahmen, den Agrarabschöpfungen, dem Gemeinschaftsanteil an der Mehrwertsteuer sowie den Abführungen der Mitgliedstaaten aus ihrem Bruttosozialprodukt zusammen; nicht enthalten sind darin die Ausgaben des → *Europäischen Entwicklungsfonds*, der EGKS-Haushalt sowie die Darlehensmittel der Gemeinschaft (→ *Ausgaben*, → *Einnahmen*).

Haushaltsbehörde. Gemeinsame Entscheidungsinstanz über den → *Haushalt der EG* ist das Europäische Parlament und der aus den Finanzministern bestehende Haushaltsrat mit einander ergänzenden Befugnissen.

Haushaltsverfahren. Das Haushaltsverfahren der EG ist in den Art. 203 → *EWG-Vertrag*, 177 → *EAG-Vertrag* und 78 → *EGKS-Vertrag* geregelt. Bei der Aufstellung des Gesamthaushaltsplanes (GHP) wirken → *EG-Kommission*, → *Europäisches Parlament* und → *Rat* zusammen. Das Haushaltsjahr beginnt am 1.1. und endet am 31.12.. Bis zum 1.7. stellt jedes Organ einen Haushaltsvoranschlag für seine Ausgaben auf. Die Kommission faßt die Voranschläge zu einem Vorentwurf des EG-Etats zusammen und legt ihn bis zum 1.9. dem Rat vor, der darüber mit qualifizierter Mehrheit beschließt und ihn bis zum 5.10. dem Europaparlament zuleitet. Dieses kann den Entwurf mit Mehrheit ändern, hinsichtlich rechtlich zwingender (sogenannter obligatorischer) Ausgaben (ca. 70 Prozent des Etats) aber nur Vorschläge unterbreiten. Stimmt das Europaparlament zu, ist der Etat endgültig festgestellt. Andernfalls geht der Entwurf an den Rat zurück, der erneut beschließen muß. Er kann dabei die vom Parlament vorgenommenen Änderungen annehmen, ablehnen oder wieder abändern. War der Rat nicht einverstanden, geht der Entwurf zur zweiten Lesung erneut an das Europaparlament, das ihn akzeptieren oder wiederum korrigieren kann. In beiden Fällen kann es den Etat mit qualifizierter Mehrheit beschließen. Es kann ihn aber auch ablehnen und die Vorlage eines neuen Entwurfes verlangen.

Die Milliarden der EG
EG-Haushalt 1992 (Soll): 128,8 Milliarden DM

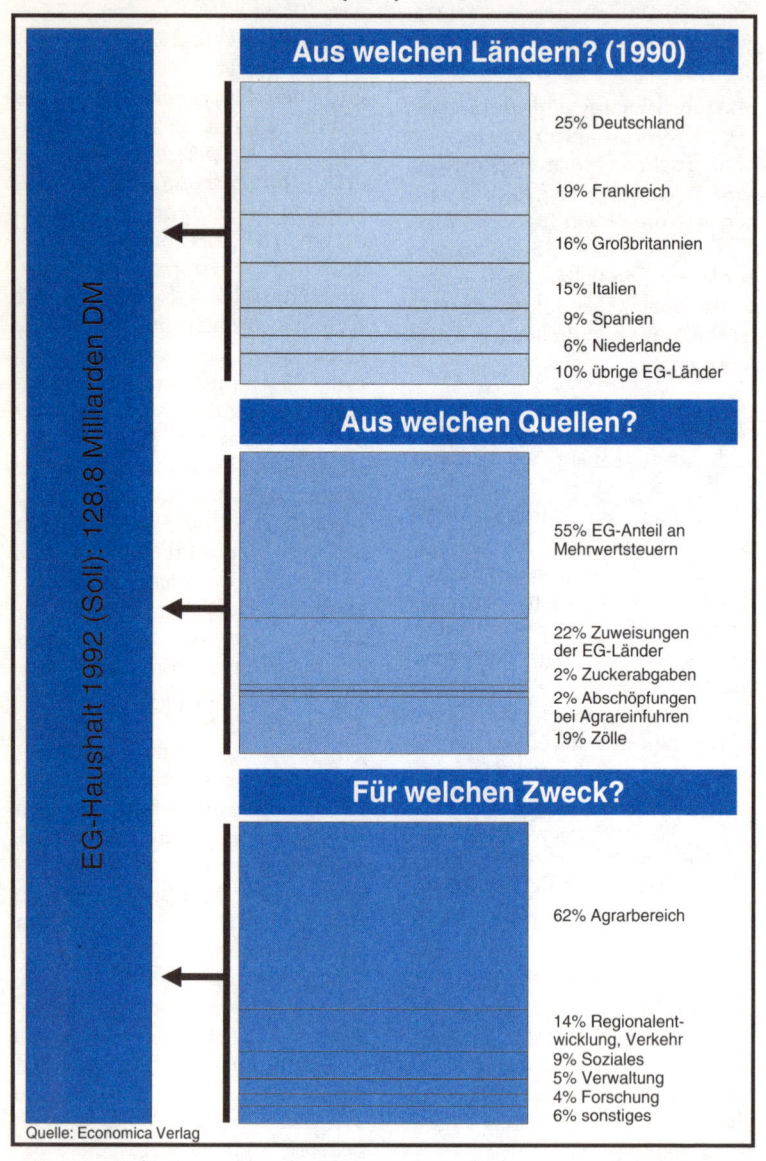

Aus welchen Ländern? (1990)

25% Deutschland

19% Frankreich

16% Großbritannien

15% Italien
9% Spanien
6% Niederlande
10% übrige EG-Länder

Aus welchen Quellen?

55% EG-Anteil an Mehrwertsteuern

22% Zuweisungen der EG-Länder
2% Zuckerabgaben
2% Abschöpfungen bei Agrareinfuhren
19% Zölle

Für welchen Zweck?

62% Agrarbereich

14% Regionalentwicklung, Verkehr
9% Soziales
5% Verwaltung
4% Forschung
6% sonstiges

EG-Haushalt 1992 (Soll): 128,8 Milliarden DM

Quelle: Economica Verlag

Haustürgeschäfte-Richtlinie. Verbraucherschutz-Richtlinie, die am 20.12.1985 beschlossen und in der Bundesrepublik Deutschland durch das Gesetz vom 16.1.1986 über den Widerruf von Haustür- und ähnlichen Geschäften umgesetzt wurde. Die Richtlinie sieht ein mindestens siebentägiges Widerrufsrecht für Verträge über Waren und Dienstleistungen vor, wenn diese an der Haustür oder auf sogenannten Kaffeefahrten abgeschlossen wurden.

HD. → *Harmonisierungsdokument.*

HELIOS. Abk. für Handicapped People in the European Community living independent in an open Society. Aktionsprogramm zugunsten Behinderter. Die berufliche Bildung, Rehabilitation, wirtschaftliche und soziale Eingliederung sowie eigenständige Lebensführung von Behinderten werden mit dem Programm gefördert, für das in der 2. Phase von 1993 bis 1996 ein Budget von 37 Mio. ECU zur Verfügung steht. Ziel ist, eine gemeinschaftsweite Politik für die Integration Behinderter zu entwickeln und die Zusammenarbeit mit nichtstaatlichen Organisationen auszubauen.

Hertensteiner Programm. Für die → *Geschichte der EG* bedeutsames Ergebnis einer im September 1946 in Hertenstein (Schweiz) abgehaltenen Konferenz der → *Europa-Union.* Das Hertensteiner Programm umschrieb in 12 Thesen das Ziel einer politischen Einigung Europas durch Übertragung nationaler Souveränitätsrechte auf eine übernationale Gemeinschaft und formulierte damit zum ersten Mal das später verwirklichte EG-Konzept.

Hochauflösendes Fernsehen. Engl. High Definition Television (HDTV). Für das HDTV wurde von der EG ein Normenpaket (→ *MAC-Norm*) entwickelt. Seine Einbindung in das zukünftige Breitbandnetz wird auch im Rahmen von → *RACE* vorangetrieben.

Hochgeschwindigkeitszug. Über den Bau eines Schienennetzes für einen Hochgeschwindigkeitszug haben sich 1987 die Verkehrsminister Belgiens, Deutschlands, Großbritanniens und der Niederlande geeinigt. Das Netz soll die Großstädte dieser EG-Staaten untereinander verbinden. Darüber hinaus bestehen Pläne für ein EG-weites System.

Hochschuldiplome. Die Verwirklichung der → *Niederlassungsfreiheit* im Bereich der diplomierten Berufe sollte gemäß Art. 57 EWG-Vertrag durch die gegenseitige → *Anerkennung* der Diplome und Berufszeugnisse erleichtert werden. Es stellte sich heraus, daß dies vor allem wegen der Koordinierung zugrundeliegender Ausbildungs- und Prüfungsvoraussetzungen außeror-

Hochschulen

dentlich schwierig und zeitaufwendig ist. Es dauerte über 10 Jahre, bis bei den medizinischen Berufen die Hochschuldiplome gegenseitig anerkannt werden konnten. Die Entwicklung wurde erst beschleunigt, als man von der Harmonisierung der Ausbildungsgänge Abstand nahm und von einer Gleichwertigkeit der Diplome ausging. Die Richtlinie dazu vom 21.12.1988 verpflichtet die Mitgliedstaaten, allgemein ihre Hochschuldiplome gegenseitig anzuerkennen, wenn die Ausbildung mindestens 3 Jahre beträgt.

Hochschulen. → *ERASMUS.*

Höchst-, Niedrigkurse. Offizielle maximale An- und Verkaufskurse von Währungen, die am Interventionsmechanismus des → *Europäischen Währungssystems* (EWS) teilnehmen. Sie werden nach jeder Wechselkursanpassung innerhalb des EWS von den jeweiligen Zentralbanken bekanntgegeben und errechnen sich aus dem offiziellen Leitkurs der Währung in → *ECU* sowie seinen daraus abgeleiteten bilateralen Leitkursen mit den anderen EWS-Währungen und der vereinbarten maximalen Schwankungsbreite mit der betreffenden Währung (entweder ± 2,25% oder ± 6%).

Hohe Behörde. Eines der 4 Organe der → *Europäischen Gemeinschaft für Kohle und Stahl.* Ihre Befugnisse sind nach der → *Fusi-*

on der Organe auf die → *EG-Kommission* übergegangen.

Hoheitsrechtsübertragung. Die Mitgliedstaaten haben der EG die zur autonomen Entfaltung der Integrationstätigkeit nötigen Befugnisse übertragen. In der Bundesrepublik Deutschland geschah dies auf der Grundlage des Art. 24 Abs. 1 des Grundgesetzes, wonach der Bund durch ein einfaches Gesetz eine Übertragung von Hoheitsrechten auf zwischenstaatliche Einrichtungen vornehmen kann. Da diese Übertragung auch den Bestand von Länderhoheitsrechten erfaßt, ergibt sich unter dem Aspekt der Bundestreue ein Verfassungsgebot, die Länder an der EG-Arbeit zu beteiligen, wenn Interessen und Rechte der Bundesländer betroffen sind (→ *Länderbeteiligung*). Durch die Neufassung des Art. 23 des Grundgesetzes ist heute die Mitwirkung Deutschlands an der europäischen Integration neu und deutlicher in der Verfassung verankert.

HORIZON. Kurzbezeichnung für eine Gemeinschaftsinitiative des → *Europäischen Sozialfonds* für die soziale und berufliche Eingliederung von Behinderten und benachteiligten Gruppen, besonders in wirtschaftlich schwächeren Regionen der EG.

Horizontale Vereinbarung. Begriff des → *Wettbewerbsrechtes*, der ein Abkommen zwischen Unternehmen der gleichen Leistungsstufe (Produktions- oder Handelsstufe) bezeichnet. Horizontale Vereinbarungen führen oft zur Bildung eines Kartells (→ *Kartellrecht,* → *Vertikale Vereinbarung*).

Hot money. Kurzfristig verfügbare Bankguthaben, die jeweils nach den international gegebenen Ertragsaussichten (Wechselkurs- und Zinsfaktor) von einer Währung und Währungszone in eine andere wechseln können.

HTP. Abk. für Human Ressources Training Programme. Schulungsprogramm für Führungskräfte aus EG-Unternehmen zur industriellen Zusammenarbeit mit japanischen Unternehmen, der Einführung kaufmännischer und technischer Führungskräfte in die Industrie und den Handel Japans sowie zur Unterstützung bei der Informationsbeschaffung für den japanischen Markt.

I

IDES. Kurzbezeichnung für Gemeinschaftliches Informationssystem zur Bekanntgabe von Tierkrankheiten, Preisen verschiedener Agrarerzeugnisse auf dem Inlandsmarkt und monatlichen Erklärungen der Ausgaben des → *Europäischen Ausrichtungs- und Garantiefonds* – Abschnitt Garantie (→ *CADDIA*).

IES-SDC. Abk. für Information Exchange System – Supporting Data Collections. Datenbank über Forschungsprojekte, die von der EG bezuschußt werden (Trägereinrichtungen und ihre Electronic-Mail-Adressen), hauptsächlich innerhalb von → *ESPRIT,* → *RACE,* und → *EUREKA*.

Immunität. Wie die nationalen Parlamentarier besitzen auch die Mitglieder des → *Europäischen Parlamentes* während der Sitzungsperiode des Parlamentes Immunität. D. h., sie können bei Straftaten nur mit Genehmigung des Parlamentes zur Verantwortung gezogen oder verhaftet werden. Die Immunität gilt nicht, wenn der Parlamentarier auf frischer Tat ergriffen oder die Unverletzlichkeit aufgehoben wurde (→ *Indemnität*).

IMPACT. Abk. für Information Market Policy Actions. Aktionsplan zur Schaffung eines Marktes für Informationsdienste. Wettbewerbsfähige Angebotskapazitäten sollen gestärkt und die Benutzung von Informationsdiensten gefördert werden.

Indemnität. Indemnität ist das Privileg von Abgeordneten, wegen Äußerungen oder Abstim-

Indirekte Steuern

mungen im Parlament nicht gerichtlich oder dienstlich verfolgt werden zu können. Auch die Abgeordneten des → *Europäischen Parlamentes* genießen Indemnität (→ *Immunität*).

Indirekte Steuern. Zum 1.1.1993 wurde weitgehend die Harmonisierung der Verbrauchsteuern in der EG verwirklicht. Bei der → *Mehrwertsteuer* wurde eine Übergangsregelung bis zur geplanten endgültigen Angleichung im Jahre 1996 eingeführt.

Industriedarlehen der EGKS. Mittel der → *Europäischen Gemeinschaft für Kohle und Stahl* (EGKS), teilweise auch mit Zinsverbilligungen für Investitionen zur Absatz- und Produktionssteigerung sowie Kostensenkung für große Infrastrukturvorhaben die Errichtung neuer Schachtanlagen, den Verbrauch von Gemeinschaftsstahl, Joint-Ventures, Umweltverbesserungen für den Kohlenbergbau sowie die Eisen- und Stahlindustrie (gemäß Art. 54 Abs. 1 und 2 EGKS-Vertrag).

Industriegebiete mit rückläufiger Entwicklung. Dazu zählen all jene Regionen, deren durchschnittliche Arbeitslosenrate und Arbeitslosigkeit in der Industrie über dem EG-Durchschnitt liegt und weiter steigt. Diese Gebiete fallen unter das Förderungsziel 2 der → *Strukturfonds*. Die Liste der Regionen dieser Kategorie wird von der EG-Kommission alle 3 Jahre neu erstellt (→ *Regionalpolitik*).

Industriepolitik. In den ursprünglichen Verträgen der → *Europäischen Gemeinschaften* gab es begrifflich keine gemeinsame Industriepolitik. Sie enthielten aber den Auftrag an die Gemeinschaftsorgane, die erforderlichen Rahmenbedingungen zu schaffen, damit die Industrie die Produktionsfaktoren überall in der Gemeinschaft optimal nutzen kann. Der → *EGKS-Vertrag* bezieht sich auf den Montansektor, der → *EURATOM*-Vertrag auf die Atomindustrie. Die anderen Industriesektoren sind dem → *EWG-Vertrag* zugeordnet. Die → *Einheitliche Europäische Akte* (EEA) enthält das ausdrückliche Ziel, die „wissenschaftlichen und technischen Grundlagen der europäischen Industrie zu stärken und die Entwicklung ihrer internationalen Wettbewerbsfähigkeit zu fördern". Dazu legt die EEA Grundlagen für die Durchführung von gemeinschaftlichen Programmen für Forschung und technologische Entwicklung sowie die Koordinierung der Politiken und Programme der Mitgliedstaaten. Bei den → *Krisensektoren* hat die EG vor allem Instrumente des → *Wettbewerbsrechtes* (Genehmigung von Kartellen zur Reduktion der Produktionskapazität), der Außenhandelspolitik (Vereinbarung von Kontingenten), der → *Regional*- und → *Sozialpolitik* eingesetzt. Zur Anpassung an den Strukturwandel stehen den Unternehmen gemeinschaftliche Finanzinstrumente zur Verfügung, wie die → *Strukturfonds*, Darlehen der → *Europäischen Investitionsbank* sowie das → *Neue Gemeinschaftsinstrument*. Für die wichtigsten Industriesektoren der Gemeinschaft wurden Aktionsprogramme aufgestellt (z.B. für die Automobilindustrie, den Schiffbau, die Luftfahrtindustrie, die Textilindustrie, das Fernmeldewesen und die Biotechnologie). In Maastricht wurde der Industriepolitik ein eigener Titel des neuen EG-Vertrages (Art. 130 EGV) gewidmet, der die Gemeinschaft und die Mitgliedstaaten zur Erhaltung und Schaffung offener und wettbewerbsorientierter Märkte verpflichtet.

Info 92. Datenbank über die Gesetzgebung für den → *Binnenmarkt*.

Informationstechnologie. Neuer innovativer Industriesektor, der die Bereiche Computerwesen, Datenbanken, moderne Fernmeldetechniken, Elektronik umfaßt und seit den 70er Jahren stark expandiert. Vor allem durch die Harmonisierung einer EG-weiten gemeinschaftlichen Forschungs- und Technologiepolitik soll der Vorsprung der USA und Japans in der Informationstechnologie eingeholt werden (→ *ESPRIT*).

Infrastrukturentwicklung. Im Rahmen der → *Strukturfonds* hat die Entwicklung der Infrastruktur in weiterentwickelten EG-Regionen Vorrang. Durch ein neues Aktionsprogramm zur Schaffung europaweiter Netze in den Bereichen Verkehr, Energie, Telekommunikation und Berufsbildung bekam sie einen neuen Anstoß. Die Vernetzung Europas auf diesen 4 Gebieten soll verwirklicht werden vor allem durch gemeinsame Rechtsvorschriften und technische Normen sowie finanzielle Maßnahmen – entweder als Anreiz für die Privatfinanzierung oder als direkte Beteiligung der Gemeinschaft an Projekten. Teilelement dieses Aktionsprogramms ist das Leitschema für den → *Hochgeschwindigkeitszug*. Es bestehen auch Vorschläge, durch spezielle Steuern und Abgaben das Benutzerprinzip verstärkt für die Finanzierung der Verkehrsinfrastruktur anzuwenden.

Innen- und justizpolitische Zusammenarbeit. Neben der → *Gemeinsamen Außen- und Sicherheitspolitik* (GASP) neu definierter weiterer Integrationsbereich auf dem bislang allein der → *intergouvernementalen Zusammenarbeit* vorbehaltenen Polizei- und Justizsektor. Sie stellt eine entscheidende Ausdehnung des EG-Aktionsradius dar und wird im Maastricher Vertrag als Teil der → *Politischen Union* begriffen. Damit wird ein von allen Mitgliedstaaten als besonders sensibler Be-

Innerdeutscher Handel

reich nationaler Souveränität empfundener Sektor in die Gemeinschaftsaktivität einbezogen. Die Aufhebung der Binnengrenzen (→ *Grenzkontrollen*) hatte bisher schon zu enger Zusammenarbeit bei der Drogenmißbrauchsbekämpfung, dem Kampf gegen den internationalen Terrorismus (TREVI) und der Ausländer- und Asylpolitik (→ *Schengener Abkommen*) geführt. Diese Zusammenarbeit, ergänzt um verbesserte Rechts- und Amtshilfe im Bereich der Zivil- und Strafrechtspflege, stellt den Kern der innen- und justizpolitischen Zusammenarbeit dar. In den → *Maastrichter Verträgen* wurde die innen- und justizpolitische Zusammenarbeit in einem besonderen Kapitel geregelt. Als dritte Säule im Unionsvertrag gründet sie sich allerdings noch weitgehend auf die bisherige → *intergouvernementale Zusammenarbeit*.

Innerdeutscher Handel. Zusammen mit den → *Römischen Verträgen* wurde das Protokoll über den innerdeutschen Handel abgeschlossen, das klarstellte, daß der Handel zwischen der Bundesrepublik Deutschland und der DDR durch die Gemeinschaftsverträge nicht berührt wurde; die anderen Mitgliedstaaten erhielten ins Protokoll die Ermächtigung zu Schutzmaßnahmen im Falle von Schwierigkeiten aufgrund der deutschen Sonderstellung. Das Protokoll über den innerdeutschen Handel bedeutete, daß die eingegangene EG-Bindung die Bundesrepublik Deutschland nicht zwang, die DDR als → *Drittstaat* zu betrachten. Im Verhältnis zu den übrigen Handelspartnern in der EG blieb die DDR Drittland. Mit der Vereinigung der beiden deutschen Staaten wurde das Protokoll obsolet.

Innovationszentrum. → *Business and Innovation Center.*

Institutionen und Struktur der Europäischen Gemeinschaft(en). Die vier Hauptorgane der Gemeinschaft sind das → *Europäische Parlament*, der → *Rat*, die → *Kommission* und der → *Europäische Gerichtshof*. Mit der → *Einheitlichen Europäischen Akte* vom 3.12.1985 wurde auch der → *Europäische Rat* offiziell als EG-Institution eingeführt. Hinzuzuzählen sind als Beratungsorgan der Wirtschafts- und Sozialausschuß, als Kontrollorgan der → *Europäische Rechnungshof* und als verselbständigte Institution zur EG-internen Entwicklungspolitik die → *Europäische Investitionsbank*. Durch den Vertrag über die Politische Union von Maastricht (→ *Maastrichter Verträge*) wurde als neues, die Interessen der Regionen berücksichtigendes Beratungsorgan ein Ausschuß der Regionen eingeführt. Die institutionelle Basis der in Maastricht beschlossenen Währungsunion ist das → *Europäische Zentralbanksystem* mit der Europäischen Zentralbank an der Spitze.

Institutionen und Struktur der EG(en)

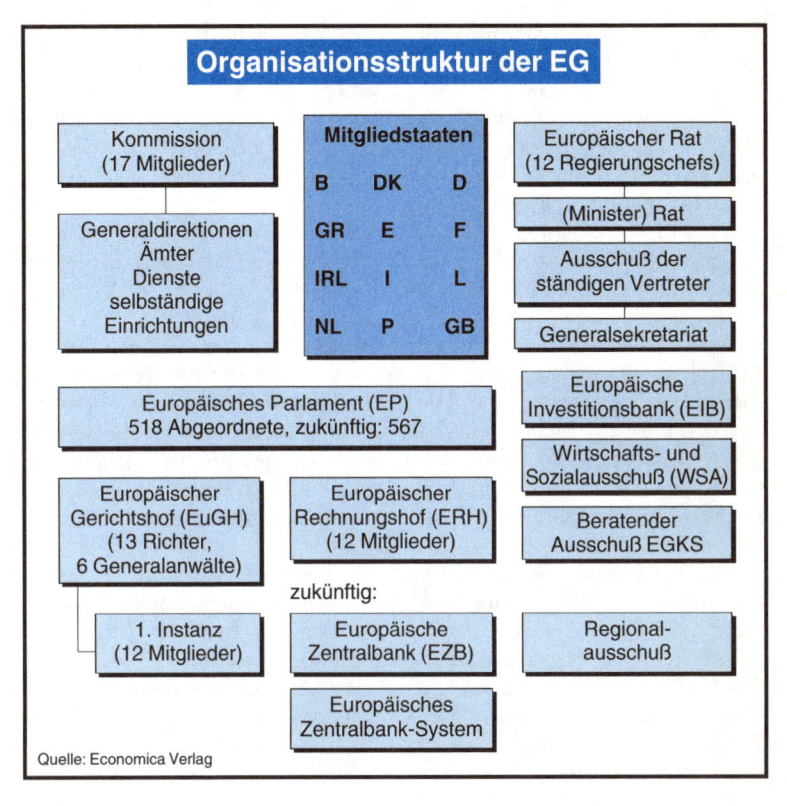

Organisationsstruktur der EG

Kommission (17 Mitglieder)	Mitgliedstaaten	Europäischer Rat (12 Regierungschefs)
Generaldirektionen Ämter Dienste selbständige Einrichtungen	B DK D GR E F IRL I L NL P GB	(Minister) Rat
		Ausschuß der ständigen Vertreter
		Generalsekretariat
Europäisches Parlament (EP) 518 Abgeordnete, zukünftig: 567		Europäische Investitionsbank (EIB)
		Wirtschafts- und Sozialausschuß (WSA)
Europäischer Gerichtshof (EuGH) (13 Richter, 6 Generalanwälte)	Europäischer Rechnungshof (ERH) (12 Mitglieder)	Beratender Ausschuß EGKS
	zukünftig:	
1. Instanz (12 Mitglieder)	Europäische Zentralbank (EZB)	Regionalausschuß
	Europäisches Zentralbank-System	

Quelle: Economica Verlag

Das institutionelle Gefüge der EG stellt sich als eine Konstruktion dar, die Elemente einzelner Staatsgewalten im Sinne der traditionellen Gewaltenteilung (Gesetzgebung, Vollziehung, Rechtsprechung) unterschiedlichen Organen zuordnet. Allerdings ist der naheliegende Vergleich des Europäischen Parlamentes mit den nationalen Parlamenten oder der Kommission mit einer nationalen Regierung noch nicht berechtigt. Das liegt daran, daß der EG nur Teilbereiche nationaler Souveränität übertragen wurden und ihre Organe bei der Ausübung dieser Teilsouveränität nicht wie nationale Regierungen und Parlamente zusammenwirken. So ist die Kommission stärker mit der EG-Legislative befaßt. Dem Europäischen Parlament kommt bei der Gesetzgebung noch wenig Einfluß zu, während der Rat in diesem Bereich das entscheidende Wort hat. Exekutivgewalt steht der EG nur in Sektoren zu; die Durchführung des → *Gemeinschaftsrechtes* obliegt weitgehend

den Mitgliedstaaten. Damit ist die Rolle der Kommission als „EG-Regierung" schon von den Kompetenzen her beschränkt. Ähnliches gilt für den Gerichtshof als judikative Gewalt. Ungeachtet seiner großen Bedeutung nimmt er nur einen Ausschnitt der richterlichen Aufgaben zur Überwachung und Durchsetzung des Gemeinschaftsrechtes wahr. Die meisten Rechtsstreitigkeiten mit EG-Bezug werden von den nationalen Gerichten entschieden. Diese müssen Europarecht in gleicher Weise anwenden wie nationales Recht (siehe Abbildung Seite 145). Die Struktur der EG und ihr institutioneller Aufbau unterliegen stetem Wandel und kontinuierlicher Fortentwicklung. Die Konturen und Gewichte der Organe haben sich bei Vertragsänderungen und Beitritten allmählich gewandelt und fortentwickelt. Dieser Prozeß wird sich fortsetzen, wenn mit dem Beitritt weiterer Mitgliedstaaten die bisherigen Strukturkapazitäten sich erschöpfen und institutionelle Veränderungen notwendig werden. Schon die → *Maastrichter Verträge* haben hierfür Signale gesetzt. Die Beachtung des → *Subsidiaritätsprinzip*s beispielsweise kann nur bei entsprechender institutioneller Aufteilung zwischen Gemeinschaft und Gliedstaaten funktionieren. Weitere Strukturänderungen (mehr EG-Behörden für zentrale Aufgaben wie → *Europol*) drängen sich auf.
Die bisherige Weiterentwicklung erfolgte nicht nur durch Änderung der Verträge, sondern auch durch sekundäre Rechtsakte der EG-Organe. So sind unterhalb der Kommissionsebene verselbständigte Organisationseinheiten entstanden (z.B. das → *Europäische Zentrum für die Förderung der Berufsbildung* und die → *Europäische Stiftung zur Verbesserung der Lebens- und Arbeitsbedingungen*). Institutionen wie das → *Europäische Hochschulinstitut* und das → *Europäische Patentamt* sind nicht auf der Grundlage des EG-Rechtes, sondern durch eigenen völkervertraglichen Gründungsakt entstanden.

Integration. Zusammenwachsen mehrerer Teile zu einem Ganzen. In der EG bedeutet Integration die kontinuierliche Entwicklung zu einem einzigen Europa (→ *Europäische Union*) über die Etappen → *Binnenmarkt*, → *Wirtschafts-* und *Währungsunion* zur → *Politischen Union*.

Integrationsberichte. Die Bundesregierung erstattet dem Bundestag und Bundesrat halbjährlich Berichte über das Integrationsgeschehen aus ihrer Sicht. Die Integrationsberichte geben die Fortschritte im Berichtszeitraum wieder. Das Bundesjustizministerium veröffentlicht alle 2 Jahre spezielle Berichte über die EG-Vorhaben des Ministeriums. Dort wird auch das → *flankierende Völkervertragsrecht* der Mitgliedstaaten mit Justizbezug erfaßt. Ferner enthalten diese Berichte den Sach- und Problemstand sowie die politische und fachliche Bewertung der einzelnen Vorhaben.

Integrierte Mittelmeerprogramme. Regionalentwicklungsprogramme zur Modernisierung der wichtigsten Wirtschaftssektoren in Griechenland, Süditalien und Südfrankreich. Die Programme starteten 1986 mit einer Laufzeit von 5 bis 7 Jahren und einem Volumen von 6,6 Mrd. ECU. Durch gezielte Förderungsmaßnahmen in den Bereichen Landwirtschaft, Industrie, Dienstleistungen und Berufsausbildung sollen Probleme bewältigt werden, die in den EG-Mittelmeerländern durch den Beitritt Spaniens und Portugals und die damit verbundene stärkere Konkurrenz entstanden sind.

Interbankrate. Basiszinssatz zwischen Banken, insbesondere für kurzfristige Kredite im Euro-Geschäft; bekannteste ‚Interbankrate' ist der LIBOR-Zinssatz (London Inter Bank Offered Rate), der häufig als Referenzsatz (plus Aufschlag) für Kreditvereinbarungen zwischen den Banken und ihren Kunden gilt. Alle internationalen Bankplätze haben heute meist schon eine eigene Interbankrate.

Intergouvernementale Zusammenarbeit. Kooperationsform der Mitgliedstaaten außerhalb des supranationalen Verfahrens der Gemeinschaft. Die intergouvernementale Zusammenarbeit spielt in den Bereichen eine Rolle, für die die Gemeinschaft noch nicht zuständig ist, in denen aber gleichwohl ein einvernehmliches Handeln der EG-Partner angezeigt ist. Gemeinsames Vorgehen ist zum Teil sogar Gemeinschaftspflicht der Mitgliedstaaten (vgl. Art. 116 EWG-Vertrag). Soll die intergouvernementale Zusammenarbeit zu rechtsverbindlichen Beschlüssen führen, so bedürfen diese der Zustimmung nach Maßgabe der innerstaatlichen Regeln (→ *Ratifizierung*). Auch nach Maastricht verbleiben die → *Gemeinsame Außen- und Sicherheitspolitik* sowie die → *innen- und justizpolitische Zusammenarbeit* zunächst noch den Regeln der intergouvernementalen Zusammenarbeit unterworfen. Die neuen Bestimmungen sehen jedoch schon Übergangsmöglichkeiten zu einem in die EG integrierten System vor.

Interim-Ausschuss des IWF. → *Internationaler Währungsfonds* (IWF); Ausschuß des Gouverneurrates des IWF, dem die Gouverneure der Notenbanken sowie die Wirtschafts- und Finanzminister von IWF-Mitgliedstaaten angehören und der zwischen den Jahresversammlungen des IWF zusammenkommt, um die Entwicklung und Probleme der Weltwirtschaft zu beraten und etwaigen Lösungen zuzuführen.

International Bank for Reconstruction and Development

International Monetary Fund

(IBRD). Internationale Bank für Wiederaufbau und Entwicklung (→ *Weltbank*).

International Monetary Fund (IMF). → *Internationaler Währungsfonds* (IWF).

Internationale Organisation. Völkerrechtlicher Verband oder Zusammenschluß, der der Erfüllung regionaler, kontinentaler oder globaler Aufgaben dient, die nicht von einzelnen Staaten allein, sondern wegen der grenzüberschreitenden Art der Aufgaben (z.B. Friedens-, Sicherheits-, Umwelt- und Handelssicherung) nur zusammen mit anderen Völkerrechtspartnern bewältigt werden können. Zu den internationalen Organisationen gehören neben der → *UNO*, der → *NATO* oder dem → *Europarat* auch die → *Europäischen Gemeinschaften*, die sich allerdings von den übrigen internationalen Organisationen durch den besonderen Grad ihrer Hoheitsrechtsausstattung auszeichnen, die zu einer selbständigen EG-Rechtsordnung geführt hat. Die übrigen bekannten internationalen Organisationen beeinträchtigen dagegen die Souveränität der Mitgliedstaaten nicht. Seit dem 2. Weltkrieg ist die Zahl der internationalen Organisationen ständig gewachsen.

Internationaler Währungsfonds (IWF). Sitz in Washington/USA; aus dem → *Bretton-Woods-Abkommen* (1944) über die Neuordnung des Internationalen Währungssystems nach dem 2. Weltkrieg hervorgegangen; zählt zur Zeit 154 Staaten als Mitglieder; seine wesentlichsten Aufgaben sind:
– Förderung der internationalen Zusammenarbeit auf dem Währungsgebiet;
– Unterstützung der Mitgliedstaaten bei Zahlungsbilanzproblemen mit Hilfe von Krediten (facilities);
– Erleichterung des Welthandels, insbesondere des Warenaustausches zwischen Industrie- und Entwicklungsländern (Allokation von → *Sonderziehungsrechten*).

Zur besseren und effizienteren Koordinierung gibt es verschiedene Ausschüsse und Arbeitsgruppen:

1. Siebenergruppe (G7): Sie besteht aus den wichtigsten Industrienationen der westlichen Welt (Kanada, Deutschland, Frankreich, Großbritannien, Italien, Japan, USA); wesentlichste Aufgaben sind:
– Regelmäßige Koordinierung und Abstimmung ihrer Politiken; → *Weltwirtschaftsgipfel* mit Beteiligung der EG;
– Einrichtung eines gegenseitigen Analyse- und Überwachungsmechanismus auf der Basis von makro-ökonomischen Indikatoren;
– Überwachung des internationalen Währungssystems und Einhaltung nicht veröffentlichter Referenzzonen für die Währungen.

2. Zehner- bzw. Elfergruppe G10/G11; setzt sich aus der Siebener-

gruppe plus Belgien, Niederlande, Schweden und Schweiz; ihre wichtigste Aufgabe liegt in der Lösung des Kreditbedarfs und des Schuldenproblems in der Welt.
3. Zwanzigergruppe: mit Beteiligung der Entwicklungsländer.

Internationales Steuerrecht. Unter dem Begriff „Internationales Steuerrecht" versteht man alle gesetzlichen Bestimmungen des nationalen deutschen Steuerrechts und der zwischenstaatlichen Vereinbarungen (→ *Doppelbesteuerung*), mit denen grenzüberschreitende Sachverhalte steuerlich geregelt und zwischen den einzelnen Staaten abgegrenzt werden. In Deutschland sind die gesetzlichen Bestimmungen nicht nur im → *Außensteuergesetz*, sondern auch in einer Vielzahl von Einzelsteuergesetzen enthalten.

Internationales Wissenschafts- und Technologiezentrum. Abk. IWTZ. Das IWTZ wurde am 27.11.1992 in Moskau von der EG, den USA, Rußland und Japan gegründet und soll den Wissenschaftlern und Ingenieuren der ehemaligen Sowjetunion ermöglichen, ihre Kenntnisse zur Herstellung von Nuklearwaffen und anderen Massenvernichtungswaffen für friedliche Zwecke in ihrem Land einzusetzen.

International Standards Organisation. Abk. ISO. Die Internationale Organisation für Normung erarbeit internationale → *Normen*, die mehrheitlich auch von den europäischen Normungsinstitutionen (→ *CEN*, → *CENELEC*) übernommen werden.

INTERREG. Kurzbezeichnung für Gemeinschaftsinitiative des → *Europäischen Fonds für regionale Entwicklung* für Grenzgebiete. Gefördert werden u.a. grenzüberschreitende Vorhaben in der Infrastruktur, Unternehmenskooperationen oder Umweltschutzmaßnahmen.

Intervention. Begriff der → *Agrarpolitik*, genauer der landwirtschaftlichen → *Marktordnungen*, wonach bei Unterschreiten des Mindestpreises (→ *Interventionspreis*) die Interventionsstellen in den Mitgliedstaaten die Agrarprodukte zu festgesetzten Ankaufspreisen aufkaufen, um so den Markt von Überschüssen zu befreien.

Interventionskurse (EWS). Kurse, bei denen die Zentralbanken auf den Devisenmärkten aufgrund multilateraler oder bilateraler Abkommen (→ *Bretton-Woods-Abkommen*, → *Europäisches Währungssystem*) die eigene Währung aufkaufen oder abgeben müssen (→ *Interventionssystem*).

Interventionspreis. Ankaufpreis für landwirtschaftliche Produkte wie Getreide, Butter, Magermilchpulver oder Rindfleisch, der von staatlichen Interventionsstel-

Interventionsmechanismus

len je nach Marktlage festgesetzt wird. Fallen die Marktpreise für diese Produkte unter den Interventionspreis, sind die Interventionsstellen verpflichtet, die überschüssige Produktion aufzukaufen, um die Marktpreise zu stabilisieren. Der Interventionspreis hat damit die Funktion einer Preisgarantie für die Erzeuger (→ *Agrarpolitik*, → *Marktordnung*).

Interventionsmechanismus. Auch Interventionssystem. Preise (→ *Agrarpolitik*) oder Wechselkurse (→ *Bretton-Woods-Abkommen*, → *Europäisches Währungssystem*) werden von offiziellen staatlichen Behörden (Interventionstellen, Notenbank) garantiert; im Währungsbereich unterscheidet man
– ein bilaterales Interventionssystem wie das der europäischen Währungen bis 1971 gegenüber dem US-Dollar (auf der Basis des Bretton-Woods-Abkommens), bei dem alle beteiligten Notenbanken ihre Währung innerhalb einer vereinbarten Bandbreite gegenüber einer bestimmten Währung an den Devisenmärkten halten, und
– ein multilaterales Wechselkurs- und Interventionssystem, wie im → *Europäischen Währungssystem*, bei dem jede der beteiligten Notenbanken die eigene Währung innerhalb garantierter Interventionspunkte auf den Devisenmärkten gegenüber allen anderen hält.

Interventionssystem. → *Interventionsmechanismus.*

IRDAC. Abk. für Industrial Research and Development Advisory Committee. Ausschuß aus Vertretern der Industrie, der die EG-Kommission beratend bei der Forschungs- und Technologiepolitik unterstützt (→ *CODEST*, → *CREST*).

IRIS. Kurzbezeichnung für Netzwerk zur Koordinierung nationaler und europäischer Programme zur Förderung der beruflichen Bildung von Frauen.

ISDN. Abk. für Integrated Services Digital Network. Diensteintegrierendes digitales Fernmeldenetz. Bezeichnung für ein im Aufbau befindliches Fernmeldenetz, das die digitale Übertragung von Sprache, Bild und anderen Daten über dasselbe Leitungsnetz nach einheitlichen Normen erlaubt.

ISO. → *International Standards Organisation.*

IWF. → *Internationaler Währungsfonds.*

J

Jahresabschluß. Der Jahresabschluß umfaßt die Bilanz und die

→ *Gewinnermittlung*, bei → *Kapitalgesellschaften* auch einen Anhang. Die handelsrechtlichen Vorschriften sind durch die 4. handelsrechtliche Richtlinie EG-weit harmonisiert (→ *Bilanz-Richtlinie*). Dagegen sind auf steuerrechtlichem Gebiet die Arbeiten nicht über einen Vorentwurf hinausgekommen und werden zur Zeit nicht weiter verfolgt.

Jaunde-Abkommen. Im → *EWG-Vertrag* vorgesehene → *Assoziierung von Afrikanischen Staaten und Madagaskar* (AASM), d.h. der früheren Kolonien Frankreichs, Belgiens, Italiens und der Niederlande, die nach der Entkolonialisierung in Form von Abkommen fortgeführt wurden. (Das 1. Jaunde-Abkommen wurde am 20.7.1963 in Jaunde, Kamerun, unterzeichnet, das 2. Jaunde-Abkommen am 29.7.1969). Die Jaunde-Abkommen wurden später (nach dem Beitritt Großbritanniens) in erweiterter Form durch die → *Lomé-Abkommen* abgelöst.

Jean-Monnet-Aktion → *Aktion Jean Monnet.*

Jean-Monnet-Forschungsstipendien. Forschungsstipendien für Promovierte und Wissenschaftler innerhalb des Forschungsprogramms des → *Europäischen Hochschulinstituts* in Florenz oder zu europäischen Themen in Geschichte, Kulturgeschichte, Wirtschafts-, Rechts-, Politik- und Sozialwissenschaften.

JESSI. Abk. für Joint European Submicron Silicon. Forschungsprogramm der europäischen Mikroelektronikindustrie im Rahmen von → *EUREKA* zur Entwicklung des 64 Megabyte-Chips, um die europäische Chip-Industrie gegenüber der japanischen Konkurrenz wettbewerbsfähig zu machen.

JET. Abk. für Joint European Torus. Seit 1983 betriebenes Projekt der → *Gemeinsamen Forschungsstelle der EG* zur thermonuklearen Kernfusion mit den Standorten Culham (England) und Garching.

Joint-Ventures. Englischer Begriff für gemeinsame projekt- oder objektgebundene Firmen- oder Unternehmensgründungen, bei denen der eine Partner ein ausländisches Unternehmen ist, das insbesondere Kapital oder ‚Know-how' mit einbringt.

JOULE. Abk. für Joint Opportunities for Unconventional or Longterm Energy Supply. Forschungs- und Entwicklungsprogramm für nichtnukleare Energien zur Erhöhung der Versorgungssicherheit, der Verringerung von Umweltproblemen, der Entwicklung moderner Energietechnologien und der Entwicklung von Normen und Standards für den Energiebinnenmarkt.

Jugend für Europa. Austausch- und Ausbildungsprogramm der EG für Jugendliche zwischen 15 und 25 Jahren zur Förderung des Jugendaustausches und zur Überwindung von finanziellen, rechtlichen und administrativen Hindernissen für Austauschvorhaben durch finanzielle Zuschüsse. Es ermöglicht Jugendlichen, in einer Gruppe mindestens eine Woche lang in einem Land der EG zu verbringen, um dessen Wirtschaft und Kultur kennenzulernen. Das Programm erhielt für den Zeitraum von 1988 bis 1991 eine erste Gemeinschaftsfinanzierung von 18,5 Mio. ECU.

Juristischer Dienst (JD). Dienststelle zur qualifizierten Rechtsberatung und -vertretung. Sowohl die → *EG-Kommission* als auch das → *Generalsekretariat des Rates* verfügen über einen juristischen Dienst. Bei der Kommission ist der juristische Dienst unmittelbar dem Kommissionspräsidenten zugeordnet.

K

Kabotage. Methode, um die Durchführung eines Gütertransportes in einem oder mehreren Mitgliedstaaten, in denen der Transportunternehmer über keine Niederlassung verfügt (→ *Straßenverkehr*), zu ermöglichen. Kabotage ist im Güterverkehr innerhalb der Gemeinschaft für EG-Unternehmer nur eingeschränkt erlaubt. Bis Ende 1992 galt eine Kontingentierung auf jährlich maximal 15.000 Einzelgenehmigungen, die unter den Mitgliedstaaten aufgeteilt wurden (→ *Kontingente*). Jede Einzelgenehmigung gilt für einen Zeitraum von zwei Monaten. Seit dem 1. Januar 1993 ist Kabotage bis auf den Bereich des → *Luftverkehrs* uneingeschränkt in der gesamten EG erlaubt.

Kapitalbilanz. Teilbilanz der → *Zahlungsbilanz*; der Saldo der Kapitalbilanz ist das Ergebnis aus den kurz- und langfristigen Kapitalbewegungen eines Landes mit dem Ausland.

Kapitalertragsteuer. Die Kapitalertragsteuer wird als Quellensteuer von bestimmten Kapitalerträgen einbehalten. In Deutschland wird eine 25%ige Kapitalertragsteuer bei der Ausschüttung von Dividenden und anderen Gewinnanteilen, eine 30%ige von Zinsen und Kapitalerträgen und eine 35%ige bei Tafelgeschäften erhoben. Auch in einigen anderen EG-Staaten werden Zinsen und ähnliche Kapitalerträge mit einer Quellensteuer belastet; andere EG-Staaten sichern die Besteuerung durch automatische Mitteilungen der Banken an die Finanzbehörden.
Die am 23.7.1990 vom Ministerrat angenommene Richtlinie über das gemeinsame Steuersystem für

Mutter- und Tochtergesellschaften verschiedener Mitgliedstaaten sieht u.a. die Abschaffung der Quellensteuern bei Gewinnausschüttungen von Tochtergesellschaften an ihre ausländische Muttergesellschaft vor. Deutschland erhebt entsprechend einer Übergangsregelung bis 1996 eine Kapitalertragsteuer von 5% (→ *Mutter-Tochter-Richtlinie*).
Der im Entwurf beratene Richtlinienvorschlag zur Aufhebung der Quellenbesteuerung von Zinserträgen und Lizenzgebühren sieht eine Abschaffung der Quellenbesteuerung für solche Erträge im grenzüberschreitenden Konzernverband vor.
Beide Richtlinien haben also zum Ziel, die Quellensteuern abzuschaffen, jedoch zunächst nur für verbundene Unternehmen und nicht für Kapitalanlagen im Streubesitz. Dieses Ziel würde letztlich weitgehend mit dem Vorschlag für eine Richtlinie zur Harmonisierung der Körperschaftsteuersysteme und der Regelungen der Quellensteuern auf Dividenden gelöst werden können. Dieser Vorschlag aus dem Jahre 1975 wird jedoch z.Z. von der → *EG-Kommission* nicht weiterverfolgt.

Kapitalgesellschaft. Zu den Kapitalgesellschaften zählen in Deutschland im wesentlichen die Aktiengesellschaft (AG) und die Gesellschaft mit beschränkter Haftung (GmbH). Vergleichbare Rechtsformen gibt es in allen EG-Staaten. Eine Harmonisierung der rechtlichen Vorschriften für die Kapitalgesellschaften wird derzeit nur eingeschränkt weiterverfolgt. Stattdessen versucht man, europäische Rechtsformen neben die nationalen Rechtsformen zu setzen, z. B. die → *Europäische Aktiengesellschaft (SE)* (→ *Gesellschaftsrechtliche Harmonisierung*).

Kapitalmarkt. Umfaßt alle Möglichkeiten zur Sammlung und Verteilung von Mitteln zur Finanzierung von Investitionen; im engeren Sinne handelt es sich um alle mittel- und langfristigen Finanzierungsmechanismen. Die wichtigsten Teilmärkte sind:
– der Wertpapiermarkt (Renten- und Aktienmarkt)
– der Markt für mittel- und langfristige Kredite (Industrie-, Wohnungsbau-, Kommunalkredite).

Kapitalverkehr, freier. Der freie Kapitalverkehr gehört zu den 4 → *Grundfreiheiten* des → *Gemeinsamen Marktes*. Uneingeschränkter Zahlungsverkehr zwischen den Mitgliedstaaten, Abbau der in den einzelnen Ländern bestehenden Devisen- und Kapitalverkehrskontrollen, Investitions- und Transferfreiheit, kurz alles was zu einem integrierten → *europäischen Finanzraum* gehört, kann mit diesem Begriff erfaßt werden. Der Ministerrat (→ *Rat der Europäischen Gemeinschaft*) beschloß am 24. Juni 1988 die vollständige Liberalisierung des Geld- und Kapitalverkehrs gemäß

Kapitalverkehrsteuern

Art. 67 des → *EWG-Vertrages* bis zum 1. Juli 1990. Vorläufige Ausnahmeregelungen bestehen für Spanien, Griechenland, Irland und Portugal. Zwischen den übrigen acht EG-Staaten ist der freie Geld- und Kapitalverkehr seitdem verwirklicht.

Kapitalverkehrsteuern. Die Kapitalverkehrsteuern sind aufgehoben durch das Finanzmarktförderungsgesetz, und zwar die → *Börsenumsatzsteuer* mit Wirkung ab 1.1.1991 und die → *Gesellschaftsteuer* mit Wirkung zum 1.1.1992.

Kapitalzuwachssteuer. Außer in Deutschland wird in allen EG-Staaten eine Kapitalzuwachssteuer als spezielle Steuer auf den Wertgewinn bestimmter Vermögensgegenstände, insbesondere Grundstücke, in regelmäßigen Abständen erhoben. In Deutschland werden Kapitalzuwächse nur im betrieblichen Bereich erfaßt, auch bei der Veräußerung oder der Aufgabe von Betrieben im Rahmen der Einkommenbesteuerung (bis 30 Mio. DM mit dem halben durchschnittlichen Steuersatz).

Kartellrecht. Staatliches Ordnungsrecht für Zusammenschlüsse und Marktverhalten von Unternehmen zur Aufrechterhaltung eines freien Wettbewerbs. Im Gemeinsamen Markt regelt das EG-Kartellrecht die Zulässigkeit von Unternehmensabsprachen über Kartelle, Vermarktungsbedingungen, Preise und Absatzmärkte und verbietet wettbewerbsbehindernde Vereinbarungen, für die nur in Ausnahmefällen → *Freistellungen* erlassen werden können. Ebenfalls stellt es Verbote für den Mißbrauch von marktbeherrschenden Stellungen auf. EG-Kartellbehörde ist die → *EG-Kommission*.

Kleine und mittlere Unternehmen. → *KMU*.

Kleinunternehmer. Kleinunternehmer mit Umsätzen bis 25.000 DM pro Jahr (ab 1990) unterliegen nicht der → *Umsatzsteuer* (Mehrwertsteuer). Sie können jedoch hierfür optieren, um z. B. in den Genuß des Vorsteuerabzugs zu kommen.

KMU. Abk. für Kleine und mittlere Unternehmen. Zu dieser Gruppe werden in der EG alle Unternehmen gezählt, die weniger als 500 Beschäftigte und ein Anlagevermögen von maximal 75 Mio. ECU haben und die nicht zu mehr als zu einem Drittel im Besitz größerer Unternehmen sind. Da rund 95 % der Unternehmen in der EG in die Gruppe der KMU fallen, hat die EG eine eigene → *KMU-Politik* entwickelt.

KMU-Politik. Maßnahmen der EG zugunsten der mittelständischen Wirtschaft, die auf der Grundlage des 1986 beschlossenen „Aktionsprogrammes für kleine und mittlere Unternehmen" (→ *KMU*) eine Verbesserung der Rahmenbedingungen für die KMU bewirken sollen. Neben einer Reihe von Förderprogrammen auf den Gebieten Forschung und Entwicklung, Weiterbildung und Training hat die EG ein Netz von → *EG-Beratungsstellen für Unternehmen* sowie das → *BC-Net* eingerichtet. Eine Reihe von Verordnungen und Richtlinien erhalten künftig eine sogenannte „Mittelstandswirkungsklausel", die Vereinfachungen der Regeln für KMU enthält. Für die Verwirklichung der KMU-Politik standen für die Jahre 1989-93 135 Mio. ECU zur Verfügung. Im Dezember 1992 hat die EG-Kommission ein Europäisches Observatorium für die KMU geschaffen, das diese bei der Festlegung von Leitlinien für die Unternehmenspolitik unterstützen soll. Ein Netz von europäischen Forschungsinstituten wird hierzu einen unabhängigen Jahresbericht über Lage und Perspektive der KMU in der Gemeinschaft erstellen.

Kodezisionsverfahren. Fachausdruck für Mitentscheidungsverfahren (→ *Legislativverfahren.*)

Kohärenz. Begriff im Maastrichter Vertrag über die Europäische Union, der die Notwendigkeit aufzeigt, die unterschiedlichen Maßnahmen zur Erreichung der EG-Ziele im Zusammenhang zu sehen und deshalb nicht isoliert, sondern unter umfassender Zielorientierung zu verfolgen.

Kohäsion. Fachbegriff für den in der EG angestrebten wirtschaftlichen und sozialen Zusammenhalt durch Stärkung der zurückgebliebenen Regionen zum Zwecke der harmonischen Entwicklung des Gemeinschaftsganzen. Instrumente der Kohäsion, die durch die → *Einheitliche Europäische Akte* (EEA) Eingang in den → *EWG-Vertrag* gefunden hat (vgl. dort Art. 130 a-e) sind die → *Strukturfonds*. Der Kohäsion kommt bei der Entwicklung der EG zur → *Politischen Union* eine besondere Bedeutung zu. Im Titel XIV des Unionsvertrages von Maastricht wurde das Kapitel „Wirtschaftlicher und sozialer Zusammenhalt" weiter ausgebaut, vor allem durch die Einrichtung eines besonderen → *Kohäsionsfonds* und die Möglichkeit, auch außerhalb der Strukturfonds spezifische Kohäsionsmaßnahmen zu beschließen.

Kohäsionsfonds. Spezieller Strukturhilfefonds, der durch den Maastrichter Vertrag über die Europäische Union beschlossen wurde und bis zum 31.12.1993 eingerichtet werden soll. Er soll in den Bereichen Umwelt und Verkehrsinfrastruktur den schwächeren Mitgliedstaaten – derzeit Spanien, Portugal, Irland und Griechenland – Hilfen gewähren.

Kollegialprinzip. Prinzip der Meinungsbildung in einer mehrköpfigen Institution, nach dem alle Beteiligten dieselben Befugnisse haben (Gegenteil → *Ressortprinzip*). Nach dem Kollegialprinzip stimmt z.B. die → *EG-Kommission* ab. Das Kollegialprinzip bedeutet nicht notwendigerweise → *Konsensprinzip*. Auch die Kommission stimmt nur mit der Mehrheit ihrer Mitglieder ab.

Kombinierter Verkehr. Verbindung von Gütertransport auf der Straße mit Gütertransport auf der Schiene oder auf dem Schiff, wobei zumeist der Großteil der Strecke auf der Schiene bzw. dem Schiff zurückgelegt wird und nur der Zu- und Abtransport auf der Straße erfolgt. Seit 1975 wurde der kombinierte Verkehr in der EG begünstigt, indem der Zu- und Abtransport auf der Straße im kombinierten Verkehr von der Kontingentierung (→ *mengenmäßige Beschränkung*) und Genehmigungspflicht ausgenommen war. Darüber hinaus bestehen Erleichterungen für die Mitgliedstaaten bei der Gewährung von Subventionen für den Ausbau der Infrastruktur für den kombinierten Verkehr. Die EG plant die Errichtung eines europäischen Netzes für den kombinierten Verkehr. Die Kommission hat hierzu die Einleitung des Pilotprojekts PACT (pilot actions for combined transport) angekündigt.

Komitologie. Der Begriff (von frz. comité = Ausschuß) bezeichnet die Zusammenarbeit der Kommission mit verschiedenartigen Ausschüssen des Rates im Rahmen der Durchführungsmaßnahmen der Kommission (→ *Verwaltungsausschußverfahren*).

Kommanditgesellschaft. Die Kommanditgesellschaft (KG) ist eine Personengesellschaft, bei der wenigstens ein Gesellschafter voll haftet (Komplementär) und ein oder mehrere Gesellschafter beschränkt haften (Kommanditisten). Die KG ist in ähnlicher Form in allen Mitgliedstaaten der EG anzutreffen, jedoch nicht überall die deutsche Variante, bei der der Vollhafter eine GmbH sein kann, die ihrerseits nur beschränkt haftet. Eine solche GmbH & Co KG (→ *GmbH & Co.-Richtlinie*) ermöglicht also die beschränkte Haftung der → *Personengesellschaft*.

Kommission. → *EG-Kommission*.

Kommunalwahlrecht. Das (aktive und passive) Wahlrecht zu den Vertretungskörperschaften (Gemeinde- und Stadträte) auf kommunaler Ebene. Die Ausübung dieses politischen Mitwirkungsrechts stellt einen bedeutenden Integrationsbeitrag dar, wenn sie auch Ausländern, die in einem Mitgliedstaat leben und arbeiten, zusteht. Das ist derzeit nur in einigen Mitgliedstaaten möglich, nicht aber in Deutschland, wo die Teilnahme an Wahlen nach dem Grundgesetz generell an die deut-

157 Konferenz für Sicherheit und Zusammenarbeit in Europa

sche Staatsangehörigkeit gebunden ist. Ob die EG-weite Einführung des Kommunalwahlrechts als flankierende Maßnahme der → *Freizügigkeit* durch eine EG-Richtlinie möglich ist, blieb umstritten. Deshalb hat man in Maastricht im Wege der → *Vertragsänderung* die EG mit entsprechenden ausdrücklichen Hoheitsrechten ausgestattet und bestimmt, daß jeder EG-Bürger („Unionsbürger") unter noch vom Rat festzulegenden Voraussetzungen das aktive und passive Kommunalwahlrecht in dem EG-Land seines Wohnsitzes hat, auch wenn er die dortige Staatsbürgerschaft nicht besitzt. Wie in anderen Ländern auch setzt dies in Deutschland eine Verfassungsänderung voraus. Daß eine solche Änderung möglich ist, hat das Bundesverfassungsgericht bereits entschieden.

Kompetenznormen. Die Bestimmungen in den EG-Verträgen, die den EG-Organen die Entfaltung legislativer, aber auch exekutiver Hoheitsgewalt ermöglichen. In dem Bereich übertragener Hoheitsgewalt ist die EG autonom, außerhalb der Kompetenznormen ist sie es nicht, da hier die Mitgliedstaaten noch über die nötige nationale Souveränität verfügen (→ *Hoheitsrechtsübertragung*, → *gemischte Abkommen*, → *Lükkenausfüllungsklausel*).

Konferenz für Sicherheit und Zusammenarbeit in Europa (KSZE). Bündnisübergreifende Konferenz west- und osteuropäischer Staaten, die nach zweijähriger Dauer mit der Unterzeichnung der Schlußakte von Helsinki am 1.8.1975 endete und in der Folgezeit durch verschiedene Nachfolgekonferenzen den europäischen Zusammenhalt durch politische Beschlüsse vertrauensbildenden und grundrechtsbezogenen Inhalt stärkte. Ziel der KSZE ist die Schaffung einer europäischen Friedensordnung. Die Auflösung des starren Ostblocks und die Hinwendung der Staaten, die bisher im Rat für gegenseitige Wirtschaftshilfe (RGW) zusammengeschlossen waren, zu den Prinzipien des demokratischen Rechtsstaates und der Marktwirtschaft brachten auch der KSZE-Politik neue Impulse. Zum Abschluß der Pariser Folgekonferenz unterzeichneten die KSZE-Staaten im November 1991 die „Charta von Paris für ein neues Europa", in der sich die Mitglieder zu Demokratie, Rechtsstaatlichkeit, Achtung der Menschenrechte und zur Förderung freundschaftlicher Beziehungen untereinander verpflichten. Der KSZE-Prozeß erhielt neue Strukturen und Institutionen und ist seitdem eine → *internationale Organisation*. Die EG ist selbst nicht Mitglied der KSZE, aber im Rahmen der → *Europäischen Politischen Zusammenarbeit* stimmen die EG-Staaten ihre gemeinsame KSZE-Haltung ab und sprechen mit einer Stimme. Die KSZE zählt 35 Mitglieder (alle Staaten Europas mit Albanien seit Juni 1991, USA, Kanada).

Konferenz von Messina. Auf der Konferenz von Messina beschlossen die sechs Außenminister der Mitgliedsregierungen der → *Europäischen Gemeinschaft für Kohle und Stahl* (EGKS) im Juni 1955, die europäische → *Integration* nach dem Vorbild der Montanunion auch in anderen Bereichen auf den Weg zu bringen. Aus diesen Verhandlungen entstanden am 25.3.1957 die → *Römischen Verträge* zur Gründung der → *Europäischen Wirtschaftsgemeinschaft* und der → *Europäischen Atomgemeinschaft.*

Konjunkturpolitik. Inbegriff aller staatlichen (Regierungs- und Legislativ-)maßnahmen zur Aufrechterhaltung eines stabilen Wirtschaftsverlaufes. Wegen der Bedeutung der Konjunkturpolitik im → *Gemeinsamen Markt* sind die konjunktursteuernden Maßnahmen der Mitgliedstaaten eine Angelegenheit von gemeinsamen Interesse (Art. 103 → *EWG-Vertrag*); eine eigene EG-Zuständigkeit für die Konjunkturpolitik gibt es noch nicht, was angesichts der Instrumente der Konjunkturpolitik (Geld- und Kreditpolitik, Finanz- und Steuerpolitik) nicht erstaunen kann, handelt es sich doch dabei um sensible Bereiche staatlicher Finanzsouveränität, die bisher nur ansatzweite auf die Gemeinschaft übertragen worden sind. Im Rahmen der durch die →

Maastrichter Verträge neu gestalteten Regeln für die Wirtschafts- und Währungspolitik ist auch Art. 103 EWG-Vertrag geändert und durch allgemeine Regeln über die → *Wirtschaftspolitik* ersetzt worden.

Konsensprinzip (Einstimmigkeitsprinzip). Abstimmungsverfahren zur Erreichung von gemeinsamen Entscheidungen und Verträgen im Verhältnis souveräner Staaten untereinander. Im Gegensatz zum Einstimmigkeitsprinzip öffnete das → *Mehrheitsprinzip* die Möglichkeit, das → *Veto* eines Mitgliedstaates zu überwinden; wegen des → *Luxemburger Kompromisses*, der das Mehrheitsprinzip in der EG politisch außer Kraft setzte, ist diese integrationsfördernde Modalität jahrelang unangewendet geblieben und hat erst mit dem politischen Impuls der → *Einheitlichen Europäischen Akte* wieder Bedeutung für den Integrationsprozeß gewonnen. In der → *Europäischen Politischen Zusammenarbeit* gilt nach wie vor das Konsensprinzip.

Konsultation. Gemeinsame Unterrichtung über Pläne, Politiken und Vorhaben ohne die Pflicht zur → *Koordinierung.*

Konsumentenschutz. → *Verbraucherpolitik*

Kontingente. Wert- oder Mengengrenzen für die Ein- oder Ausfuhr von Waren oder Dienstleistungen, die entweder von einem einzelnen Staat oder zwischenstaatlich festgesetzt werden. In der Verkehrspolitik gibt es Kontingente bei der Vergabe von Genehmigungen für die Teilnahme am gewerblichen Güterkraftverkehr (→ *mengenmäßige Beschränkung*, → *Kabotage*).

Kontraktwährung. Währung, in der ein Vertrag abgeschlossen ist.

Kontrollmitteilung. Im innerstaatlichen Steuerrecht die Mitteilung steuerlich erheblicher Feststellungen für die Besteuerung eines anderen Steuerpflichtigen, die anläßlich einer → *Außenprüfung* (Betriebsprüfung) festgestellt werden, an die zuständige andere Finanzbehörde. Im internationalen Bereich können zur Erledigung eines zwischenstaatlichen Rechts- und Amtshilfeersuchens, z.B. aufgrund eines → *Doppelbesteuerungsabkommens* oder aufgrund der EG-Amtshilferichtlinie (→ *Amtshilfe*), ebenfalls Mitteilungen über die steuerlichen Verhältnisse an eine ausländische Finanzbehörde gegeben werden; solche Kontrollmitteilungen sind jedoch an erhebliche materielle und formelle Voraussetzungen geknüpft.

Konvergenz. Annäherung der wirtschaftlichen Entwicklung der Mitgliedstaaten. Der Vertrag über die Europäische Union (→ *Maastricher Verträge*) sieht genau umrissene Bedingungen (Konvergenzkriterien) in den Bereichen Preisstabilität, Staatsverschuldung, Wechselkurse und Zinsentwicklung vor, die ein Mitgliedstaat über einen bestimmten Zeitraum erfüllen muß, um an der Endstufe der → *Wirtschafts- und Währungsunion* teilnehmen zu können. Jene EG-Staaten, deren Inflationsrate und Staatsverschuldung im Vergleich zu anderen Ländern zu hoch sind, müssen danach Maßnahmen ergreifen, um ihre wirtschaftlichen Schwächen zu überwinden und sich wirtschaftlich den stabileren Ländern anzunähern. Die Erfüllung der Voraussetzungen wird vom → *Rat der EG* überprüft.

Konvertibilität. Grundprinzip im internationalen Währungssystem. Unbegrenzte Austauschbarkeit einer Währung in ein anderes international anerkanntes Reservemittel (→ *Gold*, US-Dollar, → *Sonderziehungsrechte*). Im weiteren Sinne auch Devisen, die auf den internationalen Märkten den Ruf einer unbegrenzten Austauschbarkeit genießen wie z.B. DM, Schweizer Franken oder YEN.

Konvertierungsrisiko. → *Wechselkursrisiko*.

Konzentrationseffekt. → *Ballungseffekt*.

Konzernbilanz-Richtlinie. Diese (7.) gesellschaftsrechtliche Richtlinie vom 13. Juni 1983 betrifft den konsolidierten Abschluß von Konzernen und gibt den Mitgliedstaaten auf, bestimmte Unternehmen zu verpflichten, jährlich einen Konzernabschluß (Konzernbilanz-, Gewinn- und Verlustrechnung sowie -anhang nebst Konzernbericht) aufzustellen, diese Unterlagen von unabhängigen Abschlußprüfern prüfen zu lassen und zu veröffentlichen. Die an der → *Bilanz-Richtlinie* orientierte Konzernbilanz-Richtlinie wurde zusammen mit jener durch das Gesetz vom 19.12.1985 umgesetzt, das am 1.1.1986 in Kraft getreten ist und nach dem die Vorschriften über die Konzernrechnungslegung auf Geschäftsjahre nach dem 31.12.1989 angewandt werden müssen.

Kooperationsabkommen. Abkommen zwischen zwei Staaten oder Staatengemeinschaften, die über die in Handelsabkommen üblicherweise getroffenen Absprachen hinaus umfassende und zeitlich dauerhafte Vereinbarungen über wirtschaftliche, finanzielle und technische Zusammenarbeit enthalten. Die EG hat bereits eine Vielzahl von Kooperationsabkommen mit → *Drittstaaten* in aller Welt abgeschlossen (→ *gemischte Abkommen*).

Kooperationsverfahren. → *Zusammenarbeitsverfahren.*

Kooperationsverträge. → *Joint ventures.*

Koordinierung. Gemeinsame Abstimmung und Angleichung von Plänen, Politiken und Vorhaben (→ *Konsultation*).

Körperschaftsteuer. Die Körperschaftsteuer ist die Einkommensteuer der → *Kapitalgesellschaften* oder anderer juristischer Personen. Ihre Ausgestaltung ist in den Mitgliedstaaten der EG recht unterschiedlich, nicht nur wegen der verschiedenen Methoden der → *Gewinnermittlung*, sondern auch hinsichtlich des Körperschaftsteuersatzes, des Körperschaftsteuersystems und der Art und Weise der Erhebung. Deutschland wendet wie einige andere EG-Staaten die → *Anrechnungsmethode* an, bei der die von der Kapitalgesellschaft gezahlte Steuer bei Ausschüttung dem inländischen Anteilseigner auf seine persönliche Einkommensteuer oder, falls der Anteilseigner wieder eine Kapitalgesellschaft ist, auf deren Körperschaftsteuer angerechnet wird. Während Deutschland voll anrechnet, rechnen andere Länder die von der Kapitalgesellschaft gezahlte Steuer nur zum Teil an. Daneben existiert noch das sogenannte klassische System, so z.B. in den Niederlanden, bei dem die Körperschaftsteuer überhaupt nicht angerechnet wird, sondern als eigenständige Steuer neben der Einkommensteuer existiert.
Ein Richtlinienvorschlag der EG-Kommission vom 24.7.1975 wollte die Körperschaftsteuer auf der Basis der Teilanrechnung harmo-

niseren. Dieser Vorschlag ist im Jahre 1990 offiziell zurückgezogen worden.
Bei ihrer neuen Konzeption hinsichtlich der Unternehmensbesteuerung geht die EG-Kommission nicht mehr von einer systematischen Harmonisierung aus, sondern beschränkt sich nur noch auf den Abbau von grenzüberschreitenden Beeinträchtigungen, auch wenn das Ruding-Komitee festgestellt hat, daß die Unterschiede in den Körperschaftsteuersystemen zu Verzerrungen bei Investitionsentscheidungen führen. Die Ergebnisse des Ruding-Berichts werden derzeit ausgewertet; neue Vorschläge sind erst in Zukunft zu erwarten.

Kraftfahrzeugsteuer. Die Kraftfahrzeugsteuer hatte ursprünglich zum Ziel, die Lasten, die mit dem Kraftfahrzeugverkehr verbunden sind (z.B. Straßen- und Brückenunterhaltung), durch eine Abgabe auszugleichen. Heute steht sie stärker im Zeichen des Umweltschutzes (z.B. Vergünstigungen für Katalysatoren). Im Rahmen der EG sind keine Ansätze zur Harmonisierung dieser Steuer zu erkennen. Statt dessen wird die Einführung einer Energiesteuer diskutiert.

Krebs. → *Europa gegen Krebs*.

Kreditmechanismen. Auch Beistandsmechanismen, Beistandssystem des → *Europäischen Währungssystems* (EWS). 1) „Kurzfristiger Währungsbeistand" (kurzfristiger Kreditmechanismus); Abkommen zwischen den Zentralbanken der EG von 1970, das inzwischen mehrmals geändert wurde und in dem die Vergabe begrenzter Kredite ohne Auflagen geregelt ist; jede Bank ist bereit, bei einer Kreditanfrage einer Partnerbank im Rahmen des → *Interventionssytems* des → *EWS* bis zu einem Maximalbetrag (Quote) einzuspringen; die Verwendungsdauer beträgt 3 Monate, kann jedoch zweimal verlängert werden.
2) „Mittelfristiger finanzieller Beistand" (mittelfristiger Kreditmechanismus); Abkommen zwischen den Mitgliedstaaten der EG von 1971. Gegenstand ist die Vergabe begrenzter Kredite mit wirtschaftspolitischen Auflagen; Laufzeit 2 bis 5 Jahre; jedes Land hat einen bestimmten Prozentsatz (Quote) des Bereitstellungsfonds aufzubringen. Dieser Kredit ist insbesondere bei Zahlungsbilanzschwierigkeiten eines Landes (Art. 108 → *EWG-Vertrag*) und für eine Verlängerung des kurzfristigen Kreditmechanismus vorgesehen.
3) „Sehr kurzfristige Finanzierung" (sehr kurzfristiger Kreditmechanismus); Teil der Vereinbarung über die Errichtung des EWS von 1979. Er regelt die Vergabe eines unbegrenzten Kredites ohne Auflagen, der sich aus der Verbuchung von Interventionsbeträgen im Rahmen des EWS ergibt; Laufzeit: Ende des Interventionsmonats plus 75 Tage; automatische

Kreditprogramme

Verlängerungsmöglichkeit für 3 Monate bis zu einem Betrag, der maximal zweimal die Schuldnerquote im kurzfristigen Währungsbeistand ausmachen kann.

Kreditprogramme. Aufgrund ihres Ansehens und der Garantie, die der eigene Haushalt bietet, kann die Gemeinschaft Gelder zu günstigen Bedingungen auf den internationalen Kapitalmärkten aufnehmen und diese Mittel in Form von Darlehen unter bestimmten Bedingungen wieder verleihen. Neben den wichtigsten → *Strukturfonds* (Regional-, Sozial- und Agrarfonds) gibt es insbesondere für Klein- und Mittelbetriebe zwei weitere EG-Finanzierungsquellen. Die → *Europäische Investitionsbank* (EIB) finanziert Investitionen, die direkt oder indirekt eine Steigerung der volkswirtschaftlichen Produktivität erwarten lassen und die sowohl wirtschaftlich als auch technisch tragfähig sind.
Das → *Neue Gemeinschaftsinstrument* (NGI) ermöglicht in Form der → *Globaldarlehen* die Finanzierung von Investitionsvorhaben von Klein- und Mittelbetrieben unabhängig von ihrem Standort. In diesem Zusammenhang kann auch die → *Europäische Finanzierungsberatungsgesellschaft* genannt werden, die kleine und mittlere Unternehmen aus den EG-Mitgliedstaaten bei ihren Finanzierungsfragen unterstützt.

Krisensektoren. Während für die Krisensektoren Kohle und Stahl die → *Europäische Gemeinschaft für Kohle und Stahl* (EGKS) industriepolitische Maßnahmen festlegte, stellte sich in den siebziger Jahren heraus, daß auch in der Textilindustrie ein Eingreifen notwendig war, um hohe Arbeitslosigkeit in der Gemeinschaft zu vermeiden. Unterstützt durch Importkontrollen im Rahmen des → *Multifaserabkommens* wurde in der Gemeinschaft ein Programm für den Textilsektor geschaffen, das seine Modernisierung, eine strenge Subventionskontrolle im Textil- und Faserbereich und die Genehmigung für ein zeitlich befristetes Kartell umfaßte. Als der Schiffbau in den achtziger Jahren ebenfalls in eine Krise geriet, wurde ein ähnliches Maßnahmenpaket verabschiedet, das Subventionen kontrollierte und die betroffenen Regionen bei ihren Bemühungen unterstützte, auf andere Wirtschaftstätigkeiten umzusteigen.

KSZE. → *Konferenz für Sicherheit und Zusammenarbeit in Europa.*

Kurs, freier. Marktkurs, der durch Angebot und Nachfrage entsteht. Im ehemaligen gespaltenen → *Devisenmarkt* in Belgien (bis März 1990) war dies auch der Name für den Devisenkurs, der bei Kapitaltransaktionen und bei Geldtransfers angewendet wurde.

Kurs, offizieller. Offizieller, meist von öffentlichen Institutionen angewendeter Kurs; Agrarumrechungskurs, Kurs bei Verträgen oder Fonds der EG-Institutionen. → *Wechselkurse.*

Kursobergrenze. → *Höchst-, Niedrigstkurse* (EWS).

Kurssicherung. Da Marktkurse zum Teil erheblichen Schwankungen durch Angebot und Nachfrage ausgesetzt sind, gibt es für die Marktteilnehmer am Devisenmarkt die Möglichkeit, sich bis zum Eintreten bzw. Zahlen einer Währungsschuld auf dem → *Terminmarkt* abzusichern. Ein Unternehmen kann durch Kurssicherung einfacher seine Verpflichtungen oder Währungseinnahmen kalkulieren. Eine Kurssicherung ist aber immer auch mit Risiko des Kursverfalls bzw. starkem Kursanstieg bis zum Fälligkeitstag behaftet.

Kursuntergrenze. → *Höchst-, Niedrigstkurs* (EWS).

L

Lagerbeihilfe. → *Agrarpolitik.*

Länderbeteiligung. Bei der Gründung der EG wurden nicht nur Hoheitsrechte des Bundes, sondern auch solche der Länder auf die Gemeinschaften übertragen. Da nach Art. 32 Abs. 1 des Grundgesetzes die Außenbeziehungen Sache des Bundes sind und nur die Bundesregierung im → *Rat der EG* Sitz und Stimme hat, hat der Bund ein Mitwirkungsrecht bei der Ausübung der übertragenen deutschen Hoheitsrechte behalten, während die Bundesländer die ihnen entzogenen Rechte ohne Mitwirkungsbefugnisse in Brüssel einbüßten. Deshalb war es ein verfassungsrechtliches Treuegebot des Bundes, in Brüssel auf die Interessen der Länder Rücksicht zu nehmen, wenn es um Entscheidungen in Fragen geht, die vor der EG-Gründung zur Zuständigkeit der Länder gehörten oder deren besondere Interessen berührten. Umgekehrt obliegt es den Ländern, die europarechtlichen Pflichten getreulich zu erfüllen, da Vertragsverstöße dem Gesamtstaat zur Last fallen und vom Bund gegenüber den EG-Organen verantwortet werden müssen. Da die Länder ihren Interessenstandpunkt nur einbringen können, wenn ihnen früh genug entsprechende EG-Vorhaben bekannt werden, war bereits im Art. 2 des Zustimmungsgesetzes zu den Römischen Verträgen festgelegt, daß Bundestag und Bundesrat über die Entwicklung im Rat der EG laufend zu unterrichten seien und dies vor der Beschlußfassung im Rat zu erfolgen habe, soweit deutsche Gesetze betroffen seien oder unmittelbar geltendes

Länderbüros

Gemeinschaftsrecht geschaffen würde.
In Art. 2 des Zustimmungsgesetzes vom 28.2.1986 zur → *Einheitlichen Europäischen Akte* wurde das Informationssystem zu einem Mitwirkungssystem fortentwikkelt. Danach hat die Bundesregierung grundsätzlich bei allen EG-Beschlüssen, die Gesetzgebungsmaterien der Länder betreffen oder deren wesentliche Interessen berühren, die Stellungnahme des Bundesrates einzuholen.
Die Länder haben darüber hinaus in Brüssel Länderkontaktbüros eingerichtet, um vor Ort Informationen einzuholen und Verbindungen anzuknüpfen (→ *Länderbüros*). Bei den Verhandlungen über die → *Politische Union* haben die Länder eine Festlegung des föderativen Aufbaus der Union und die Verankerung einer dezentralen Gemeinschaftsstruktur in den Verträgen gefordert. Durch Betonung des → *Subsidiaritätsprinzips*, das der EG nur in übergreifenden Gemeinschaftsangelegenheiten zu handeln gestattet, und die Einrichtung eines besonderen Regionalgremiums ist dieses Anliegen in Maastricht berücksichtigt worden.
Dennoch haben die Länder bei der Ratifizierung des Maastrichter Vertrags vom Bund einen noch weitergehenden Einfluß in Brüssel durchgesetzt und künftige Hoheitsrechtsübertragungen zu ihren Lasten von der Zustimmung des Bundesrates abhängig gemacht. Eine entsprechende Ergänzung in dem neugefaßten Art. 23 des Grundgesetzes hat dies abgesichert. Ferner sich zusätzliche einfachgesetzliche Ergänzungen der Länderrechte beschlossen worden, so daß künftig der Einfluß der Bundesländer auf die Europäische Integration garantiert ist (siehe Abbildung Seite 165).

Länderbüros. Direkte EG-Kontaktstellen der Bundesländer in Brüssel; die Länderbüros dienen der Kontaktpflege und der Frühinformation (→ *Länderbeteiligung*).

Landwirtschaftspolitik. → *Agrarpolitik*.

Langzeitarbeitslosigkeit. Arbeitslosigkeit von mehr als 12 Monaten Dauer. Regionen mit Langzeitarbeitslosigkeit werden unter Ziel 3 der → *Strukturfonds* von der EG im Rahmen ihrer → *Regionalpolitik* speziell gefördert.

LEADER. Abk. für Liaison entre actions de développement de l'économie rurale. Koordinierung der Aktionen zur Entwicklung der Wirtschaft in ländlichen Gebieten. Gemeinschaftsinitiative des → *Europäischen Fonds für regionale Entwicklung* und des → *Agrarstrukturfonds* zur Schaffung eines Netzes von lokalen Entwicklungsstellen in ländlichen Räumen, die die einzelnen Projekte der Strukturfonds abwickeln sollen.

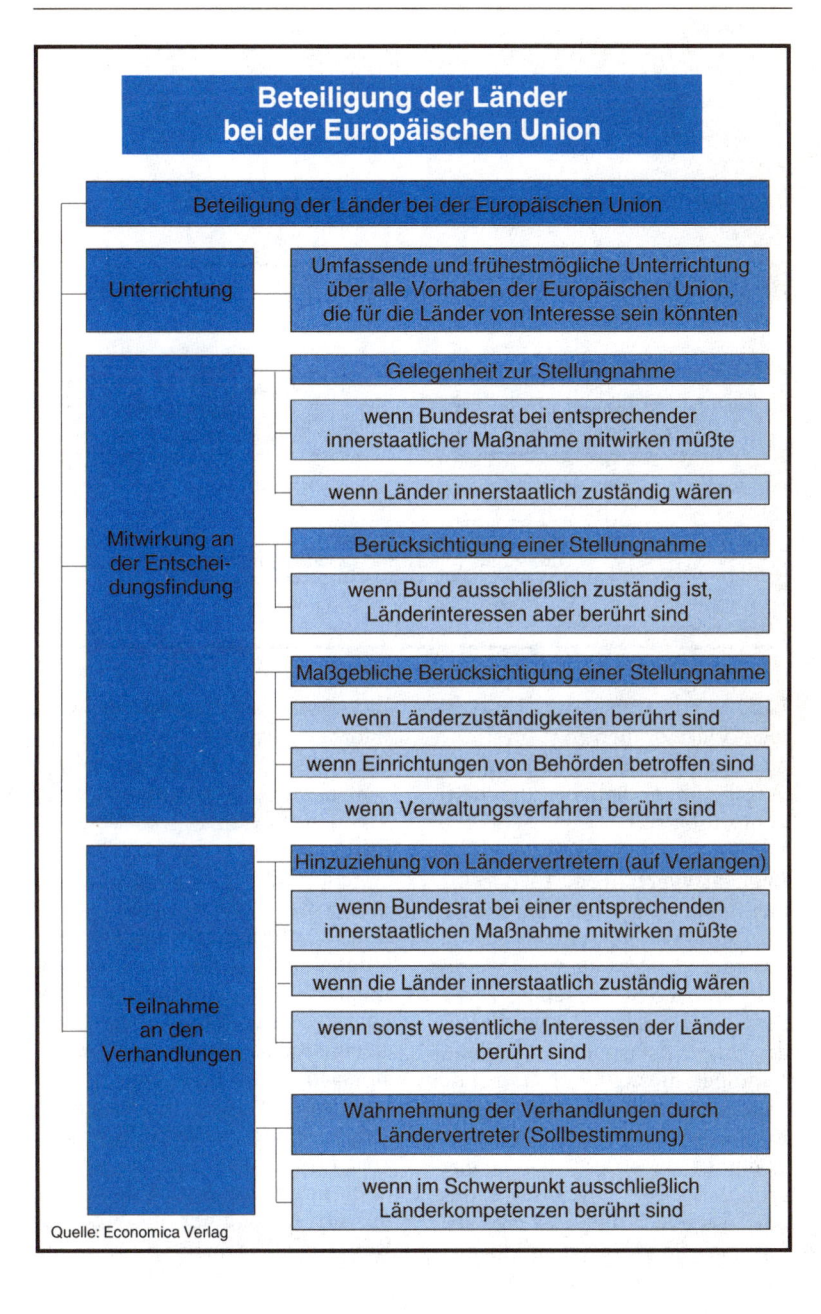

Beteiligung der Länder bei der Europäischen Union

Beteiligung der Länder bei der Europäischen Union

- **Unterrichtung**
  - Umfassende und frühestmögliche Unterrichtung über alle Vorhaben der Europäischen Union, die für die Länder von Interesse sein könnten

- **Mitwirkung an der Entscheidungsfindung**
  - Gelegenheit zur Stellungnahme
    - wenn Bundesrat bei entsprechender innerstaatlicher Maßnahme mitwirken müßte
    - wenn Länder innerstaatlich zuständig wären
  - Berücksichtigung einer Stellungnahme
    - wenn Bund ausschließlich zuständig ist, Länderinteressen aber berührt sind
  - Maßgebliche Berücksichtigung einer Stellungnahme
    - wenn Länderzuständigkeiten berührt sind
    - wenn Einrichtungen von Behörden betroffen sind
    - wenn Verwaltungsverfahren berührt sind

- **Teilnahme an den Verhandlungen**
  - Hinzuziehung von Ländervertretern (auf Verlangen)
    - wenn Bundesrat bei einer entsprechenden innerstaatlichen Maßnahme mitwirken müßte
    - wenn die Länder innerstaatlich zuständig wären
    - wenn sonst wesentliche Interessen der Länder berührt sind
  - Wahrnehmung der Verhandlungen durch Ländervertreter (Sollbestimmung)
    - wenn im Schwerpunkt ausschließlich Länderkompetenzen berührt sind

Quelle: Economica Verlag

Konsultationsverfahren

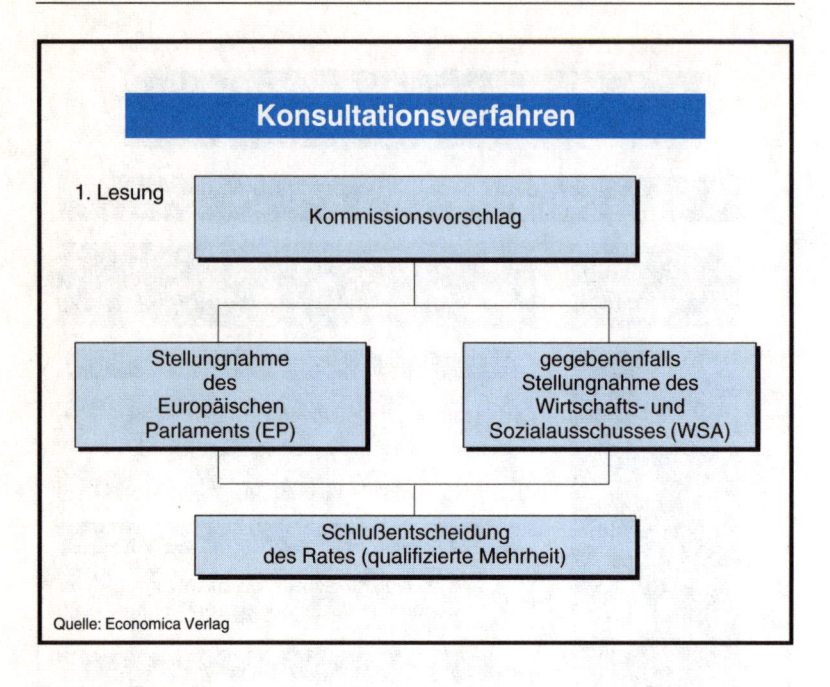

1. Lesung
- Kommissionsvorschlag
- Stellungnahme des Europäischen Parlaments (EP)
- gegebenenfalls Stellungnahme des Wirtschafts- und Sozialausschusses (WSA)
- Schlußentscheidung des Rates (qualifizierte Mehrheit)

Quelle: Economica Verlag

LEDA. Abk. für Local Employment Development Action. Informationsnetz zum Erfahrungsaustausch über örtliche Beschäftigungsinitiativen.

Legislativverfahren. In der Gemeinschaft liegt die Gesetzesinitiative allein bei der EG-Kommission. Sie legt dem Rat einen entsprechenden Vorschlag vor, in der Regel nach → *Konsultation* der Mitgliedstaaten oder Sachverständiger, die zu dem Entwurf des Vorschlags ihre Meinung äußern. Für das weitere Verfahren kommt es darauf an, ob die Kompetenzgrundlage das Konsultations- oder das durch die → *Einheitliche Europäische Akte* eingeführte → *Zusammenarbeitsverfahren* vorsieht.

Beim Konsultationsverfahren (siehe Abbildung) überweist der Rat den Vorschlag zur Stellungnahme an das → *Europäische Parlament* und meist auch noch an den → *Wirtschafts- und Sozialausschuß*, sofern auch dessen Stellungnahme vorgeschrieben ist. Liegen die Stellungnahmen vor, überweist der Rat das Vorhaben an eine Ratsarbeitsgruppe, die sich aus sachverständigen Beamten der Regierungen oder → *Ständigen Vertretungen* der Mitgliedstaaten zusammensetzt. Die Experten beraten unter Beteiligung der Kommission und unter Vorsitz der Ratspräsidentschaft über den

Vorschlag und fassen das Ergebnis in einem Bericht des Gruppenvorsitzenden an den → *Ausschuß der Ständigen Vertreter* zusammen. Dieser erörtert die noch offenen Punkte und legt dann dem Rat, dem eigentlichen Beschlußorgan der EG, den Vorschlag zur Entscheidung vor. Je nach Beschlußreife verabschiedet der Rat den Vorschlag im → *A-Punktverfahren* (das heißt ohne weitere Aussprache) oder als B-Punkt (nach einer Diskussion). Kommt es nicht zu einer Entscheidung, so wird weiterverhandelt, bis ein Kompromiß erreicht ist, der häufig von der Kommission durch Änderung ihres Vorschlags erleichtert wird. Nach der Ratsentscheidung wird der Text einer abschließenden sprachlich-juristischen Kontrolle unterzogen und dann im → *Amtsblatt* der Gemeinschaft verkündet. Die Abstimmung im Rat erfolgt je nach Kompetenzgrundlage einstimmig oder mit qualifizierter Mehrheit, wobei die Stimmenthaltung von Mitgliedern einem einstimmigen Ratsbeschluß nicht entgegensteht. Selbst wenn die Rechtsgrundlage eine qualifizierte Mehrheit vorsieht, ist Einstimmigkeit erforderlich, wenn der Rat von einem Vorschlag der Kommission abweichen will.

Beim Zusammenarbeitsverfahren (siehe Abbildung Seite 168), das vor allem bei den Beschlüssen zur Verwirklichung des Binnenmarktes angewandt und nur bei Beschlüssen mit qualifizierter Ratsmehrheit vorgesehen ist, erfolgt zuerst eine erste Lesung, die den oben beschriebenen Konsultationsverfahren entspricht, aber nicht mit einem endgültigen Ratsbeschluß endet, sondern einem sogenannten Gemeinsamen Standpunkt des Rates. In einer zweiten Lesung erhält das Europaparlament dann die Gelegenheit, den Vorschlag im Lichte dieses Gemeinsamen Standpunktes und der Stellungnahme der Kommission hierzu erneut zu beraten. Je nach dem Ergebnis dieser Beratungen bestimmt sich dann das weitere Verfahren. Lehnt das Europäische Parlament ab, so kann der Rat nur noch einstimmig beschließen; stimmt es dem Gemeinsamen Standpunkt zu oder faßt es binnen festliegender Frist keinen Beschluß, so ist ein Mehrheitsbeschluß des Rates möglich. Nur wenn das Parlament Änderungen vorschlägt, gelangt der Vorschlag nochmals an die Kommission, die die Änderungen entweder übernimmt oder ablehnt. Im ersteren Fall erfolgt die Schlußentscheidung mit qualifizierter Mehrheit des Rates, im zweiten Fall mit seiner Einstimmigkeit. Daraus erhellt, daß das Schicksal des Gesetzgebungsvorhabens letztlich nach wie vor beim Rat liegt, denn wenn dieser nicht binnen drei, höchstens vier Monaten einen Beschluß mit der nötigen Mehrheit zustande bringt, ist das Vorhaben gescheitert. Der Einfluß des Parlamentes besteht nur darin, die Ratsentscheidung für ei-

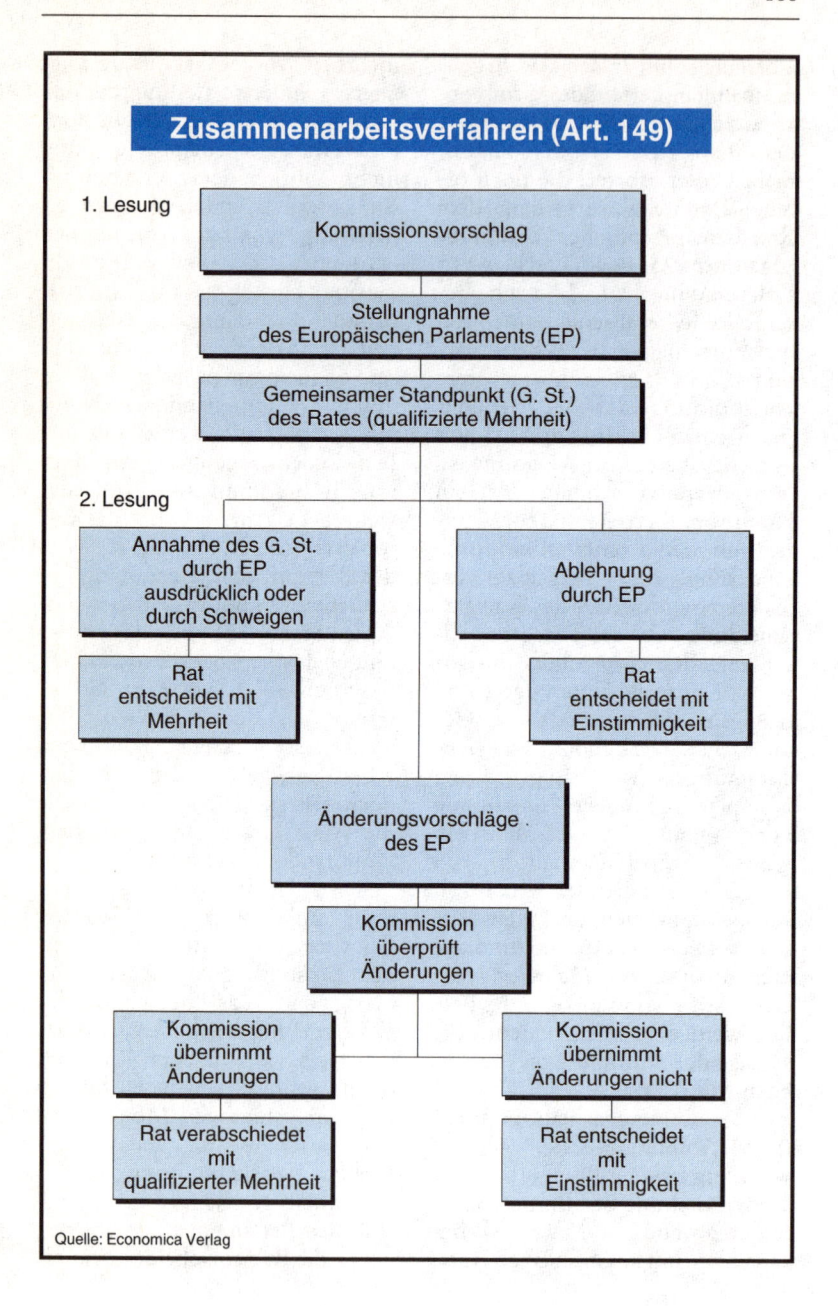

Zusammenarbeitsverfahren (Art. 149)

1. Lesung

- Kommissionsvorschlag
- Stellungnahme des Europäischen Parlaments (EP)
- Gemeinsamer Standpunkt (G. St.) des Rates (qualifizierte Mehrheit)

2. Lesung

- Annahme des G. St. durch EP ausdrücklich oder durch Schweigen
  - Rat entscheidet mit Mehrheit
- Ablehnung durch EP
  - Rat entscheidet mit Einstimmigkeit
- Änderungsvorschläge des EP
  - Kommission überprüft Änderungen
    - Kommission übernimmt Änderungen
      - Rat verabschiedet mit qualifizierter Mehrheit
    - Kommission übernimmt Änderungen nicht
      - Rat entscheidet mit Einstimmigkeit

Quelle: Economica Verlag

ne Entscheidung, die dem parlamentarischen Votum entspricht, zu erleichtern und für eine Entscheidung gegen das Parlament zu erschweren. Eine echte Mitentscheidungsbefugnis wurde dem Parlament durch die → *Einheitliche Europäische Akte* nur bei dem Beitritt neuer Mitgliedstaaten und dem Abschluß von → *Assoziierungen* mit → *Drittstaaten* eingeräumt; hier ist ein Ratsbeschluß nur gültig, wenn das Parlament mit der absoluten Mehrheit seiner Mitglieder zustimmt.

Von den Änderungen des Legislativverfahrens im Rahmen der → *Maastrichter Verträge* ist das neue Kodezisions- oder Mitentscheidungsverfahren die wichtigste Neuerung (siehe Abbildung Seite 170). Es unterscheidet sich vom Zusammenarbeitsverfahren dadurch, daß die Ablehnung eines Vorschlages durch das Europäische Parlament das Verfahren in 2. Lesung beendet. Außerdem wird ein Vermittlungsverfahren eingeführt, bei dem Rat und Parlament den Konsens suchen müssen und die Kommission nur beratende Stellung hat. Scheitert die Vermittlung, so hat der Rat das letzte Wort, es sei denn, das Parlament bremst ihn durch ein Veto mit absoluter Mehrheit.

Im Durchführungsbereich hat auch die Kommission nach Maßgabe von Ratsermächtigungen eine Legislativkompetenz, die sie in der Regel im Rahmen von → *Verwaltungsausschußverfahren* ausübt.

Lehreraustausch. Stipendienprogramm für den wechselseitigen Austausch von Lehrern als Beitrag zu Lehrerfortbildung, Ausarbeitung gemeinschaftlicher multidisziplinärer Projekte und Vertiefung der interkulturellen europäischen Dimension (→ ARION).

Leistung, sonstige. Begriff aus dem Umsatzsteuerrecht. Die sonstigen Leistungen (Dienstleistungen im weitesten Sinne) werden mit der Mehrwertsteuer belastet. Im grenzüberschreitenden Verkehr wird durch exakte Definition des Ortes der sonstigen Leistungen sichergestellt, daß nur eine Einmalbesteuerung erfolgt. So bestimmt sich z.B. bei Leistungen an einem Grundstück (Architekten, Makler) die Mehrwertsteuer nach dem Land, wo das Grundstück liegt. Bei anderen Leistungen (z.B. Steuerberatung) unterscheidet man, ob die Leistung von einer Privatperson oder von einem Unternehmen empfangen wird. Bei Privatpersonen mit Wohnsitz in der EG wird die Mehrwertsteuer im Land des Leistenden erhoben. Bei Leistungen an Unternehmer ist die Leistung im Land des Leistenden mehrwertsteuerfrei, im Land des Empfängers -pflichtig, was durch den Vorsteuerabzug des Leistungsempfängers wieder kompensiert wird.

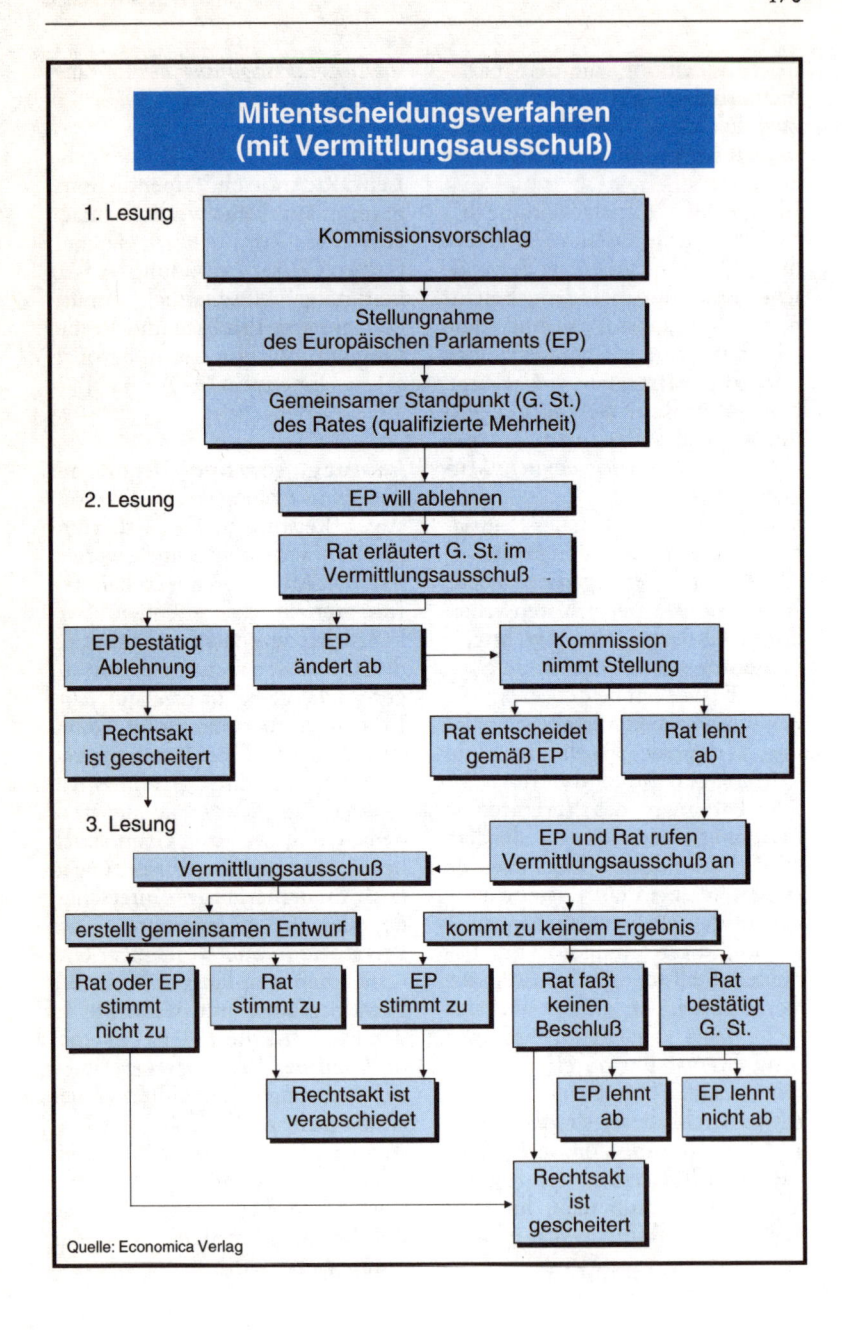

Mitentscheidungsverfahren (mit Vermittlungsausschuß)

1. Lesung

- Kommissionsvorschlag
- Stellungnahme des Europäischen Parlaments (EP)
- Gemeinsamer Standpunkt (G. St.) des Rates (qualifizierte Mehrheit)

2. Lesung

- EP will ablehnen
- Rat erläutert G. St. im Vermittlungsausschuß

  - EP bestätigt Ablehnung → Rechtsakt ist gescheitert
  - EP ändert ab
  - Kommission nimmt Stellung
    - Rat entscheidet gemäß EP
    - Rat lehnt ab

3. Lesung

- EP und Rat rufen Vermittlungsausschuß an
- Vermittlungsausschuß
  - erstellt gemeinsamen Entwurf
    - Rat oder EP stimmt nicht zu
    - Rat stimmt zu
    - EP stimmt zu
    - → Rechtsakt ist verabschiedet
  - kommt zu keinem Ergebnis
    - Rat faßt keinen Beschluß → EP lehnt ab
    - Rat bestätigt G. St. → EP lehnt nicht ab
    - → Rechtsakt ist gescheitert

Quelle: Economica Verlag

Leistungsbilanz. Teil der → *Zahlungsbilanz*; setzt sich aus der Handelsbilanz, der Dienstleistungsbilanz und der Bilanz der unentgeltlichen Übertragungen zusammen.

Leitkurs. Auch Parität genannt. Der Leitkurs ist der von der zuständigen Behörde eines Landes offiziell festgelegte Umrechnungskurs seiner Währung in eine gemeinsame Bezugsgröße, genannt „numeraire"; bis 1971/72 der US-Dollar, später die → *Sonderziehungsrechte*, die → *Europäische Währungspolitische Rechnungseinheit* und seit 1979 im Rahmen des → *Europäischen Währungssystems* der → *ECU*. Die Festlegung des Leitkurses für eine Währung in einem gemeinsamen „numeraire" dient vor allem der Bestimmung der bilateralen Leitkurse (offizielle Mittelkurse) zwischen den Währungen. Die Summe aller abgeleiteten bilateralen Leitkurse bezeichnet man als → *Paritätengitter*.

Leitkurs, bilateraler. → *Leitkurs*; → *Paritätengitter*.

Lex-posterior-Regel. Grundsatz, wonach das spätere Gesetz dem früheren vorgeht. Diese Regel gilt nur innerhalb einer Rechtsordnung und deshalb nicht im Verhältnis von → *Gemeinschaftsrecht* zu nationalem Recht.

Liberalisierung des Geld- und Kapitalverkehrs. → *Kapitalverkehr, freier*.

LIBOR. Abk. für London Inter Bank Offered Rate; → *Interbankrate*.

Lieferung. Lieferungen, die ein Unternehmer im Inland gegen ein Entgelt im Rahmen seines Unternehmens ausführt, unterliegen der → *Mehrwertsteuer* (Umsatzsteuer). Im grenzüberschreitenden Verkehr wird die Doppelbelastung dadurch verhindert, daß Exportlieferungen in Drittländer sowie innergemeinschaftliche Lieferungen an Unternehmen (→ *Ausfuhr*) bei Vorliegen besonderer Voraussetzungen steuerfrei sind; die → *Einfuhr* durch Unternehmen unterliegt im Bestimmungsland der dortigen Mehrwertsteuer (→ *Bestimmungslandprinzip*).

LIFE. 1. 1991 begründetes europäisches Finanzierungsinstrument für den Umweltschutz als Kern eines späteren europäischen Umweltschutzfonds. Ziel ist, die Entwicklung und Durchführung der Umweltpolitik und des Umweltschutzrechts zu fördern. 2. Abk. für Language Industry for Europe. Interessenverband der Sprachverarbeitungsindustrie im Rahmen von → *EUROTRA* und → *Telematiksysteme*.

LINGUA. Kurzbezeichnung für ein Bildungsprogramm zur qualitativen und quantitativen Verbesserung der Fremdsprachenkenntnisse in der Gemeinschaft. Durch Weiterbildung von Fremdsprachenlehrern, Hochschulzusammenarbeit, Austausch von Auszubildenden, Entwicklung von berufs- und wirtschaftsbezogenen Lehrmitteln und Lernsystemen sowie eines Netzes der beteiligten Einrichtungen sollen die Bürger in der Gemeinschaft ermutigt werden, praktische Kenntnisse in Fremdsprachen zu erwerben.

Literaturübersetzung. Pilotvorhaben zur Übersetzung zeitgenössischer und für den jeweiligen Kulturkreis repräsentativer Literatur zum Zweck der Förderung des Kulturaustausches in der Gemeinschaft.

Lomé-Abkommen. Nach dem Ort der Unterzeichnung, der Hauptstadt Togos, genannte Entwicklungshilfeabkommen zwischen der EG und den Entwicklungsländern in Afrika, der Karibik und des Pazifiks (→ *AKP-Staaten*). Sie lösten die begrenzteren → *Jaunde-Abkommen* ab und banden immer mehr Staaten der 3. Welt in die EG-Kooperation ein. Die Lomé-Abkommen sind das Kernstück der Entwicklungspolitik der Gemeinschaft (Lomé I: 48 Staaten, Lomé-II: 58, Lomé-III: 66 und Lomé-IV: 69 Staaten). Während Lomé I-III jeweils 5 Jahre liefen, ist das Ende 1989 gezeichnete und ab 1990 geltende Abkommen Lomé IV auf 10 Jahre angelegt (mit Ausnahme des weiterhin nur 5 Jahre laufenden Finanzprotokolls).

Die Abkommen bezwecken eine enge Zusammenarbeit bei der Entwicklung der Industrie und vor allem der Landwirtschaft der Entwicklungsländer durch Finanzbeihilfen und erhebliche Handelsvorteile beim Export von Waren in die EG. Neben solchen Vorzugsregelungen für AKP-Waren enthält das Lomé III-Abkommen Bestimmungen über strukturelle Förderungsmaßnahmen durch den → *Europäischen Entwicklungsfond* und die → *Europäische Investitionsbank* sowie Vorschriften über industrielle Zusammenarbeit. In dem nunmehr 4. Lomé-Abkommen für 1990 bis 1999 trägt die Gemeinschaft durch handelspolitische und finanzielle Maßnahmen zur wirtschaftlichen und sozialen Entwicklung der AKP-Staaten bei. Besondere Bedeutung hat die Stabilisierung der Exporterlöse der AKP-Staaten für Agrar- (→ *Stabex*) und für Bergbauprodukte (→ *Sysmin*). Finanzierungsinstrument ist der → *Europäische Entwicklungsfonds*, der die ersten fünf Jahre von Lomé IV einen Finanzrahmen von fast 11 Mrd. ECU aufweist.

Lückenausfüllungsklausel. Klauseln in den EG-Verträgen, die es dem → *Rat der EG* ermöglichen, durch einstimmigen Beschluß die Kompetenzen der EG-Organe zu erweitern, falls ein Tätigwerden der Gemeinschaft zur Verwirklichung des → *Gemeinsamen Marktes* erforderlich ist, in den EG-Verträgen die dazu notwendigen Befugnisse aber nicht enthalten sind (vgl. Art. 235 EWG-V). Dadurch wird vermieden, daß in allen (auch untergeordneten) Fällen, in denen die EG-Verträge unvorhergesehene Kompetenzlücken aufweisen, das langwierige Verfahren einer → *Vertragsänderung* durchlaufen werden muß.

Luftfahrtindustrie. Die europäische Luftfahrtindustrie ist die zweitgrößte der Welt nach den USA und vor Japan. Die militärische Luftfahrtindustrie dominiert den Sektor noch mit 60 % der Produktion, doch expandiert der zivile Bereich stetig seit den 80er Jahren, nicht zuletzt durch den Erfolg des Gemeinschaftsunternehmens AIRBUS. Der Umsatz betrug 1989 44 Mrd.ECU, 11% mehr als 1988. Der Beschäftigungsstand der Industrie betrug 418.000. Die wichtigsten Herstellerländer sind Großbritannien, Frankreich und Deutschland. Für handelspolitischen Konfliktstoff zwischen der EG und den USA sorgen immer wieder die Subventionen der EG-Länder an Unternehmen ihrer zivilen Luftfahrtindustrie.

Luftreinhaltung. Die EG verfügt über kein umfassendes System von Schutzvorschriften für die Luftreinhaltung. Die Bekämpfung der Luftverschmutzung konzentriert sich vielmehr auf einzelne Schadstoffe und industrielle Aktivitäten. Generelle Vorschriften in Form von Emissionsgrenzwerten bestehen für den Ausstoß von Schwefeldioxid, Stickoxiden, Blei und Asbest in die Luft. Spezielle Bestimmungen existieren für den Schadstoffausstoß von Industrieanlagen, Kraftwerken und Müllverbrennungsanlagen. Strengere Abgasbestimmungen für PKW und LKW gelten in der EG seit dem 1. 1. 1993.

Luftverkehr. Seit dem Beginn der 80er Jahre läßt die EG die Ansätze einer gemeinsamen Luftverkehrspolitik erkennen. Bis dahin hatte sie die Regelung des Luftverkehr den Mitgliedstaaten und den Fluglinien überlassen. Um eine Steigerung der Produktivität und Wirtschaftlichkeit der europäischen Luftfahrtunternehmen sowie eine Senkung der Flugpreise zu erreichen, wurde der Luftfahrtmarkt bis Ende 1992 schrittweise liberalisiert. Fluglinien, die in einem EG-Mitgliedstaat zugelassen sind, können ohne nationale Beschränkungen am innergemeinschaftlichen Luftverkehr teilnehmen; für die → *Kabotage* bleiben einige Beschränkungen noch bis zum 1. April 1997 bestehen. Verstöße gegen das → *Wettbewerbsrecht* sollen stärker als bisher geahndet werden. Erste Schritte waren die Lockerung der Tarifbestimmungen und die Liberalisierung bei der Aufteilung der Kapazitäten und Verkehrsrechte.

Luftverschmutzung. → *Luftreinhaltung.*

Luganer Übereinkommen. Abkommen zwischen den EG-Staaten und den EFTA-Staaten, durch das die Regelungen des → *Gerichtsstands- und Vollstreckungsübereinkommens* auch auf das Verhältnis EG – EFTA übertragen werden.

Luxemburger Kompromiß. Unter dem Luxemburger Kompromiß versteht man die politische Einigung, mit der die Mitglieder der damaligen Sechsergemeinschaft am 29.1.1966 einen der einschneidendsten Verfassungskonflikte der Gemeinschaft bereinigten. Nach dem → *EWG-Vertrag* hätte der → *Rat der EG* ab dem 1.1.1966 in bestimmten Bereichen vom Prinzip der Einstimmigkeit zu Mehrheitsentscheidungen übergehen sollen, um die europäische Integration zu beschleunigen und nationalstaatliche Einzelinteressen zu überwinden. Die französische Regierung blockierte dies jedoch auf Weisung von Charles de Gaulle. Frankreich stellte, weil die politisch bereits beschlossene gemeinschaftliche Agrarfinanzierung bis zum 30. Juni 1965 nicht zustande gekommen war, seine weitere Mitarbeit in den Gemeinschaftsorganen ein und berief seinen Ständigen Vertreter aus Brüssel ab (Politik des leeren Stuhles). Als es nach einem halben Jahr – und de Gaulles Wiederwahl – wieder zur Aufnahme seiner EG-Rolle bereit war, forderte es, der Rat dürfe nicht mit Mehrheit entscheiden, wenn ein Land dagegen sei. Da die übrigen Partner sich mit einer solchen Bedingung nicht einverstanden erklärten, kam es in einer am 28. und 29.1.1966 in Luxemburg abgehaltenen Sitzung zu einem Kompromiß, dessen entscheidender Satz wie folgt lautete: „Stehen bei Beschlüssen, die mit Mehrheit auf Vorschlag der Kommission gefaßt werden können, sehr wichtige Interessen eines oder mehrerer Partner auf dem Spiel, so werden sich die Mitglieder des Rates innerhalb eines angemessenen Zeitraums bemühen, zu Lösungen zu gelangen, die von allen Mitgliedern des Rates unter Wahrung ihrer gegenseitigen Interessen und der Interessen der Gemeinschaft einvernehmlich angenommen werden können". Was ein wichtiges nationales Interesse sei und was geschehen sollte, wenn man sich nicht einigte, blieb offen. Zwar war damit die Mehrheitsregel nicht juristisch außer Kraft gesetzt worden, wohl aber politisch, denn in der Folgezeit handelten alle Mitgliedstaaten – nicht nur Frankreich – faktisch so, als ob ein Vetorecht gegen Mehrheitsentscheidungen des Rates bei Berührung vitaler nationaler Interessen vereinbart worden sei. Die Folge war, daß bis auf unwesentliche Ausnahmen praktisch nicht mehr abgestimmt wurde, sondern die Konsensregel galt. Damit war aber jene supranationale Integrationsmöglichkeit, Fortschritte auch gegen den Willen einzelner Mitgliedstaaten durch Mehrheitsbeschlüsse durchzusetzen, aufgegeben worden. Das hatte für die Gemeinschaft, die Beschlüsse nur noch auf der Basis des kleinsten gemeinsamen Nenners fassen konnte, eine lähmende Stagnation zur Folge, die erst durch den neuen politischen Willensakt der → *Einheitlichen Europäischen Akte* beseitigt werden konnte. Zwar muß ein Vetorecht aus vitalem Interesse auch heute noch als letztes Mittel der Mitgliedstaaten einkalkuliert werden. In der Praxis aber setzte sich das Mehrheitsprinzip durch, und die überstimmten Mitgliedstaaten widersprachen nicht. Die Erfolge auf dem Weg zum → *Binnenmarkt* sind weitgehend dieser neuen politischen Einstellung zur Gemeinschaft zu danken.

M

Maastrichter Verträge. Mit der Unterzeichnung der Maastrichter Verträge am 7. Februar 1992 fand eine über ein Jahr dauernde Doppelkonferenz der EG-Staaten einen erfolgreichen Abschluß, die das ehrgeizige Ziel hatte, die in der → *Einheitlichen Europäischen Akte* begonnene EG-Reform mit dem Ziel einer Europäischen Union weiter voranzubringen. Die im Anschluß an den Europäischen Rat in Rom am 15. Dezember 1990 begonnenen Verhandlungen, die parallel die → *Wirtschafts- und Währungsunion* (WWU) sowie die → *Politische Union* anstrebten, führten im Bereich der WWU zu detaillierten und fristgebundenen Vertragsregelungen, im Bereich der Politischen Union dagegen nur zu Teilerfolgen. Die Ergebnisse beider Konferenzen fanden Eingang in dem umfangreichen Vertragswerk über die Europäische Union, das die EG-Verträge, vor allem den um die WWU ergänzten und auch sonst erweiterten EWG-Vertrag – zukünftig EG-Vertrag – mit den beiden intergouvernementalen Bereichen der → *Gemeinsamen Außen- und Sicherheitspolitik* (GASP) und der → *innen- und justizpolitischen Zusammenarbeit* zusammenfaßt (→ *Unionsverfassung*). In institutioneller Hinsicht ist als Ergebnis die Befugniserweiterung des → *Europäischen Parlaments* (→ *Legislativverfahren*) hervorzuheben, in kompetenzrechtlicher Hinsicht verdient die Erweiterung der EG-Befugnisse Beachtung in den Bereichen der Forschung und Technologie, der → *transeuropäischen Netze*, der Gesundheit, des → *Verbraucherschutzes*, der Bildung, der Kultur und der Industrie.
Fortschritte für den Bürger brachte die Einführung der → *Unionsbürgerschaft* (vor allem mit dem Kommunalwahlrecht) und die vertragliche Verbürgung der → *Grundrechte*. Für die Bundeslän-

Maastrichter Verträge

der ist die Verankerung des → *Subsidiaritätsprinzips* und die Schaffung des → *Regionalausschusses* von besonderer Bedeutung.

Schlüsselkapitel ist die Wirtschafts- und Währungsunion. Auf der Grundlage einer marktwirtschaftlichen Ordnung und gesicherter Geldwertstabilität sowie eines freien Wettbewerbs nach außen und innen und einer strengen Haushaltsdisziplin sollen völlige Freiheit des Kapitalverkehrs, die Integration der Finanzmärkte, die unwiderrufliche Fixierung der Wechselkurse und letztlich eine einheitliche Währung erreicht werden.

Während der zweiten Stufe – beginnend am 1. Januar 1994 –, die in erster Linie der wirtschaftspolitischen → *Konvergenz* dient, übernimmt das → *Europäische Währungsinstitut* (EWI) in Frankfurt/Main die instrumentalen Funktionen; die Geldpolitik bleibt in dieser Phase noch bei den nationalen Währungsbehörden. Die eigentlichen Institutionen der WWU, das → *Europäische Zentralbanksystem* (ESZB und die → *Europäische Zentralbank*, werden erst in der Endstufe ihre Tätigkeit aufnehmen, einer Phase, die spätestens am 1. Januar 1999 beginnen soll und an der nur Mitgliedstaaten teilnehmen können, die den folgenden Konvergenzanforderungen genügen: Diese Konvergenzkriterien sind Preisstabilität entsprechend den Bedingungen der drei preisstabilsten EG-Staaten, kein übermäßiges Haushaltsdefizit, Annäherung an das Niveau der langfristigen Zinsen in den stabilsten EG-Ländern und Einhaltung der Bandbreiten des Wechselkursmechanismus im → *Europäischen Währungssystem* seit zwei Jahren vor Eintritt in die Währungsunion.

Der Übergang in die dritte Stufe wird formell vom Rat in der Zusammensetzung der Staats- und Regierungschefs mit qualifizierter Mehrheit auf Empfehlung des Ministerrats und nach Anhörung des Europäischen Parlaments beschlossen.

Mit den Bedingungen der WWU, die weitgehend nach deutschem Vorbild und auf der Grundlage deutscher Formulierungsvorschläge ausgestaltet wurden, sind die vertraglichen Voraussetzungen für eine europäische Stabilitätsgemeinschaft geschaffen, deren Verwirklichung allerdings von der Einhaltung der vorgesehenen Regeln und der Respektierung einer stabilitätsorientierten Politik der europäischen währungspolitischen Institutionen abhängt.

Einen Schatten auf den Erfolg von Maastricht warf der bis zuletzt nicht ausgeräumte Gegensatz von Großbritannien und den übrigen elf Mitgliedstaaten im Bereich der Sozialpolitik, der nur notdürftig durch das → *Protokoll und das Abkommen über die Sozialpolitik* überbrückt wurde. Auch die Tatsache, daß entgegen ursprünglichen Vorstellungen die nichtökonomischen Bereiche der Außen-

und Sicherheitspolitik sowie der Innen- und Justizpolitik doch wieder als intergouvernementale Regelungsbereiche konzipiert wurden, bleibt vom integrationspolitischen Standpunkt aus zu beklagen. Dennoch fehlen in diesen Feldern keineswegs Ansätze zur Vergemeinschaftung. In dem Vertrag findet sich zudem eine Gemeinschaftkompetenz im Bereich der Visaerteilung. Diese Kompetenz ist beispielhaft für weitere Übertragungen von Kompetenzen aus den Bereichen der Justiz- und Innenpolitik. Denn der Rat kann sie auch auf die Bereiche der Asylpolitik, der Personengrenzkontrollen, der Einwanderungspolitik, der Bekämpfung von Drogenabhängigkeit und internationalen Betrügereien sowie der justitiellen Zusammenarbeit in Zivilsachen erstrecken. Allerdings bedarf ein solcher Erstreckungsbeschluß des Rates der Ratifizierung in den Mitgliedstaaten, d.h. dem Rat wurde hier keine Ermächtigung zur autonomen Kompetenzerweiterung der Gemeinschaft eingeräumt. Der Aufbau eines Europäischen Polizeiamtes (→ *Europol*) wurde als im gemeinsamen Interesse liegend bezeichnet.

Die Gemeinsame Außen- und Sicherheitspolitik, die bislang im wesentlichen nur die außenpolitische Kooperation betraf, wurde um die sicherheitspolitische Komponente erweitert, womit die Richtung in eine gemeinsame europäische Verteidigungspolitik gewiesen ist. Zur → *Westeuropäischen Union* gibt es eine besondere Erklärung.

Das Vertragswerk von Maastricht, das mit dem Beginn des Binnenmarktes, also am 1. Januar 1993 in Kraft treten sollte, bedurfte der → *Ratifikation* in allen Mitgliedstaaten. Der vorgesehene Zeitplan konnte nicht mehr eingehalten werden, nachdem am 2. Juni 1992 in Dänemark in einem dort erforderlichen Referendum das Volk mit knapper Mehrheit die Maastrichter Verträge ablehnte und ihnen erst in einem zweiten Anlauf am 18. Mai 1993 zustimmte. Auch in Großbritannien verzögerte sich die Ratifikation bis Anfang August 1993. Da die Verträge aber nur in Kraft treten konnten, wenn alle Mitgliedstaaten ihnen zustimmten, war eine Lage entstanden, die nur mit großem europapolitischen Engagement zu bereinigen war.

In Deutschland waren wegen der Kommunalwahl der Art. 28 und wegen der Europäischen Zentralbank der Art. 88 des Grundgesetzes zu ändern. Ferner hatten die Bundesländer Vorbedingungen an ihre nötige Zustimmung im Bundesrat geknüpft (→ *Länderbeteiligung*), denen der Bund durch eine Neufassung von Art. 23 GG entsprach. Der Bundestag stimmte daraufhin mit überwältigender Mehrheit, der Bundesrat mit Einstimmigkeit zu.

Dennoch wurde zur verfassungsrechtlichen Überprüfung des Vertragswerkes das Bundesverfassungsgericht eingeschaltet, was zur Verzögerung der Hinterlegung der deutschen Ratifizierungsurkunde führte. Am 1. November 1993 schließlich ist der Maastrichter Vertrag über die Europäische Union in Kraft getreten.

Insgesamt hat der Maastrichter Vertrag, obwohl er im Grunde nur eine jahrzehntelang verfolgte Integrationsentwicklung konsequent fortsetzte, in allen Mitgliedstaaten die Bürger unmittelbar berührt und vor die Frage gestellt, wie sie die sich rasant weiterentwickelnde Gemeinschaft beurteilen sollten. In weniger integrationsbewußten Staaten wurde der Vertrag bereits als zu weitgehend eingeschätzt, in anderen als ein Hinweis, daß die supranationale Integration gegenüber der bloßen staatlichen Zusammenarbeit nicht mehr Priorität genießt. Die ärmeren Mitgliedstaaten erwarten mehr Hilfe, die reicheren befürchten zu großen Ressourcentransfer. In Deutschland wuchs die Besorgnis, die harte D-Mark könne von einem weichen ECU abgelöst werden.

Selbst nach dem Inkrafttreten des Vertrags wird die Gemeinschaft die – an sich wünschenswerte – Ruhe zur Konsolidierung nicht haben. Finanzreformen und Weiterentwicklungen des soeben Beschlossenen sind vorprogrammiert. Die Behandlung der Beitrittsanträge vor allem der EFTA-Länder, die trotz des gerade erreichten Vertrages über den → *Europäischen Wirtschaftsraum* zur Vollmitgliedschaft drängen, werden zu neuen grundlegenden Veränderungen des Gemeinschaftswerks führen, wobei die Erwartungen der anderen Beitrittskandidaten und der mittel- und osteuropäischen Staaten nicht vergessen werden dürfen.

MAC-Norm. Abk. für Multiplexed Analogue Components. Gleichzeitig sendende analoge Bestandteile. Europäisches Normenpaket, das die Farbfernsehnormen PAL (Phase Alternation Line; Zeilenweise Phasenveränderung) und SECAM (Système en couleur avec mémoire; Farbsystem mit Speicherung) ab 1993 in Europa ersetzen soll. Es ist auch für das → *hochauflösende Fernsehen* (HDTV) geeignet.

Maghreb-Länder. Zu den Ländern des Maghreb (arabisch „Westen") zählen Algerien, Marokko und Tunesien.

Mansholt-Plan. Von der → *EG-Kommission* erarbeiteter Vorschlag zur Gestaltung und Durchführung der gemeinsamen → *Agrarpolitik*, der auf den auf der Konferenz von Stresa 1958 beschlossenen Grundlinien basiert. Er bildete die Grundlage für die gegenwärtige Agrarpolitik. Die ersten europäischen → *Marktordnungen* wurden verabschiedet und das Prinzip der gemeinsamen Finanzierung begründet. Der 2. Mansholt-Plan von 1968 war Basis für den Versuch einer Neuausrichtung der → *Agrarpolitik* unter stärkerer Berücksichtigung der Agrarstrukturpolitik im Sinne einer wettbewerbsfähigen Modernisierung der landwirtschaftlichen Betriebe.

Markenrecht. Über eine Verordnung zur Schaffung eines einheitlichen Markenrechts für die EG (Gemeinschaftsmarkenrecht) ist im → *Rat der EG* seit 1981 auf der Grundlage eines von der Kommission 1980 vorgelegten und 1984 geänderten Vorschlags verhandelt worden. Offen sind noch die Frage des Sitzes des künftigen → *Europäischen Markenamtes*, um den sich auch die Bundesrepublik Deutschland (für München) beworben hat sowie die Frage der Verfahrenssprachen dieses Amtes. Neben der Schaffung des Gemeinschaftsmarkenrechts war aber zusätzlich noch eine zumindest teilweise Angleichung der nationalen Rechtsvorschriften auf dem Gebiet des Markenrechts erforderlich. Zu diesem Zweck hat der Rat am 21.12.1989 eine Erste Richtlinie zur Angleichung des Markenrechts der Mitgliedstaaten verabschiedet. Sie macht eine Anpassung des deutschen Warenzeichengesetzes erforderlich.

Marktkurs. Kurs, der durch Angebot und Nachfrage auf dem jeweiligen Markt bzw. Teilmarkt entsteht (→ *Wechselkurse*).

Marktordnung. Gegenbegriff zum freien Markt, in dem Preise durch Angebot und Nachfrage ohne staatliche Eingriffe gebildet werden. Wie in fast allen industrialisierten Staaten wird auch in der EG der Agrarbereich nicht dem freien Spiel der Marktkräfte überlassen, sondern durch über 20 Marktordnungen für verschiedene landwirtschaftliche Produkte staatlich gestützt, weil die Preise auf dem freien Markt die Produktionskosten nicht decken würden. Mit den Marktordnungen sollen die Existenzfähigkeit der Erzeuger gesichert und die Preise vor übermäßigen Schwankungen bewahrt werden (→ *Agrarpolitik*, → *Intervention*, → *Marktprinzip*). Man unterscheidet 3 Formen von Marktordnungen: Marktordnung mit Absatz- und Preisgarantien gibt es für rund 70 % der Agrarprodukte (z.B. Zucker, Milch, Rindfleisch). Die EG kauft diese Erzeugnisse zum → *Interventionspreis* auf, wenn sie zu diesem Mindestpreis auf dem freien Markt nicht mehr absetzbar sind. Die zweite Form der Marktordnungen schützt weitere 25 % der Agrarprodukte wie Eier, Geflügel, Blumen vor billigen Einfuhren aus → *Drittstaaten*. Eine dritte Art schließlich sieht Hilfen für die Lagerung von Überschüssen z.B. bei Schweinefleisch vor oder Pauschalbeihilfen pro Hektar der Produktionsfläche für Erzeugnisse, die in der Gemeinschaft nur in geringer Menge hergestellt werden.

Marktprinzip. Das Marktprinzip ist eines der drei Hauptprinzipien der EG-Agrarpolitik (neben der → *Gemeinschaftspräferenz* und der → *Gemeinschaftsfinanzierung*). Es bedeutet die Zugehörigkeit des Agrarmarktes zum Binnenmarkt, das heißt die grundsätzliche Unterstellung der landwirtschaftlichen Urproduktion unter die Regeln des gewerblichen Güteraustausches und damit eine agrarpolitische Konzeption, nach der auch die Bauern ihr Einkommen aus den Verkäufen ihrer Produkte auf dem Markt erzielen. Die Subventionierung der Landwirtschaft, die ungeachtet des Marktprinzips zur Sicherung des Lebensstandards der bäuerlichen Bevölkerung erforderlich ist, erfolgt über die Agrarpreispolitik, so daß der Verbraucher über den Preis die bäuerlichen Einkommen gewährleistet. Daß die politische Festlegung nicht marktkonformer Preise dem Marktprinzip zuwiderläuft, liegt auf der Hand und hat zu den Auswüchsen der Vorratshalden wegen staatlicher → *Interventionen* geführt (→ *Marktordnung*).

Marshall-Plan. Wirtschaftshilfeprogramm der USA für Europa, 1947 von dem damaligen US-Außenminister George C. Marshall zum Wiederaufbau der Wirtschaft Europas nach dem zweiten Weltkrieg verkündet. Der Marshall-Plan hatte ein Volumen von 12,4 Mrd. US-Dollar, die den westeuropäischen Staaten als Kredite, Zuschüsse oder als Sach- und Lebensmittelhilfe gewährt wurden, nachdem die damalige Sowjetunion das auch an Osteuropa gerichtete Angebot der Hilfe abgelehnt hatte.

Maschrek-Länder. Zu den Ländern des Maschrek (arabisch „Osten") zählen Ägypten, Jordanien, Libanon und Syrien.

Maßnahmen gleicher Wirkung. Indirektes nichttarifäres staatliches Handelshemmnis mit gleicher Wirkung wie → *mengenmäßige Beschränkungen*, das geeignet ist, die Einfuhren zwischen den Mitgliedstaaten unmittelbar oder mittelbar unzulässig zu behindern.

MAST. Abk. für Marine Science and Technology. Forschungs- und Entwicklungsprogramm für Meereswissenschaft und -technologie sowie der Wissenschaft der Küstenzonen und des Küsteningenieurwesens.

MDEP oder **MdEP**. Abk. für Mitglied des europäischen Parlaments.

MEDIA. Abk. für Mesures pour encourager le développement de l'industrie audiovisuelle. Programm zur Förderung der audiovisuellen Industrie in der EG. Es umfaßt u.a. finanzielle Förderung für die Synchronisation von Filmen, Errichtung eines europäischen Verleihsystems für audiovisuelle Produkte, Einsatz neuer Technologien in der Produktion und Förderung für unabhängige Film- und Fernsehschaffende. Im Rahmen von Media fördert das Programm MAP-TV (Mémoire-archives-programmes/Speicher-Archive-Programme) Projekte, die die technischen Möglichkeiten zur Wiederverwertung alter Programme untersuchen. Media unterstützt besonders die auf diesem Gebiet unterentwickelten EG-Staaten (→ *Fernseh-Richtlinie*).

MEDREP. Kurzbezeichnung für Permanent Inventory of Biomedical and Health care research projects in the European Communities. Datenbank über Forschungsprojekte zur Gesundheit und Biomedizin.

MEDSPA. Abk. für Mediterranean Special Programme of Action. Umweltaktionsprogramm zum Schutz und zur Verbesserung der Umweltqualität im Mittelmeerraum durch die Förderung von Demonstrationsvorhaben, die Sensibilisierung der Öffentlichkeit und technische Hilfestellung.

Mehrheitsprinzip. Abstimmungsverfahren, das nach dem → *EWG-Vertrag* ab 1966 das → *Einstimmigkeitsprinzip* für bestimmte Beschlüsse in der EG ablösen sollte, um den Integrationsprozeß zu beschleunigen und das → *Veto* eines Mitgliedstaates zu überwinden. Wegen des → *Luxemburger Kompromisses* blieb das Mehrheitsprinzip jedoch bis in die 80er Jahre faktisch außer Kraft. Erst mit dem politischen Impuls der → *Einheitlichen Europäischen Akte* hat sich das Mehrheitsprinzip in der EG für Beschlüsse zur Verwirklichung des → *Binnenmarktes* durchsetzen können (→ *qualifizierte Mehrheit*).

Mehrwertdienste. Datenaustausch über Netzwerke, wie z.B. Mailbox (engl. für elektronische Post) oder Datenbanken. Das EG-Programm zur Liberalisierung des → *Fernmeldewesens* sieht vor, daß auch privaten Anbietern der Zugang zu diesen Diensten garantiert werden soll.

Mehrwertsteuer (MWSt). Der Mehrwertsteuer (Umsatzsteuer) unterliegen → *Lieferungen* und sonstige → *Leistungen*, die ein Unternehmer im Inland gegen Entgelt durchführt. In der EG ist die Harmonisierung der Mehrwertsteuer bereits sehr weit fortgeschritten. Durch die ersten sechs Mehrwertsteuerrichtlinien wurde die Angleichung der Bemessungsgrundlage der Mehrwertsteuer weitgehend erreicht. Weitere „kleinere Richtlinien" wurden zur Erleichterung des Grenzverkehrs verabschiedet. Ursprünglich war beabsichtigt, die Mehrwertsteuer bis Ende 1992 gänzlich zu harmonisieren, um die Steuergrenzen bei Vollendung des → *Binnenmarktes* abzuschaffen. Da dieses Ziel – insbesondere wegen Haushaltserwägungen der

Staaten – nicht erreicht werden konnte, wird ein Übergangssystem bis 1996 dennoch den Abbau der Grenzen ermöglichen. Es soll erreichen, daß trotz unterschiedlicher Steuersätze es nicht zu starken Wettbewerbsverzerrungen durch grenzüberschreitende Einkäufe kommt; andererseits soll sichergestellt sein, daß das Steueraufkommen dem Land des Verbrauchs zukommt (→ *Bestimmungslandprinzip*).

Das Übergangssystem sieht seit 1993 vor, daß Privatpersonen uneingeschränkt im anderen Land zu den dortigen Mehrwertsteuersätzen kaufen können (→ *Ursprungslandprinzip*). Nur hinsichtlich der Anschaffung neuer Pkw (und anderer Beförderungsmittel) und beim Versandhandel wird sichergestellt, daß die Steuer durch das Bestimmungsland nach dessen Sätzen erhoben wird.

Im unternehmerischen Bereich hat sich 1993 materiell nichts geändert. Anstelle der → *Einfuhr-Umsatzsteuer* an der Grenze wird zukünftig die Besteuerung des Einkaufs (im Bestimmungsland) eingeführt (→ *Bestimmungslandprinzip*). Formell ändert sich jedoch wohl viel, weil anstelle der Dokumentation des Grenzübertritts nunmehr ein Austausch von Informationen (siehe auch → *Kontrollmitteilung*) eingeführt werden muß, damit sichergestellt werden kann, daß der steuerfreien → *Ausfuhr* die Besteuerung bei der → *Einfuhr* folgt. Zusätzlich müssen Sonderregelungen zur Sicherstellung der Besteuerung von nicht umsatzsteuerpflichtigen Organisationen (Banken, Städte u. ä.) eingeführt werden, um auch hier eine Besteuerung im Bestimmungsland sicherzustellen.

Nach Ablauf der Übergangszeit soll die Mehrwertsteuer (wie bei inländischen Verkäufen) durch den leistenden Unternehmer erhoben werden. Der empfangende Unternehmer kann die ihm in Rechnung gestellte (ausländische) Vorsteuer bei seiner Umsatzsteuer-Erklärung geltend machen. Die Staaten gleichen die Differenzen über ein → *Clearing-Verfahren* aus.

Meistbegünstigungs-Klausel. Klausel, die einen Staat verpflichtet, jede Handels- oder Zollerleichterung, die er einem Vertragspartner zubilligt, auch dem Land zu gewähren, mit dem er eine Meistbegünstigungsklausel vereinbart hat. Die Meistbegünstigungsklausel ist Grundbestandteil des → *GATT*.

Mengenmäßige Beschränkung. (→ *Kontingente*). Staatliches → Handelshemmnis, das die Ein- oder Ausfuhr einer Ware der Menge oder dem Wert nach begrenzt oder verbietet, obwohl ihr Absatz im Inland gestattet ist.

Menschenrechte. → *Europäische Menschenrechtskonvention*.

Menschenrechtskommission. Die europäische Kommission für

Menschenrechte mit Sitz in Straßburg wurde 1954 gegründet. Sie ist die zentrale Instanz für Beschwerdeverfahren gegen eine Verletzung der Menschenrechte. Jedes Land des → *Europarates* entsendet einen Vertreter in die Kommission (→ *Europäische Menschenrechtskonvention*).

MERCATOR. Kurzbezeichnung für Informationsnetz über Minderheiten- und Regionalsprachen und -kulturen in der EG mit Sitz in Leeuwarden/Niederlande.

MERCOSUR. Von Argentinien, Brasilien, Paraguay und Uruguay am 26.März 1991 in Asuncion gegründeter „Gemeinsamer Markt des Südens" nach dem Vorbild der EG durch Schaffung einer Zollunion, Freizügigkeit, gemeinsamer Außenhandelspolitik und Koordinierung der nationalen Wirtschaftspolitiken.

Meroni-Doktrin. Seit 1958 in ständiger Rechtsprechung des → *Gerichtshofes der EG* anerkannter Grundsatz, wonach die EG über diejenige (interne) Organisationsgewalt verfügt, die erforderlich ist, um für ihre Aufgabenerfüllung funktionsfähig zu sein. Die Meroni-Doktrin führte zur Zulässigkeit der Schaffung untergeordneter Ämter und Dienststellen, soweit diese das institutionelle Organgefüge der EG nicht verfälschen.

MFA. Abk. für → *Multifaserabkommen.*

Milchquoten. → *Agrarpolitik.*

Mindestpreis. → *Agrarpolitik.*

Ministerrat. Kurzbezeichnung für → *Rat der Europäischen Gemeinschaft.*

Mischbeschlüsse. In Angelegenheiten, für die teilweise die Gemeinschaft und teilweise die Mitgliedstaaten zuständig sind, werden Beschlüsse in der Form gefaßt, daß der → *Rat* und die im Rat vereinigten Vertreter der Mitgliedstaaten als Beschlußorgane fungieren. Diese wegen der Personenidentität verwirrende Form entfällt nach den → *Maastrichter Verträgen* dann, wenn es um Beschlüsse im Rahmen der Europäischen Union geht, da hier zentrales Beschlußorgan allein der Rat ist.

Mitbestimmung. Beteiligung von bisher an einer Willensbildung Ausgeschlossenen, gewöhnlich nur im Sinne einer Mitbestimmung von Arbeitnehmern an Entscheidungen der Arbeitgeber gebraucht, und zwar dort in der Regel auf die betriebliche Mitbestimmung verkürzt. Diese wurde in der Montanindustrie durch das Mitbestimmungsgesetz vom 21.5.1951 für Großbetriebe in der Form der sogenannten paritätischen Mitbestimmung eingeführt (Beteiligung der Arbeitnehmer im

Mitgliedstaaten

Aufsichtsrat und eines Arbeitsdirektors im Vorstand von Aktiengesellschaften). Im übrigen galt ab 1952 das Betriebsverfassungsgesetz mit einer Beteiligung der Arbeitnehmer und des Bertiebsrats im Aufsichtsrat. Der Ausbau nach dem Vorbild der Montan-Mitbestimmung führte zu weiteren gesetzlichen Veränderungen und bei Großunternehmen zu einer stärkeren Mitbestimmung. In der EG hat die Mitbestimmung, deren deutsches Modell in den anderen Mitgliedstaaten keine Parallele hat, eine Blockade der Bestrebungen bewirkt, eine → *europäische Aktiengesellschaft* zu schaffen. Diese Blockade verhindert die Verwirklichung des Binnenmarkts im Bereich des Gesellschaftsrechts.

Mitgliedstaaten. Die Vollmitglieder der EG, die der Gemeinschaft bestimmte nationale Hoheitsrechte und Kompetenzen in bezug auf die drei Gewalten Rechtsprechung, Legislative und Exekutive abgetreten haben. Zu den sechs Gründungsstaaten Belgien, Niederlande, Luxemburg, Frankreich, Italien und Deutschland, die 1952 und 1957 die → *Europäischen Gemeinschaften* gründeten, kamen 1973 Großbritannien, Dänemark und Irland hinzu, denen 1981 Griechenland und 1986 Spanien und Portugal folgten. Die ehemalige DDR wurde 1990 mit ihrem Beitritt zur Bundesrepublik Deutschland zugleich Teil der EG.

Der Beitritt neuer Mitgliedstaaten zur Europäischen Gemeinschaft steht grundsätzlich jedem europäischen Staat offen (→ *Beitrittsverfahren*). Folgende Staaten haben die Mitgliedschaft in der EG beantragt: die Türkei (1987), Österreich (1989), Zypern (1990), Malta (1990), Ungarn (1990), Schweden (1991), Finnland (1992), die Schweiz (1992) und Norwegen (1992). Im Hinblick auf die Türkei, Zypern und Malta hat der → *Europäische Rat* beschlossen, die Beziehungen auf der Grundlage der mit diesen Ländern bestehenden → *Assoziierungs*abkommen auszubauen. Mit Ungarn soll der politische Dialog im Rahmen des → *Europa-Abkommens* vertieft werden.
Mit Österreich, Schweden und Finnland begannen die EG-Beitrittsverhandlungen im Februar 1993; im April 1993 auch mit Norwegen. Der Beitrittsantrag der Schweiz ruht nach dem negativen Volksentscheid der Schweizer über die Teilnahme am → *Europäischen Wirtschaftsraum*.
Mehrere Staaten Mittel- und Osteuropas sind bestrebt, möglichst bald die Aufnahme in die EG zu beantragen. Die EG verfolgt die Politik, diese beitrittswilligen Staaten durch den Beschluß von → *Europa-Abkommen* auf die Teilnahme am europäischen Integrationsprozeß vorzubereiten.

Mittelmeerstaaten-Abkommen. Handelsabkommen zwischen der Gemeinschaft und den Mittelmeerländern Türkei, Jugoslawien, Libanon, Jodanien, Syrien, Israel, Ägypten, Tunesien, Algerien, Marokko, Zypern und Malta. Sie enthalten hauptsächlich Handelserleichterungen für den Export in die EG.

Mittelstands-Richtlinie. Die durch die Angleichung der nationalen Regelungen des Rechnungsabschlusses (→ *Bilanz-Richtlinie*) stark belasteten mittelständischen Unternehmen sollen durch die Mittelstands-Richtlinie, die am 8.11.1990 verabschiedet wurde, Erleichterungen erfahren. Nach der Mittelstands-Richtlinie gilt dies in Bezug auf die vierte und siebente Richtlinie für bestimmte mittelständische → *Kapitalgesellschaften* und GmbH & Co (→ *GmbH & Co-Richtlinie*). Die Bundesrepublik Deutschland, die weitergehende Erleichterungen verlangt hatte, als sie die Mittelstands-Richtlinie vorsieht, wurde im Rat überstimmt. Die Richtlinie mußte bis zum 1.1.1993 umgesetzt werden. Die Anpassung des deutschen Rechts steht noch aus.

Mittel- und osteuropäische Staaten. Abk. MOE-Staaten. Die Staaten, die nach dem Zusammenbruch der Sowjet-Union und des → *Comecon* die staatliche Unabhängigkeit wiedererlangt und ihr Interesse an einer näheren Bindung an die EG bekundet haben.

MOE-Staaten. Abk. für → *Mittel- und Osteuropäische Staaten.*

MONITOR. Kurzbezeichnung für Förderprogramm zur Bestimmung neuer Orientierungen der gemeinschaftlichen Forschungs- und Technologiepolitik mittels strategischer Analyse, Prognosen und Bewertungsmaßnahmen mit den Unterprogrammen → *SAST,* → *FAST,* → *SPEAR.*

Montan-Union. Bezeichnung für die → *Europäische Gemeinschaft für Kohle und Stahl.*

Multifaserabkommen (MFA). Multilaterales Abkommen über freiwillige Exportbeschränkungen im Textilhandel, das 1974 zwischen den Mitgliedsländern des → *GATT* (also auch der EG und den USA) und den Textilexportländern des Mittelmeeres, Südostasiens und Südamerikas geschlossen wurde. Die Exportländer beschränken freiwillig ihre Ausfuhren und erhalten dafür von den Industrieländern erleichterten Zugang zu deren Märkten. Das Multifaserabkommen wurde 1977, 1981 und zuletzt 1986 durch Protokolle verlängert. Zur Zeit ist das MFA IV in Kraft. Die EG hat im Rahmen des Multifaserabkommens mit 26 Ländern bilaterale Abkommen abgeschlossen, die die Einzelheiten der gewährten Handelserleichterungen enthalten.

Mutter-Tochter-Richtlinie. Die Mutter-Tochter-Richtlinie gehört neben der → *Fusionsrichtlinie* zu den ersten Richtlinien, die im

Jahre 1990 im Bereich der → *direkten Steuern* durch den Ministerrat verabschiedet wurden. Ziel der Mutter-Tochter-Richtlinie ist es, die → *Doppelbesteuerung* von bereits bei der Tochtergesellschaft besteuerten Gewinnen bei der Ausschüttung von Dividenden an die Muttergesellschaft in einem anderen Mitgliedstaat zu vermeiden. Dies wird dadurch erreicht, daß bei der Tochtergesellschaft keine → *Quellensteuer* mehr erhoben und bei der Muttergesellschaft die zugeflossene Dividende nicht nochmals mit → *Körperschaftsteuer* belastet wird. In Deutschland ist die Mutter-Tochter-Richtlinie mit Wirkung vom 1.1.1992 in nationales Recht umgesetzt worden; jedoch hat Deutschland das Recht, bis 1996 eine Quellensteuer von 5 Prozent auf die Gewinne der Tochtergesellschaft zu erheben. Ein weiterer Entwurf einer geänderten Mutter-Tochter-Richtlinie sieht vor, die Anwendung der Richtlinie auf weitere Rechtsformen (über die Kapitalgesellschaften hinaus) auszudehnen, so daß alle körperschaftsteuerpflichtigen Unternehmen (also z.B. auch die Genossenschaft) in den Genuß der Vergünstigung kommen können.

N

Nahrungsmittelhilfe. Lieferung von Nahrungsmitteln zur Beseitigung eines strukturellen Defizits oder als Sofortmaßnahme in Notfällen durch die EG. Sie erfolgt nach Maßgabe von Übereinkommen zwischen der Gemeinschaft und den Empfängerländern bzw. → *internationalen Organisationen*.

Nationales Recht und Gemeinschaftsrecht. Bei der Gründung der EG übertrugen die Mitgliedstaaten in den klassischen drei Gewalten Legislative, Exekutive und Jurisdiktion Hoheitsrechte auf die Gemeinschaft. Während in den beiden Sektorverträgen über die → *Europäische Gemeinschaft für Kohle und Stahl* und die → *Europäische Atomgemeinschaft* auch erhebliche exekutive Befugnisse übertragen wurden, waren es im Fall der → *Europäischen Wirtschaftsgemeinschaft* vor allem Legislativrechte. Die Exekutivrechte beschränken sich dort im wesentlichen auf den Bereich des Kartellrechts und der Überwachung des Wettbewerbsrechts. Was die Jurisdiktion anbetrifft, so stellte die Errichtung des → *Gerichtshof der EG* mit seinen ausschließlichen Kompetenzen die einzige überstaatliche Einrichtung dar. Die Exekutive verblieb in den meisten Fällen bei den Mitgliedstaaten, dasselbe gilt für die rechtsprechende Gewalt, während die Gesetzgebungskompetenz in den vergemeinschafteten Sektoren ganz – im Bereich der Verordnungen – oder teilweise – im Bereich der wie Rahmengesetze wirkenden Richtlinien – auf die Gemeinschaft überging. Die sich aus der Ausübung der EG-Kompetenz ergebende Kompetenzsperre für die nationale Legislative, die gehindert ist, andere Regelungen zu treffen, bewirkt eine Eingrenzung der nationalen Parlamente, so daß heute kaum ein Sektor etwa des öffentlichen Wirtschaftsrechts mehr autonom gestaltet werden kann. Wegen der begrenzten Hoheitsrechte der Gemeinschaft ist die EG-Rechtsordnung aber auch lückenhaft und auf die Ergänzung durch die nationalen Rechtsordnungen angewiesen. Andererseits werden diese wiederum durch den Vorrang des Gemeinschaftsrechts wesentlich beeinflußt. In der nationalen Exekutive und Legislative werden EG-Rechtsnormen ebenso wie nationale Rechtsnormen angewandt und Verwaltungsakten und Gerichtsurteilen zugrunde gelegt. Damit entfaltet die Gemeinschaftsrechtsordnung in der praktischen Anwendung ihren Vorrang und setzt sich gegenüber dem etwa widersprechenden nationalen Recht durch (→ *Gemeinschaftsrecht*, → *Solange-Rechtsprechung*).

NATO. Abk. für North Atlantic Treaty Organisation (Nordatlantikpakt). Am 4.4.1949 gegründetes westliches Verteidigungsbündnis zwischen den USA, Kanada sowie Belgien, Dänemark, Frankreich, Großbritannien, Island, Italien, Luxemburg, den Niederlanden, Norwegen und Portugal. Später kamen Griechenland und die Türkei (1952), die Bundesrepublik Deutschland (1955) und Spanien (1982) hinzu. Frankreich schied 1966 und Griechenland 1974 aus dem Bündnis wieder aus. Die NATO unterstellt die Streitkräfte der Bündnispartner einem gemeinsamen Oberkommando und verfolgt eine enge sicherheitspolitische Zusammenarbeit ihrer Mitglieder. Die Veränderungen im Ostblock ausgangs der achtziger Jahre bedingen auch eine Änderung der Strategie und Zielausrichtung der NATO.

Negativtest. Von der EG-Kommission auf Antrag von Unternehmen abgegebene Feststellung, daß eine bestimmte beabsichtigte Verhaltensweise oder Marktstrategie nicht gegen das gemeinschaftliche → *Wettbewerbsrecht* verstößt, ein Kartell nicht verboten, ein Marktverhalten kein Mißbrauch von Marktmacht ist.

NET. Abk. für Next European Torus. Folgeprogramm von → *JET* zur Schaffung der physikalischen und technologischen Grundlagen der Thermonuklearfusion.

Nettozahlerposition. Die Tatsache, daß die Bundesrepublik Deutschland auf der einen Seite von allen Mitgliedstaaten den größten Anteil zum EG-→ *Haushalt* beiträgt, auf der anderen Seite ein Vergleich dieses Anteils mit den nach Deutschland zurückfließenden Gemeinschaftsmitteln (z.B. aus den verschiedenen Fonds) einen Negativsaldo in Milliardenhöhe ergibt, wird als deutsche Nettozahlerposition bezeichnet. Diese Bezeichnung – noch polemischer ist diejenige vom „Zahlmeister Europas" – ist rechtlich nicht korrekt, da sie eigene EG-Einnahmen aus Deutschland als deutsche Zahlungen wertet; sie ist aber auch politisch verfehlt, da sie eine rein haushaltstechnische Betrachtungsweise darstellt, die den vielfältigen volkswirtschaftlichen Gewinnen, die Deutschland aus seiner EG-Zugehörigkeit zieht, nicht gerecht wird (→ *Finanzausgleich*), von den integrationspolitischen Zielen eines vereinten Europas einmal abgesehen, die Deutschland mit seinen Kräften zu verwirklichen trachtet.

Netzverbund. → *Verbundsysteme*.

Neues Gemeinschaftsinstrument (NGI). Auch Ortoli-Fazilität genannt. Teil der → *Kreditprogramme* der Gemeinschaft; vom → *Rat der EG* ermächtigt nimmt die → *EG-Kommission* bis zu einem Höchstbetrag Anleihen im Namen der → *Europäischen Wirtschaftsgemeinschaft* auf den Finanzmärkten auf und erteilt der → *Europäischen Investitionsbank* den Auftrag, mit diesen Mitteln Darlehensoperationen „im Namen, für Rechnung und auf Gefahr der Gemeinschaft" durchzuführen. Die Investitionsbereiche für diese Mittel werden jeweils vom Rat der EG festgelegt. Neben dem Energiebereich und Infrastrukturvorhaben für die Regionalentwicklung stehen in den letzten Jahren die Förderung von Investitionen von → *kleinen und mittleren Unternehmen* im Vordergrund. 1978 erstmalig beschlossen (NGI 1) ist der letzte Ermächtigungsbeschluß (NGI 4) über 750 Mio ECU z.B. für Projekte bestimmt, die zur industriellen Anpassung und zur Wettbewerbsfähigkeit der Gemeinschaft, insbesondere durch die Anwendung neuer Technologien und der Innovation, beitragen.

Neues handelspolitisches Instrument. Verfahren zur Abwehr von unlauteren Handelspraktiken von → *Drittstaaten*, die im Widerspruch zu internationalen Abkommen oder allgemein anerkannten Grundsätzen stehen. Es ermöglicht Privatpersonen, Unternehmen oder Unternehmensverbänden, die durch eine solche Handelspraktik Schaden erlitten haben, sich mit einer Beschwerde an die → *EG-Kommission* zu wenden. Erachtet die Kommission die Beschwerde für begründet, leitet sie ein Verfahren ein. Als mögliche Sanktionen gegen den Drittstaat stehen der Gemeinschaft alle nach internationalem Handelsrecht erlaubten Maßnahmen zur Verfügung wie z.B. Entzug von gewährten Handelserleichterungen, Erhöhung von → *Zöllen* oder Einführung von → *mengenmäßigen Beschränkungen*.

NGI. Abk. für→ *Neues Gemeinschaftsinstrument*.

Nichtigkeitsklage. Klageform, die den Mitgliedstaaten und EG-Organen und – ausnahmsweise – Privaten eine Anfechtung von EG-→ *Rechtsakten* vor dem → *Gerichtshof der EG* (EuGH) eröffnet (vgl. Art. 173 → *EWG-Vertrag*). Die Nichtigkeitsklage muß binnen zweier Monate nach Bekanntgabe oder Kenntnisnahme des angefochtenen Aktes erhoben und kann nur auf bestimmte Anfechtungsgründe (Unzuständigkeit, Formverstöße, Rechtsfehler und Ermessensmißbrauch) gestützt werden; diese Begrenzung hat sich allerdings wegen der weit zu interpretierenden Klagegründe kaum ausgewirkt. Bei Erfolg der Nichtigkeitsklage erklärt der EuGH die angefochtene Handlung für von Anfang an nichtig (Art. 174 EWG-Vertrag).

Nicht-obligatorische Ausgaben. → *Ausgaben, nicht-obligatorische*.

Niederlassungsfreiheit. Teil der zur Verwirklichung des → *Gemeinsamen Marktes* nötigen Grundfreiheit des freien → *Personenverkehrs*. Die Niederlassungsfreiheit garantiert die freie Niederlassung der selbständigen Unternehmer und Gesellschaften der Mitgliedstaaten zur Ausübung gewerblicher, landwirtschaftlicher und freiberuflicher Erwerbstätigkeit in einem anderen Mitgliedstaat (für die Arbeitnehmer → *Freizügigkeit*).

Nordatlantikpakt. → *NATO*.

Normen. Die Harmonisierung von einzelstaatlichen Normen sowie die Ausarbeitung von → *europäischen Normen* (EN) ist eine der Voraussetzungen für die Beseitigung der technischen → *Handelshemmnisse* und der Verwirklichung des → *Binnenmarktes*. Bis Mitte der 80er Jahre war die EG bestrebt, einheitliche EG-Normen durch die Harmonisierung der einzelstaatlichen Normen und das Erlassen von → *Richtlinien* zu erstellen. Dieser Weg erwies sich zunehmend als langwierig und zu kompliziert. Seit 1985 beschreitet die EG einen neuen Weg: Sie beschränkte sich bei der Gesetzgebung auf die Festsetzung von unerläßlichen Erfordernissen und übertrug die Ausarbeitung von einheitlichen europäischen Normen den europäischen Normungsinstituten → *CEN*, → *CENELEC* und → *ETSI*. Die Verwendung der von diesen Instituten festgesetzten Normen wie die → *Europäische Fernmelde-*

norm oder die → *Europäische Norm* ist zwingend, wenn sie in EG-Richtlinien vorgeschrieben werden; sei es, daß auf diese Normen starr Bezug genommen wird oder daß sie im Anhang der Richtlinie abgedruckt werden. Möglich ist auch, daß in der Richtlinie das angestrebte Sicherheits- oder Gesundheitsziel umschrieben wird und die technische Norm diese Zielbestimmung ausfüllt. Sie ist aber Garantie dafür, daß die nach ihnen erzeugten Produkte den EG-Mindesterfordernissen entsprechen.

NORSAP. Abk. für Northern Sea Action Plan. Umweltaktionsprogramm zum Schutz und zur Verbesserung der Umweltqualität in Nord- und Ostsee, Atlantik und Irischer See zur Nährstoffverringerung, Abwasserbehandlung, Vorbeugung gegen Verschmutzung und Behandlung unfallbedingter Verschmutzung mit integriertem ökologischen Management (→ *MEDSPA*).

Notenboom-Verfahren. Jährlich im Herbst stattfindende Mittelübertragungen im → *Haushalt der EG* zur besseren Ausschöpfung der einzelnen Haushaltslinien, benannt nach dem ehemaligen Abgeordneten des → *Europäischen Parlaments*.

Notstandsklausel. Die in Art. 224 des → *EWG-Vertrages* niedergelegte Notstandsklausel verpflichtet die Mitgliedstaaten zur Abstimmung eines gemeinsamen Vorgehens auch in solchen Fällen, in denen ein Mitgliedstaat wegen schwerer innerstaatlicher Störungen der öffentlichen Ordnung oder ernster internationaler Spannungen Maßnahmen trifft, die ein Funktionieren des → *Gemeinsamen Marktes* beeinträchtigen.

NOW. Abk. für New Opportunities for Women. Neue Chancen für Frauen. Gemeinschaftsinitiative des → *Europäischen Sozialfonds* zur Förderung der Chancengleichheit von Frauen im Bereich der Beschäftigung und der beruflichen Bildung. Das Programm finanziert drei Initiativen für Frauen: Unterstützung bei der Gründung von Firmen, Schulungs- und Forbildungsaktionen sowie die Erhöhung des Angebotes von Kindertagesstätten.

NUTS. Abk. für Nomenclature of territorial units for statistical purposes. Für statistische Zwecke ist das gesamte Gebiet der EG in Gebietseinheiten („NUTS") eingeteilt. Diese gliedern sich in drei Ebenen. Als NUTS I-Gebiete gelten 64 Regionen der Gemeinschaft, zu denen in Deutschland die Bundesländer zählen. NUTS II-Gebiete sind die 167 Verwaltungsbezirke der EG – auf Deutschland bezogen die Regierungsbezirke -, die wiederum aus 824 NUTS III-Gebieten wie den deutschen Kreisen bestehen.

O

Obligatorische Ausgaben → *Ausgaben, obligatorische.*

OECD. → *Organisation für wirtschaftliche Zusammenarbeit und Entwicklung.*

OEEC. Abk. für Organization for European Economic Cooperation. → *Organisation für europäische wirtschaftliche Zusammenarbeit.*

Offen-Markt-Politik. Ziel der Offen-Markt-Politik ist es, das Volumen der Geldmenge und damit die Zinsentwicklung in einem Lande zu beeinflussen. Dies geschieht durch Offenmarktoperationen, die darin bestehen, durch eine Veränderung der Bedingungen beim An- oder Verkauf von Geldmarkttiteln oder bestimmten langfristigen Wertpapieren des Rentenmarktes, auf die vorhandene Liquidität und damit den Zins Einfluß zu nehmen (→ *Geldpolitik*).

Offener Netzzugang. Englisch: Open Systems Interconnection (OSI). Bezeichnet die Möglichkeit, an Telekommunikationsnetzen und -diensten teilnehmen zu können, ohne daß der Anwender und seine Geschäfts- oder Kommunikationspartner bei der Wahl der Geräte und Software an einen herstellerspezifischen Standard gebunden sind. Für den Bereich der Netzwerke hat die → *International Standards Organisation* einen herstellerunabhängigen Standard entwickelt. Die EG will mit ihrer im Juni 1990 verabschiedeten Richtlinie zur Einführung eines offenen Netzzuganges die Öffnung der betreffenden Märkte für den Wettbewerb und weitere Harmonisierungsmaßnahmen erreichen.

Öffentliches Auftragswesen. Mehrere EG-→ *Richtlinien* wurden erlassen, um den Unternehmen aus den jeweils anderen Mitgliedstaaten einen fairen Zutritt bei der Vergabe öffentlicher Aufträge in der EG zu garantieren. Das öffentliche Auftragswesen umfaßt sowohl Liefer- als auch Leistungsaufträge, wie z.B. Bauaufträge. Die Vorschriften erstrecken sich auf die Bekanntmachung der Aufträge, die Vergabeverfahren, -bedingungen und -fristen sowie die Einspruchsregeln. Bis vor kurzem waren die Sektoren → *Fernmeldewesen*, Energie, Wasser und Transport von den Liberalisierungsrichtlinien ausgenommen. Ähnliche gemeinschaftliche Vergabevorschriften sind jedoch jetzt auch für diese Sektoren erlassen worden und besondere Einspruchsregeln sind noch in Diskussion. Projekte, die unter Verteidigungsaspekte fallen, sind dagegen nur bedingt den EG-Richtlinien unterworfen.

ONP. Abk. für Open Network Provision. → *Offener Netzzugang.*

ORA. Abk. für Opportunities for Applications of ITT in Rural Areas. Teilprogramm von → *TELEMATIK* zur informationstechnologischen Strukturverbesserung der ländlichen Räume.

Ordre public. (frz.) Fachbegriff für die öffentliche Sicherheit und Ordnung, die gewährleistet werden muß, damit ein geordnetes Gemeinwesen funktioniert. Im EG-Recht umschreibt der ordre public mitgliedstaatliche Vorbehalte gegenüber EG-Bestimmungen (z.B. in den Art. 36 oder 56 → *EWG-Vertrag*); diese Vorbehalte können aber von der Gemeinschaft durch entsprechende → *Rechtsangleichung* der einschlägigen nationalen Vorschriften ausgeräumt werden.

Organe der EG. → *Institutionen und Struktur der Europäischen Gemeinschaften.*

Organisation Européenne pour la Recherche Nucléaire. → *Europäische Organisation für Kernforschung.*

Organisation für wirtschaftliche Zusammenarbeit und Entwicklung. Organisation for Economic Cooperation and Development, Abk. OECD. Nachfolgeorganisation der OEEC (Organisation for European Economic Cooperation). Die OEEC war als erste europäische Nachkriegsorganisation 1948 geschaffen worden, um die Gelder aus dem → *Marshall-Plan* im darniederliegenden Europa zu verteilen und zu verwalten. Nach Erfüllung dieser Aufgabe wurde 1960 die OECD mit Sitz in Paris gegründet, der alle westlichen Industrieländer einschließlich USA, Kanada, Japan, Australien und Neuseeland angehören. Hauptaufgabe der Organisation ist die Harmonisierung der Wirtschafts-, Handels- und Entwicklungspolitik ihrer Mitglieder mit den Zielen Vollbeschäftigung, Preisstabilität, langfristiges Wirtschaftswachstum und Förderung der Entwicklungsländer im Rahmen eines freien multilateralen Welthandelssystems. Seit der Öffnung des Ostens ist die Zusammenarbeit mit den ehemaligen Ostblockländern und die Suche nach Strategien für einen sozial verträglichen Übergang in die Marktwirtschaft in den Mittelpunkt der OECD-Arbeit gerückt.

Organization for Economic Cooperation and Development. Abk. OECD. → *Organisation für wirtschaftliche Zusammenarbeit und Entwicklung.*

Organization for European Economic Cooperation. Abk. OEEC. → *Organisation für europäische wirtschaftliche Zusammenarbeit.*

Organschaft. Unter Organschaft versteht man die rechtliche, wirtschaftliche und organisatorische Verflechtung zweier → *Kapitalgesellschaften* dergestalt, daß sie wie eine Kapitalgesellschaft behandelt werden. Bei Vorliegen der entsprechenden Voraussetzungen wird im Falle der Organschaft der Gewinn/Verlust einer Tochtergesellschaft ihrer Muttergesellschaft zugerechnet. Es wird nur eine → *Körperschaftsteuer*-Erklärung und nur eine → *Umsatzsteuer*-Erklärung abgegeben. Grenzüberschreitend kann die Organschaft nicht angewandt werden.

Orientierungspreis. → *Agrarpolitik.*

Ortoli-Fazilität. → *Neues Gemeinschaftsinstrument,* benannt nach dem früheren Kommissionspräsidenten Francois Xavier Ortoli.

OSI. Abk. für Open Systems Interconnection. Kommunikation offener Systeme → *Offener Netzzugang.*

P

PABLI. Abk. für Pages Bleues Informatisées. Datenbank über die Entwicklungshilfe der EG in den → *AKP-Staaten,* → *Mittelmeerländern* und Entwicklungsländern Asiens und Lateinamerikas.

Pan-Europa-Bewegung. Von dem österreichischen Grafen Coudenhove-Kalergi nach dem Ersten Weltkrieg gegründete Europa-Bewegung mit Anhängern vor allem in Frankreich und Deutschland, die auf seinem 1923 erschienenen Buch „Paneuropa" fußte. In diesem Buch hatte sich Coudenhove-Kalergi für die Einigung Europas in Form einer Staaten-Union ausgesprochen (- allerdings unter Ausschluß Großbritanniens, das durch das Empire weltweite Verpflichtungen hatte -) mit einem obligatorischen Schiedsgericht, einer Zollunion und einer europäischen Verfassung zur Errichtung der „Vereinigten Staaten von Europa" nach dem Vorbild der USA.

PARA. Abk. für Programme d'Aides au Revenue agricole. Unterstützungsprogramm mit Einkommensbeihilfen für landwirtschaftliche Familienbetriebe, die durch die neuen Marktgegebenheiten in Schwierigkeiten geraten sind (→ *Europäischen Ausrichtungs- und Garantiefonds für die Landwirtschaft*).

Parallelwährung. Unter Parallelwährung im engeren Sinne versteht man eine Währung, die gleichberechtigt neben der nationalen Währung als Zahlungsmittel umläuft und für die eine Annahmepflicht besteht. Im weiteren

Paraphierung

Sinne wird als Parallelwährung jede Währung bezeichnet, die neben der nationalen Währung offiziell oder inoffiziell (schwarz) gehandelt wird, aber bei der keine Annahmepflicht besteht; Beispiel: der US-Dollar in einigen Ländern Südamerikas und Osteuropas (→ *Währungskonzepte*).

Paraphierung. Abzeichnung eines völkerrechtlichen Vertrags mit der Paraphe, dh. den Anfangsbuchstaben des Namens der mit der Aushandlung des Vertrags beauftragten und bevollmächtigten Vertreter der beteiligten Staaten oder Organisationen. Bei Staatenabkommen paraphieren in der Regel Regierungsmitglieder, bei EG-Abkommen die Kommission. Von der Paraphierung zu unterscheiden sind die → *Unterzeichnung* und die → *Ratifizierung* dieser Abkommen.

Pariser Club. Internationales Gläubigergremium, das Umschuldungsabkommen beispielsweise mit den Ländern Latein-Amerikas und Osteuropas beschließt.

Paritätengitter. Netz von abgeleiteten oder bilateralen Leitkursen (Paritäten) zwischen Währungen, die ihre jeweilige Parität (Leitkurs) in einer gemeinsamen Bezugseinheit („numeraire") festgelegt haben und die einem → *Interventionssystem* (mit Bandbreiten) angehören (→ *Europäisches Währungssystem*, → *Bretton-Woods-Abkommen*).

Parteien, europäische. Europäische Parteien im eigentlichen Sinn gibt es noch nicht; auch bei Wahlen zu dem → *Europäischen Parlament* stellen sich in den Mitgliedstaaten die nationalen politischen Parteien zur Wahl. Allerdings sind in allen Mitgliedstaaten bestimmte Grundtendenzen durch die Parteien repräsentiert (Konservative, Sozialisten, Liberale, Grüne). Dies führte dazu, daß sich gleichgesinnte nationale Parteien zu lockeren europäischen Bündnissen zusammenschlossen und auch im Europäischen Parlament entsprechende Fraktionen bilden, die sich durch einheitliche politische Ausrichtung auszeichnen und nicht durch die Nationalität ihrer Mitglieder gekennzeichnet sind (allerdings bilden jeweils die Fraktionsangehörigen eines Mitgliedstaats eine sogenannte Gruppe). Erst in einer → *Europäischen Union*, in der die Binnengrenzen weggefallen sind und ein parlamentarisches System europaweiter Kompetenz die nationalen Systeme abgelöst hat, wird sich die Notwendigkeit echter europäischer Parteien erweisen. Der Vertrag von Maastricht trägt dem in seinem programmatischen Art. 138a EWG-V Rechnung, der die Bedeutung politischer Parteien auf europäischer Ebene herausstellt.

Paßkontrolle. → *Personenkontrollen*.

Patentrecht. → *Gemeinschaftspatentübereinkommen.*

Paul-Finet-Stiftung. Die Stiftung vergibt allgemeine und berufliche Ausbildungsstipendien für Waisen ehemaliger Arbeitnehmer in der → *Europäischen Gemeinschaft für Kohle und Stahl.*

Pauschalbeihilfe. → *Marktordnung.*

Pauschalreise-Richtlinie. Die Pauschalreise-Richtlinie wurde vom Rat am 13.6.1990 beschlossen und regelt die Gestaltung und den Inhalt der Reisekataloge und -verträge. Verbraucherschutzrechte für Reisemängel und Leistungsänderungen werden im einzelnen festgelegt. Bei Vertragsabschluß treffen den Reiseveranstalter bestimmte Informationspflichten; für Körperschäden des Reisenden infolge mangelhafter Leistungen haftet er unbeschränkt. Ferner sind Sicherheitsleistungen im Falle der Zahlungsunfähigkeit oder des Konkurses von Reiseveranstaltern zugunsten der Einzahlungen des Reisenden und zur Gewährleistung der Rückreise geregelt. Die Mitgliedstaaten mußten die Richtlinie bis Ende 1992 umsetzen. Dies war in Deutschland nicht möglich, da insbesondere die einzuführende Insolvenzsicherung Schwierigkeiten bereitete.

PEDIP. Abk. für Programme européenne pour le développement d'industrie portugaise. 1988 eingeleitetes Entwicklungsprogramm zur Steigerung der Wettbewerbsfähigkeit und Modernisierung der portugiesischen Industrie.

Personengesellschaft. Zu den Personengesellschaften zählen die Offene Handelsgesellschaft (oHG) und die → *Kommanditgesellschaft* (KG) sowie die Gesellschaft bürgerlichen Rechts (GbR bzw. BGB-Gesellschaft). Ähnliche Rechtsformen findet man in allen EG-Staaten, wenn sie auch nicht immer steuerlich als Personengesellschaft im deutschen Sinne behandelt werden. In Deutschland wird die Personengesellschaft nur hinsichtlich der → *Umsatzsteuer* und → *Gewerbesteuer* als Steuersubjekt behandelt, während für die → *Einkommensteuer* der anteilige Gewinn jedem Gesellschafter einzeln zugerechnet wird. Anstelle einer Harmonisierung strebt die EG europäische Rechtsformen der Personengesellschaft an. Als erste Form wurde die → *Europäische Wirtschaftliche Interessenvereinigung* (EWIV) geschaffen. An der EWIV können sich Gesellschafter verschiedener Mitgliedstaaten beteiligen.

Personenkontrollen. Die EG ist bemüht, bis 1993 die Personenkontrollen an den Binnengrenzen (also zwischen den Mitgliedstaaten) der Gemeinschaft weitestgehend abzuschaffen und so den freien → *Personenverkehr* zu er-

Personenkraftverkehr

möglichen. Dazu ist aber eine Harmonisierung der einzelstaatlichen Schutzmaßnahmen gegen Drogenhandel, Terrorismus und sonstige grenzüberschreitende Verbrechen sowie der Vorschriften über den Waffenbesitz notwendig. Mit dem Abbau der innergemeinschaftlichen Kontrollen müssen jene an den Außengrenzen der EG verstärkt werden. Ein einheitliches Asylrecht und eine gemeinsame Visumspolitik werden im Rahmen der → *innen- und justizpolitischen Zusammenarbeit* nach den Regeln der → *Maastrichter Verträge* angestrebt. Die Unterzeichnerstaaten des → *Schengener Abkommens* Deutschland, Frankreich, Belgien, Niederlande und Luxemburg haben die Personenkontrollen an ihren Grenzen in einem Vorgriff auf eine künftige EG-Regelung am 1.Januar 1992 abgeschafft. Inzwischen sind auch Italien, Spanien und Portugal dem Schengener Abkommen beigetreten.

Personenkraftverkehr. → *Straßenverkehr.*

Personenverkehr, freier. Als eine der vier → *Grundfreiheiten* bedeutet der freie Personenverkehr die Gleichbehandlung aller EG-Bürger in allen Mitgliedstaaten ohne Beschränkungen aufgrund ihrer Staatsangehörigkeit. Zum freien Personenverkehr zählen die → *Freizügigkeit* der unselbständigen Arbeitnehmer, die → *Niederlassungsfreiheit* der Selbständigen und der Wegfall der → *Personenkontrollen* an den Grenzen. Zur Verwirklichung des vollständig freien Personenverkehrs wird zur Zeit an der Harmonisierung des Asyl-, Waffen- und Drogenrechts gearbeitet sowie die Verstärkung der Außenkontrollen vorbereitet.

PETRA. Abk. für Programme for European Youth Training. Förderprogramm zur beruflichen Aus- und Weiterbildung junger Leute zwischen 15 und 27 Jahren nach ihrem Schulabschluß. Gefördert werden beispielsweise Berufspraktika, die jungen Schulabgängern die Möglichkeit geben, Teile ihrer Aus- oder Weiterbildung in einem anderen EG-Mitgliedstaat zu absolvieren

PHARE. Abk. für Pologne-Hongrie: Assistance pour la Restructuration Economique. Aktionsplan zur wirtschaftlichen Entwicklung und Modernisierung zunächst für Polen und Ungarn. Die zweite Phase des Programms umfaßt Hilfsmaßnahmen nun auch für Bulgarien, Rumänien, Albanien, Estland, Lettland, Litauen, Slowenien, Kroatien, die tschechische und slowakische Republik.
Gefördert werden privatwirtschaftliche Investitionen, insbesondere Direktinvestitionen und Kapitalbeteiligungen für Joint-Ventures und Maßnahmen der Management- und Berufsausbildung.
Darüber hinaus unterstützt das Programm Umstrukturierungen

der Landwirtschaft, des ländlichen Raums, des sozialen Bereichs, des Gesundheitswesens und der Verwaltung, ferner Umweltschutzmaßnahmen besonders für Industrieregionen und Kunstdenkmäler.

Politische Union. Die Politische Union war der Zielbegriff für die zweite EG-Reform nach der → *Einheitlichen Europäischen Akte* (EEA). Obgleich auch mit dieser Ende 1990 begonnenen und Anfang 1992 beendeten Reform noch nicht das politische Endziel der Vereinigten Staaten von Europa erreicht wird, stellt sie einen weiteren Schritt in diese Richtung dar. Hierbei wurde auf dem mit der EEA bislang Erreichten aufgebaut und die Entwicklung konsequent fortgesetzt. Gemäß den Vorstellungen des Europäischen Rates vom 14./15. Dezember 1990 am Vorabend der Eröffnung der beiden Konferenzen über die Politische Union und die → *Wirtschafts- und Währungsunion* standen insbesondere folgende Punkte auf der Tagesordnung:
1. Die Stärkung der demokratischen Legitimität durch Stärkung der Rolle des → *Europäischen Parlamentes*. Dies ist durch die Ausdehnung des Zusammenarbeitsverfahrens und durch das neue Kodezisionsverfahren sowie eine Ausweitung des → *Zustimmungsverfahrens* und der Beteiligung des Parlamentes bei der Bestellung der Kommission teilweise erreicht worden.

2. Eine gemeinsame Außen- und Sicherheitspolitik.
Dies ist durch einen Ausbau der → *Europäischen Politischen Zusammenarbeit* als besonderen Pfeiler der Politischen Union unter Einbeziehung von EG-Kommission und -Parlament gelungen, wobei die Eingliederung der Gemeinsamen Außen- und Sicherheitspolitik in den Gemeinschaftsrechtsrahmen noch nicht geglückt ist. Immerhin ist in diesem klassischen Bereich des → *Konsensprinzips* auch die Möglichkeit von Mehrheitsentscheidungen zur Durchführung vereinbarter Politiken vorgesehen.
3. Die Einführung der Europabürgerschaft.
In diesem Zusammenhang war das Thema „Kommunalwahlrecht für EG-Bürger" angesprochen, aber auch der Ausbau der Freizügigkeitsrechte für alle EG-Angehörigen sowie die Einrichtung eines „Ombudsmannes". Hier hat Maastricht echte Fortschritte gebracht, da sowohl das Kommunalwahlrecht als auch die Einrichtung eines Ombudsmannes oder Bürgerbeauftragten gesichert wurde.
4. Die Ausweitung und Verstärkung der Tätigkeit der Gemeinschaft.
Dieses Thema betraf die Übertragung neuer Hoheitsrechte auf die Gemeinschaft im Sozialbereich, bei der Umweltpolitik, in der Energie- und Forschungspolitik, aber auch bei der Kultur und Bildung und nicht zuletzt in den Be-

reichen des Asylrechts und der Bekämpfung des Drogenmißbrauches und des organisierten internationalen Verbrechertums. Die Maastrichter Verträge haben hier viel erreicht, den Durchbruch zu einer vollen Gemeinschaftskompetenz aber nicht geschafft; insbesondere in der Sozialpolitik konnten wegen des Widerstandes Großbritanniens einvernehmliche Regelungen nicht verabschiedet werden.

5. Die Festlegung des Subsidiaritätsprinzips.
Dieser Punkt wurde durch den neuen Art. 3b EGV gelöst, der verhindern soll, daß die Union zu zentralistisch wird und den Mitgliedstaaten dort freie Hand läßt, wo die Zuständigkeiten vor allem für die Durchführung der Gemeinschaftspolitiken besser in dezentraler Weise ausgeübt werden können. Auch das Anliegen der deutschen Bundesländer, durch das Subsidiaritätsprinzip gerade die Regionen und sonstigen unterhalb der mitgliedstaatlichen Ebene vorhandenen Strukturen zu stärken, fand damit Gehör.

6. Die Effizienz der Union.
Die hinter diesem Thema verborgene Problematik der Stärkung der inneren Struktur der Gemeinschaft und der Anpassung der Organe an die Herausforderungen einer stärkeren Gemeinschaft, die unter den derzeitigen Bedingungen des Umbruches in Europa und der Welt weitgehende Verantwortung auch für → *Drittstaaten* übernehmen muß, fand in den Vor-Maastricht-Verhandlungen gebührende Beachtung. Die gefundenen Lösungen – Verstärkung der Rolle des → *Europäischen Rates*, Ausdehnung des Mehrheitsprinzips bei den Ratsbeschlüssen – blieben jedoch hinter den Erwartungen zurück. Auch die Bereiche der → *Gemeinsamen Außen- und Sicherheitspolitik* und der → *Wirtschafts- und Währungsunion* (WWU) haben neben den Reformen des EG-Vertrages eine große Rolle in den Verhandlungen gespielt, wobei jedoch nur die WWU in dem Vertrag detailliert geregelt wurde (→ *Maastrichter Verträge*).

Pompidou-Gruppe. Durch den → *Europarat* eingesetzte Gruppe zur europaweiten Zusammenarbeit bei der Bekämpfung des Drogenmißbrauchs und des unerlaubten Drogenverkehrs. Die entsprechende EG-Gruppe → *CELAD* arbeitet eng mit der Pompidou-Gruppe zusammen.

POSEIMA. Abk. für Programme d'options spécifique à l'éloignement et à l'insularité de la Madeire. Entwicklungsprogramm für Madeira.

Postulationsfähigkeit. Die an bestimmte, gesetzlich vorgeschriebene Voraussetzungen geknüpfte Fähigkeit zu rechtserheblichem Handeln in einem Prozeß. Postulationsfähigkeit ist Voraussetzung für die prozessuale Handlungsfähigkeit. Vor dem → *Gerichtshof* der EG und dem → *Gericht 1. Instanz* ist die Postulationsfähigkeit nicht jeder Partei gegeben, vielmehr muß diese sich durch in einem Mitgliedstaat zugelassenen Anwalt vertreten lassen (→ *Anwaltszwang*). Bei Klagen von Mitgliedstaaten und EG-Organen sind auch andere kundige Bevollmächtigte postulationsfähig.

Präambel. Vorspruch zu Verträgen oder Verfassungen (zum Beispiel Präambel zum Grundgesetz oder zum → *EWG-Vertrag*), der die Motive und Ziele des betreffenden Aktes erläutern soll und damit Interpretationsgrundlagen für Anwender und Gerichte darstellt, ohne selbst rechtsverbindlich zu sein. Wichtig ist die Präambel zum EWG-Vertrag, in der die Ziele der wirtschaftlichen Integration (Verbesserung der Lebensbedingungen, Wirtschaftsausweitung, Harmonisierung der Volkswirtschaften, Beseitigung der Handelsbeschränkungen) umschrieben sind.

Präferenzabkommen. Vertragsvereinbarungen, mit denen sich die Vertragspartner Vorzugsbedingungen im gegenseitigen Handel gewähren.

Präklusion. Ausschluß neuer Angriffs- und Verteidigungsmittel im Prozeß ab einem bestimmten Stadium des Verfahrens. Im Prozeß vor dem → *Gerichtshof der EG* sind neue tatsächliche oder rechtliche Vorbringungen grundsätzlich präkludiert, wenn nach Klage und Klageerwiderung noch je ein Schriftsatz der Parteien gewechselt ist.

Preisfestsetzung. → *Agrarpolitik*.

Presse- und Informationsbüro. Von der → *Kommission der Europäischen Gemeinschaft* in allen Mitgliedstaaten und den wichtigsten → *Drittstaaten* unterhaltene Büros, bei denen Informationsmaterial über die EG und ihre Organe sowie den → *Binnenmarkt* bezogen werden kann. Die vielfältigen Veröffentlichungen der EG sind dort ebenfalls erhältlich.

Primärrecht. Der Teil des → *Gemeinschaftsrechts*, der in den Gründungsverträgen der → *Europäischen Gemeinschaften* sowie in den gleichrangigen Änderungs- und Beitrittsverträgen sowie den dazugehörigen Protokollen und Anhängen niedergelegt ist. Das Primärrecht ist grundsätzlich nur im Wege der → *Vertragsänderung* änderbar. Wegen seines Inhalts stellt es in der Regel den wichtigeren Verfassungsteil des Gemeinschaftsrechts dar. Das Primärrecht ist juristisch durch seine Doppelnatur gekennzeichnet, die darin besteht, daß seine Entstehung und Änderung nach gemeinschaftsrechtlichen Verfahren durch einen völkerrechtlichen Akt unter verfassungsrechtlicher Mitwirkung der Mitgliedstaaten erfolgt, während das entstandene Primärrecht als Teil des Gemeinschaftsrechts der Einflußnahme durch einseitiges Handeln der Mitgliedstaaten entzogen ist (→ *Sekundärrecht*).

Produkthaftungs-Richtlinie.
Mit der 1985 verabschiedeten EG-Richtlinie wurde die Produzentenhaftung in der EG eingeführt. Sie hätte binnen 3 Jahren in nationales Recht umgesetzt werden müssen, was jedoch erst in einigen Mitgliedstaaten – darunter Deutschland – geschehen ist. Kernstück der Richtlinie ist die Einführung einer verschuldungsunabhängigen Haftung des Produzenten oder Importeurs (beim Import in die EG) für Schäden, die durch einen Produktfehler verursacht worden sind (→ *Gefährdungshaftung*). Die Richtlinie gilt für Produkte aller Art mit Ausnahme landwirtschaftlicher Erzeugnisse und Jagderzeugnisse bis zur ersten Verarbeitungsstufe. Die Ersatzpflicht umfaßt sowohl Personen- als auch Sachschäden, letztere aber nur für privat gebrauchte Produkte ab einem bestimmten Sockelschadensbetrag. Die Haftung entfällt nur bei Fehlern, die nach dem Stand von Wissenschaft und Technik nicht erkennbar waren, als das Produkt in den Verkehr gebracht wurde (sog. Entwicklungsrisiken). Der deutsche Gesetzgeber hat in dem Produkthaftungsgesetz von der in der Richtlinie eröffneten Möglichkeit Gebrauch gemacht, die Gesamthaftung für Personenschäden auf 160 Millionen DM zu begrenzen.

Produktsicherheit. Sie soll für alle Produkte, die in der EG gehandelt werden, durch die Ausarbeitung und Anwendung der entsprechenden → *Europäischen Norm* gewährleistet sein. Zu diesem Zweck erläßt der → *Rat der EG* Richtlinien für verschiedene Produktgruppen mit den unerläßlichen Anforderungen an Sicherheit, Gesundheitsschutz sowie Schutz des Verbrauchers und der Umwelt, an denen sich die Normungsinstitute → *CEN* und → *CENELEC* bei der Ausarbeitung der Europäischen Normen zu orientieren haben. Produkte, die diesen Anforderungen entsprechen, dürfen das Kennzeichen „CE" tragen und können sodann ungehindert innerhalb der Gemeinschaft gehandelt werden.

Produzentenhaftung. → *Produkthaftungs-Richtlinie.*

Progressionsvorbehalt. Unter Progressionsvorbehalt versteht man eine Korrektur der Steuerbelastung dergestalt, daß an sich steuerfreie Einkommensteile nur hinsichtlich der Höhe des Steuersatzes berücksichtigt werden. Hierzu rechnen im Inland die Lohnersatzleistungen wie z.B. das Arbeitslosengeld, im grenzüberschreitenden Verkehr die ausländischen Einkünfte, z. B. aus einer ausländischen Betriebsstätte. Der Progressionsvorbehalt bewirkt, daß bei positiven ausländischen Einkünften der inländische Steuersatz für die steuerpflichtigen inländische Einkünfte steigt. Ein negativer Progressionsvorbehalt, also ein Sinken des Steuersatzes, ist nur bei sogenannten aktiven Einkünften (z.B. Verlusten aus einer gewerblichen ausländischen Betriebsstätte) möglich.

PROMETHEUS. Forschungsprogramm der europäischen Automobilhersteller im Rahmen von → *EUREKA* zur Entwicklung intelligenter Straßenfahrzeuge (→ *DRIVE*).

PROTEAS. Abk. für Prototypes European Access System. Informationsnetz in den Bereichen Biologie, Medizin, Energie, Umwelt, Materialforschung und industrielle Produktionstechniken.

Protektionismus. Verhalten eines Staates, wodurch inländische Wirtschaftssubjekte gegenüber ausländischen Konkurrenten geschützt werden. Dies geschieht vor allem durch die Errichtung von → *Handelshemmnissen* wie → *Zölle* oder → *mengenmäßige Beschränkungen* bei der Einfuhr sowie durch diskriminierende Maßnahmen etwa bei der Vergabe öffentlicher Aufträge (→ *Öffentliches Auftragswesen*).

Protokollerklärungen. Häufig geübte Praxis, bestimmte Erklärungen, Vorbehalte, Klarstellungen oder Ergänzungen politischer, wenn auch nicht rechtlich verbindlicher Art zu Beschlüssen, Verträgen und insbesondere auch Rechtsakten des → *Rates der EG* hinzuzufügen, wenn diese Protokollerklärungen nicht als Bestandteil des Rechtsakts selbst oder wenigstens in den → *Erwägungsgründen* durchsetzbar waren. Die Protokollerklärungen sind entweder gemeinsame Erklärungen vom Rat und der → *EG-Kommission* oder einseitige Erklärungen einzelner Mitgliedstaaten oder der Kommission. Gemeinsame Protokollerklärungen stellen politische Selbstbindungen der Erklärenden dar, während einseitige Protokollerklärungen oft nur Vorbehaltscharakter besitzen; bestimmte in Aussicht genommene Konsequenzen werden als folgenlos betrachtet, wenn der Vorbehalt ohne Einwand hingenommen wird. Rechtliche Bindungen aufgrund EG-Rechts sind allerdings einseitig nie abzubedingen.

Protokoll über den innerdeutschen Handel. → *Innerdeutscher Handel.*

Protokoll über Vorrechte und Befreiungen. Vereinbarung der EG-Staaten über Immunitätsrechte der EG-Bediensteten und Europaparlament-Abgeordneten, deren Zollbefreiungen und Steuervergünstigungen.

Protokoll und Abkommen über die Sozialpolitik. → *Sozialpolitik.*

Q

Qualifizierte Mehrheit. Erschwerte Mehrheitsentscheidung gegenüber der einfachen Mehrheit, die besonders bei Ratsbeschlüssen relevant ist (→ *Mehrheitsprinzip*). Ratsbeschlüsse, für die eine qualifizierte Mehrheit erforderlich ist, kommen zustande, wenn mindestens 54 (von 76) Stimmen dafür sind. Bei Entscheidungen, die nicht auf Vorschlag der → *EG- Kommission* getroffen werden, ist außerdem die Zustimmung von mindestens acht Mitgliedstaaten erforderlich. Beim Rat werden bei der qualifizierten Mehrheit die Stimmen so gewichtet, daß die größeren Mitgliedstaaten ein größeres Stimmgewicht erhalten als die kleineren (→ *Rat der EG*).

Quellensteuer. Eine Art Vorab-Steuer, die an der ‚Quelle' (dort, wo das Einkommen entsteht) abgezogen und an den Staat abgeführt wird. Sie gibt es vor allem als → *Kapitalertragsteuer* und als Lohnsteuer. Sie wird bei der Veranlagung der → *Einkommensteuer* angerechnet.
Im internationalen Bereich kann diese Steuer einen erheblichen Wettbewerbsnachteil bei der Kapitaleinfuhr (Anlage) von Ausländern haben, wenn zwischen den entsprechenden Ländern kein Abkommen zur → *Doppelbesteuerung* existiert oder eine Anrechnung nicht erfolgt. Die → *Mutter-Tochter-Richtlinie* verhindert unter bestimmten Voraussetzungen die Erhebung von Quellensteuern bei grenzüberschreitenden Unternehmenszusammenschlüssen.

R

RACE. Abk. für Research and Development in Advanced Communications Technologies for Europe. Das umfassendste Forschungs- und Entwicklungsprogramm der EG im Bereich des → *Fernmeldewesens*. Gefördert wird die Telekommunikationsindustrie in den Bereichen Breitbandkommunikation, Intelligenz der Breitbandnetze, flexible Kommunikation, Mobil- und Individualkommunikation, Bild- und Datenkommunikation, Technologien integrierter Dienste, Informationssicherheitstechnologien, fortgeschrittene Kommunikationsfeldversuche und Testinfrastrukturen mit Kommunikationszwischenteilnetzen.

RAPID. Bezeichnung für die Datenbank mit Pressemitteilungen der EG-Kommission, Informationen zu Vorschlägen und Berichten der Kommission, Reden und anderen Dokumenten.

Rat der Europäischen Gemeinschaften (Ministerrat). Der Mini-

Rat der Europäischen Gemeinschaften

sterrat setzt sich aus Fachministern (oder deren Staatssekretären) der Regierungen der 12 Mitgliedstaaten zusammen (Struktur und Stimmengewichte siehe Abbildung Seite 204). Jede Regierung entsendet ein Mitglied. Mit Inkrafttreten der → *Maastrichter Verträge* kann sich ein Mitgliedstaat auch durch einen Regionalminister, im Falle Deutschlands also durch ein Mitglied einer Landesregierung vertreten lassen. Als sogenannter „allgemeiner Rat" tagt der Ministerrat in der Zusammensetzung der Außenminister, daneben gibt es je nach dem behandelten Sachgebiet in wechselnder Zusammensetzung den Rat der Agrar-, Wirtschafts-, Umwelt-Minister usw. Dagegen existiert ein ständiger Rat (in fester Besetzung) nicht.

Der Ministerrat ist das eigentliche politische Entscheidungsorgan der EG. Er legt die Leitlinien der Gemeinschaftspolitik fest, sofern diese nicht vom → *Europäischen Rat* bestimmt werden. Hauptaufgabe des Ministerrates ist die Legislative der Gemeinschaft. Der Rat erläßt – entweder allein oder im Zusammenwirken mit dem → *Europäischen Parlament* – die → *Rechtsakte der EG* (Richtlinien, Entscheidungen und Verordnungen). Diese starke Stellung des Rates gegenüber den anderen Organen der EG ist dadurch eingeschränkt, daß er – bis auf wenige Ausnahmen – nur auf Vorschlag der → *Kommission der EG* (Initiativmonopol der Kommission) tätig werden darf.

Der Rat ist beschlußfähig, wenn mindestens die Hälfte der Mitgliedstaaten vertreten ist, wobei jedes Ratsmitglied höchstens ein anderes nicht präsentes Mitgliedsland vertreten kann. Bei der Abstimmung entscheidet der Rat entweder einstimmig, mit einfacher Mehrheit oder mit → *qualifizierter Mehrheit*. Bei einfachen Mehrheitsentscheidungen hat jeder Mitgliedstaat eine Stimme. Abstimmungen, die eine qualifizierte Mehrheit erfordern, sind für alle Beschlüsse zur Verwirklichung des → *Binnenmarktes* vorgesehen und bilden die Regel. Hierbei werden die Stimmen je nach Größe des Mitgliedstaats gemäß Art. 148 des → *EWG-Vertrages* unterschiedlich gewichtet: Die großen vier Mitgliedstaaten Deutschland, Frankreich, Italien und Großbritannien haben je zehn Stimmen, Spanien hat acht, Belgien, Griechenland, die Niederlande und Portugal haben je fünf, Dänemark und Irland je drei, und Luxemburg hat zwei Stimmen. Eine qualifizierte Mehrheit ist erreicht, wenn mindestens 54 von den insgesamt 76 Stimmen den Beschluß unterstützen, so daß mindestens 23 Stimmen eine Sperrminorität bilden. Dieses System der Stimmgewichtung ist daher so ausgestaltet, daß selbst zwei große Mitgliedstaaten einen Beschluß nicht blockieren können, sondern sich hierfür um die Unterstützung eines der kleinen Staaten kümmern müssen.

Rat der EG
(Struktur und Stimmgewichte)

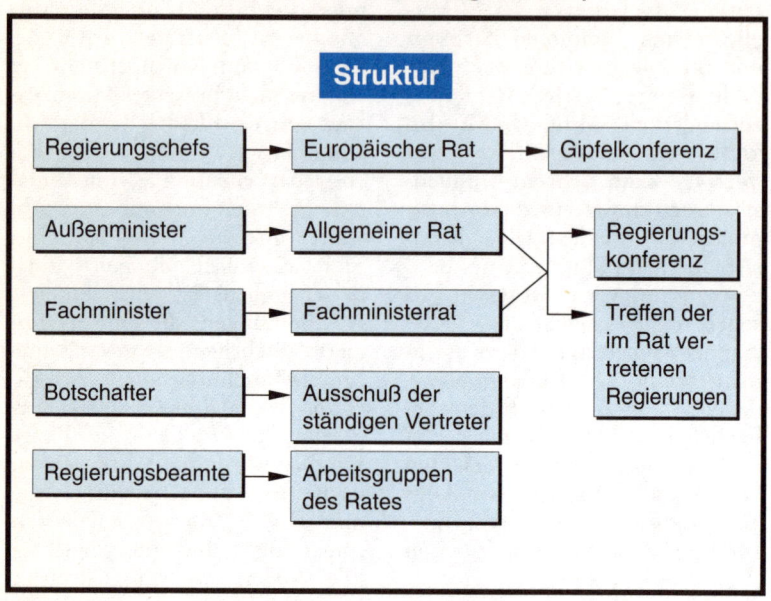

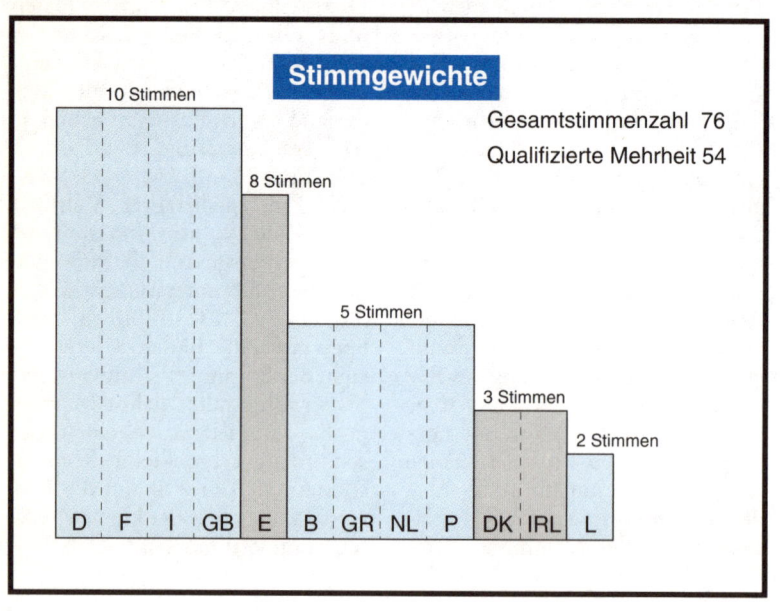

Struktur

- Regierungschefs → Europäischer Rat → Gipfelkonferenz
- Außenminister → Allgemeiner Rat → Regierungskonferenz
- Fachminister → Fachministerrat → Treffen der im Rat vertretenen Regierungen
- Botschafter → Ausschuß der ständigen Vertreter
- Regierungsbeamte → Arbeitsgruppen des Rates

Stimmgewichte

Gesamtstimmenzahl 76
Qualifizierte Mehrheit 54

- 10 Stimmen: D, F, I, GB
- 8 Stimmen: E
- 5 Stimmen: B, GR, NL, P
- 3 Stimmen: DK, IRL
- 2 Stimmen: L

Rat der Europäischen Gemeinschaften

Der Vorsitz im Rat wechselt turnusmäßig alle sechs Monate nach alphabetischer Reihenfolge und überträgt so jedem Mitgliedsland immer wieder die Verantwortung für eine möglichst effiziente Förderung der Integration. Nach sechs Jahren wechselt die Reihenfolge dergestalt, daß die Mitgliedstaaten, die in der ersten Jahreshälfte die Präsidentschaft innehatten, den Vorsitz in der zweiten Hälfte übernehmen. So wird erreicht, daß jeder einmal das Halbjahr mit der Urlaubszeit erhält, denn die Verantwortung für eine Präsidentschaft bedeutet vor allem für die kleineren Mitgliedstaaten eine große Belastung.

Der Rat, der jährlich siebzig bis neunzigmal zusammentritt, tagt in den Monaten April, Juni und Oktober in Luxemburg und in den übrigen Monaten in Brüssel; August ist der traditionelle Ferienmonat, in dem keine Sitzungen stattfinden.

Da es wegen der verschiedenen Fachministerräte kein immer gleich besetztes EG-Organ „Rat" gibt, wird die nötige Kontinuität durch das → *Generalsekretariat des Rates* und den → *Ausschuß der Ständigen Vertreter* gewährleistet. Das Generalsekretariat mit seinen verschiedenen Generaldirektionen und einem eigenen juristischen Dienst unterstützt die Ratspräsidentschaft bei ihrer vielfältigen Arbeit; es sorgt für die nötigen Übersetzungen der Sitzungsdokumente in allen Amtssprachen, angesichts der über 15.000 Ratsdokumente, die jährlich anfallen, schon von der Fülle der anfallenden Arbeit eine wichtige Aufgabe. Das Sekretariat protokolliert auch die Ratssitzungen. Der Ausschuß der Ständigen Vertreter (im Landwirtschaftsbereich der Sonderausschuß Landwirtschaft) bereitet die Ratstagungen politisch vor, nachdem die einzelnen Tagesordnungspunkte fachlich in einer Vielzahl von Ratsarbeitsgruppen unter Mitwirkung von Beamten der Kommission und der mitgliedstaatlichen Regierungen abschließend beraten worden sind. Einigen sich die im Ausschuß vereinigten Botschafter der Mitgliedstaaten in ihren wöchentlichen Sitzungen über diese Einzelpunkte, so verabschiedet sie der Rat im sogenannten → *A-Punkt-Verfahren,* dh. ohne Aussprache; strittige Fragen dagegen werden im Rat ausgiebig erörtert, zum Teil in mehreren verschiedenen Ratssitzungen, nachdem das vorgelegte Dossier zur Nachprüfung und erneuten Behandlung die Ratsarbeitsgruppe oder den Ausschuß zuückgereicht worden und mit neuer Kompromißformel an den Rat zurückgelangt ist.

Nicht zum Ministerrat im engeren Sinn gehört der → *Europäische Rat,* in dem die Staats- und Regierungschefs der Mitgliedstaaten vereinigt sind, wenngleich er strukturell dem Ministerrat entspricht. Keine Ministerratsbeschlüsse sind die von den im Rat vereinigten Ministern im Rahmen ihrer nationalen Kompetenzen auf völkerrechtlicher Basis gefaßten Beschlüsse. Im Rahmen der → *Europäischen Union* wird es aber solche Beschlüsse nicht mehr geben, da insoweit der Rat das Beschlußorgan auch für die intergouvernementalen Bereiche ist.

Rat der Gemeinden und Regionen Europas (RGRE). 1951 gegründeter Zusammenschluß von rund 40.000 Gemeinden in Europa, der Städtepartnerschaften vermittelt und die Einigung Europas auf kommunaler Ebene unterstützt.

Rat für gegenseitige Wirtschaftshilfe. Abk. RGW. engl.: Council for Mutual Economic Assistance. Abk. COMECON. Vom ehemaligen Ostblock (UdSSR, Bulgarien, Ungarn, Polen, der CSSR und Rumänien) 1949 gegründete sozialistische Wirtschaftsgemeinschaft (als Gegenstück zur → *Organisation für wirtschaftliche Zusammenarbeit und Entwicklung* (früher OEEC), die seit den Umwälzungen in Osteuropa aufgelöst ist. Dem COMECON traten auch Albanien, die DDR, die Mongolei, Kuba und Vietnam bei; andere Staaten assoziierten sich. Anders als bei der EG war nicht die Schaffung freier Märkte das Ziel, sondern die Koordinierung und Arbeitsteilung der einzelnen Planwirtschaften unter der Leitung der Sowjetunion. Der COMECON verfügte auch nicht über eigene Souveränität, sein Rat und Exekutivkomitee waren Steuerungsorgane der politischen Zentrale in Moskau. Ende der achtziger Jahre kam es mit der wachsenden Auswirkung von Perestroika und Glasnost zu einer Annäherung der Wirtschaftsblöcke und schließlich zu einem weitgehenden Einflußverlust des COMECON und der Annäherung seiner europäischen Mitgliedstaaten an die EG.

Ratifikation. Förmliche Bestätigung eines völkerrechtlichen Abkommens durch das Staatsoberhaupt. Oft – juristisch nicht korrekt – wird auch die zuvor erforderliche Zustimmung der gesetzgebenden Körperschaften als Ratifikation bezeichnet.

Raumfahrtindustrie. Die europäische Raumfahrtindustrie umfaßt vornehmlich die Produktion von Satelliten und Trägerraketen sowie deren Transport in das Weltall. Sie arbeitet eng mit der European Space Agency ESA (→ *Europäische Weltraumorganisation*) zusammen. Der Umsatz stieg von 537 Mio. ECU im Jahr 1982 auf 2,2 Mrd. ECU 1989. Die Industrie beschäftigte 1988 rund 22.000 Mitarbeiter.

Reaktorsicherheit. Forschungsprogramm der EG-Kommission in den Bereichen der Zuverlässigkeits- und Risikobewertung von Atomkraftwerken, der Unversehrtheit der Komponenten, anormalem Verhalten und Wärmeabfuhr nach Störfällen gemäß Art.

7 des Vertrages über die → *Europäische Atomgemeinschaft*.

Realignment. → *Wechselkursanpassungen*.

RECHAR. Kurzbezeichnung für Reconversion des Bassins Charbonniers. Gemeinschaftsintiative des → *Europäischen Fonds für regionale Entwicklung* und der → *Anpassungsbeihilfen der EGKS* zur wirtschaftlichen Umstellung von Kohlerevieren und zum Ausgleich für die Verringerung von Subventionen. Gefördert werden Maßnahmen zur sozialen und beruflichen Wiedereingliederung entlassener oder von Entlassung bedrohter Arbeitnehmer.

Rechnungseinheiten (RE). Gemeinsame Bezugs- und Referenzeinheiten zwischen verschiedenen Währungen zum Zweck der Vergleichbarkeit, der Verrechnung und des Austausches. Rechnungseinheiten können sowohl abstrakt zu Währungen (1 RE = x Einheiten der Währung A und 1 RE = y Einheiten der Währung B) als auch in physischen Mengen (z.B. 1 RE = 0,88867088 Gramm Gold) definiert werden.
In den Europäischen Institutionen gab und gibt es verschiedene Rechnungseinheiten, oft beschränkt auf ganz bestimmte Funktionen. Die Rechnungseinheit im Rahmen des Vertrages zur → *Europäischen Gemeinschaft für Kohle und Stahl* wurde am 1.1.1976 durch die → *Europäische Rechnungseinheit* ersetzt. Die Rechnungseinheit für den Haushalt im Rahmen der Verträge zur → *Europäischen Wirtschaftsgemeinschaft* und zur → *Europäischen Atomgemeinschaft* wurde am 21.12.1977 ebenfalls durch die ERE ersetzt. Die Rechnungseinheit des → *Europäischen Fonds für währungspolitische Zusammenarbeit*, die → *Europäische Währungsrechnungseinheit* (EWRE) wurde am 1.1.1979 durch den → *ECU* ersetzt. Der ECU ersetzt seit dem 1.1.1981 auch die ERE in den Rechtsakten der Gemeinschaften. So gibt es z.B. in der gemeinsamen Agrarpolitik eine Rechnungseinheit („grüner ECU'), und im Rahmen der Strukturfonds, der → *Europäischen Investitionsbank (EIB)* sowie bei internationalen Anleihen wurden und werden noch Rechnungseinheiten angewendet, die nicht immer mit dem ECU identisch sein müssen.

Rechnungshof. → *Europäischer Rechnungshof*.

Rechnungslegung. → *Bilanzierungsvorschriften*

Recht auf Arbeit. → *Sozial-Charta*.

Rechtsakte der EG. Die von der EG ausgehenden Rechtsakte – Verordnungen, Richtlinien und Entscheidungen – greifen unmittelbar oder mittelbar in die Rechtsphäre des EG-Bürgers ein oder

Rechtsakte der EG

beeinflussen und bestimmen das ihn angehende nationale Recht. Die Rechtsakte der älteren → *Europäischen Gemeinschaft für Kohle und Stahl* (EGKS) heißen anders als die späteren des → *EWG-Vertrages* und des Vertrages zur → *Europäischen Atomgemeinschaft* (EURATOM). So entspricht die EGKS-Empfehlung der EWG- und Euratom-Richtlinie, und die EGKS-Entscheidung der Verordnung in den beiden anderen Verträgen.

Die Rechtsakte werden vom → *Rat der EG* – nach Anhörung oder unter Mitwirkung des → *Europäischen Parlaments* (→ *Legislativverfahren*) – oder im Durchführungsbereich auch von der → *EG-Kommission* erlassen.

Die EG-Verordnung ist das eigentliche Gesetz der EG zur unmittelbaren und generellen Regelung eines Lebenssachverhalts. Die EG-Verordnung ist in allen ihren Teilen verbindlich und gilt unmittelbar, dh. ohne jeden zusätzlichen nationalen Mitwirkungsakt in dem Mitgliedstaat. Sie genießt Vorrang vor dem nationalen Recht, kann also durch entgegenstehendes altes oder neu geschaffenes nationales Recht nicht außer Kraft gesetzt oder in ihrer Geltung beeinträchtigt werden. Vielmehr ist der nationale Gesetzgeber gehalten, entgegenstehendes nationales Recht aus Gründen der Rechtsklarheit und Rechtssicherheit auch formell aufzuheben und sich materiell jeder eigenen Regelung auf Gebieten zu enthalten, die der Gemeinschaftsgesetzgeber bereits geregelt hat. Durch ihre unmittelbare Wirkung ist die Verordnung geeignet, dem Gemeinschaftsbürger unmittelbar einklagbare Rechte zu gewähren und ihm Verpflichtungen aufzuerlegen, die der nationale Staat mit Hoheitsgewalt durchsetzen kann.

Die EG-Richtlinie ist demgegenüber ein Rahmengesetz, das die Mitgliedstaaten auszufüllen haben. Sie ist für jeden Mitgliedstaat, an den sie gerichtet wird, hinsichtlich des zu erreichenden Ziels verbindlich, überläßt jedoch den innerstaatlichen Stellen die Wahl der Form und der Mittel der Umsetzung. Die Richtlinie schafft damit im Wege eines zweistufigen Verfahrens mittelbares Gemeinschaftsrecht. Die umgesetzte Regelung ist ihrem Inhalt nach gemeinschaftliches, ihrer Form und Zuordnung nach aber nationales Recht, das von nationalen Organen erlassen wird und nationalen – z.B. verfassungsrechtlichen – Schranken unterliegt. Bleibt der nationale Gesetzgeber bei der Umsetzung hinter den Verpflichtungen einer Richtlinie zurück, so macht er sich zwar einer Vertragsverletzung im Sinne des Gemeinschatsrechts schuldig, schafft aber nicht etwa ungültiges Recht. Das nicht der Richtlinie entsprechende Recht ist vielmehr innerstaatlich voll gültig, allerdings nicht rechtsbeständig. Denn wenn die EG-Kommission den betreffenden Mitgliedstaat wegen der fehlerhaften Richtlinienumsetzung vor dem → *Gerichtshof der EG* (EuGH) verklagt und dieser eine Vertragsverletzung feststellt, so muß der verurteilte Mitgliedstaat das beanstandete Gesetz aufheben oder in richtlinienkonformer Weise umgestalten.

Die Richtlinie ist nur ausnahmsweise geeignet, unmittelbare Rechte für (nicht gegen) den einzelnen zu erzeugen. Dies ist nach der Rechtsprechung des EuGH dann der Fall, wenn die Richtlinie dem rechtsunterworfenen Bürger eine eindeutige, ermessensfreie Rechtsposition einräumt und der Staat es verabsäumt hat, die Richtlinie rechtzeitig oder richtig umzusetzen. In einem solchen Fall kann sich der Bürger dann vor Gericht auf die ihm in der Richtlinie eingeräumte Rechtsposition unmittelbar berufen.

Die Richtlinie ist das klassische Instrument der → *Rechtsangleichung*. Sie wirkt sich ungeachtet ihrer Umsetzungsbedürftigkeit genauso einschneidend auf die Legislativbefugnisse der Mitgliedstaaten aus wie die Verordnung. Hat die Gemeinschaft nämlich einmal einen bestimmten Regelungsbereich durch eine Richtlinie erfaßt, ist es den Mitgliedstaaten verboten, dieses Gebiet in anderer Weise zu regeln (Kompetenzsperre).

Ähnlich wie bei der Verordnung kann auch im Bereich der Richtlinie die Kommission Durchführungs- und Detailvorschriften erlassen. Sie werden meist in enger Zusammenarbeit mit den Mitgliedstaaten erarbeitet, die ihre Experten in sogenannte Verwaltungsausschüsse entsenden, wo die Kommissionsmaßnahmen beraten werden.

Die dritte Form eines EG-Rechtsaktes schließlich ist die EG-Entscheidung. Sie ergeht zur Regelung eines Einzelfalls – z.B. im Kartellbereich – und ist nur für den Adressaten verbindlich. Richtet sie sich an einen individuell Betroffenen, so entspricht sie einem Verwaltungsakt der nationalen Exekutive und bedarf wie dieser einer Rechtsgrundlage (hier des Gemeinschaftsrechts).

Die Rechtsakte der EG sind, um rechtswirksam zu sein, mit Gründen zu versehen und müssen die Rechtsgrundlage und die Mitwirkungen etwa einzuschaltender Organe ausdrücklich anführen. Während die Verordnungen im Amtsblatt der Gemeinschaft veröffentlicht werden müssen, um in Kraft treten zu können, werden Richtlinien bereits durch Bekanntgabe an die Adressaten wirksam. Gleichwohl erfolgt vor allem bei Richtlinien regelmäßig auch ein Abdruck im Amtsblatt, schon um den Wortlaut allgemein bekanntzumachen. Die → *Maastrichter Verträge* sehen vor, daß zukünftig auch die Richtlinien im Amtsblatt veröffentlicht werden müssen, wenn sie an alle Mitgliedstaaten gerichtet sind (Art. 191 Abs. 2 EGV).

Neben diesen Rechtsakten gibt es eine Reihe weiterer EG-Beschlüsse wie z.B. Organisationsbeschlüsse, die das institutionelle Funktionieren der Gemeinschaft gewährleisten und den Verkehr der Organe untereinander bestimmen; hierzu sind auch die Akte an die Gemeinschaftsbediensteten zu zählen. Ferner sehen die EG-Verträge eine Reihe von Ratsbeschlüssen vor, die die Zusammensetzung der Organe regeln (etwa die Zahl der Richter oder der Mitglieder der Kommission) oder das Anwendungsgebiet des Vertrags (z.B. im Bereich der Seeschiffahrt und der Luftfahrt – Art. 84 EWG-Vertrag). Aber auch die Mitgliedstaaten haben im Rat derartige institutionelle Beschlüsse zu fassen, etwa bei der Erneuerung der Richter, Generalanwälte und Kommissionsmitglieder, die im gegenseitigen Einvernehmen der Regierungen erfolgt.

Auch völkerrechtliche Verträge der EG werden vom Rat meistens in Beschlußform genehmigt. Diese Beschlüsse sind zu unterscheiden von den Beschlüssen der im Rat vereinigten Vertreter der Regierungen der Mitgliedstaaten. Diese stellen, wenn sie als rechtsverbindliche und nicht bloß politische Agreements gemeint sind, völkerrechtliche Verträge oder Regierungsabkommen dar, die hinsichtlich ihrer Rechtsverbindlichkeit den nationalen Bestimmungen unterliegen (→ *Ratifikation*).

Rechtsangleichung. Methode der Annäherung der nationalen Rechtsvorschriften an ein europäisches gemeinsames Niveau zum Zwecke der rechtlichen Gewährleistung der Gemeinschaftsziele (→ *Binnenmarkt*, → *Grundfreiheiten*, → *Zollunion*). Das Mittel der Rechtsangleichung ist die von den Mitgliedstaaten in nationales Recht umzusetzende → *Richtlinie*. Bei hinreichender Rechtsangleichung folgt als nächster Integrationsschritt – dann allerdings durch EG-→ *Verordnung* – die Rechtsvereinheitlichung, das heißt die Ersetzung unterschiedlichen nationalen Rechtes durch einheitliches, nicht mehr umsetzungsbedürftiges, sondern unmittelbar geltendes Gemeinschaftsrecht. Eine Rechtsangleichung kann auch durch den Abschluß völkerrechtlicher Verträge der Mitgliedstaaten erreicht werden (→ *flankierendes Völkervertragsrecht*).

Rechtsanwälte. Die Rechtsanwälte unterliegen als freier Berufsstand den gemeinschaftsrechtlichen Freiheitsverbürgungen der → *Dienstleistungs-* und → *Niederlassungsfreiheit*. Art. 55 des → *EWG-Vertrages*, der Tätigkeiten, die mit der Ausübung öffentlicher Gewalt verbunden sind, aus dem EG-Niederlassungsrecht ausnimmt, findet ungeachtet der Tatsache, daß die Rechtsanwälte an der nationalen Rechtspflege teilnehmen, keine Anwendung auf diesen Berufsstand. Allerdings ist bislang noch eine Eignungsprüfung Voraussetzung für die Niederlassung eines ausländischen EG-Anwaltes in Deutschland.

Rechtshilfe. Viele Staaten bedienen sich bei der Durchsetzung ihrer nationalen gerichtlichen Entscheidungen im Ausland der Rechtshilfe, d.h., daß auf Ersuchen eines Staates der andere Staat Zustellungen oder Beweisaufnahmen durchführt, Auskünfte erteilt oder Akten übersendet.

Rechtspolitik. Politische Maßnahmen zur Regelung vornehmlich der Verhältnisse der dritten Gewalt. Die Rechtspolitik stellt einen Politikbereich dar, der in der bisherigen Gemeinschaft allenfalls in Ansätzen europäisiert ist. In der EG war das Recht weitgehend Integrationsinstrument und weniger Integrationsziel, wenn auch die Folge der Harmonisierung die Entwicklung eines europäischen Rechtsbewußtseins ist, das vor allem durch den → *Gerichtshof der EG* gefördert wurde.
Die eigentliche EG-Rechtspolitik begann mit der → *Feierlichen Erklärung von Stuttgart* vom 19.6.1983, in der auch rechtspolitische Themen einbezogen wurden.

Rechtsschutz. Die Möglichkeit, Gerichte wegen Rechtsbeeinträchtigung durch individuelle oder staatliche Akte anzurufen. In der EG wird der Rechtsschutz entweder durch den → *Gerichtshof der EG* (bzw. die 1. Instanz) oder die staatlichen Gerichtsinstanzen der Mitgliedstaaten gewährleistet; daneben gibt es bei Menschenrechtsverletzungen den Rechtsschutz in Form einer Beschwerde an den → *Europäischen Gerichtshof für Menschenrechte* in Straßburg.

RECITE. Kurzbezeichnung für Regions and Cities for Europe. Pilotprojekte des → *Europäischen Fonds für regionale Entwicklung* zum Erfahrungsaustausch und zur Zusammenarbeit zwischen Regionen und Städten aus verschiedenen Mitgliedstaaten der Gemeinschaft (→ *SAPIC*).

Referenzbüro der EG. Eingerichtet zur Harmonisierung von Normen und technischen Vorschriften, zur Verbesserung und Vereinheitlichung von chemischen Analysen sowie von Meßverfahren und Meßgenauigkeit. Das Referenzbüro ist Träger des Forschungs- und Entwicklungsprogramms für Metrologie und chemische Analysen.

Referenzpreis. Der Referenzpreis wird für bestimmte inländische landwirtschaftliche Erzeugnisse aufgrund von Durchschnittspreisen errechnet und festgesetzt. Bei Obst und Gemüse dient er als Berechnungsgrundlage für zusätzlich zu erhebende → *Ausgleichsabgaben*, wenn der Einfuhrpreis unter dem Referenzpreis als Mindestpreis liegt.

REGEN. Kurzbezeichnung für Gemeinschaftsinitiative des → *Europäischen Fonds für regionale Entwicklung* für Transport- und Verteilernetze von Erdgas und Elektrizität.

Regionalausschuß. Ein insbesondere von den deutschen Bundesländern im Rahmen der EG-Reform (→ *Politische Union*) angestrebtes Konsultations- und Beratungsgremium der EG, das die besonderen Interessen der Regionalebene unterhalb der Mitgliedstaaten zur Geltung bringen soll (→ *Subsidiaritätsprinzip*). Durch den Maastrichter Vertrag über die Europäische Union ist dieser Forderung Rechnung getragen worden. (→ Maastrichter Verträge)

Regionale Beihilfe. → *Regionalpolitik*.

Regionalentwicklung. → *Europäischer Fonds für regionale Entwicklung*.

Regionalfonds. Gelegentliche Bezeichnung für → *Europäischer Fonds für regionale Entwicklung*.

Regionalförderung. → *Europäischer Fonds für regionale Entwicklung*.

Regionalpolitik. Gesamtheit der Maßnahmen zum Ausgleich regionaler Unterschiede in der Gemeinschaft. Durch die → *Einheitliche Europäische Akte* wurde die Zuständigkeit der Gemeinschaft für regionalpolitische Maßnahmen begründet. Bis dahin war man von der Vorstellung ausgegangen, daß die Errichtung des → *Gemeinsamen Marktes* auch die regionalen Unterschiede in der EG ausgleichen würde. Ausdrückliches Ziel der Gemeinschaft ist es nun, den Abstand zwischen den verschiedenen Regionen und den Rückstand der am wenigsten begünstigsten Gebiete zu verringern (→ *rückständige Region*, → *Industriegebiet mit rückläufiger Entwicklung*). Die Erreichung dieses Zieles obliegt einerseits den Mitgliedstaaten, die ihre Wirtschaftspolitiken entsprechend zu koordinieren haben, andererseits der Gemeinschaft, der als Instrumente die → *Strukturfonds* sowie die → *Europäische Investitionsbank* zur Verfügung stehen. Als Finanzierungsinstrument für Vorhaben in Kohle- und Stahlregionen dienen außerdem die Darlehen der → *Europäischen Gemeinschaft für Kohle und Stahl*. Im Zuge der Reform der Strukturfonds hat die Gemeinschaft fünf Förderungsziele für ihre regionalpolitischen Maßnahmen aufgestellt: 1. Förderung der Entwicklung und Strukturanpassung von rückständigen Regionen; 2. Umstrukturierung von Industriegebieten mit rückläufiger Entwicklung; 3. Bekämpfung der Langzeitarbeitslosigkeit; 4. Förderung der Integration von jungen Menschen in den Arbeitsmarkt; 5a. Anpassung der Produktions-, Verarbeitungs-

und Vertriebsstrukturen in der Land- und Forstwirtschaft; und 5b. Förderung ländlicher Gebiete. In den letzten Jahren hat die Gemeinschaft eine Reihe von mehrjährigen Förderungsprogrammen eingerichtet, die teils sektoreller Natur sind und mehrere Mitgliedstaaten betreffen (→ *STAR*, → *VALOREN*, → *RESIDER*, → *RENAVAL*, → *STRIDE*, → *RECHAR*, → *MEDSPA*) oder aber regionaler Art, wie das Programm zur Entwicklung der Industrie in Portugal (→ *PEDIP*) oder die → *Integrierten Mittelmeerprogramme*.

REGIOSTAT. Kurzbezeichnung für Datenbank von → *EUROSTAT* über die sozioökonomische Lage der Regionen der Gemeinschaft.

Reinheitsgebot. Nach dem deutschen Reinheitsgebot dürfen grundsätzlich nur Wasser, Hopfen und Malz bei dem Brauen von Bier verwendet werden. Der → *Gerichtshof der EG* entschied 1987, daß Deutschland die Einfuhr von Bieren aus anderen Mitgliedstaaten, die nicht nach dem Reinheitsgebot gebraut werden, nicht verbieten kann, weil das Reinheitsgebot als unzulässiges → Handelshemmnis ausländische Anbieter benachteiligt.

REM. Abk. für Radioactivity Environmental Monitoring. Datenbank, die der → *Gemeinsamen Forschungsstelle der EG* untersteht und der Erfassung von Daten über die radioaktive Umweltvergiftung in der Gemeinschaft dient.

RENAVAL. Kurzbezeichnung für Régions Chantier Navale. Gemeinschaftsintiative des → *Europäischen Fonds für regionale Entwicklung* zur Umstellung von Schiffbaugebieten.

Reserveinstrumente. Im Rahmen des Internationalen Währungssystems anerkannte Zahlungsmittel zwischen den Zentralbanken; dazu gehören → *Gold*, → *Sonderziehungsrechte (SZR)* und Dollarguthaben; im Rahmen des → *Europäischen Währungssystems* zählt dazu auch der → *ECU*.

Reservewährungen. Im weitesten Sinne alle von Zentralbanken in ihrem Portefeuille gehaltenen konvertiblen Devisen; im engeren Sinne nur im Rahmen des Internationalen Währungssystems zu Zahlungszwecken anerkannte Währungen (→ *Reserveinstrument*). Zur Zeit sind vor allem der US-Dollar, der Schweizer Franken und die Deutsche Mark Reservewährungen, in denen andere Länder ihre → *Währungsreserven* anlegen.

RESIDER. Kurzbezeichnung für Régions Siderurgies. Gemeinschaftsinitiative des → *Europäischen Fonds für regionale Entwicklung* und der → *Anpassungsbeihilfe der EGKS* zur Umstellung von Eisen- und Stahlregionen.

Ressortprinzip. Aufteilung der Zuständigkeiten nach Fachbereichen (Ressorts), derzufolge jedes Ressort die ihm zufallenden Arbeiten und Aufgaben innerhalb seines Geschäftsbereiches selbständig und in eigener Verantwortung erfüllt (Gegenteil → *Kollegialprinzip*). Während die → *EG-Kommission* nach dem Kollegialprinzip arbeitet, herrscht z.B. in der Bundesregierung das Ressortprinzip.

REWARD. Abk. für Recycling of Waste Research and Development. Teil des Forschungs- und Entwicklungsprogramms → *BRITE* für Materialien, Entwurfs- und Fertigungstechnologien zur Rückführung von Abfall.

Reziprozität. Begriff des Völkerrechts, der den Grundsatz der Gegenseitigkeit bezeichnet. Reziprozität verlangt, daß eine Begünstigung, die ein Staat einem anderen einräumt, von diesem erwidert wird.

RGW. Abk. für → *Rat für gegenseitige Wirtschaftshilfe.*

Richtlinie. → *Rechtsakte der EG.*

Richtlinie über die Einpersonen-GmbH. Die 12. gesellschaftsrechtliche Richtlinie bezweckt die Anerkennung der Einpersonen-GmbH in allen EG-Mitgliedstaaten. Sie soll insbesondere den → *kleinen und mittleren Unternehmen* (KMU) eine wirtschaftliche Betätigung unter Beschränkung des Haftungsrisikos ermöglichen. Die Richtlinie wurde 1989 verabschiedet. Ihre Umsetzung in Deutschland wird nur geringfügige Änderungen des geltenden Rechts bringen.

Richtlinie über unangemessene Vertragsklauseln. Die → *EG-Kommission* hat dem Rat im Herbst 1990 den Vorschlag für eine Verbraucherschutzrichtlinie vorgelegt, der darauf abzielt, bestimmte Vertragsklauseln in Standardverträgen oder bei individuell gestalteten Verträgen als mißbräuchlich zu kennzeichnen und aus dem Rechtsgeschäftsverkehr zu verbannen.

Richtpreis. → *Agrarpolitik.*

Risikokapital. → *EVCA.*

Römische Verträge. So werden nach ihrem Unterzeichnungsort die am 25. März 1957 in Rom unterzeichneten Gründungsverträge der → *Europäischen Atom-* und der → *Europäischen Wirtschaftsgemeinschaft* bezeichnet, die zusammen mit dem 6 Jahre älteren Vertrag über die → *Europäische Gemeinschaft für Kohle und Stahl* die EG-Verträge darstellen. Die Römischen Verträge, die auch gemeinsam am 1. Januar 1958 in Kraft traten, waren zur Fortsetzung des Integrationsprozesses bestimmt, der nach dem Scheitern der → *Europäischen Verteidigungsgemeinschaft* ins Stocken geraten war.

Rückständige Region. Gebiete in der EG mit einem Pro-Kopf-Bruttosozialprodukt von weniger als 75% des EG-Durchschnitts. Diese Regionen fallen in das Förderungsziel 1 der → *Strukturfonds* (→ *Regionalpolitik*). Als Rückständige Regionen in der Gemeinschaft gelten ganz Portugal, ganz Griechenland, ganz Irland und Nordirland, der Großteil Spaniens, Sardinien, Korsika, sowie Süditalien. Die Liste der Regionen wird von der → *EG-Kommission* alle fünf Jahre revidiert.

S

Sanktionen. Entfaltung staatlicher Gewalt in Form von verwaltungs-, ordnungswidrigkeits- oder strafrechtlichen Maßnahmen gegen Bürger oder Unternehmen im Falle von Zuwiderhandlungen. In allgemeinerer Form versteht man unter Sanktionen jedwede Ahndung von Verstößen. Der EG steht in eingeschränktem Umfang die Befugnis von Sanktionen zu (Hauptfall: Geldbußen und Zwangsgelder gegen Verstöße im Bereich des Kartell- und Wettbewerbsrechts, vgl. Art. 87 EWG-Vertrag), nicht aber eine Strafrechtskompetenz. Sie ist daher, wenn verwaltungsrechtliche Maßnahmen zur Durchsetzung des Gemeinschaftsrechts nicht ausreichen, darauf angewiesen, die Mitgliedstaaten zu verpflichten, Verstöße mit nationalen Mitteln zu ahnden, wobei nach der Rechtsprechung des → *Gerichtshofes der EG* (EuGH) auch Strafsanktionen möglich sind, wenn der Staat entsprechende Zuwiderhandlungen gegen nationales Recht auch strafrechtlich ahndet. Sanktionen gegen Mitgliedstaaten sah das Gemeinschaftsrecht bisher nicht vor. Nach den → *Maastrichter Verträgen* kann ein Mitgliedstaat, der ein Urteil des Gerichtshofes der EG nicht beachtet, künftig zur Zahlung eines Pauschalbetrages oder Zwangsgeldes verurteilt werden. Auch zur Einhaltung der Haushaltsdisziplin kann er künftig durch Verhängung von Geldbußen angehalten werden (→ *Haftung*).

SAPIC. Abk. für Strategic Action Programme for Interregional Cooperation. Aktionsprogramm zum Erfahrungsaustausch und zur Zusammenarbeit zwischen Regionen, Gemeinden und Grenzregionen in der Gemeinschaft.

SAST. Abk. für Strategic Analyses in the field of Science and Technology. Unterprogramm von → *MONITOR* zur strategischen Wirkungsanalyse von wissen-

Satellitenkommunikation

schaftlichen und technischen Entwicklungen.

Satellitenkommunikation. Bestandteil des freien → *Waren-* und → *Dienstleistungsverkehrs*. In einem von der EG-Kommission veröffentlichten Grünbuch über Satellitenkommunikation wird vorgeschlagen, den Zugang zu Satellitendiensten zu liberalisieren und – soweit nötig – gemeinschaftliche Harmonisierungsmaßnahmen zu erlassen, z.B. gegenseitige Anerkennung von Lizenzen.

SAVE. Abk. für Specific Actions for Vigorous Energy Efficiency. Gemeinschaftsaktionen für Studien, Erziehung, Ausbildung, Information und Pilotvorhaben zum geringeren Wachstum des Energieverbrauchs durch eine effizientere Energienutzung.

SCAD. Abk. für Systeme communautaire d'accès à la documentation. Bibliographiedatenbank über Rechtsakte der Gemeinschaft, amtliche Veröffentlichungen und Zeitschriftenartikel über die EG.

Schadensersatz. → *Haftung*.

Schengener Abkommen. Im Zusammenhang mit dem Abbau der Grenzkontrollen und der Schaffung eines Gemeinsamen Binnenmarkts zunächst zwischen den → *Benelux-Staaten*, Frankreich und der Bundesrepublik Deutschland 1985 in Schengen (Niederlande) geschlossenes Abkommen zur Erleichterung der polizeilichen Grenzkontrollen und Zusammenarbeit (Schengen I), das durch Einbeziehung weiterer Bereiche wie polizeiliche Zusammenarbeit bei der Fahndung, → *Rechtshilfe* und Drogenmißbrauchsbekämpfung (Schengen II) ausgebaut wurde und durch die Einbeziehung der übrigen EG-Mitgliedstaaten EG-weit ausgedehnt werden soll. Inzwischen sind auch Italien, Spanien und Portugal beigetreten. Das Schengener Abkommen betrifft auch den sensiblen Bereich der internationalen Verbrechensbekämpfung, der bei Wegfall der Grenzen tangiert wird, für den die EG aber nicht zuständig ist (→ *flankierendes Völkervertragsrecht*). Im weiteren Sinne gehört das Schengener Abkommen zur → *Europäischen Politischen Zusammenarbeit* (→ *TREVI*).

Schiedskonvention. Die Konvention für ein Schiedsverfahren zur Vermeidung der → *Doppelbesteuerung* für den Fall der Gewinnberichtigung zwischen verbundenen Unternehmen wurde am 23.7.1990 vom EG-Ministerrat (→ *Rat der EG*) verabschiedet. Anders als eine Richtlinie tritt die Konvention in Kraft, wenn alle Mitgliedstaaten nach → *Ratifikation* durch die nationalen Parlamente diese Konvention gezeichnet haben. Mit der Konvention soll das Problem der Doppelbesteuerung bei Liefer- oder Leistungsbeziehungen zwischen verbundenen Unternehmen gelöst werden, wenn die im Rahmen von verbundenen Unternehmen vereinbarten Verrechnungspreise (→ *Arms'-Length-Prinzip*) bei einer Betriebsprüfung nicht gleichmäßig in beiden Ländern anerkannt werden. Bereits die Doppelbesteuerungsabkommen sehen Regelungen zur Vermeidung der Doppelbesteuerung vor. Die dort vorgesehenen Verständigungsverfahren funktionieren jedoch in der Praxis häufig nicht, weil kein Verständigungszwang vorgeschrieben ist. Nach der EG-Schiedskonvention trifft die Schiedskommission einen für beide Staaten rechtsverbindlichen Schiedsspruch, der jedoch innerhalb von einer Frist von 6 Monaten durch eine einvernehmliche Lösung der beiden beteiligten Staaten ersetzt werden kann.

In jedem Falle wird erreicht, daß die Doppelbesteuerung zwingend beseitigt wird. Da alle 12 EG-Mitgliedstaaten die Schiedskonvention zeichnen müssen, kann es noch eine geraume Zeit dauern, bis sie in Kraft tritt.

Schiffahrtskonferenz. Zusammenschlüsse von Reedereien für den Seetransport auf bestimmten Routen zu bestimmten Bedingungen. Es bestehen Ausnahmen zum → *Wettbewerbsrecht*, die Absprachen zulassen, sofern der Markt allen Reedern zugänglich bleibt.

Schiffbauindustrie. → *Krisensektoren.*

Schuldnervaluta. Währung des Landes, in dem der Schuldner eines Vertrages seinen Sitz hat.

Schuman-Plan. Der französische Außenminister Robert Schuman war die Schlüsselpersönlichkeit für die Schaffung der → *Europäischen Gemeinschaft für Kohle und Stahl* (EGKS). Vor dem Hintergrund des „Kalten Krieges" war er im Frühjahr 1950 von seinen amerikanischen und britischen Amtskollegen aufgefordert worden, einen Vorschlag für die Wiedereingliederung der Bundesrepublik Deutschland in den Verbund der westlichen Nationen zu unterbreiten. Verschiedene Integrationsversuche, wie z.B. die Schaffung der Organisation für Europäische Wirtschaftliche Zusammenarbeit (→ *OECD*) oder der → *Europarat*, hatten gezeigt, daß die Regierungen in Europa nicht gewillt waren, sich ihre Rechte stark beschneiden zu lassen. In Zusammenarbeit mit Jean Monnet, der 1945 von de Gaulle zum Kommissar für den französischen Modernisierungsplan ernannt worden war, wurde der Plan ausgearbeitet, der begrenzt genug war (d.h. nur auf den Kohle- und Stahlsektor bezogen), um von den Regierungen angenommen zu werden, und trotzdem stark genug, um als erster Schritt in Richtung eines dauerhaften Friedenspaktes angesehen zu werden. Er hat damit den

Grundstein für die europäische wirtschaftliche und politische Integration gelegt. Am 9. Mai 1950 wurde der Plan im Pariser Quay d'Orsay von Robert Schuman verlesen, am 18. April 1951 wurde der Vertrag zur Gründung der → *Europäischen Gemeinschaft für Kohle und Stahl* EGKS von Frankreich, Deutschland, den Benelux-Staaten und Italien für einen Zeitraum von fünfzig Jahren unterzeichnet.

Schutzklausel. Die in Art. 115 des → *EWG-Vertrages* vorgesehene Schutzklausel ermächtigt die Mitgliedstaaten, in Ausnahmefällen, in denen die Öffnung zum → *Gemeinsamen Markt* ernsthafte wirtschaftliche Störungen in einem Mitgliedsland verursacht, handels- oder währungspolitische Schutzmaßnahmen wie z.B. → *mengenmäßige Beschränkungen* zu erlassen. Mit der Vollendung des → *Binnenmarktes* sollte diese Möglichkeit, vom Grundsatz des freien → *Warenverkehrs* abweichen zu können, beseitigt werden. Der Art. 115 EWG-V ist aber in Maastricht nur redaktionell überarbeitet, nicht dagegen gestrichen worden.

Schwachwährungsland. Land, dessen Währung auf den internationalen → *Devisenmärkten* in den Ruf gekommen ist, von Zeit zu Zeit abgewertet zu werden (→ *Starkwährungsland*).

Schwankungsbreite, offizielle. Offiziell mögliche Schwankungsmarge von Währungen um die bilateralen → *Leitkurse* oder Paritäten; im → *Europäischen Währungssystem* gab es bislang zwei offizielle Schwankungsbreiten: ± 2,25 % für BFR/LFR, DKR, DM, FF, HFL, IRL, LIT; ± 6 % für ESC, PTA, UKL; die DRA hat keine offizielle Schwankungsbreite, da sie von Anfang an nicht am → *Interventionsmechanismus* des EWS teilnimmt (→ *Währungskürzel*). Nach Turbulenzen im EWS beschlossen die Finanzminister und die Zentralbankpräsidenten der EG-Mitgliedstaaten Anfang August 1993, das Festkurssystem des EWS vorübergehend faktisch außer Kraft zu setzen. Die Schwankungsbreite der Kurse wurde auf einheitlich ± 15 % erhöht.

Schwellenpreis. → *Agrarpolitik*.

SCIENCE. Abk. für Stimulation des Coopérations Internationales et des Echanges Nécessaires aux Chercheurs Européens. Förderprogramm für ein Europa der Forscher durch Stimulierung von Zusammenarbeit, Austausch und Mobilität in Wissenschaft und Technik.

SCRIPT. Abk. für Support for Creative Independent Production Talent. Teilprogramm von → *MEDIA* zur Unterstützung von unabhängigen Filmproduktionen bei ihrer Entwicklung von Drehbüchern.

SE. Abk. für Societas Europaea. → *Europäische Aktiengesellschaft*.

Seeverkehr. Die Maßnahmen bezüglich des Seeverkehrs im Rahmen der → *Verkehrspolitik* sind um die Erhaltung der Flotte, der Arbeitsplätze und die Verbesserung der Sicherheit im Seeverkehr bemüht. Einerseits hat der → *Rat der EG* Verordnungen (→ *Rechtsakte der EG*) erlassen, die die Liberalisierung des Seeverkehrs, d.h. Abschaffung der nationalen Präferenzen vorsehen. Andererseits wurden bestimmte Ausnahmen zum → *Wettbewerbsrecht* erlassen, die Absprachen zulassen, sofern der Markt allen Reedern zugänglich bleibt. Es bestehen auch bestimmte Vorschriften gegen → *Dumping* von Reedereien außerhalb der EG. Die → *Kommission* hat auch vorgeschlagen, ein gemeinschaftliches Schiffsregister und eine Gemeinschaftsflagge zu gründen, sowie Diplome und Qualifikationen in der EG gegenseitig anzuerkennen.

Sektorale Forschungsstipendien Querschnittsmaßnahmen der Forschungsprogramme der Gemeinschaft zur verbesserten Spezialistenausbildung und zur Erhöhung der Mobilität der europäischen Forscher.

Sekundärrecht. Unter Sekundärrecht versteht man das von den EG-Organen im Rahmen der ihnen übertragenen Hoheitsrechte gesetzte Gemeinschaftsrecht, das die Mitgliedstaaten wie eigenes nationales Recht bindet und nur durch die EG-Legislativorgane wieder aufgehoben oder geändert werden kann (→ *Rechtsakte der EG*).

Selbstbeschränkungsabkommen. Handelspolitisches Instrument der Gemeinschaft, wobei ein Exportland freiwillig seine Ausfuhren in die EG beschränkt und dafür erleichterten Zugang zum EG-Markt erhält (→ *Multifaserabkommen*).

Self-executing-Wirkung. Rechtlicher Fachbegriff für die unmittelbare Anwendbarkeit völker- (oder gemeinschafts-)rechtlicher Regelungen ohne Notwendigkeit innerstaatlicher Durchführungsvorschriften (→ *Rechtsakte der EG*).

Seveso-Richtlinie. Als Beitrag zur Verhütung von Katastrophen wie jener 1976 in Seveso, Italien, erließ der → *Rat der EG* 1982 eine Richtlinie, die Unternehmen eine Meldepflicht aufgibt, nämlich Daten über die verwendeten gefährlichen Substanzen, den Produktionsprozeß, mögliche Gefahrquellen sowie Notfallspläne den Behörden zu melden. Darüber hinaus besteht eine Informationspflicht gegenüber Mitarbeitern und der Bevölkerung über vorhandene Sicherheitsvorkehrungen.

Sicherheitsnormen. Durch die 1989 verabschiedete Rahmenrichtlinie über das Gemeinschaftsprogramm für Gesundheitsschutz und Sicherheit der Arbeitnehmer wurden generelle Sicherheitsnormen für den Arbeitsplatz festgelegt. Darüber hinaus gibt es auch einzelne Richtlinien, die die Sicherheit in Form technischer → *Normen* im Detail festlegen, z.B. für Maschinen. Auf Grund der Rahmenrichtlinie ist der Arbeitgeber für die Sicherheit und den Gesundheitsschutz am Arbeitsplatz rechtlich verantwortlich. Arbeitnehmer sind jedoch verpflichtet, ihren Beitrag zur Einhaltung und Durchführung zu leisten. Für die Hochrisikosektoren Landwirtschaft, Baugewerbe, Bergbau und Tätigkeit auf hoher See wurden besondere, auf die Anforderungen des jeweiligen Sektors abgestimmte Vorschläge für Sicherheitsnormen ausgearbeitet. Ziel der Sicherheitsnormen ist es, die jährlich ca. 10.000 tödlichen Arbeitsunfälle in der EG zu verringern.

Sitz der EG-Organe. Die EG besaß lange Zeit keinen endgültigen Sitz, sondern nur die vorläufigen Arbeitsorte Luxemburg (→ *Gerichtshof der EG*, → *Europäische Investitionsbank*, → *Europäischer Rechnungshof*) Brüssel (→ Rat und → Kommision) und Straßburg (→ *Europäisches Parlament*).

In den Monaten April, Juni und Oktober tagte der → *Rat der EG* in Luxemburg, wo auch die → *Kommission der EG* einige Dienststellen und Ämter (Statistik-Amt, Amt für Veröffentlichungen) unterhielten. Das Europaparlament hielt seine Plenarsitzungen in Straßburg ab, seine Ausschußsitzungen aber in Brüssel, sein Generalsekretariat befand sich in Luxemburg; in anderen Mitgliedstaaten befanden sich weitere – untergeordnete – EG-Einrichtungen und selbständige Institutionen, so z.B. in Berlin das → *Europäische Zentrum für die Förderung der Berufsbildung* und in Dublin (Irland) die → *Europäische Stiftung zur Verbesserung der Arbeits- und Lebensbedingungen*. Der Europäische Rat legte im Dezember 1992 in Edinburgh diese vorläufigen Sitze entsprechend der bisherigen Übung endgültig fest. Über den Sitz der Europäischen Zentralbank wurde aber noch nicht entschieden.

Societas Europaea (SE). → *Europäische Aktiengesellschaft*.

Solange-Rechtsprechung. In zwei Grundsatzentscheidungen, die jeweils in den entscheidenden Sätzen mit dem Wort „Solange" beginnen, hat das Bundesverfassungsgericht das Verhältnis der deutschen Grundrechte zum → *Gemeinschaftsrecht* geklärt. Im sogenannten Solange-I-Beschluß vom 29.5.1974 hieß es, solange der Integrationsprozeß der Gemein-

schaft noch nicht so weit fortgeschritten sei, daß das Gemeinschaftsrecht auch einen von einem Parlament beschlossenen und in Geltung befindlichen Grundrechtskatalog enthalte, sei das Gemeinschaftsrecht noch an den nationalen Grundrechten zu messen.
Unter dem Eindruck des Solange-I-Beschlusses wurde die Rechtsprechung des → *Gerichtshofes der EG* (EuGH) grundrechtsbezogener, und → *Europäisches Parlament* , → *Rat der EG* und → *EG-Kommission* verabschiedeten im April 1977 eine Gemeinsame Erklärung, in der sie ausdrücklich die Achtung der Grundrechte, wie sie aus den Verfassungen der Mitgliedstaaten sowie aus der → *Europäischen Menschenrechtskonvention* hervorgehen, betonen.
Daraufhin gab das Bundesverfassungsgericht am 22.10.1986 die Haltung des Solange-I-Beschlusses auf und formulierte: „Solange die Europäischen Gemeinschaften, insbesondere die Rechtsprechung des Gerichtshofes der Gemeinschaften einen wirksamen Schutz der Grundrechte gegenüber der Hoheitsgewalt der Gemeinschaften generell gewährleisten, der dem vom Grundgesetz als unabdingbar gebotenen Grundrechtsschutz im wesentlichen gleichzuachten ist, wird das Bundesverfassungsgericht das Gemeinschaftsrecht nicht mehr am Maßstab der Grundrechte des Grundgesetzes überprüfen."

Durch diesen Solange-II-Beschluß ist die Akzeptanz der einschlägigen EuGH-Rechtsprechung als äquivalente Grundrechtsverbürgung des Gemeinschaftsrechts geklärt; die Forderung eines parlamentarisch beschlossenen EG-Grundrechtskataloges ist vom Bundesverfassungsgericht nicht mehr aufrechterhalten worden. In den → *Maastrichter Verträgen* ist die Grundrechtsgeltung nunmehr ausdrücklich verankert (→ *Grundrechte*).

Solidaritätsmechanismen. Finanzielle Beistandsmechanismen (→ *Kreditmechanismus*) zwischen Staaten, Ländern, Regionen und / oder Gemeinden, die auf verbindlichen Abkommen zwischen den Vertragspartnern basieren; Beispiele sind der → *Internationale Währungsfonds* und die → *Weltbank* auf internationaler Ebene. In der Europäischen Gemeinschaft sind es Strukturfonds, Kredite, Beihilfen, Beistandsleistungen bei Zahlungsbilanzproblemen. Bei föderalistisch organisierten Staaten gibt es den Finanzausgleich zwischen armen und reichen Regionen oder zwischen finanzschwachen und finanzstarken Gemeinden. Die Hilfe erfolgt meistens unter Bezugnahme auf objektive Indikatoren wie z.B. Defizite im Verhältnis zum Bruttoinlandsprodukt oder Steuereinkommen pro Kopf der Bevölkerung (→ *Finanzausgleich*).

Sonderziehungsrechte (SZR). Im Rahmen des → *Internationalen Währungsfonds* (IWF) im Jahre 1969 beschlossenes neues internationales → *Reserveinstrument* zum Ausgleich von Zahlungsbilanzdefiziten, insbesondere im Hinblick auf die Devisenknappheit der Entwicklungsländer; die Mitglieder des IWF bekamen entsprechend ihrer Quoten beim Fonds Sonderziehungsrechte zugeteilt, Länder mit großen → *Währungsreserven* und positiver Zahlungsbilanz mußten sich aber gleichzeitig verpflichten, bis zum Zweifachen ihrer eigenen Sonderziehungsrechte-Quote ihre konvertible Währung gegen Sonderziehungsrechte der ausgleichenden Länder abzugeben. Dafür wird ein Zins gezahlt, der vierteljährlich abgerechnet wird.

Die Sonderziehungsrechte waren bis 1974 in Gold definiert (gleich einem alten US-Dollar); danach wurden sie in einem Standard- → *Währungskorb* aus 16 Währungen definiert; mit Wirkung vom 1.1.1981 wurde die Zahl der Währungen auf fünf verringert; seit dem 1.1.1986 ist der Korb der Sonderziehungsrechte wie folgt zusammengesetzt: 1 SZR = 0,452 USD + 0,527 DM + 33,4 YEN + 1,02 FF + 0,0893 UKL (→ *Währungskürzel*).

Sozial-Charta. → *Gemeinschaftscharta der sozialen Grundrechte der Arbeitnehmer.*

Sozialdumping. Das Ausnützen von unterschiedlichen Sozialvorschriften in den Mitgliedstaaten der EG, vor allem auf dem Gebiet des Arbeits- und Gesundheitsschutzes. Sozialdumping betreiben vor allem Unternehmen, die ihre Produktion in Mitgliedsländern mit dem geringsten Schutzniveau ansiedeln (→ *Sozialpolitik*).

Sozialfonds. → *Europäischer Sozialfonds.*

Sozialpolitik. Gesamtheit der Maßnahmen der EG, die auf eine Verbesserung der Lebens- und Arbeitsbedingungen der EG-Bürger gerichtet sind. Seit jeher ist im → *EWG-Vertrag* die → *Freizügigkeit* der Arbeitnehmer, die Lohngleichheit für Männer und Frauen sowie die Beseitigung von Nachteilen auf dem Gebiet der Sozialversicherung beim Wechsel des Beschäftigungslandes verankert. Eine allgemeine Harmonisierung der sozialen Leistungen ist nicht vorgesehen. Der → *Rat der EG* hat aber die Möglichkeit, auf dem Gebiet des Arbeitsschutzes verbindliche Mindestvorschriften zu erlassen, um zu einer Verbesserung der Arbeitsumwelt, der Sicherheit und des Gesundheitsschutzes beizutragen. Initiativen der EG gibt es darüber hinaus in den Bereichen der Sozialversicherung, der Berufsaus- und fortbildung, des Arbeitsrechts und -schutzes sowie der Arbeitnehmermitbestimmung. Zur Unterstützung von arbeitsmarktpolitischen Maßnahmen dient der → *Europäische Sozialfonds*. Da wegen des Widerstandes Großbritanniens eine einvernehmliche Novellierung des Titels „Sozialpolitik" des EWG-Vertrages nicht möglich war, sind die zwölf Mitgliedstaaten in Maastricht in einem besonderen Protokoll übereingekommen, daß die elf Staaten, die bereit waren, den durch die → *Sozialcharta* 1989 vorgezeichneten Weg weiter zu gehen, hierzu die Organe und Verfahren der Gemeinschaft benutzen können. In einem besonderen Abkommen sind die einzelnen Bereiche festgelegt, in denen die Elf auch ohne Großbritannien die Sozialpolitik fortschreiben wollen.

Spaak-Bericht. Die vom belgischen Außenminister Spaak geleitete und auf der → *Konferenz von Messina* im Juni 1955 von den sechs Mitgliedstaaten der → *Europäischen Gemeinschaft für Kohle und Stahl* eingesetzte Gruppe von Regierungssachverständigen legte im April 1956 ihren Bericht über die Ausgestaltung einer → *Europäischen Wirtschaftsgemeinschaft* und einer → *Europäischen Atomgemeinschaft* vor.

SPEAR. Abk. für Support Programme for an European Assessment of Research. Unterprogramm von → *MONITOR* zur Methodologie und Wirksamkeit der sozialen und wirtschaftlichen Bewertung von Forschungs- und Entwicklungsprogrammen.

SPES. Abk. für Stimulation Plan for Economic Science. Europäischer Plan zur Stimulierung der Wirtschaftswissenschaften mittels transnationaler Forschungsnetze und -projekte, Stipendien, sowie Zuschüssen für Forschung, Ausbildung, Untersuchungen (→ *ACE*).

Sprachenausbildung. → *LINGUA*.

SPRINT. Abk. für Strategic Programme for Innovation and Technology Transfer in Europe. Förderprogramm für Innovation und Technologietransfer mit den Zielen der Stärkung der europäischen Innovationskapazitäten, der Förderung des Technologie- und Innovationstransfers sowie der Effizienz- und Kohärenzsteigerung der Innovations- und Technologietransferpolitik.

Stabex. Abk. für Stabilisation of Export Revenues. Im → *Lomé-Abkommen* geregeltes System zur Stabilisierung der Ausfuhrerlöse der → *AKP-Staaten*. Bei einem (saisonal bedingten) Rückgang der Erlöse für Agrarprodukte werden zinsgünstige Kredite aus dem → *Europäischen Entwicklungsfonds* gewährt. Zum Teil müssen die Darlehen nicht zurückgezahlt werden (→ *SYSMIN*).

Stahlpolitik. → *Europäische Gemeinschaft für Kohle und Stahl.*

Stand-by-Kredit. Ist eine Art Kreditlinie beim → *Internationalen Währungsfonds* im Rahmen der Kredittranchenpolitik (Credit Tranche Policy), wobei jede Tranche jeweils 25 % der Quote des Landes beim Fonds entspricht. Die Kreditlinie ermöglicht einem Mitglied, den Fonds während einer bestimmten Periode und bis zu einem festgelegten Betrag für seine Zahlungsverpflichtungen in Anspruch zu nehmen.

Stand-still. Aus dem Englischen stammender Fachbegriff für die im → *Gemeinschaftsrecht* an verschiedenen Stellen niedergelegte Verpflichtung der Mitgliedstaaten, durch nationale Vorschriften künftige EG-Regelungen nicht vorwegzunehmen und einen erreichten Liberalisierungsstand nicht zu verschlechtern. Die Richtlinien der EG bedeuten im Rahmen ihrer verpflichtenden Bestimmungen einen Stand-Still für die Mitgliedstaaten insofern, als diese den erreichten Rechtsangleichungsstand nicht in Frage stellen dürfen.

Standard-Währungskorb. → *Währungskorb.*

Ständige Vertretung. → *Ausschuß der Ständigen Vertreter.*

STAR. Abk. für Special Telecommunications Action for Regional Dvelopment. Entwicklungsprogramm im Rahmen des → *Europäischen Fonds für regionale Entwicklung* zur Entwicklung der Telekommunikation in den benachteiligten Gebieten, Teilprogramm von → *Telematik.*

Starkwährungsland. Land, dessen Währung auf dem internationalen → *Devisenmarkt* in den Ruf gekommen ist, von Zeit zu Zeit aufgewertet zu werden (→ *Schwachwährungsland*).

Statistisches Amt der EG. Kurzbezeichnung EUROSTAT. Das 1958 gegründete Statistische Amt der EG mit Sitz in Luxemburg bietet in Zusammenarbeit mit den Statistischen Ämtern der Mitgliedstaaten jedes Jahr eine Vielzahl von Veröffentlichungen zu den wirtschaftlichen und sozialen Entwicklungen in der Gemeinschaft an.

Stellungnahmen. Wie → *Empfehlungen* sind Stellungnahmen nach den → *Römischen Verträgen* Meinungsäußerungen von Rat oder Kommission an die Mitgliedstaaten mit unverbindlichem Charakter. Davon zu unterscheiden ist die Stellungnahme, die etwa das → *Europäische Parlament* bei der EG-Legislative nach den verschiedenen → *Kompetenznormen* abgeben müssen, wenn sie ihr Anhörungsrecht ausüben.

STEP. Abk. für Science and Technology for Environment Protection. Forschungs- und Entwicklungsprogramm für den Umweltschutz zur Unterstützung der Umweltpolitik der Gemeinschaft und der Verbesserung der einzelstaatlichen Umweltforschung.

Steuerberater. Steuerberater und Steuerbevollmächtigte sind in Deutschland zu uneingeschränkten Hilfeleistungen in Steuersachen befugt. Diese Beratungen und Vertretungen dürfen ansonsten nur noch von Rechtsanwälten oder von Wirtschaftsprüfern/ vereidigten Buchprüfern vorgenommen werden. In anderen europäischen Ländern existieren dem deutschen Steuerberater vergleichbare Berufe. Diese sind in der Confédération Fiscale Européenne zusammengeschlossen.

Steuerbilanz. Unter Steuerbilanz versteht man eine Bilanz, die nach steuerlichen Vorschriften erstellt wurde (→ *Bilanzierungsvorschriften*). Während in Deutschland aufgrund des Maßgeblichkeitsprinzips ein enger Zusammenhang zwischen → *Handelsbilanz* und Steuerbilanz besteht, können in einigen EG-Staaten die Handelsbilanz und Steuerbilanz unabhängig voneinander aufgestellt werden. Die Frage, ob die Maßgeblichkeit in Europa gelten soll oder nicht, ist von der EG-Kommission (öffentlich) bisher nicht diskutiert worden. Auch der Vorentwurf einer Richtlinie über die → *Gewinnermittlung*, die zur Zeit nicht weiter verfolgt wird, hat diese Problematik nicht angesprochen.

Steuergeheimnis. Durch das Steuergeheimnis werden alle Verhältnisse, die der Steuerpflichtige dem Finanzamt offenbart, also seine personenbezogenen Daten, seine Einkommensverhältnisse, die Betriebs- und Geschäftsgeheimnisse, geschützt. Die Verletzung des Steuergeheimnisses wird strafrechtlich verfolgt. Eine Durchbrechung des Steuergeheimnisses ist nur auf gesetzlicher Basis zulässig oder zur Durchführung des finanzamtlichen Verfahrens. Aufgrund des Gesetzes über die → *Amtshilfe* ist die Weitergabe von Daten – nach einem gesetzlich vorgeschriebenen Verfahren – zwischen den EG-Finanzverwaltungen zulässig.

Steuerharmonisierung. Die Harmonisierung der → *indirekten Steuern* fußt auf Art. 99 → *EWG-Vertrag*. Auf dieser Basis wurde bereits 1967 ein gemeinsames Mehrwertsteuersystem beschlossen, welches 1973 in allen Mitgliedstaaten verwirklicht wurde. Mit der 6. Umsatzsteuerrichtlinie wurde die Bemessungsgrundlage für die → *Mehrwertsteuer* vereinheitlicht. Zwischenzeitlich sind weit über 20 Richtlinien oder Richtlinienentwürfe vorgelegt worden, um eine weitere Angleichung zu erreichen. Als weiterer Schritt werden die Mehrwertsteu-

Steuerharmonisierung

ersätze angeglichen, und zwar wurde bereits ein Mindeststeuersatz von 15 % eingeführt, wobei nationale Besonderheiten wie z.B. Nullsatz und auch ein ermäßigter Mehrwertsteuersatz erhalten bleiben können. Eine weitgehende Harmonisierung der Mehrwertsteuersätze ist Voraussetzung für die Aufhebung der Steuergrenzen. Da dies zum 1.1.1993 noch nicht realisiert werden konnte, ist im Bereich der Mehrwertsteuer eine Übergangsregelung eingeführt worden, wodurch faktisch im unternehmerischen Bereich das bisherige → *Bestimmungslandprinzip* beibehalten wird. In diesem Zusammenhang ist auch die Harmonisierung der wichtigsten → *Verbrauchsteuern* zu nennen, für die die EG-Kommission einheitliche Mindeststeuersätze vorschlägt.

Die Harmonisierung der → *direkten Steuern* kann nicht unmittelbar aus dem EWG-Vertrag abgeleitet werden, sondern allenfalls aus den allgemeinen Vorschriften der Art. 100 und 101 EWG-Vertrag. Nach Art. 100 EWG-Vertrag erläßt der → *Rat der EG* auf Vorschlag der → *EG-Kommission* Richtlinien, die sich unmittelbar auf die Errichtung oder das Funktionieren des gemeinsamen Marktes auswirken. Auf der Grundlage des Art. 101 EWG-Vertrag erläßt der Rat Richtlinien zur Beseitigung solcher Unterschiede in den Rechts- und Verwaltungsvorschriften der Mitgliedsstaaten, die die Wettbewerbsbedingungen auf dem gemeinsamen Markt verfälschen und dadurch eine Verzerrung hervorrufen (→ *Rechtsakte der EG*). Nachdem lange Zeit bezweifelt wurde, daß der EWG-Vertrag eine ausreichende rechtliche Basis zur Harmonisierung der direkten Steuern bildet, wurden zwischenzeitlich zwei Richtlinien zur Hamonisierung der direkten Steuern angenommen (→ *Mutter-Tochter-Richtlinie*, → *Fusionsrichtlinie*). Die zukünftige Arbeit der EG-Kommission im Bereich der direkten Steuern wird sich auf die Beseitigung der steuerlichen Probleme bei der grenzüberschreitenden Zusammenarbeit verbundener Unternehmen richten. Ziel ist es, den Unternehmen zu ermöglichen, in der gesamten Gemeinschaft tätig zu sein, ohne durch Grenzen oder Vorschriften eingeschränkt zu werden. Während man im Bereich der Mehrwertsteuer ein einheitliches System in Europa anstrebt, wird dieses Ziel bei der Harmonisierung der direkten Steuern nicht mehr verfolgt. Die Leitlinien zur Unternehmensbesteuerung enthalten keine Hinweise mehr zu einer Harmonisierung der Besteuerungsbasis bei den direkten Steuern oder sogar zu einem einheitlichen Unternehmenssteuersystem. Die Steuerharmonisierung erstreckt sich auch auf die Zusammenarbeit der Finanzverwaltungen. So sind zwischenzeitlich Richtlinien über die gegenseitige → *Amtshilfe* sowohl im Bereich der direkten Steuern als auch bei der Mehrwertsteuer ergangen. In dem Maße, wie die Steuergrenzen fallen, wird die Zusammenarbeit der Finanzverwaltungen verstärkt werden.

Steuerhinterziehung. Zur Verhinderung der Steuerhinterziehung im gemeinsamen → *Binnenmarkt* hat die EG Richtlinien zur → *Amtshilfe* auf dem Gebiet der direkten Steuern und der Mehrwertsteuer erlassen, die eine Zusammenarbeit der Finanzbehörden ermöglichen (→ *Steuerharmonisierung*).

Strahlenschutz. Forschungs- und Ausbildungsprogramm für die Anpassung der Grundnormen für den Gesundheitsschutz gegen die Gefahren ionisierender Strahlungen gemäß Art. 7 des Vertrages über die → *Europäische Atomgemeinschaft*.

Straßenverkehr. Die EG-Politik im Bereich des Straßenverkehrs umfaßt die Beseitigung von administrativen und normativen Hindernissen im Güter- und Personenverkehr. Trotz der Angleichung vieler Rechtsvorschriften wie der Normen für Gewichte und Abmessungen im Güterkraftverkehr, der Zulassungsvoraussetzungen für die Personen- und Güterbeförderung sowie diverser Sozialvorschriften unterliegt das Transportwesen noch zahlreichen nationalen Beschränkungen (→ *Kontingente*). Der freie Zugang zum Markt wird im Güterkraftverkehr mit dem 1.Januar 1993 verwirklicht sein. Ab diesem Datum werden die Kontingente abgeschafft. An ihre Stelle treten generelle Genehmigungen, die den Transportunternehmern bei Erfüllung einheitlicher Zulassungserfordernisse in ihren Mitgliedstaaten ausgestellt werden. Eine ähnliche Liberalisierung ist auch für den Personenverkehr geplant; auch hier soll → *Kabotage* erlaubt werden. Allerdings werden die entsprechenden Vorschläge der Kommission noch diskutiert. Im Bereich des Straßenverkehrs unternimmt die EG mehrere Forschungsinitiativen, wie z.B. → *DRIVE* und → *EUREKA*.

STRIDE. Abk. für Science and Technology for Regional Innovation and Development in Europe. Gemeinschaftsinitiative des → *Europäischen Fonds für regionale Entwicklung* zur Förderung des regionalen Forschungs-, Technologie- und Innovationspotentials.

Stromtarif. → *Energiepolitik*.

Strukturfonds. Die EG gibt erhebliche Mittel zur gezielten Strukturverbesserung in bedürftigen Zonen der Mitgliedstaaten aus. Diese Mittel werden von der → *EG-Kommission* in den Strukturfonds gebündelt und sachbezogen verteilt. Die Strukturfonds sind der → *Fonds für regionale Entwicklung*, der → *Europäische Sozialfonds* und der → *Europäische Ausrichtungs- und Garantie-*

Strukturpolitik

fonds für die Landwirtschaft – Abteilung Ausrichtung. Durch den in Maastricht beschlossenen → *Kohäsionsfonds*, der bis zum 31.12.1993 eingerichtet werden soll, ist ein weiterer Strukturfonds hinzugekommen. Nicht zu den Strukturfonds, sondern zur Finanzierung der gemeinsamen Entwicklungspolitik dient der → *Europäische Entwicklungsfonds*, der nach einem bestimmten Beitragsschlüssel (→ *Finanzbeiträge*) aus den nationalen Etats der Mitgliedstaaten gespeist wird.

Strukturpolitik. Gesamtheit aller Maßnahmen zur Beeinflussung der langfristigen Wandlungen des Wirtschaftsgefüges mit dem Ziel, die Anpassungsfähigkeit der Wirtschaft zu fördern. In der EG zielt die Strukturpolitik auf die Annäherung der Strukturen der im EG-Durchschnitt zurückgebliebenen Mitgliedstaaten an das EG-Niveau ab (→ *Strukturfonds*, → *Kohäsionsfonds*).

Studentenaustausch. → *ERASMUS*, → *LINGUA*.

Studienbesuche. → *ARION*.

Stufenpläne. Politische und rechtliche Methode, angestrebte Ziele etappenweise zu erreichen und dabei von der Erreichung des Zwischenziels die Anwendung der strengeren Anforderung der nächsten Stufe abhängig zu machen. Stufenpläne wurden zur Erreichung des → *Binnenmarkts*, der → *Wirtschafts- und Währungsunion* oder der → *Europäischen Union* aufgestellt, ohne daß – vor allem bei geänderter politischer Lage – die Einhaltung des Zeitplanes immer gewährleistet war. Andererseits konnten bei rascherem Fortschritt der Integration festgelegte Stufenpläne sogar rascher als vorgesehen erfüllt werden (so der Zollabbau in der → *Übergangszeit*).

Im Rahmen der Verwirklichung der Wirtschafts- und Währungsunion (WWU) wurde auf der Gipfelkonferenz vom 1/2.12.1969 in Den Haag die → *EG-Kommission* beauftragt, einen Stufenplan zur WWU auszuarbeiten. Dieser erste Stufenplan lag Ende Februar 1970 vor und ging dann zusammen mit anderen inzwischen veröffentlichten Etappenplänen in den sogenannten → *Werner-Plan* auf. Dieser sah drei Etappen vor, von denen die erste Stufe mit dem 1.1.1971 begann; nach der Entschließung des Ministerrates vom 22.3.1971 sollte die WWU im Laufe von 10 Jahren verwirklicht werden; die Ölpreiskrise 1973 und die unterschiedlichen Interessenlagen der EG-Länder ließen jedoch keine wirtschaftliche Konvergenzentwicklung und damit keine Verwirklichung der vorgesehenen Stufen zu.

Zweiter Anlauf zur WWU war die Errichtung des → *Europäischen Währungssystems* im März 1979, die auf eine Entschließung des Europäischen Rates vom 5.12.1978 zurückging; es waren eine Anlaufphase von zwei Jahren und ein endgültiges System mit einem Europäischen Währungsfonds vorgesehen. Der dritte Stufenplan zur WWU kann mit der Veröffentlichung des → *Delors-Berichtes* (April 1989) verbunden werden, der auf einen Beschluß des Europäischen Rates (Hannover, Juni 1988) zurückgeht. Dieser sieht ebenfalls drei Phasen zur Verwirklichung der WWU vor, eine Vorbereitungsphase, eine Übergangsphase und eine Endphase. Diese Vorstellungen wurden auch in das Kapitel über die WWU in den → *Maastrichter Verträgen* aufgenommen. Danach hat die 1. Stufe am 1. Juli 1990 begonnen, die 2. Stufe am 1. Januar 1994 und die 3. Stufe soll spätestens am 1. Januar 1999 beginnen (→ *Wirtschafts- und Währungsunion*). Trotz einiger währungspolitischer Turbulenzen im Sommer 1993 sind die Mitgliedstaaten fest entschlossen, den Zeitplan einzuhalten.

Subsidiaritätsprinzip. Darunter ist der Grundsatz des Vorrangs der bestmöglichen Verantwortungs- und Handlungsebene zu verstehen. Die EG, die nationalen Staaten und andere Träger öffentlicher Verwaltung dürfen danach nur in dem Maße Zuständigkeiten für sich in Anspruch nehmen, als die jeweils nachrangigen staatlichen Untergliederungen zur Erfüllung der anstehenden Aufgaben nicht genauso gut in der Lage sind. Das Subsidiaritätsprinzip wurde mit der Aufnahme des Umweltschutzes in den → *EWG-Vertrag* (Art. 100 r) durch die → *Einheitliche Europäische Akte* erstmals ausdrücklich in einem Vertragstext der Gemeinschaft erwähnt. Danach darf die Gemeinschaft im Bereich der Umwelt nur insoweit tätig werden, als die Umweltziele auf Gemeinschaftsebene besser erreicht werden können als auf der Ebene der Mitgliedstaaten. Das Subsidiaritätsprinzip ist ein allgemeiner Grundsatz föderalistischer Staatsphilosophie. Es wurde deshalb für die Gemeinschaft vor allem von den Bundesländern und den Kommunen gefordert, um langfristig die bestehenden Kompetenzen gegenüber Bund und EG zu bewahren, da es einem Zentralismus entgegensteuert. Das Subsidiaritätsprinzip hat in Art. 3b des neuen EG-Vertrages eine verbindliche Ausformung erfahren. Danach wird die EG in Bereichen, die nicht ihrer ausschließlichen Zuständigkeit unterliegen, nur tätig, wenn und soweit die Ziele der in Aussicht genommenen Maßnahmen auf mitgliedstaatlicher Ebene nicht ausreichend erreicht werden können und daher wegen ihres Umfanges oder ihrer Wirkungen besser auf Gemeinschaftsebene erreicht werden können.

Subventionen. → *Beihilfen.*

Süderweiterung. Die zweimalige Erweiterung der EG durch den Beitritt der südeuropäischen Staaten Griechenland (am 1.1.1981), Spanien und Portugal (beide am 1.1.1986). Durch die Süderweiterung sind starke strukturelle Unterschiede und ein Wohlstandsgefälle zwischen alten und neuen Mitgliedstaaten entstanden. Dem Ausgleich dieser Strukturprobleme dienen die → *Strukturfonds*.

Supranationale Gewalt. Von lat. „supra" („über") abgeleitete Eigenschaft des Gemeinschaftswesens. Supranationale Gewalt ist eine neue, über die Nationen als den üblichen Trägern staatlicher Hoheitsgewalt hinausgehende Form von Rechtsmacht. Die Supranationalität stellt das revolutionierend Neue der EG-Gewalt dar, die als Zuordnungsgröße nicht den überkommenen Nationalstaat, sondern die von einzelnen Staaten gebildete übergeordnete Gemeinschaftsordnung zugrunde legt.

Swap-Geschäft. Form des Devisenaustauschgeschäfts (engl. to swap = tauschen), bei dem ein Partner einem anderen sofort Devisen bereitstellt (Kassa-Geschäft) und gleichzeitig mit ihm den Rückkauf zu festem Kurs und Termin vereinbart (Termingeschäft). Bei dieser Kombination von Kassa- und Termingeschäft, wie sie im internationalen Devisenhandel üblich ist, stellt der Swapkurs einen Indikator für die Differenz zwischen beiden Kursen dar. Ist der Terminkurs größer als der Kassakurs, so ergibt das einen Aufschlag/Report, wenn er kleiner ist, einen Abschlag/Deport.

Auch im Rahmen des → *Europäischen Fonds für Währungspolitische Zusammenarbeit* werden Swap-Geschäfte abgewickelt, und zwar bei einer Bereitstellung von offiziellen → *ECU* gegen Hinterlegung von 20 % der jeweiligen Dollarreserven der angeschlossenen Zentralbanken. Diese Operation erfolgt in Form spezifischer Swap-Revolving-Abkommen.
Die Zentralbanken verpflichten sich, nach drei Monaten die hinterlegte Menge an Gold und Dollarreserven zum gleichen Kurs wieder zurückzunehmen und schließen dann auf der Basis ihrer jeweiligen Devisenreserven einen neuen dreimonatigen Swap mit möglicherweise anderen Umrechnungssätzen ab.

SWIFT. Abk. für Society for Worldwide Interbank Financial Telecommunication. Internationales Überweisungs- und Abrechnungssystem zwischen Banken auf der Basis eines eigenen elektronischen Verbundnetzes.

SYSMIN. Abk. für System for stabilisation of export revenues in minerals. System im Rahmen der → *Lomé-Abkommen* zur Stabilisierung der Ausfuhrerlöse von → *AKP-Staaten* bei Bergbauprodukten (Mineralien wie Kupfer, Eisenerz, Phosphat, Zinn, Kobalt und Bauxit). Die Unterstützungen erfolgen in Form von Krediten zu Vorzugskonditionen. Sie müssen für Sachinvestitionen der Bergbauunternehmen verwendet werden (→ *STABEX*).

T

Tabaksteuer. Die Tabaksteuer gehört zu den → *Verbrauchsteuern*. Aufgrund der unterschiedlichen Einschätzung der Nationalstaaten hinsichtlich der außersteuerlichen Bedeutung der Tabaksteuer (Gesundheitspolitik) variiert die Steuerbelastung in den Mitgliedstaaten erheblich. Als ersten Schritt zu einer Harmonisierung sind Mindeststeuersätze eingeführt worden.

TARIC. Abk. für frz. Tarif intégré des Communautés européennes. Übertragung von Tarifinformationen im gemeinschaftlichen Zollsystem unter Einsatz von → *Telematik* (→ *CADDIA*).

Technische Rechtsangleichung. Untergruppe der → *Rechtsangleichung*, die der Beseitigung der handelshemmenden Wirkung unterschiedlicher technischer Normen dient. Dazu wird in der Regel in Richtlinien das technische Harmonisierungsziel festgelegt und durch im Anhang abgedruckte oder in Bezug genommene europäische oder nationale Normen präzisiert. Die technische Rechtsangleichung stützt sich dabei auf die Arbeiten nationaler, internationaler und europäischer Normenorganisationen der Wirtschaft.

Technologiepolitik. Die → *Einheitliche Europäische Akte* verleiht der Gemeinschaft ausdrückliche Zuständigkeit auf dem Gebiet der wissenschaftlichen und technischen Zusammenarbeit, die den Grundstein des Rahmenprogramms für Forschung und technologische Entwicklung bildet. Artikel 130 f legt daher fest: „Die Gemeinschaft setzt sich zum Ziel, die wissenschaftlichen und technischen Grundlagen der europäischen Industrie zu stärken und die Entwicklung ihrer internationalen Wettbewerbsfähigkeit zu fördern (→ *Forschungspolitik*).

TECNET. Kurzbezeichnung für Technical Network. Datenbank über Demonstrationsprojekte zur Berufsbildung in den neuen Informationstechnologien im Rahmen von → *EUROTECNET*.

TED. Abk. für Tender Electronic Daily. Datenbank über öffentliche Ausschreibungen im → *Amtsblatt der EG*, Serie S.

TEDIS. Abk. für Trade Electronic Data Interchange System. Entwicklungs- und Pilotprogramm für den elektronischen Datentransfer für kommerzielle Zwecke

Teildarlehen

in Handel, Industrie und Verwaltung.

Teildarlehen. Aus → *Globaldarlehen* der → *Europäischen Investitionsbank* (EIB) oder im Rahmen des → *Neuen Gemeinschaftsinstrument* (NGI) stellen Finanzinstitute bzw. Vermittler Teildarlehen in der entsprechenden Landeswährung zur Verfügung. Sie können in bestimmten Fällen bis zur Hälfte der Investitionskosten eines Projektes ausmachen. Ein typisches Teildarlehen bei der Europäischen Investitionsbank hat eine Laufzeit von 8 – 12 Jahren und im allgemeinen eine tilgungsfreie Zeit von zwei Jahren. Darlehensanträge für Teildarlehen werden an die zwischengeschalteten Institute und nicht an die EIB gerichtet. Teildarlehen aus den Mitteln des Neuen Gemeinschaftsinstruments sind ausschließlich für unabhängige Klein- und Mittelbetriebe (und zwar unabhängig von ihrem geographischen Standort) bestimmt, d.h. Unternehmen, deren Eigenkapital sich zu höchstens einem Drittel im Besitz einer Mutter- oder Holdinggesellschaft befindet (→ *kleine und mittlere Unternehmen*).

Teilzeiteigentum. Nach einem Richtlinien-Vorschlag der EG-Kommission soll der Verbraucher beim Abschluß sog. Time-Sharing-Verträge (Teilzeiteigentum) geschützt werden. Bei diesen Verträgen erwerben mehrere Kunden ein wiederkehrendes zeitlich begrenztes Nutzungsrecht an ein- und derselben Ferienwohnung. Der Schutz der Verbraucher soll in einem 28tägigen Widerrufsrecht, Schriftform des Vertrags und detaillierten Forderungen nach der Festlegung der Vertragsbedingungen in einem zwingenden Verkaufsprospekt bestehen.

Telekommunikation. → *Fernmeldewesen.*

TELEMAN. Kurzbezeichnung für Télémanipulation. Forschungs- und Ausbildungsprogramm für fernbediente Handhabungssysteme zum Einsatz bei der Kernenergie, dem Katastrophenschutz und im unbekannten Umfeld.

TELEMATIK. Gemeinschaftsinitiative des → *Europäischen Fonds für regionale Entwicklung* für die Verbesserung der Telekommunikation in den am stärksten benachteiligten Gebieten.

Telematiksysteme. Forschungs- und Entwicklungsprogramm zur Verbindung von Informations-, Kommunikations- und audivisuellen Technologien in den Bereichen transeuropäischer Verwaltungsnetze (→ *INSIS* → *CADDIA* → *TEDIS*), Verkehr (→ *Drive*), Gesundheit (→ *AIM*), Erziehung und Fernunterricht (→ *DELTA*), Bibliotheken, Sprachenforschung und Technologien (→ *EUROTRA*).

TEMPUS. Abk. für Trans-European Mobility Scheme for University Studies. Programm zur Koordination der Hilfe für Mittel- und Osteuropa im Rahmen von → *PHARE* auf dem Gebiet von Austausch und Mobilität, der Verbesserung der dortigen Ausbildung, der Sprachenausbildung der Aufenthalte von Studenten aus Mittel- und Osteuropa an Hochschulen und Unternehmen der EG sowie umgekehrt und dem Austausch von Lehr- und Ausbildungspersonal. Im Herbst 1992 wurde TEMPUS II als 4-Jahres-Folgeprogramm (ab 1. 7. 1994) zu TEMPUS I zur europaweiten Zusammenarbeit im Hochschulbereich beschlossen. TEMPUS II erfaßt auch die GUS-Staaten.

Terminmarkt. Alle Transaktionen an Börsen und Banken, insbesondere auf dem → *Devisenmarkt*, welche die Erfüllung der Vereinbarung durch beide Vertragspartner zu einem bestimmten Zeitpunkt und zu einem vorher festgelegten Kurs vorsehen.

Textilindustrie. → *Krisensektoren.*

THERMIE. Abk. für Technologie Européen pour la Maitrise de l'Europe. Programm für energietechnologische Demonstrationsvorhaben auf den Gebieten der rationellen Energienutzung, der Sonnen-, Biomasse-, Abfall- und Windenergie sowie der Energie aus festen Brennstoffen und Kohlenwasserstoffen.

Tindemans-Bericht. Bericht des belgischen Premierministers Tindemans, den dieser im Auftrag der Staats- und Regierungschefs vom 10.12.1974 auf der Grundlage von Einzelberichten der EG-Organe und nach Konsultationen der Mitgliedstaaten am 29.12.1975 über die Entwicklung der EG zu einer → *Europäischen Union* vorlegte. Diese Zielvorstellung, die nach den Planungen der 1. Pariser Gipfelkonferenz von Oktober 1972 bis zum Ende der Dekade verwirklicht werden sollte, aber erst heute inhaltliche Umrisse erhält, wurde von Tindemans bewußt auf pragmatische Einzelaspekte beschränkt; dennoch hatte sein Bericht keine unmittelbare Auswirkung. Die Anwendung der Methode des → *Europe à deux vitesses*, die Verzahnung von EG und → *Europäischer politischer Zusammenarbeit* sowie die Verstärkung des → *Europäischen Parlaments* waren dagegen Elemente, die bis heute aktuell blieben.

Toxikologie. Aktionsprogramm zur Erforschung der Giftstoffe für den Gesundheitsschutz und die Vollendung des → *Binnenmarktes* auf den Feldern der experimentellen und klinischen Toxikologie, der toxikologischen Beurteilung chemischer Erzeugnisse und der Ausbildung und Modelle über Toxikologie.

Transaktionswährung. Währung, in der effektiv be- oder gezahlt wird, im Gegensatz zu einer Vertragswährung, welche die Höhe der Verpflichtung zwar festlegt, jedoch vertraglich auch die Möglichkeit öffnen kann, den Gegenwert der Verpflichtung in einer anderen Währung oder in anderer vertraglich vereinbarter Form zu begleichen.

Transeuropäische Netze. Durch den Maastrichter Vertrag über die Europäische Union wurde ein neuer Titel „Transeuropäische Netze" in den reformierten EWG-Vertrag eingeführt. Er regelt den Beitrag der Gemeinschaft auf den Gebieten der Verkehrs-, Telekommunikations- und Energieinfrastruktur und weist der EG eine besondere Kompetenz zu, den gemeinschaftsweiten Verbund und die Interoperabilität der nationalen Netze zu fördern. In diesem Zusammenhang kann die EG auch den → *Kohäsionsfonds* heranziehen.

Transferbestimmungen. Darunter werden meistens die devisenrechtlichen Bedingungen im internationalen Überweisungs- und Zahlungsverkehr verstanden.

Transportlizenz. Im Rahmen des Straßentransports (→ *Straßenverkehr*) verwendete Lizenzen als Nachweis der Transportgenehmigung und zur Kontrolle der einzelstaatlichen oder gemeinschaftlichen → *Kontingente*.

Transportpolitik. → *Verkehrspolitik.*

Transportquoten. Im Rahmen des Straßentransports (→ *Straßenverkehr*) übliche, einzelstaatliche oder gemeinschaftliche → *Kontingente*. Seit dem 1. 1. 1993 sind diese innerhalb der EG abgeschafft. Seither kann jeder Verkehrsunternehmer, der den in den Gemeinschaftsrichtlinien aufgestellten qualitativen Kriterien entspricht, in der gesamten Gemeinschaft grenzüberschreitende Transportleistungen erbringen.

TREVI. Abk. für Terrorisme, Radicalisme, Extremisme, Violence Internationale. Ist die Bezeichnung einer im weiteren Sinne der → *Europäischen Politischen Zusammenarbeit* zuzuordnenden Aktivität der Innenminister der EG-Staaten auf dem Gebiet der inneren Sicherheit mit dem Ziel einer EG-weiten Bekämpfung aller Formen des internationalen Verbrechens. Die seit 1976 bestehende Kooperation strebt die sicherheitspolitische Voraussetzung der Abschaffung der Grenzkontrollen an den Binnengrenzen der Gemeinschaft an und hat in den → *Schengener Abkommen* ihre deutlichsten – wenn auch noch nicht EG-weiten – Erfolge erzielt. Die EG hat auf dem Gebiet der inneren Sicherheit (Polizei) noch keine Hoheitsrechte von ihren Mitgliedstaaten erhalten, so daß die Kooperation noch im Wege der zwischenstaatlichen Absprache und nach dem → *Konsensprinzip* erfolgt (→ *innen- und justizpolitische Zusammenarbeit*).

Trinkwasser-Richtlinie. Mit der 1980 verabschiedeten Trinkwasser-Richtlinie setzte der → *Rat der EG* ein umweltpolitisches Zeichen. Die Richtlinie legte zur Gewährleistung der Qualität von Wasser für den menschlichen Gebrauch Grenzwerte für Nitrate und Pestizide fest, die den Ultraspurenbereich und damit die Grenze des heute überhaupt technisch möglichen Nachweises erreichen. So dürfen in einem Liter Trinkwasser nur noch 0,1 Mikrogramm eines einzelnen und 0,5 Mikrogramm sämtlicher möglicher Rückstände von Pflanzenbehandlungsmitteln enthalten sein. Nach der Umsetzung in deutsches Recht müssen sich die Wasserwerke in Deutschland seit dem 1.10.1989 um die Einhaltung dieser Werte bemühen.

Troika. Bezeichnung für die Zusammenarbeit zwischen der jeweiligen Ratspräsidentschaft, ihrer Vorgängerin und ihrer Nachfolgerin, insbesondere in der Außenpolitik und im Rahmen der → *Europäischen Politischen Zusammenarbeit*. In Art. J 5 der Bestimmungen über die → *Außen- und Sicherheitspolitik* im Rahmen des Maastrichter Vertrages über die Europäische Union hat dieses Zusammenwirken eine vertragliche Grundlage erhalten.

U

Übergangszeit. Befristete Möglichkeit, bis zur Erreichung eines gewollten Endstadiums noch ein früheres Niveau ganz oder teilweise aufrechtzuerhalten. Eine Übergangszeit wurde in den Gründungs- und Beitrittsverträgen der EG als Möglichkeit erleichterter Bewältigung angestrebter Ziele (Zollunion, Abbau nationaler Restriktionen und Schutzmaßnahmen zugunsten einiger Staatsangehörigen) vereinbart (→ *Stufenplan*).

Überseeische Länder und Gebiete. Die außereuropäischen Länder und Hoheitsgebiete der EG-Mitgliedstaaten, für die nach dem EWG-Vertrag eine spezielles Assoziierungssystem galt. Die Länder sind inzwischen weitgehend selbständig geworden und dem System der → *Lomé-Abkommen* beigetreten. Übriggeblieben ist im wesentlichen niederländischer, französischer und britischer Inselbesitz, der auf den Weltmeeren verstreut ist. Der EWG-Vertrag gilt für diese Länder nur nach Maßgabe besonderer Regelung (Art. 227 EWG-V).

Übersetzung. → *Literaturübersetzung*, → *EUROTRA*.

Umlage. Im Vertrag über die → *Europäische Gemeinschaft für Kohle und Stahl* geregelte Einnahme der Montanunion in Form einer auf die Erzeugung von Kohle und Stahl erhobenen Umlage, dh. einer EG-Steuer der Erzeuger nach Maßgabe der Produktion. Die in der Umlage verwirklichte unmittelbare Steuer zugunsten der Gemeinschaft wurde in die → *Römischen Verträge* nicht als Finanzierungsmittel übernommen (→ *Einnahmen*).

Umrechnungskurs. → *Wechselkurs.*

Umsatzsteuer. Umsatzsteuer wird in der EG in der Form der → *Mehrwertsteuer* erhoben.

Umweltagentur. → *Europäische Umweltagentur.*

Umwelt-Audit. Auch Öko-Audit. Methode betrieblicher Umweltüberprüfung. Der Rat der EG-Umweltminister verabschiedete im Frühjahr 1993 eine Verordnung, die ab 1995 ein Öko-Audit-System einführt: Gewerbliche Unternehmen aus allen Mitgliedstaaten können sich auf freiwilliger Basis an der ökologischen Revision ihres Betriebes beteiligen, für die folgendes Verfahren vorgesehen ist: Die Unternehmen erarbeiten ein betriebsinternes Konzept, in dem die umweltpolitischen Leitlinien, die konkreten Maßnahmen und die Umsetzung durch das Management des Unternehmens dargestellt werden. Diese Strategie und die Ergebnisse des Audits werden dann von unabhängigen staatlich anerkannten Stellen alle drei Jahre kontrolliert. Im Rahmen dieser Kontrollen soll den Prüfern weitestgehende Handlungsfähigkeit eingeräumt werden. Die Prüfer kontrollieren beispielsweise regelmäßig die Umweltverträglichkeit der Produktionsverfahren. Verpflichten sich die Betriebe, alle einschlägigen Umweltvorschriften einzuhalten und die bestmögliche Technologie zu benutzen, die ökologisch vertretbar ist, erhalten sie von der EG ein Umwelt-Zertifikat, das sie im Firmenbriefkopf führen dürfen. Auf diese Weise kann beispielsweise Geschäftspartnern gegenüber gezeigt werden, daß das eigene Unternehmen die Umweltmaßstäbe der Öko-Revision der EG erfüllt.

Umweltforschung. → *STEP,* → *EPOCH.*

Umweltinformationsrichtlinie.
Am 7. Juni 1990 verabschiedete der → *Rat der EG* die „Richtlinie über den freien Zugang zu Umweltinformationen", die für alle natürlichen und juristischen Personen ein Recht auf Information über die Umwelt gegenüber Behörden vorsieht. Beschränkungen des Umweltinformationsrechts sind insbesondere zum Schutz von Betriebs- und Geschäftsgeheimnissen sowie zum Schutz behördlicher Entscheidungsbildungsprozesse möglich. Die Richtlinie war von den Mitgliedstaaten bis zum 1. 1. 1993 in natio-

nales Recht umzusetzen. Die Umsetzung in das deutsche Recht steht noch aus.

Umweltpolitik. Mit der → *Einheitlichen Europäischen Akte* ist der Umweltschutz durch Einfügung des Art. 130 r → *EWG-Vertrag* ausdrücklich zum Zielbegriff der EG erklärt worden. Es wurde festgelegt, daß ein hohes Schutzniveau angestrebt werden soll. Die Politik zielt einerseits darauf ab, Umweltverschmutzung und Umweltbelastung zu bekämpfen, andererseits, natürliche Ressourcen besser zu bewirtschaften. Unter das erste Ziel fallen Maßnahmen zur Bekämpfung der Wasser- und Luftverschmutzung, der Lärmreduzierung und der Beherrschung der Gefahren, die mit chemischen Stoffen und Biotechnologie verbunden sind (→ *Seveso-Richtlinie*, → *Umweltverträglichkeitsprüfung* (UVP), → *EINECS*). Unter das zweite Ziel fallen Maßnahmen zur Erhaltung der Natur im Rahmen der → *Agrar-* und → *Regionalpolitik*, und mittels eines Sonderprogramms mit Maßnahmen für den Mittelmeerraum (→ *MEDSPA*) sowie Abfallbewirtschaftung und Entwicklung umweltfreundlicher Technologien. Innerhalb der → *Forschungspolitik* werden ebenfalls Umweltfragen behandelt (→ *STEP*). Die → *Europäische Investitionsbank* gewährt finanzielle Unterstützung für Umweltinvestitionsprojekte. Die → *Europäische Umweltagentur* soll Umweltdaten erfassen und auswerten. Durch den Vertrag von Maastricht wurde die gemeinsame Umweltpolitik fortentwickelt.

Umweltverträglichkeitsprüfung. Abk. UVP. Verfahren zur Prüfung der potentiellen Auswirkungen von privaten und öffentlichen Projekten auf die belebte und unbelebte Natur sowie sonstige Kultur- und Sachgüter.
Der Rat der EG verabschiedete bereits 1985 eine „Richtlinie über die UVP bei bestimmten öffentlichen und privaten Projekten", die von den Mitgliedstaaten bis Juli 1988 in nationales Recht umzusetzen war. Die Bundesrepublik kann dieser Verpflichtung verspätet durch Verabschiedung des UVP-Gesetzes vom 12. Februar 1990 nach.
Die Umweltverträglichkeitsprüfung dient dem vorbeugenden Umweltschutz. Die umfassende und frühzeitige Prüfung möglicher Umweltauswirkungen von größeren Vorhaben wie z. B. Kraftwerken, Anlagen der chemischen Industrie, Flugplätzen usw. soll erreichen, schädliche Umweltauswirkungen bei der Verwirklichung der Vorhaben so gering wie möglich zu halten. Konkrete Vorgaben für materielle Umweltstandards enthält die Richtlinie allerdings ebensowenig wie Maßstäbe darüber, welchen Einfluß das Verfahrensergebnis auf die Zulässigkeit des Projektes haben soll.

Umweltzeichen der EG. Mitte 1993 gemeinschaftsweit eingeführtes Gütezeichen, das an Produkte vergeben werden soll, die von ihrer Entwicklung bis zum Verbrauch umweltverträglicher sind als vergleichbare Erzeugnisse. Bewertungskriterien sind u. a. Abfallaufkommen, Bodenverschmutzung, Energieverbrauch, Lärmverursachung. Die Vergabebedingungen werden von den Mitgliedstaaten in Aufgabenteilung jeweils für einzelne Produktgruppen festgelegt. Als erstes liegen die in Großbritannien formulierten Vergabegrundlagen für Wasch- und Geschirrspülmaschinen vor. Für sie wird seit Juli 1993 bereits das Umweltzeichen vergeben. In Deutschland werden Anträge auf Vergabe des Zeichens beim Umweltbundesamt in Berlin bearbeitet.

Ungleichgewichte, fundamentale. Begriff in den internationalen Austauschbeziehungen zwischen Staaten, insbesondere hinsichtlich des Zustandes einseitiger Handelsströme eines Landes (→ *Handelsbilanz*, → *Leistungsbilanz*). Anhaltende, strukturelle Ungleichgewichte in diesen Bilanzen (Defizite oder Überschüsse) führen zu Spannungen auf den → *Devisenmärkten* und schließlich zu einer Ab- oder Aufwertung der betreffenden Währung; daher wird in Wechselkurssystemen (→ *Bretton-Woods-Abkommen*, → *Europäisches Währungssystem*) von der Notwendigkeit einer Anpassung der Paritäten oder → *Leitkurse* (realignment) gesprochen, wenn es zu fundamentalen Ungleichgewichten zwischen den teilnehmenden Partnern gekommen ist.

Unionsbürgerschaft. Durch den Maastrichter Vertrag über die Politische Union eingeführter Status der Staatsangehörigen der EG-Mitgliedstaaten, welcher die besonderen im Vertrag vorgesehenen Rechte (Freizügigkeit, Kommunalwahlrecht, diplomatischer und konsularischer Schutz und Petitionsrecht beim Europäischen Parlament) vermittelt. Die Voraussetzungen der mitgliedstaatlichen Staatsangehörigkeit richten sich weiterhin nach nationalem Recht.

Unionsverfassung. (→ *Maastrichter Verträge*). Das Vertragswerk von Maastricht stellt strukturell ein kompliziertes und noch nicht abgeschlossenes Dokument dar, das insoweit auch noch nicht jenen Grad an Vollständigkeit besitzt, die man gemeinhin von einer Verfassungsurkunde erwartet. Bereits 1984 hatte das Europäische Parlament den Entwurf einer europäischen Unionsverfassung verabschiedet, die inhaltlich ihre Spuren auch in den Maastrichter Verträgen hinterlassen hat (→ *Subsidiaritätsprinzip*, → *Unionsbürgerschaft*).
Der Vertrag über die Europäische Union faßt den um die Regeln über die → *Wirtschafts- und Wäh-*

rungsunion und durch Einbeziehung zusätzlicher Politikfelder erweiterten EWG-Vertrag (jetzt „EG-Vertrag"), den Vertrag über die → *Europäische Atomgemeinschaft* und den Vertrag über die → *Europäische Gemeinschaft für Kohle und Stahl* zusammen. Neben dieser kommunitären Säule sind die intergouvernementalen Säulen der → *Gemeinsame Außen- und Sicherheitspolitik* und der → *innen- und justizpolitischen Zusammenarbeit* unter dem Dach der Europäischen Union vereinigt. Die Union bildet damit einen rechtlichen Rahmen, der nur eine neue, nicht aber bereits die Endstufe der europäischen Einigung festlegt.

Unmittelbare Anwendbarkeit.
→ *self-executing-Wirkung.*

UNO. Abk. für United Nations Organisation. → *Vereinte Nationen.*

Untätigkeitsklage. Klage, die beim → *Gerichtshof der EG* gegen die → *EG-Kommission* oder den → *Rat der EG* erhoben werden kann, wenn diese Organe durch ihre Untätigkeit die Verwirklichung der Ziele des EWG-Vertrages behindern. Untätigkeitsklage können die Mitgliedstaaten oder die anderen Organe der EG, aber auch unter bestimmten Voraussetzungen individuell Betroffene einreichen, wenn Rat oder Kommission 2 Monate nach der Aufforderung, einen Beschluß zu fassen, noch immer nicht tätig geworden sind. 1983 beispielsweise erhob das → *Europäische Parlament* gegen den Rat der Verkehrsminister Untätigkeitsklage, um diesen zu stärkeren Anstrengungen bei der im EWG-Vertrag vorgesehenen Liberalisierung der Verkehrsdienstleistungen zu zwingen.

Unternehmensaufkäufe. Im Rahmen von Unternehmens- und Marktstrategien bewußt eingesetztes Mittel, um die Basis eines Unternehmens durch Zukäufe anderer Unternehmen zu stärken.

Unternehmensfusion. Im Rahmen von Unternehmens- und Marktstrategien bewußt eingesetztes Mittel, um die Basis eines Unternehmens durch Unternehmenszusammenschlüsse zu stärken (→ *Fusionsrichtlinie*).

Unterzeichnung. Bedeutet im Rechtssinn die rechtsverbindliche Unterschrift des Rechtsträgers oder seines Bevollmächtigten unter eine rechtsrelevante Erklärung oder einen Vertragstext. Bei völkerrechtlichen Verträgen unterzeichnen Regierungsmitglieder oder die Staats- und Regierungschefs je nach Art des Abkommens; bei der EG unterzeichnet der Ratspräsident. Mit der Unterzeichnung ist das Vertragswerk in der Regel noch nicht in Kraft, hierzu bedarf es vielmehr grundsätzlich noch der → *Ratifikation*.

Urheberrechte. Urheberschutz für geistige Werke, inkl. Entwurf und Herstellung von integrierten Schaltkreisen, Computerprogrammen, Datenbanken, Entwicklung neuer Tonträger. Bisher bestehen erst wenige gemeinschaftliche Regelungen für Urheberrechte (z.B. Halbleitererzeugnisse oder integrierte Schaltkreise). Doch das 1988 veröffentlichte Grünbuch der Kommission über „Urheberrechte und die technologische Herausforderung" behandelte alle Aspekte wie Piraterie, private Vervielfältigung und Vertriebsrechte, so daß weitere spezifische Maßnahmen zur Schaffung eines EG-einheitlichen Rechtsrahmens zu erwarten sind.

Ursprungslandprinzip. Unter Ursprungslandprinzip versteht man im Bereich der → *Mehrwertsteuer* die Besteuerung im Land der Herkunft der Waren und Dienstleistungen. Das Ursprungslandprinzip ist das anzustrebende Ziel bei der Harmonisierung der Mehrwertsteuer; es ist seit dem 1. 1. 1993 im privaten Reiseverkehr verwirklicht. Es steht im Gegensatz zu dem derzeit noch im unternehmerischen Bereich herrschenden Prinzip des Bestimmungslandes, bei der sich die Steuerhöhe nach dem Land des Verbrauchs richtet (→ *Bestimmungslandprinzip*).

Ursprungsregel. Regel, die in einer → *Freihandelszone* erforderlich ist, deren Mitglieder gegenüber *Drittstaaten* unterschiedliche Zollsätze anwenden. Ursprungsregeln bestimmen, welches Land als Ursprungsland des Produkts anzusehen ist, und sie dienen dazu, an den Binnengrenzen der Freihandelszone Waren mit Ursprung aus den Mitgliedstaaten von denjenigen aus Drittstaaten zu unterscheiden. Während erstere zollfrei eingeführt werden können, wird auf letztere der dem Ursprungsland entsprechende Zollsatz erhoben.

V

VALOREN. Kurzbezeichnung für ein Entwicklungsprogramm des → *Europäischen Fonds für regionale Entwicklung* zur Stärkung der regionalen Energieerzeugung in weniger entwickelten Gebieten.

VALUE. Abk. für Valorisation et Utilisation pour l'Europe. Förderprogramm zur Verbreitung und Nutzung der Ergebnisse wissenschaftlicher und technischer Forschung zur Effizienz- und Wettbewerbssteigerung der gemeinschaftlichen Forschungs- und Entwicklungsprogramme.

Valuta-Akzept. Annahme eines auf eine ausländische Währung lautenden Wechsels.

Valuta. Fachbegriff des internationalen Geldhandels für ausländische Währung.

Valutageschäft. Umtausch von nationaler Währung in ausländische Währungen und umgekehrt.

Valutapolitik. → *Währungspolitik*.

VANS. Abk. für Value Added Network Services → *Mehrwertdienste*.

Venture Capital. Förderinstrument für das Wachstum von → *kleinen und mittleren Unternehmen* durch die grenzüberschreitende Bereitstellung von → *Risikokapital* für die Beteiligung an jungen, innovativen Unternehmen und Praktika in Wagnisfinanzierungsgesellschaften (→ *EVCA*).

Verbraucherkredit-Richtlinie. Für den Bereich des Verbraucherkredites und der Abzahlungsgeschäfte hat der → *Rat der EG* im Dezember 1986 die Verbraucherkredit-Richtlinie beschlossen. Nach dieser Richtlinie, die Verbraucherkredite jeder Art mit Ausnahme des Immobilienkredits regelt, müssen Kreditverträge schriftlich abgeschlossen werden und unter anderem die Angabe des effektiven Jahreszinses enthalten. Ferner muß eine Möglichkeit zur vorzeitigen Rückzahlung gewährt werden.
Die Verbraucherkredit-Richtlinie ist durch das Gesetz über Verbraucherkredite vom 17.12.1990 einschließlich einer späteren Änderungs-Richtlinie vom 22.2.1991 in deutsches Recht umgesetzt worden.

Verbraucherpolitik. Bisher nicht ausdrücklich in den Europäischen Verträgen erwähnt, doch in dem Begriff „Verbesserung der Lebensbedingungen" enthaltene Zielvorstellung. Durch Art. 129a des neuen EG-Vertrages wurde eine ausdrückliche verbraucherpolitische Kompetenz der Gemeinschaft geschaffen. Verschiedene Richtlinien betreffen die Verbraucher direkt, z.B. Lebensmittelverpackung, Kennzeichnung von Textilien, gefährlichen Stoffen, Arzneimitteln, Normen für Spielzeuge usw. Der Aktionsplan (1990 – 1992) unterstützt diese Maßnahmen. Er konzentriert sich auf die Schwerpunkte: Vertretung der Verbraucher, Verbraucherinformation (→ *Beratender Verbraucherrat*), physische Sicherheit der Verbraucher sowie Vereinfachungen und → *Verbraucherschutz* bei grenzüberschreitenden Einkäufen.

Verbraucherrat. → *Beratender Verbraucherrat*.

Verbraucherschutz. Der Verbraucherschutz als Gemeinschaftsanliegen trat als Querschnittsaspekt erst relativ spät in den Vordergrund der EG-Politik, nachdem die Gemeinschaft der

Hersteller und Händler längst ihre Regeln festgelegt hatte. Mit der Verfolgung des Verbraucherschutzes wurde auch das Privatrecht in die EG-Aktivitäten einbezogen, das damit ebenfalls zum Gegenstand der Rechtsangleichung wurde. Formell ist der Verbraucherschutz im geltenden Vertragsrecht nicht erwähnt, obwohl er durch viele Programmbeschlüsse und Gemeinschaftsaktionen zum Ausdruck gebracht wurde (→ *Verbraucherpolitik*). Das wurde im Rahmen der EG-Reform (→ *Maastrichter Verträge*) nachgeholt. Der neu in den EG-Vertrag eingeführte Artikel 129a regelt ausdrücklich, daß die Gemeinschaft bei der binnenmarktbezogenen Rechtsangleichung und durch spezifische Aktionen ein hohes Verbraucherschutzniveau erreichen soll (→ *Verbraucherpolitik*), (→ *Produkthaftungs-Richtlinie*, → *Haustürgeschäfte-Richtlinie*, → *Dienstleistungshaftungs-Richtlinie*, → *Pauschalreise-Richtlinie*, → *Verbraucherkredit-Richtlinie* und → *Richtlinie über unangemessene Vertragsklauseln*).

Verbrauchsteuern. Verbrauchsteuern belasten den Gebrauch oder Verbrauch von bestimmten Erzeugnissen zusätzlich zur → *Mehrwertsteuer*. Die wesentlichsten Verbrauchsteuern sind die Mineralölsteuer, → *Tabaksteuer*, Biersteuer und die Kaffeesteuer. Sie werden auch bei der → *Einfuhr* erhoben, um gleiche Wettbewerbsverhältnisse zu erzielen. Nach Wegfall der Binnengrenzen ist ein solcher Ausgleichsmechanismus nicht mehr bei Verkäufen von Privatpersonen möglich. Um die Problematik wenigstens abzumildern, sind Mindeststeuersätze eingeführt worden (→ *Steuerharmonisierung*).

Verbundsystem. Infrastrukturnetze, die besonders der europäischen Strom- und Erdgasversorgung dienen (→ *Energiepolitik*). Beispiele geplanter Vorhaben sind der Stromverbund Griechenland-Italien oder Irland-Großbritannien und der Erdgas-Netzverbund zwischen dem italienischen Festland und Korsika und Sardinien. Einige Verbundprojekte beziehen auch → *Drittstaaten* ein, z.B. die Transmed-Gasleitung zwischen Italien und Tunesien.

Vereinigte Staaten von Europa. → *Europäische Union*, → *Pan-Europa-Bewegung*.

Vereinte Nationen (UNO). 1945 als Nachfolgeorganisation des Völkerbundes gegründete weltweite Vereinigung von Staaten zur Sicherung des Friedens und der gedeihlichen internationalen Zusammenarbeit. Die UNO hat ihren Sitz in New York, ihre Organe sind die Generalversammlung (zur Zeit mit Vertretern von über 150 Nationen), der Sicherheitsrat (ständige Mitglieder: USA, Rußland, China, Frankreich, Großbritannien), der Wirtschafts- und Sozialrat, der Treuhandrat, der Internationale Gerichtshof und das Sekretariat (Generalsekretär ist seit 1992 der Ägypter Butros-Ghali). Die UNO hat zahlreiche Sonder- und Unterorganisationen (u.a. das → *GATT*, die Internationale Atomenergie-Organisation in Wien, die Weltorganisation für geistiges Eigentum in Genf und viele andere mehr). Die EG arbeitet über ihre Mitgliedstaaten oder Beobachter in der UNO und ihren Sonderorganisationen mit (vgl. Art. 229 → *EWG-Vertrag*).

Verfahrensordnung. Prozeßordnung des → *Gerichtshofes der EG (EuGH)* (das → *Gericht 1. Instanz* hat eine eigene Verfahrensordnung), die Regelungen über die Bestellung (Eidesleistung) der Mitglieder, Einteilung in Kammern, die Sprachregelung und die Verfahrensvorschriften für die einzelnen Prozeßarten enthält. Das Prozeßrecht des Gerichtshofs wird ergänzt durch die Satzung des Gerichtshofs, die die grundlegenden Gerichtsverfassungsbestimmungen über Richter und Generalanwälte, Organisationen und Verfahren enthält und ihrerseits auf die Vertragsbestimmungen über den Gerichtshof verweist. Somit gliedert sich das Regelwerk der EG-Gerichtsbarkeit in drei Ebenen (Gründungsvertrag – Satzung – Verfahrensordnung). Die Verfahrensordnung wird vom Europäischen Gerichtshof selbst erlassen; sie bedarf der einstimmigen Genehmigung des → *Rates der EG*.

Verfahrenssprachen. Die für Verfahren vor dem → *Gerichtshof der EG (EuGH)* geltende Verwendung der Sprachen weicht von der Amtssprachenregelung ab. Es sind 10 Sprachen (zu den → *Amtssprachen* tritt noch Irisch hinzu), aus denen der Kläger die Verfahrenssprache wählen kann; in bestimmten Fällen ist die Amtssprache eines Mitgliedstaates vorgeschrieben (z.B. ist die Sprache des Gerichts, das ein → *Vorabentscheidungsverfahren* betreibt, Verfahrenssprache).

Verfassungsschranken der Integration. Art. 24 des Grundgesetzes (GG) erlaubte es dem Bund bislang, durch einfaches Gesetz Hoheitsrechte auf zwischenstaatliche Einrichtungen wie die Europäischen Gemeinschaften zu übertragen. Diese Möglichkeit war nur verfassungsimmanenten Schranken unterworfen, d. h., daß die Identität der geltenden Verfassungsordnung der Bundesrepublik Deutschland nicht durch Einbruch in ihr Grundgefüge und in die sie konstituierenden Strukturen aufgegeben werden durfte. Durch die Neufassung des Art. 23 GG vom 21. 12. 1992 ist heute die Staatszielbestimmung zur Europäischen Union in eindeutiger Weise in der deutschen Verfassung verankert. Ihre Verwirklichung ist an Bedingungen geknüpft, die zuvor auch schon das Bundesverfassungsgericht als ausschlaggebend bezeichnet hatte, nämlich die Einhaltung demokra-

tischer, rechtsstaatlicher, sozialer und föderativer Grundsätze und eines dem eigenen Grundrechtskatalog adäquaten Grundrechtsschutzes. Außerdem ist in Art. 23 GG das → *Subsidiaritätsprinzip* als Strukturelement der Europäischen Union zum Verfassungsprinzip erhoben worden.
Konnte von dem – übrigens beibehaltenen – Art. 24 GG der Bund durch einfaches Gesetz Hoheitsrechte übertragen, so fordert der neue Art. 23 GG zur Verwirklichung eines vereinten Europas, daß das Hoheitsübertragungsgesetz die Zustimmung des Bundesrates erhält.
Durch die beiden Gesetze über die Zusammenarbeit von Bundesregierung und Deutschem Bundestag und von Bund und Ländern in Angelegenheiten der Europäischen Union vom 12. 3. 1993 sind die europäischen Entscheidungen, die früher allein von der Bundesregierung zu fällen waren, nur noch im Zusammenwirken mit den gesetzgebenden Körperschaften und den Ländern zu treffen.

Verhältnismäßigkeitsprinzip.
Auch im → *Gemeinschaftsrecht* anerkannter Grundsatz, wonach Belastungen und Einschränkungen, die dem einzelnen von Rechts wegen auferlegt werden, nicht das zur Verwirklichung der Ziele nötige Maß überschreiten dürfen (Übermaßverbot). Das Verhältnismäßigkeitsprinzip ist auch bei der Auslegung von Gemeinschaftsrechtsnormen zu beachten.

Verhandlungsmandat. Der → *EG-Kommission* vom → *Rat der EG* im Rahmen der → *Außenkompetenzen* der Gemeinschaft erteilte Auftrag, innerhalb eines bestimmten Rahmens und für ein beabsichtigtes Ziel mit → *Drittstaaten* oder → *internationalen Organisationen* einen völkerrechtlichen Vertrag auszuhandeln, den der Rat dann nach → *Paraphierung* durch die Kommission abschließt.

Verkehrspolitik. Der → *EWG-Vertrag* sieht das Ziel einer gemeinsamen Verkehrspolitik der Mitgliedstaaten vor und verleiht der EG weitreichende Regelungsbefugnisse („Erlaß aller zweckdienlichen Maßnahmen"). Diese hat der → *Rat der EG* jedoch bis 1983 nur äußerst sparsam genutzt, was zu einer → *Untätigkeitsklage* des → *Europäischen Parlaments* gegen den Rat der Verkehrsminister vor dem → *Gerichtshof der EG* führte. Im Hinblick auf die Verwirklichung des → *Binnenmarktes* hat sich die EG vor allem auf die Liberalisierung des Güterverkehrs (→ *Straßenverkehr*, → *Kabotage*), des → *Seeverkehrs* und des → *Luftverkehrs* konzentriert. Daneben umfaßt die Verkehrspolitik auch den → *Eisenbahnverkehr* sowie die Finanzierung von Maßnahmen zur Verbesserung der Verkehrsinfrastruktur (→ *Kombinierter Ver-*

kehr). Der Transitverkehr über die Alpen durch die Schweiz und Österreich wird seit dem 1.1.1993 durch bilaterale Abkommen geregelt, die im Rahmen des Vertrages über den → *Europäischen Wirtschaftsraum* Gegenstand intensiver Verhandlungen zwischen der Gemeinschaft und den beteiligten Staaten gewesen waren.

Verkehrsteuern. Unter dem Sammelbegriff Verkehrsteuern werden diejenigen Steuern zusammengefaßt, die an Vorgänge des Rechtsverkehrs anknüpfen. Üblicherweise fallen darunter die Grunderwerbsteuer, die → *Kapitalverkehrsteuern,* die → *Kraftfahrzeugsteuer,* die Renn- und Lotteriesteuer, die Versicherungsteuer und Feuerschutzsteuer sowie die Wechselsteuer. Manchmal wird auch die → *Umsatzsteuer* hinzugerechnet. Auf EG-Ebene sind Harmonisierungsbestrebungen nur im Bereich der Kapitalverkehrsteuern und der Umsatzsteuer zu verzeichnen (→ *Steuerharmonisierung*).

Verlustberücksichtigung. Am 28.11.1990 hat die → *EG-Kommission* einen Richtlinienvorschlag zur Berücksichtigung der Verluste von → *Betriebsstätten* oder Tochtergesellschaften, die in einem Mitgliedstaat ansässig sind, bei der Muttergesellschaft in einem anderen Migliedstaat vorgelegt. Hiermit soll die Doppelbesteuerung bei den → *direkten Steuern* vermieden werden, die dadurch entsteht, daß Verluste, die in einem Lande entstehen, nicht bei der Muttergesellschaft im andern Staat automatisch verrechnet werden. Zur Beseitigung des Problems schlägt die EG-Kommission entweder die → *Anrechnungsmethode* oder den Verlustabzug mit Nachversteuerung vor. Bei Tochtergesellschaften soll ausschließlich die Methode des Verlustabzugs mit Nachversteuerung gelten, wobei die Berücksichtigung entsprechend der prozentualen Beteiligung der Mutter- an der Tochtergesellschaft erfolgt. Darüber hinaus hatte die EG-Kommission 1984/1985 einen Vorschlag zur Harmonisierung der Vorschriften zur innerstaatlichen Verlustberücksichtigung mit einem zeitlich unlimitierten Verlustvortrag und einem Verlustrücktrag bis zu 3 Jahren vorgelegt. Dieser Vorschlag zur Harmonisierung der Verlustberücksichtigung war in den Vorentwurf einer Richtlinie zur → *Gewinnermittlung* eingegangen, der derzeit aber nicht weiterverfolgt wird. Es besteht jedoch große Hoffnung, daß die Verlustberücksichtigung von Betriebsstätten (und Tochtergesellschaften) über die Grenzen alsbald EG-weit eingeführt wird.

Vermögensteuer. In einigen Mitgliedstaaten – so auch in Deutschland – wird eine Vermögensteuer von natürlichen und/oder juristischen Personen erhoben. Eine Diskussion über die Beibehaltung oder die Abschaffung dieser Sonderbesteuerung (als Ergänzungssteuer zu → *Einkommensteuer* oder → *Erbschaftsteuer*) in der EG ist bisher nicht geführt worden.

Veröffentlichung von Rechtsakten der EG. → *Rechtsakte der EG.*

Verordnung. → *Rechtsakte der EG.*

Versorgungsagentur. → *Energiepolitik.*

Vertikale Vereinbarung. Begriff des → *Wettbewerbsrechts*, der ein Abkommen zwischen Unternehmen verschiedener Produktions- oder Handelsstufen bezeichnet. Vertikal sind z.B. Vereinbarungen, die ein Produzent mit seinem Rohstofflieferanten oder Abnehmer (z.B. Großhändler) über Bezug oder Vertrieb von Waren abschließt (→ *Horizontale Vereinbarung*).

Vertragsänderung. Besonderes Verfahren zur Änderung der Vertragstexte der → *Europäischen Gemeinschaften*. Jeder Mitgliedstaat oder die → *EG-Kommission* kann Änderungsentwürfe vorlegen, über die der → *Rat der EG* nach Anhörung des → *Europäischen Parlaments* und gegebenenfalls der Kommission berät. Er kann durch den Ratspräsidenten eine Regierungskonferenz der Mitgliedstaaten einberufen, die die Änderungen festlegt. Die beschlossenen Änderungen treten erst in Kraft, wenn sie in allen Mitgliedstaaten nach den jeweiligen verfassungsrechtlichen Vorschriften ratifiziert worden sind.

Vertragsverletzungs-Verfahren. Möglichkeit für die → *EG-Kommission*, gegen einen Mitgliedstaat vorzugehen, der ihrer Ansicht nach gegen eine Vertragsverpflichtung verstoßen hat. In einem solchen Fall hat die Kommission dem Mitgliedstaat zunächst Gelegenheit zur Äußerung zu geben, gibt ihm dann in einer begründeten Stellungnahme die Einstellung des gerügten Verhaltens innerhalb einer bestimmten Frist auf und verklagt den Mitgliedstaat nach unerledigt verstrichener Frist vor dem → *Gerichtshof der EG (EuGH)*. Ein Urteil des EuGH konnte allerdings bisher gegen den Mitgliedstaat nicht zwangsweise durchgesetzt werden, sondern hatte allenfalls eine weitere Vertragsverletzungsklage, diesmal wegen Nichtbeachtung eines EuGH-Urteils, zur Folge. Nach der in Maastricht beschlossenen Änderung des Art. 171 des EWG-Vertrages kann künftig die Nichterfüllung eines Urteils zu einem Zwangsgeld gegen den säumigen Mitgliedstaat führen.
Auch die Mitgliedstaaten können sich gegenseitig (nicht aber ein EG-Organ) verklagen, zuvor muß sich aber die Kommission mit dem Vorwurf befassen. Mit der Möglichkeit des Vertragsverlet-

zungsverfahrens hat die EG-Kommission ein wichtiges Instrument zur Kontrolle der Gemeinschaftsverträge inne.

Verwaltungsausschußverfahren. Nach dem → *EWG-Vertrag* überträgt der → *Rat* in der Regel der → *EG-Kommission* die Durchführung der von ihm gefaßten Beschlüsse. Dabei bindet der Rat die Kommission an die Mitwirkung verschiedenartiger Ausschüsse, in denen Experten aus den Mitgliedstaaten ihren Sachverstand und ihre Bewertung der von der Kommission vorgesehenen Maßnahmen einbringen. Um dem Wildwuchs der sich im Laufe der Zeit gebildeten Ausschußtypen zu begegnen, erließ der Rat im Sommer 1987 den sog. Komitologie-Beschluß. Seitdem gibt es nur noch drei Ausschußarten, die der Kommission beratend, mitverwaltend oder mitregelnd zur Seite stehen. Entgegen den Forderungen der Kommission, die sich in ihren Exekutivbefugnissen beeinträchtigt fühlte, hat der Rat das Regelungsausschußverfahren nicht abgeschafft.

Bei dem beratenden Ausschuß nehmen die hinzugezogenen Sachverständigen nur zu den Entwürfen der zuständigen → *Generaldirektion* Stellung, bevor die Kommission die Durchführungsmaßnahme als Kollegialorgan beschließt. Die Stellungnahme bindet die Kommission nicht, jedoch wird sie in der Regel einem eindeutigen Votum des Ausschusses folgen.

Beim Verwaltungsausschuß nehmen die Ausschußmitglieder ebenfalls Stellung, jedoch beschließen sie mit → *qualifizierter Mehrheit* (unter Stimmgewichtung wie im Rat). Die Kommission ist zwar nicht gehindert, eine abweichende Entscheidung zu fällen; tut sie dies jedoch, so kann der Rat innerhalb einer bestimmten Frist mit qualifizierter Mehrheit die Kommissionsentscheidung durch eine andere Entscheidung ersetzen.

Beim Regelungsausschuß schließlich kann die Kommission ihren Willen nur dann durchsetzen, wenn der Ausschuß mit qualifizierter (gewichteter) Mehrheit zustimmt. Kommt diese Mehrheit nicht zustande, so darf die Kommission die beabsichtigte Maßnahme nicht erlassen, sondern muß ihren Vorschlag dem Rat zur Entscheidung vorlegen. Hält der Rat die Entscheidungsfrist – in der Regel 3 Monate – nicht ein, so ist dafür gesorgt, daß die sachlich gebotene Entscheidung nicht etwa unterbleibt, vielmehr gibt es jetzt zwei Varianten: Beim Regelungsausschuß mit „filet" (frz. filet = Netz) fällt die Entscheidungskompetenz in das „Netz" der Kommission zurück, die nun endgültig selbst entscheiden kann. Beim Regelungsausschuß mit „contre-filet" darf die Kommission nur dann selbst entscheiden, wenn sich der Rat nicht mit zumindest einfacher Mehrheit dagegen ausgesprochen hat. Hierdurch

Veterinärbestimmungen

wird sichtbar, daß sich der Rat mit dem Regelungsausschußverfahren starke Einflußrechte auf die Arbeit der Kommission vorbehalten hat. Selbst dann nämlich, wenn der Rat keine positive qualifizierte Mehrheit für einen Kommissionsvorschlag zustande bringt, kann er mit einfacher Mehrheit ein Negativvotum gegen die Kommission durchsetzen (siehe Abb. 249).

Veterinärbestimmungen. Ein wichtiger Bestandteil auf dem Weg zum → *Binnenmarkt*, der sich mit den Bestimmungen zur Kontrolle der Nahrungsmittel tierischer Abstammung beschäftigt. Ähnliche Bestimmungen existieren für pflanzliche Nahrungsmittel (phytosanitäre Bestimmungen). Die Veterinärbestimmungen umfassen vor allem Maßnahmen zur Kontrolle der Zusammensetzung der Nahrungsmittel (z.B. Rückstände von Schädlingsbekämpfungsmitteln), Handels- und Vermarktungsbestimmungen innerhalb der EG und für Importe aus → *Drittstaaten*, Verbot der Verwendung bestimmter Wachstumshormone sowie Maßnahmen zur medizinischen Überwachung und zur Ausrottung gefährlicher Krankheiten, z.B. Schweinefieber.

Veterinärkontrolle. → *Veterinärbestimmungen.*

Veto. (lat. „ich verbiete"). Einspruch eines Mitglieds gegen die Entscheidung eines Gremiums, wodurch die Entscheidung blokkiert wird. Die → *Römischen Verträge* sahen für eine Übergangszeit bis 1965 das → *Konsensprinzip* vor. Konnte Einstimmigkeit wegen des Vetos eines Mitgliedstaates nicht erreicht werden, so kam der Beschluß nicht zustande. Die Ablösung des Konsensprinzips durch das → *Mehrheitsprinzip* scheiterte am Widerstand Frankreichs, und es kam zum → *Luxemburger Kompromiß.*

Vollstreckung von EG-Entscheidungen. Die Vollstreckung, also die zwangsweise Durchsetzung von Urteilen des → *Gerichtshofes der EG* oder Entscheidungen des → *Rates der EG* und der → *EG-Kommission* gibt es nur bei Zahlungsverpflichtungen, die einzelnen (nicht Staaten) auferlegt worden sind. Die Vollstreckung erfolgt nach den Vorschriften des Zivilprozeßrechts des Staates, in dessen Hoheitsgebiet sie stattfindet und bedarf einer förmlichen Zulässigkeitserklärung durch diesen Staat (Vollstreckungsklausel), die z.B. in der Bundesrepublik Deutschland vom Bundesministerium der Justiz ausgestellt wird.

Vorabentscheidungsverfahren. Spezielles Zwischenverfahren vor dem → *Gerichtshof der EG*, das von Gerichten der Mitgliedstaaten ausgelöst wird, die Gültigkeits- und Auslegungsfragen betreffend das von ihnen anzuwendende → *Gemeinschaftsrecht* an den Gerichtshof stellen können oder – wenn es sich um letztinstanzliche

Verwaltungsausschußverfahren

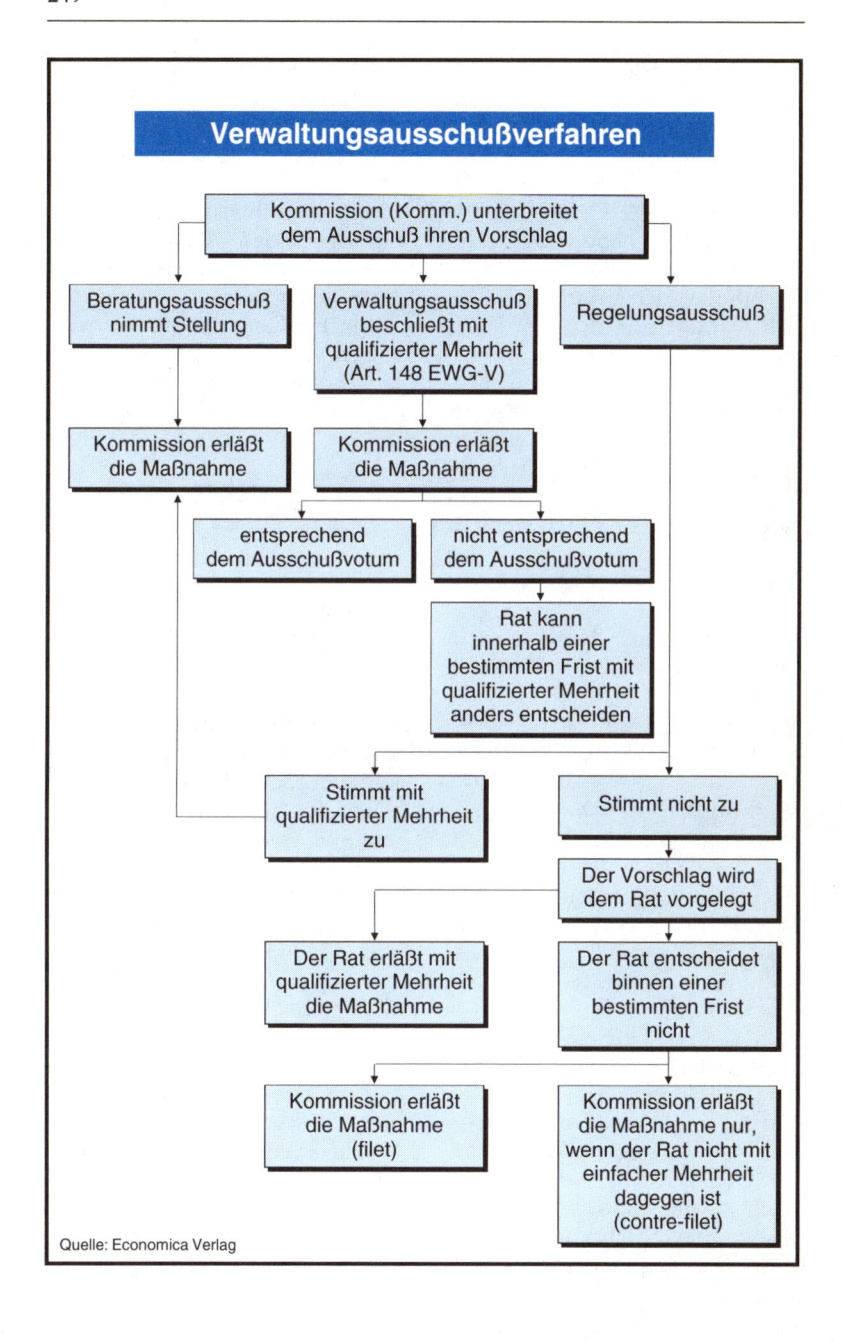

```
Kommission (Komm.) unterbreitet
dem Ausschuß ihren Vorschlag
         │
   ┌─────┼─────┐
   ▼     ▼     ▼
```

- **Beratungsausschuß nimmt Stellung**
  → Kommission erläßt die Maßnahme

- **Verwaltungsausschuß beschließt mit qualifizierter Mehrheit (Art. 148 EWG-V)**
  → Kommission erläßt die Maßnahme
  - entsprechend dem Ausschußvotum
  - nicht entsprechend dem Ausschußvotum → Rat kann innerhalb einer bestimmten Frist mit qualifizierter Mehrheit anders entscheiden

- **Regelungsausschuß**
  - Stimmt mit qualifizierter Mehrheit zu → Kommission erläßt die Maßnahme
  - Stimmt nicht zu → Der Vorschlag wird dem Rat vorgelegt
    - Der Rat erläßt mit qualifizierter Mehrheit die Maßnahme → Kommission erläßt die Maßnahme (filet)
    - Der Rat entscheidet binnen einer bestimmten Frist nicht → Kommission erläßt die Maßnahme nur, wenn der Rat nicht mit einfacher Mehrheit dagegen ist (contre-filet)

Quelle: Economica Verlag

Vorlageverfahren

Gerichte handelt – stellen müssen, sofern es auf die Antwort zur Entscheidung des nationalen Rechtsstreits ankommt. Das Vorabentscheidungsverfahren stellt die Verknüpfung des Gemeinschaftsrechts und des nationalen Rechts sicher und bedeutet die wichtigste Verbindung der europäischen Gerichtsbarkeit mit der nationalen Gerichtsbarkeit. Die im Vorabentscheidungsverfahren ergehenden Urteile des Europäischen Gerichtshofs binden formell nur die an diesem Verfahren beteiligten Gerichte und Parteien. Die EuGH-Urteile sind aber, wenn sie die Gültigkeit europarechtlicher Rechtsvorschriften klären oder deren Auslegung festlegen, generell bedeutsame Rechtssprüche mit faktisch normativer Wirkung.

Vorlageverfahren. → *Vorabentscheidungsverfahren.*

Vorrang. In der Normenhierarchie bezeichnet der Vorrang die höhere Verbindlichkeit einer Rechtsnorm gegenüber einer rangniedrigeren. So steht etwa das Gesetz über einer Regierungsverordnung, Bundesrecht bricht Landesrecht, und Verfassungsrecht ist gegenüber einfachem Gesetzesrecht vorrangig.
Im Verhältnis zu nationalem Recht geht das → *Gemeinschaftsrecht* vor. So machen Verordnungen entgegenstehendes nationales Recht unanwendbar. Nationales Recht, das Richtlinien widerspricht, muß geändert, das Verordnungen widerspricht, muß aufgehoben werden. Im Gegensatz zu vorrangigem nationalen Recht, das untergeordnetes Recht beseitigt, bleibt EG-widriges nationales Recht ungeachtet des Vorrangs des Gemeinschaftsrechts formal bestehen und muß durch den nationalen Gesetzgeber erst in Einklang mit der Gemeinschaftsrechtsnorm gebracht werden (→ *Rechtsakte der EG*).

W

Waffenrecht. Mit dem Abbau der Grenzkontrollen an den EG-Binnengrenzen entfällt auch die Kontrolle des Führens von Waffen. Zur Vereinheitlichung des Waffenrechts in den Mitgliedstaaten soll die Richtlinie zur Überwachung des Erwerbs und des Führens von Waffen beitragen. Demnach dürfen nur Waffenhändler über die Binnengrenzen hinweg eine Schußwaffe übermitteln oder übermitteln lassen.

Wahlrecht. Das aktive und passive Wahlrecht für die Wahl der Abgeordneten des → *Europäischen Parlaments* richtet sich nach den Vorschriften der einzelnen Mitgliedstaaten. Nur das Wahldatum, die Mandatsdauer, Unvereinbarkeiten und die Mandatsprüfung sind EG-einheitlich festgelegt.

Durch die → *Maastrichter Verträge* erhielten alle EG-Bürger das → *Kommunalwahlrecht* in dem Mitgliedstaat, in dem sie wohnen und können wie dortige Staatsangehörige an den Wahlen zum Europäischen Parlament teilnehmen (→ *Unionsbürgerschaft*).

Wahlsystem. Verfahren zur Durchführung einer Wahl. Man unterscheidet das System der Verhältniswahl, bei dem jede Partei nach dem Verhältnis der erlangten Stimmen Abgeordnete ins Parlament entsendet, und der Mehrheitswahl, bei der die unterlegene Partei insgesamt ausscheidet. Modifikationen wie die 5-%-Klausel oder die Listenwahl dienen bei der Verhältniswahl der Verhinderung von Splitterbeteiligungen und der Sicherung der politisch ausreichenden Repräsentanz.

Die Abgeordneten des → *Europäischen Parlaments* werden noch nach unterschiedlichen nationalen Wahlsystemen gewählt, und zwar mit Ausnahme von Großbritannien, das nach Mehrheitswahlprinzip wählt, nach modifiziertem Verhältniswahlrecht. In Belgien und Luxemburg besteht Wahlpflicht. In der Bundesrepublik wird nach den Grundsätzen der Verhältniswahl mit Listenwahlvorschlägen und der 5-%-Klausel gewählt. Die Einführung eines einheitlichen Wahlverfahrens war bereits in den Gründungsverträgen der EG vorgesehen, blieb aber trotz der Bedeutung für die Gleichheit der Wahl bislang unerreicht, da sich die Mitgliedstaaten nicht bereit fanden, von ihren nationalen Systemen abzuweichen.

Währung. Gesetzliches Zahlungsmittel eines Landes. Für ausländische Zahlungsmittel bzw. Währungseinheiten findet man oft die Bezeichnung → *Valuta* oder Devise.

Währungsausgleich. → *Währungsausgleichsbeträge*.

Währungsausgleichsbeträge, positive/negative. Mechanismus der → *Agrarpolitik* zur Korrektur der Einkommen von Landwirten bei Auf- oder Abwertungen. Währungsausgleichsbeträge entstehen dadurch, daß die Umrechnungskurse zwischen der nationalen Währung und der gemeinschaftsweit angewendeten Rechnungseinheit, dem sog. Grünen → *ECU*, nicht den veränderten Marktkursen der nationalen Währung nach einer Auf- oder Abwertung folgen. Ein Land, dessen Währung aufgewertet wurde, gewährt den Ausgleichsbetrag bei der Ausfuhr (positiver Währungsausgleich) und erhebt ihn bei der Einfuhr (negativer Währungsausgleich). Ein Land, das abgewertet hat, verfährt umgekehrt. Bekommt beispielsweise ein Landwirt für den Verkauf seiner Erzeugnisse in ein anderes EG-Land wegen der Aufwertung seiner Landeswährung nur eine geringere Menge an nationalen Währungseinheiten, wenn er den Verkaufserlös auf dem → *Devisenmarkt* umtauscht, als ihm nach dem System des Währungsausgleichs zusteht, so wird ihm ein (positiver) Ausgleich für den eingetretenen Verlust erstattet. Beim negativen Währungsausgleich würde ein Landwirt aus einem Land mit abgewerteter Währung mehr auf den Devisenmärkten erhalten, als ihm offiziell auf der Basis des Umrechnungssatzes zwischen Grünem ECU und nationaler Währung zustünde; er muß deshalb den überschüssigen Betrag in die Ausgleichskasse abführen.

Währungsausschuß. → *Beratender Währungsausschuß.*

Währungsblock. Staaten, die ihre Währungen durch Abkommen mit gemeinsamen Entscheidungen und Interventionsmechanismen gegenüber Drittwährungen in einer engen Austauschbeziehung halten, bilden einen Währungsblock, so z.B. das → *Europäische Währungssystem* (EWS).

Währungseinheit, Europäische. → *ECU.*

Währungseinheit. 1. Ausdruck für eine nunmehr gemeinsame Währung in vorher getrennten → *Währungszonen.* 2. Zahlungseinheit eines Landes (→ *Währung*).

Währungsfond, internationaler. → *Internationaler Währungsfonds.*

Währungskonzepte, europäische. Unter dem Blickwinkel der Konkurrenz einer europäischen Währung und einer nationalen Währung kann man folgende Konzepte unterscheiden:
– Einheitswährung. Die nationalen Währungen werden durch eine einzige europäische Währung ersetzt, und es gibt nur noch eine Geldpolitik für die gesamte Gemeinschaft;
– Gemeinschaftswährung. Eine europäische Währungsbehörde emittiert und kontrolliert eine gemeinsame Währung (inklusive Banknoten und Münzen) oder eine gemeinsame Währungseinheit (internationales Buchgeld), die den Status einer ausländischen Devise hat. Die nationalen Währungen bleiben weiterhin einziges legales Zahlungsmittel in ihrer jeweiligen Währungszone;
– Parallelwährung. Eine europäische Währungsbehörde emittiert und kontrolliert eine gemeinsame Währung, die aber gleichzeitig legales Zahlungsmittel neben den nationalen Währungen ist. Dieses Konzept wird von den meisten Experten abgelehnt (auch im → *Delors-Bericht*), da innerhalb einer Währungszone unter diesen Umständen eine wirksame Kontrolle der → *Geldpolitik* (Stabilitätspolitik) durch die verantwortlichen nationalen Behörden nicht möglich ist.

Währungskorb (composite unit). → *ECU,* → *Sonderziehungsrechte,* → *Europäische*

Rechnungseinheit. Währungseinheit, deren Wert sich aus der Summe fester Beträge bestimmter nationaler Währungen ableitet. Ihr Gegenwert in einer nationalen Währung spiegelt daher das Ergebnis der Entwicklung der in dem Währungskorb enthaltenen Währungen gegenüber der betreffenden Währung wider.

Man unterscheidet zwischen einem Standardwährungskorb, bei dem die Beträge in nationaler Währung wenigstens für eine bestimmte Periode fest bleiben und die Anteile der jeweiligen Währung im Währungskorb sich ändern, und einem ajustierbaren Währungskorb, bei dem die Beträge im Verlauf einer bestimmten Zeitspanne auf der Basis besonderer Kriterien angepaßt werden. Eine Sonderform in dieser Gruppe ist der Währungskorb mit festen Gewichten oder Anteilen; bei diesem Konzept werden im Falle offizieller Wechselkursanpassungen die nationalen Währungsbeträge im Korb entsprechend den festgelegten Anteilen verändert. Wenn man dabei die → *Leitkurse* zwischen der Währungseinheit und den Währungen, die die stärkste Aufwertung aufweisen, beibehält und nur die abgewerteten Währungen bis zu ihrem festgelegten Anteil auffüllt, spricht man von einem asymetrisch ajustierbaren Währungskorb.

Währungskürzel. Neben den international bekannten Abkürzungen für US-Dollar (USD), Sonderziehungsrechte (SZR, engl. SDR), Yen (YEN) gibt es eine Reihe von Währungskürzeln vor allem zwischen Banken (→ *SWIFT*-System), die leider nicht denen im Lande selbst geläufigen Abkürzungen entsprechen. Zur Vermeidung von Mißverständnissen in ihren Publikationen und mit der Absicht, möglichst bürgernah in ihren Dokumenten zu bleiben, benutzen die Europäischen Institutionen für die Währungen der Gemeinschaft und der meisten anliegenden europäischen Länder Währungskürzel, die von der Landessprache abgeleitet sind und in allen Sprachversionen der Gemeinschaft beibehalten werden:

BFR	Belgischer Franken/ Franc Belge
DKR	Dansk Krone
DM	Deutsche Mark
DRA	Drachmi
ESC	Escudo
FF	Franc Français
HFL	Hollandse Florijn/ Nederlandse Gulden
IRL	Irish Punt
LFR	Luxemburgischer Franc
LIT	Lira Italiana
PTA	Peseta
UKL	Pound Sterling

Für andere europäische Währungen:

FMK	Finland Markka
NKR	Norsk Krone
OS	Österreichischer Schilling

SFR	Schweizer Franken/ Franc Suisse/Franco Svizzero
SKR	Svensk Krona
TL	Türk Lirasi

Währungspolitik. Im Gegensatz zur allgemeinen → *Wirtschaftspolitik* hat die Währungspolitik die spezifische Aufgabe, die innere und äußere Stabilität einer Währung zu sichern. Bei der Erhaltung der inländischen Geldwertstabilität stehen folgende Instrumente zur Verfügung: Mindestreservepolitik, Diskont- und Lombardsatzpolitik, *Offenmarkt-* und Banken-Refinanzierungspolitik. Mit diesen Instrumenten sollen über den Zinssatz vor allem das Geld- und Kreditvolumen in der Wirtschaft und damit schließlich die inländische Preisentwicklung (Inflationsrate) beeinflußt werden.

Die äußere Währungspolitik spielt sich vor allem im Rahmen der internationalen währungspolitischen Zusammenarbeit ab, und zwar im → *Internationalen Währungsfonds*, in der → *Zehner-Gruppe*, der → *Bank für internationalen Zahlungsausgleich* sowie dem → *Europäischen Währungssystem.* Dabei steht neben der → *Zahlungsbilanz* eines Landes der → *Wechselkurs* der Währung als Indikator und Instrument im Zentrum der Aufmerksamkeit.

Währungsreserven. Offizielle internationale Zahlungsmittel zwischen den Zentralbanken zur Überbrückung von Zahlungsbilanzdefiziten oder zur Stützung des → *Wechselkurses* der jeweiligen Währung eines Landes. Zu den offiziellen Währungsreserven zählen → *Gold*, Devisen (vor allem US-Dollar und konvertible Währungen), die Reserveposition beim → *Internationalen Währungsfonds* sowie im Rahmen des → *Europäischen Währungssystems* ECU-Guthaben und sonstige Forderungen der betreffenden Zentralbank gegenüber dem → *Europäischen Fonds für währungspolitische Zusammenarbeit.*

Währungsschlange. → *Europäische Währungsschlange.*

Währungsstabilität. Stabiler Wechselkurs einer Währung im Verhältnis zu (einer) anderen Währung(en). Innerhalb der EG wurde dies durch den → *Europäischen Wechselkursverbund* und später durch das → *Europäische Währungssystem* angestrebt (→ *Wechselkurssystem*).

Währungsunion. Die Währungsunion wurde schon im → *Werner-Bericht* (1970) definiert; der Delors-Bericht (1989) zählt nur noch einmal die Bedingungen auf, die für eine Währungsunion erfüllt sein müssen:
– uneingeschränkte, unwiderrufliche Konvertibilität (Austauschbarkeit) der Währungen;
– Beseitigung der Bandbreiten und unwiderrufliche Fixierung

der Wechselkursparitäten;
– vollständige Liberalisierung des → *Kapitalverkehrs* und volle Integration der Banken- und Finanzmärkte;
Da diese drei Bedingungen dem Wesen nach die gleichen Funktionen erfüllen wie eine Einheitswährung (→ *Währungskonzepte*), ist der Umtausch der nationalen Währungen in eine gemeinsame Währung nur ein konsequenter Schritt aus politischen und psychologischen Gründen.

Eine Währungsunion wird ferner dadurch gekennzeichnet, daß es eine gemeinsame Währungsbehörde und/oder ein föderalistisches System der angeschlossenen Zentralbanken mit einer einheitlichen Geldpolitik für den gesamten Währungsraum gibt (→ *Wirtschafts- und Währungsunion*, → *Maastrichter Verträge*).

Währungszone. Gebiet mit einer Einheitswährung als offizielles Zahlungsmittel. Sie kann auch zwischen zwei Währungen bestehen, die zu ‚pari' (1:1) ausgetauscht werden (Beispiel: Belgischer und Luxemburgischer Franken in der Belgisch-Luxemburgischen Wirtschaftsunion, Irisches und Britisches Pfund bis 1979).

Wanderarbeitnehmer. → *Freizügigkeit*.

Warenverkehr, freier. Eine der vier → *Grundfreiheiten* des Binnenmarkts und Kernstück des → *Gemeinsamen Marktes*. Der freie Warenverkehr umfaßt den EG-weiten Warenaustausch ohne Zölle (→ *Zollunion*) und → *mengenmäßige Beschränkungen* (einschließlich der → *Maßnahmen gleicher Wirkung*). Durch → *Rechtsangleichung*, -*Rechtsvereinheitlichung* und durch → *gegenseitige Anerkennung* unterschiedlicher Vermarktungsbedingungen werden die → *Handelshemmnisse*, die dem freien Warenverkehr entgegenstehen, laufend abgebaut. Regelungsbedarf besteht noch für den Abbau der Grenzkontrollen aus gesundheits- und sicherheitspolitischen Gründen, die Beseitigung technischer Handelshemmnisse und die → *Steuerharmonisierung*.

Warenzeichen. → *Markenrecht*.

Wechselkurs. Preis in inländischer Währung für eine ausländische Währungseinheit oder umgekehrt. Es handelt sich um einen Marktkurs (freien, flexiblen oder floatenden Kurs), wenn sich dieser Preis nach Angebot und Nachfrage auf dem → *Devisenmarkt* bildet. Von festen, fixierten, reglementierten oder offiziellen Wechselkursen spricht man, wenn der Staat bzw. die Währungsbehörde bestimmte → *Leitkurse* bzw. → *Interventionskurse* zwischen ihrer Währung und einer anderen für einen unbestimmten Zeitraum festgelegt hat und dementsprechend auf dem Markt diese Kurse durch An- und Verkäufe ihrerseits beeinflußt.

Multiple oder gespaltene Wechselkurse treten dort auf, wo der Staat oder die Währungsbehörde je nach Transanktionsart (Waren- oder Kapitaltransaktion) oder nach Ländergruppen und -zonen unterschiedliche Wechselkurse vorschreibt.

Wechselkursanpassung. Engl. Realignment. Änderung des → *Leitkurses* einer Währung. Sie stellt eine der ‚letzten' wirtschafts- und währungspolitischen Möglichkeiten dar, Ungleichgewichte zwischen Wirtschafts- und → *Währungszonen* abzubauen.

Wechselkursmechanismus. → *Interventionsmechanismus.*

Wechselkursschwankungen. → *Europäisches Währungssystem.*

Wechselkurssystem. Abkommen in Form von Regeln zwischen den Zentralbanken, den → *Marktkurs* ihrer Währung innerhalb bestimmter Bandbreiten zu halten. Beispiele sind: → *Bretton-Woods* (Bandbreite gegenüber dem US-Dollar), → *Europäischer Wechselkursverbund,* → *Europäisches Währungs*system.

Weiterbildung. Seit 1989 insbesondere im Rahmen des Programms → *FORCE* entwickelter Politikbereich der Gemeinschaft auf Grundlage von Art. 128 des → *EWG-Vertrages.*

Weltbank. Offizieller Name: Internationale Bank für Wiederaufbau und Entwicklung (engl. International Bank for Reconstruction and Development), Sitz: Washington D.C. (USA), geht auf die UNO-Währungskonferenz von Bretton Woods/USA (1944) zurück (→ *Bretton-Woods-Abkommen*).
Von ihr werden Projekte in den Entwicklungsländern finanziert, die einen hohen wirtschaftlichen Nutzeffekt haben oder die für die Entwicklung des Landes vordringlich sind (Infrastruktur, Bildungswesen, Agrar- und Industrieentwicklung).
Sie refinanziert sich auf den → *Kapitalmärkten.*

Weltwährungssystem. Gesamtheit von Abkommen, welche den internationalen Austausch und Zahlungsverkehr dadurch erleichtern sollen, daß eine ausreichende nicht inflationär wirkende internationale Liquidität auf der Basis frei konvertierbarer Währungen zur Verfügung steht.
Nach dem zweiten Weltkrieg wurde das internationale Währungssystem im → *Bretton-Woods-Abkommen* neu geordnet; im Gegensatz zum Goldstandard wurde es auf → *Leit-* oder → *Reservewährungen* (US-Dollar, → *Sonderziehungsrechte*), institutionalisierte Überwachung und Verwaltung (→ *Internationaler Währungsfonds*) sowie gemeinsame Regeln gegründet.
Bis zur Abschaffung der Interven-

tionsmargen vieler wichtiger Weltwährungen gegenüber dem US-Dollar (19.3.1973) konnte man von einem bilateralen → *Interventionssystem* auf der Basis fester, aber anpassungsfähiger (ajustierbarer) Wechselkurse sprechen. Die Inkonvertibilität des US-Dollars und sein „Floaten" hatten zur Folge, daß einige europäische Staaten das System ajustierbarer → *Wechselkurse* auf multilateraler Basis fortführten (→ *Europäischer Wechselkursverbund*, später → *Europäisches Wechselkurssystem*) und es zu regionalen → *Währungsblöcken* mit relativer Wechselkursstabilität kam. In regelmäßigen Treffen im Rahmen des → *Internationalen Währungsfonds* und der G7 (Gruppe der sieben wichtigsten Industrienationen) wird versucht, sich zwischen den Ländern mit den wichtigsten Währungen gegenseitig abzustimmen und die Probleme, die sich aus dem Floaten der Währungen und aus den Zahlungsschwierigkeiten, vor allem der Entwicklungsländer ergeben, in internationalen Abkommen zu lösen.

Werner-Bericht. Erster umfassender Plan zur Errichtung einer → *Wirtschafts- und Währungsunion* in der EG, der im Oktober 1970 von Pierre Werner, damaliger Luxemburgischer Finanzminister, vorgestellt wurde. Der Bericht ist das Ergebnis einer Synthese aus dem → *Stufenplan* der → *EG-Kommission* und anderer Vorschläge, welche nach der Entscheidung der Gipfelkonferenz in Den Haag (1./2.12.1969), einen Stufenplan zur Wirtschafts- und Währungsunion auszuarbeiten, auf dem Verhandlungstisch lagen.
Der Bericht sah drei Etappen vor, von denen die erste mit dem 1.1.1971 begann; nach der Entschließung des → *Rates der EG* vom 22.3.1971 sollte die Wirtschafts- und Währungsunion im Laufe von 10 Jahren verwirklicht werden. Die Ölpreiskrise 1973 und die unterschiedlichen Interessenlagen der EG-Länder ließen jedoch keine wirtschaftliche Konvergenzentwicklung aufkommen, so daß die Verwirklichung der vorgesehenen Stufen nicht erreicht wurde.

Wertpapierhandel. Zur Erleichterung einer gemeinschaftsweiten Börsenzulassung und zum Schutz der Anleger hat der → *Rat der EG* eine Reihe von Richtlinien erlassen, und zwar für die Börsenzulassung und den Zulassungsprospekt von Wertpapieren. Sie enthalten Verhaltensregeln bei Wertpapiertransaktionen, Regelungen über die Veröffentlichung laufender Informationen über die Emittenten börsenzugelassener Wertpapiere, über die Ausgabe von Investmentzertifikaten sowie über das „Insider-trading".

Westeuropäische Union (WEU). Nach dem Scheitern der → *Europäische Verteidigungsgemeinschaft* 1954 gegründetes Verteidigungsbündnis, das als sicherheitspolitische Komponente immer im Schatten der → *NATO* blieb. Mitglieder der Westeuropäischen Union sind Belgien, die Bundesrepublik Deutschland, Frankreich, Großbritannien, Italien, Luxemburg, die Niederlande, und seit 1989 Spanien und Portugal. Die WEU hat erst im Zusammenhang mit der → *Europäischen Union* wieder an Aktualität gewonnen, da sie das einzige europäische Gebilde mit sicherheitspolitischem Inhalt darstellt und daher die rein wirtschaftlich konzipierte EG ergänzt. In den → *Maastrichter Verträgen* wird die WEU im Rahmen der → *Gemeinsamen Außen- und Sicherheitspolitik* als „integraler Bestandteil der Entwicklung der Europäischen Union" in die Zusammenarbeit integriert (Art. J 4 des Unionsvertrages), und eine entsprechende Erklärung der WEU-Mitglieder sichert dies ab.

Wettbewerbsfreiheit. Wirtschaftlicher Wettkampf chancengleicher und entscheidungsfreier Marktbewerber auf der Grundlage des Leistungsprinzips.

Wettbewerbsrecht. Bereich des → *Gemeinschaftsrechts* zum Schutz des Wettbewerbs gegen Verzerrungen seitens der Unternehmen (→ *Kartellrecht*, → *Wettbewerbsverzerrungen*) und seitens der Staaten (→ *Beihilfenaufsicht*). Trägerin der Wettbewerbsaufsicht ist die → *EG-Kommission*, der hier eine Entscheidungsbefugnis gegenüber den Unternehmen (einschließlich einer Bußgeldkompetenz im Falle von Verstößen) sowie eine Genehmigungsbefugnis gegenüber Staaten zusteht.

Wettbewerbsverzerrung. Wettbewerbsvorsprung einzelner Konkurrenten nicht aufgrund eigener Leistung oder ökonomischer Produktions- und Standortvorteile, sondern aufgrund staatlicher Maßnahmen oder privater Marktbeherrschung.

Wirtschafts- und Sozialausschuß (WSA). Aus Vertretern der Wirtschaft und der sozialen Gruppierungen zusammengesetztes Beratungs- und Konsultativorgan, das vom → *Rat der EG* und der → *EG-Kommission* in wichtigen Fragen bei der Verwirklichung des → *Binnenmarktes* angehört werden muß. Der Wirtschafts- und Sozialausschuß setzt sich aus 189 Mitgliedern aus allen Mitgliedstaaten der EG zusammen und ist für die → *Europäische Wirtschaftsgemeinschaft* und die → *Europäische Atomgemeinschaft* zuständig. Ihm entspricht bei der → *Europäischen Gemeinschaft für Kohle und Stahl* der → *Beratende Ausschuß*.

Wirtschaftspolitik. Gesamtheit aller staatlichen Maßnahmen zur Steuerung des Wirtschaftsgeschehens. Anders als im System der staatlichen Planwirtschaft überläßt die Wirtschaftspolitik der Staaten mit freier Marktwirtschaft diese Steuerung den Kräften des Marktes und greift nur indirekt, zur Vermeidung von nicht erwünschten Entwicklungen (wie wirtschaftliche Überhitzung, hohe Arbeitslosigkeit, sektorielle und regionale Ungleichgewichte) und soziale Härten (soziale Marktwirtschaft) indirekt mit „marktkonformen" Steuerungsinstrumenten (→ *Geldpolitik*, Zinssatz, Steuer-, Abschreibungs-, Haushaltspolitik) in das Spiel von Angebot und Nachfrage ein.

Hauptziel der Wirtschaftspolitik sind Geldwertstabilität, Vollbeschäftigung und außenwirtschaftliches Gleichgewicht (bekannt unter dem Ausdruck „magisches Dreieck"); mehr und mehr wird auch das Ziel eines ausgewogenen Wirtschaftswachstums zwischen den Regionen in den Vordergrund gerückt (Ziel des wirtschaftlichen und sozialen Zusammenhalts (→ *Kohäsionsaspekt*) in der EG).

Die Wirtschaftspolitik in der EG, Art. 103 ff EWG-Vertrag, beruht auf den folgenden drei Säulen:
– Verantwortlichkeit für die Lösung der wirtschaftlichen und sozialen Probleme bei den Mitgliedstaaten (Art. 104 EWG-Vertrag),
– Zusammenarbeit und gemeinsame Entscheidungsfindung auf europäischer Ebene (Art. 105, 103 EWG-Vertrag),
– Finanzielle Solidarität im Falle von wirtschaftlichen Schwierigkeiten eines Mitgliedstaates hinsichtlich seiner Zahlungsbilanz (Art. 108 EWG-Vertrag).

Bis zur Verwirklichung der 3. Stufe der → *Wirtschafts- und Währungsunion* wird sich in der Verantwortlichkeit und Verteilung der Kompetenzen für die Wirtschaftspolitik nichts ändern.

Wirtschafts- und Währungsunion (WWU). Neben den Merkmalen der → *Wirtschafts-* und der → *Währungsunion* erfordert der langfristige Zusammenhalt von Volkswirtschaften in einer Wirtschafts- und Währungsunion einen hohen Grad an Vereinbarkeit der Wirtschaftspolitiken, vor allem der Steuer- und Haushaltsbereiche. Dabei sollen diese Politiken auf die Ziele Preisstabilität, Wirtschaftswachstum, konvergierende Lebensstandards, hoher Beschäftigungsstand und außenwirtschaftliches Gleichgewicht ausgerichtet sein.

Die Errichtung einer Wirtschafts- und Währungsunion kann als ordnungspolitische Konsequenz aus den gestiegenen kommerziellen Verflechtungen und aus den gewachsenen gegenseitigen wirtschaftlichen und sozialen Abhängigkeiten zwischen offenen, sich mehr und mehr integrierenden Staaten angesehen werden.

Die bekanntesten Pläne zu einer europäischen Wirtschafts- und Währungsunion (WWU) sind der → *Werner Bericht* und der → *Delors-Bericht* mit ihren Vorstellungen von einer stufenweisen Verwirklichung der WWU. Ihre vertragliche Ausprägung fand die europäische Wirtschafts- und Wäh-

Wirtschaftsunion

rungsunion nun im Vertrag über die Europäische Union (→ *Maastrichter Verträge*), und zwar in dem neuen Titel VI „Die Wirtschafts- und Währungsunion" des novellierten EWG-Vertrages. Die Struktur der WWU beruht auf dem vorgesehenen → *Europäischen System der Zentralbanken* und der hierzu zu schaffenden → *Europäischen Zentralbank*, deren künftige Aufgaben und Tätigkeiten bereits durch Satzung, die als Protokoll zum Maastrichter Vertrag dessen Rang teilt, näher geregelt sind. Der hinsichtlich der WWU detailliert formulierte Vertragstext regelt im einzelnen die Ausgestaltung der einzelnen Stufen.

Die erste Stufe begann am 1. Juli 1990 und dauert nach der Entscheidung von Maastricht bis Ende 1993. Mit Hilfe neuer Verfahren der Koordinierung und Zusammenarbeit im → *Ausschuß der Zentralbankenpräsidenten* und im Ministerrat soll eine bessere Konvergenz (Angleichung) der Volkswirtschaften erreicht werden.

Die zweite Stufe (in Maastricht auf die Periode vom 1. Januar 1994 bis Ende 1996 bzw. 1998 festgelegt) soll vor allem dem institutionellen Aufbau des angestrebten → *Europäischen Zentralbanksystems* dienen. Hierzu wurde in Maastricht die Errichtung des → *Europäischen Währungsinstituts* (EWI) beschlossen, das die Voraussetzungen für den Übergang in die dritte Stufe schaffen soll. Im Oktober einigten sich die Staats- und Regierungschefs der Mitgliedstaaten darauf, das Europäische Währungsinstitut und die spätere → *Europäische Zentralbank* in Frankfurt/Main anzusiedeln. Herzstück der dritten Stufe, die spätestens am 1. Januar 1999 beginnen soll, wird das Europäische Zentralbanksystem mit der Europäischen Zentralbank sein. Sie ist von Weisungen der Mitgliedstaaten unabhängig und dem Ziel der Geldstabilität verpflichtet. Die Mitgliedstaaten werden die währungs- und wirtschaftspolitischen Kompetenzen auf die vorgesehenen Gemeinschaftsgremien übertragen. In der dritten Stufe werden die Umrechnungskurse der beteiligten EG-Währungen unwiderruflich festgelegt und der → *ECU* zu einer eigenständigen und später einheitlichen Währung werden.

Wirtschaftsunion. Hauptmerkmal einer Wirtschaftsunion ist ein von Beschränkungen freier gemeinsamer Markt mit einer Reihe von Regeln, die für das reibungslose Funktionieren der wirtschaftlichen Austauschbeziehungen und für den wirtschaftlichen und sozialen Zusammenhalt in diesem gemeinsamen Wirtschaftsraum unerläßlich sind. Vier Grundelemente kennzeichnen daher eine Wirtschaftsunion:
– ein einheitlicher Markt mit freiem Personen-, Waren-, Dienstleistungs- und Kapitalverkehr;
– eine Wettbewerbspolitik und sonstige Maßnahmen zur Stär-

kung der Marktmechanismen;
– gemeinsame Politiken zur Strukturanpassung und Regionalentwicklung;
– eine Koordinierung der makroökonomischen Politiken einschließlich verbindlicher Regeln für die Haushaltspolitik.

Wohnsitz. Der Wohnsitz eines Steuerpflichtigen befindet sich dort, wo er eine Wohnung inne hat, die er beibehalten und benutzen will. Der Wohnsitz ist das wichtigste Kriterium für die Abgrenzung zwischen der unbeschränkten und der beschränkten Steuerpflicht. Im Staat des Wohnsitzes ist der Steuerpflichtige in der Regel mit seinem Welteinkommen steuerpflichtig; in dem Staat, in dem er keinen Wohnsitz hat, unterliegt er der beschränkten Steuerpflicht, d. h. nur mit den dortigen Einkünften. → *Doppelbesteuerungen* in bezug auf die Staaten, aus denen die Einkünfte stammen, werden durch Doppelbesteuerungsabkommen vermieden. Die Doppelbesteuerungsabkommen sehen auch Regelungen vor, wenn der Steuerpflichtige in mehreren Staaten seinen Wohnsitz hat.

WWU. Abk. für → *Wirtschafts- und Währungsunion.*

Y

YES. Abk. für Youth Exchange Scheme. → *Jugend für Europa.*

Z

Zahlungsabkommen. Abkommen über den zwischenstaatlichen Zahlungsverkehrs, insbesondere in Ergänzung zu Handelsabkommen; sie enthalten meistens auch Finanzierungsvereinbarungen und kurzfristige Kredite (Swing-Kreditlinie).

Zahlungsbilanz. Wertmäßige Gegenüberstellung sämtlicher während eines Jahres erfolgter in Geld bezifferbarer Transaktionen einer Volkswirtschaft mit dem Ausland. Sie setzt sich aus den folgenden großen Unterbilanzen zusammen:
Handelsbilanz (Exporte-Importe);
Dienstleistungsbilanz (Tourismus, Kapitalerträge etc.);
Übertragungsbilanz (Einseitige Übertragungen);
Kapital- und Devisenbilanz.

Zahlungsbilanzprobleme. Anhaltende strukturelle Probleme eines Landes im Austausch von Waren, Dienstleistungen und Kapital mit dem Ausland rufen Ungleich-

gewichte (Defizite) in den einzelnen Unterbilanzen der → *Zahlungsbilanz* hervor. Kommt es dadurch in der Gesamtbilanz zu vorübergehenden Zahlungsbilanzdefiziten, so können diese durch die Abgabe von → *Währungsreserven* oder die Inanspruchnahme von Krediten beim → *Internationalen Währungsfonds* überbrückt werden.
Letzte Möglichkeit einer Lösung von Zahlungsbilanzproblemen der betreffenden Volkswirtschaft ist ein radikaler Schnitt in dem Außenwert seiner → *Währung* (Abwertung).
Im Rahmen des → *EWG-Vertrages* sind Schutzklauseln festgelegt, die es EG-Staaten erlauben, im Falle von Zahlungsbilanzschwierigkeiten Kapitalverkehrs- und Devisenkontrollen einzuführen, die im Prinzip abgeschafft sind. Weiter gibt es finanzielle → *Beistandsmechanismen* zwischen EG-Staaten im Falle von Zahlungsbilanzschwierigkeiten (Art. 108 EWG-Vertrag).

Zahlungsunion. → *Europäische Zahlungsunion.*

Zahlungsverkehr. → *Kapitalverkehr.*

Zehner-Club. Die zehn wichtigsten wirtschaflichen Mitglieder des → *Internationalen Währungsfonds (IWF)* (Belgien, Kanada, Deutschland, Frankreich, Großbritannien, Italien, Japan, Niederlande, Schweden, USA); in den ‚Allgemeinen Kreditvereinbarungen' von 1962 erklärten sich diese Länder bereit, in besonderen Fällen dem IWF größere Kreditbeträge in ihren Währungen bereitzustellen.
1983 trat die Schweiz als 11. Mitglied dem Club bei (Elfer-Club).

Zentralbankrat. Höchstes Entscheidungsgremium für die Geld- und Zinspolitik; in der Deutschen Bundesbank setzt er sich aus den Mitgliedern des Direktoriums und den Präsidenten der Landeszentralbanken zusammen. Im künftigen → *Europäischen Zentralbanksystem* wird er ebenfalls aus den Mitgliedern des Direktoriums und den Zentralbankchefs der angeschlossenen Zentralbanken der Mitgliedsländer bestehen.

Zentralbanksystem, Europäisches. → *Europäisches Zentralbanksystem.*

Zentralbanksystem, Föderalistisches. Obwohl Zentralbanksysteme für eine gemeinsame Währung immer eine einheitliche Geldpolitik für den gesamten Währungsraum konzipieren müssen, kann ihre Verwaltungs- und Organisationsstruktur zentrale oder föderalistische Merkmale aufweisen. Im Gegensatz zu zentralistisch organisierten Zentralbanken (Beispiele: Frankreich, Italien, Großbritannien), bei denen die Meinungsbildungs- und Entscheidungsfindungsprozesse einheitlich aus einer zentralen Behörde kommen, ist ein föderalistisches Zentralbanksystem dadurch gekennzeichnet, daß die Entscheidungsgremien sich aus regionalen Vertretern zusammensetzen und daß es zu einer gewissen Arbeitsteilung bei den Aufgaben zwischen der Hauptverwaltung und den regionalen Filialen kommt (Beispiel: Federal Reserve System in den USA, Deutsche Bundesbank mit Filialen in den Bundesländern). Das → *Europäische Zentralbanksystem* wird föderalistisch strukturiert sein.

Zinssubvention. Bei der Finanzierung von Projekten, die im gemeinschaftlichen Interesse liegen, können aus den öffentlichen Haushalten Subventionen fließen, die entweder in der Übernahme eines Prozentsatzes der Marktzinsen oder der Zahlung eines Globalbetrages bestehen.

Zitiergebot. In den EG-Richtlinien üblicherweise enthaltener Hinweis, daß die Mitgliedstaaten bei der Umsetzung der Richtlinien in innerstaatliches Recht den EG-Bezug zum Ausdruck zu bringen haben. Der Grund für das Zitiergebot liegt in der Klarstellung, daß und in welcher Weise der nationale Gesetzgeber beim Erlaß einer innerstaatlichen Rechtsnorm EG-rechtliche Verpflichtungen erfüllte. Damit wird für die → *EG-Kommission* die Kontrolle über die Einhaltung der Richtlinienpflichten erleichtert, und der Bürger erfährt, welche Rechtspflichten ihn von Gemeinschafts wegen treffen. In Deutschland wird das Zitiergebot entweder durch eine entsprechend formulierte Überschrift oder durch Hinweise oder Bezugnahmen im Gesetz selbst erfüllt; unter Umständen wird auch ein Hinweis bei der amtlichen Veröffentlichung des Umsetzungsaktes gemacht (→ *Rechtsakte der EG*).

Zoll. Abgaben, die der Staat auf die → *Einfuhr*, → *Ausfuhr* oder Durchfuhr von Waren an der Grenze erhebt. Zölle wurden früher als Finanzzölle aus rein fiskalischen Gründen oder als Schutzzölle zur wirtschaftspolitischen Lenkung oder auch als Ausgleichszölle zur Abwehr von Billigimporten erhoben, und zwar in der Regel als sogenannte Einfuhrzölle. Die Zölle fließen heute als eigene Einnahmequelle der EG zu. Sie werden nicht mehr innergemeinschaftlich, sondern nur gegenüber → *Drittstaaten* erhoben (→ *Zollunion*). Über den EG-Bereich hinaus sind starke Bestrebungen im Gange, die Zölle im Rahmen der → *GATT*-Verhandlungen weitgehend abzubauen.

Zollpräferenzen. Zolltarifliche Vorzugsbehandlung von Waren aus bestimmten Ländern. Seit 1971 genießen die Entwicklungsländer bei der Einfuhr von Halb- und Fertigwaren in die EG Zollpräferenzen. Die Zahl der Produkte und der Umfang der Vorteile sind seither wesentlich erweitert worden.

Zollpräferenz, allgemeine. Zolltarifliche Vorzugsbehandlung, die Industrieländer Erzeugnissen aus Ländern der dritten Welt durch teilweise oder vollständige Aussetzung der Zölle gewähren. Dadurch wird den Erzeugnissen aus den Entwicklungsländern ein Zollvorteil gegenüber jenen aus den Industrieländern eingeräumt. Kennzeichnend für die Zollpräferenzen ist ihr nichtdiskriminierender und autonomer Charakter. Sie sind nichtdiskriminierend, weil sie allen Entwicklungsländern eingeräumt werden und autonom, weil sie mit den begünstigten Ländern nicht ausgehandelt werden. Sie beruhen auch nicht auf dem Grundsatz der Gegenseitigkeit, denn die begünstigten Länder gewähren ihrerseits den Industrieländern keine Zollbefreiung. Die EG hat die allgemeinen Zollpräferenzen allen Ländern der „Gruppe 77" eingeräumt, das sind alle Länder, die sich im Rahmen der Vereinten Nationen als Entwicklungsländer bezeichnen. Insgesamt gilt das europäische Präferenzsystem für 128 unabhängige Staaten und mehr als 20 abhängige Gebiete. Die allgemeinen Zollpräferenzen der EG sind unterschiedlich geregelt, je nachdem, ob es sich um gewerbliche Waren, Textil- oder Agrarerzeugnisse handelt.

Zollunion. Wirtschaftlicher Zusammenschluß von Staaten unter Abschaffung der Binnenzölle und Einführung gemeinsamer Außenzölle als grundlegende Voraussetzung für einen → *Gemeinsamen Markt*. In den EG-Gründungsstaaten wurde diese Etappe mit der Einführung des → *Gemeinsamen Zolltarifs* (GZT) nach einem Stufenplan aufgrund des → *EWG-Vertrags* (→ *Übergangszeit*) für gewerbliche Waren ab 1.7.1968, auch für die landwirtschaftlichen Produkte ab 1.1.70 erreicht. Inzwischen bilden alle 12 EG-Staaten eine Zollunion. Die 1986 der EG beigetretenen Mitglieder Spanien und Portugal wurden nach Ablauf der vereinbarten Übergangsfrist am 1.1.1993 in die Zollunion einbezogen. Voraussetzung für eine Zollunion ist die weitgehende Vereinheitlichung, zumindest aber Harmonisierung des Zollrechts, um eine gleichmäßige Handhabung der gemeinsamen Zollregelungen überall in der Zollunion zu gewährleisten. Mit der Zollunion standen die Zolleinnahmen (einschließlich des Agrarbereichs) der Gemeinschaft hinfort als eigene → *Einnahmen* zu.

Zusammenarbeitsverfahren. → *Legislativverfahren*.

Zwangsvollstreckung. Staatliche Durchsetzung von titulierten (d.h. durch Urteile oder Urkunden verbrieften) Forderungen von Gläubigern (Klägern) gegenüber

Schuldnern (Beklagten) im Rahmen eines besonderen Verfahrens. In der EG ist die Durchsetzung von Entscheidungen der EG-Organe gegenüber einzelnen nur nach den Zivilprozeßordnungen der Mitgliedstaaten möglich (Art. 192 → *EWG-Vertrag*). Eine Zwangsvollstreckung von EG-Entscheidungen gegen Mitgliedstaaten ist nicht vorgesehen. Seit Maastricht ist die Möglichkeit vorgesehen, durch Zwangsgelder Urteile des → *Gerichtshofes der EG* wegen Vertragsverletzung von Mitgliedstaaten durchzusetzen. Es bleibt abzuwarten, ob diese Möglichkeit einen derart vertragswidrig handelnden Mitgliedstaat zum Einlenken bringt. Die Vollstreckung von Urteilen der mitgliedstaatlichen Gerichte in den Gebieten der Partnerländer ist Regelungsgegenstand des → *Gerichtsstands- und Vollstreckungsabkommens*.

Zwanziger-Gruppe. → *Zehner-Club* und Entwicklungsländer (Argentinien, Australien, Äthiopien, Brasilien, Indien, Indonesien, Marokko, Mexiko, Zaire) im Rahmen des → *Internationalen Währungsfonds* (IWF). Idee, die Entwicklungsländer an den Arbeiten für eine Reform des Weltwährungssystems zu beteiligen. Seit 1974 stellt die Zwanziger-Gruppe die Mitglieder des Interim-Ausschusses des IWF.

Teil II

Adressen

1. Kommission der europäischen Gemeinschaften

Brüssel

200, Rue de la Loi
B-1049 Brüssel
Telefon 0032/2/299 11 11
Telefax 0032/2/295 01 22
             295 01 23
             295 01 24

Luxemburg

Rue Alcide de Gasperi
L-2920 Luxemburg
Telefon 00352/4 30 11
Telefax 00322/43 61 84, 43 61 85

2. EG-Vertretungen in Deutschland

Bonn

Kommission der Europäischen Gemeinschaften
Vertretung in der Bundesrepublik Deutschland
Zitelmannstraße 22
53111 Bonn
Telefon 0228/53 00 90
Telefax 0228/5 30 09 50

Besucherdienst
Ansprechpartner: Gerda Fischer-Lahnstein
Telefon 0228/5 30 09 40
Telefax 0228/5 30 09 50

Bürgerberater
Ansprechpartner: Hartmut Sloksnat
Sprechstunde: Freitags 9 - 16 h
Telefon 0228/5 30 09 29
Telefax 0228/5 30 09 50

Adressen

Berlin

Kommission der Europäischen Gemeinschaften
Vertretung in der Bundesrepublik Deutschland
Vertretung in Berlin
Kurfürstendamm 102
10711 Berlin
Telefon 030/8 96 09 30
Telefax 030/8 92 20 59

München

Kommission der Europäischen Gemeinschaften
Vertretung in der Bundesrepuplik Deutschland
Vertretung in München
Erhardtstraße 27
80331 München
Telefon 089/2 02 10 11
Telefax 089/2 02 10 15

3. Generalsekretariat des Rates

170, Rue de la Loi
B-1048 Brüssel
Tel.: 00322/2 34 61 11

4. EG Vertriebsstelle für amtliche Veröffentlichungen

4.1. Vertriebsbüro

L-2985 Luxemburg
Telefon 00352/ 4 99 28 25 63
Telefax 00352/49 00 03

4.2. Deutsche Vertriebsstelle

Bundesanzeiger Verlag
Breite Straße
50667 Köln
Telefon 0221/20 29-0
Telefax 0221/2 02 92 78

5. ECHO Customer Service

177, Route d'Esch
L-1471 Luxembourg
Telefon 00352/48 80 41
Telefax 00352/48 80 40

6. Ständige Vertretung der Bundesrepublik Deutschland bei den Europäischen Gemeinschaften

19–21, Rue Jacques de Lalaing
B-1040 Brüssel
Telefon 00322/2 38 18 11
Telefax 00322/3 28 19 78

7. Vertretungen und Informationsbüros der deutschen Bundesländer in Brüssel

Baden-Württemberg

9, Square Vergote
B-1040 Brüssel
Telefon 00322/7 41 77 11
Telefax 00322/7 41 77 99

Bayern

17, Rue Montoyer
B-1040 Brüssel
Telefon 00322/5 13 79 49
Telefax 00322/5 14 32 77

18, Boulevard Clovis
B-1040 Brüssel
Telefon 00322/7 32 26 41
Telefax 00322/7 32 32 25

Berlin

111, Avenue Paul Heymans
B-1049 Brüssel
Telefon 00322/7 70 77 58
Telefax 00322/7 63 18 70

Brandenburg

80, Bvd. St. Michel
B-1040 Brüssel
Telefon 00322/7 34 91 02
Telefax 00322/7 35 60 68

Bremen

41, Bvd. Clovis
B-1040 Brüssel
Telefon 00322/2 30 27 65
Telefax 00322/2 30 36 58

Adressen

Hanse-Office
– Gemeinsames Büro für die Länder Hamburg und Schleswig-Holstein

20, Avenue Palmerston
B-1040 Brüssel
Telefon 00322/2 38 21 11
Telefax 00322/2 38 21 26

Hessen

18, Avenue Michel Ange
B-1040 Brüssel
Telefon 00322/7 32 42 20
Telefax 00322/7 32 48 13

Mecklenburg-Vorpommern

80, Bvd. St. Michel
B-1040 Brüssel
Telefon 00322/7 34 91 00
Telefax 00322/7 35 60 68

Niedersachsen

24, Avenue Palmerston
B-1040 Brüssel
Telefon 00322/2 30 00 17
Telefax 00322/2 30 13 20

Nordrhein-Westfalen

10, Avenue Michel Ange
B-1040 Brüssel
Telefon 00322/7 39 17 75
Telefax 00322/7 39 17 07

Rheinland-Pfalz

38, Rue de la Loi
B-1040 Brüssel
Telefon 00322/2 31 13 45
Telefax 00322/2 30 16 49

Saarland

89, Rue Froissart
B-1040 Brüssel
Telefon 00322/2 31 07 62
Telefax 00322/2 30 92 24

Sachsen

80, Bvd. St. Michel
B-1040 Brüssel
Telefon 00322/7 34 91 00
Telefax 00322/7 35 60 68

Sachsen-Anhalt

80, Bvd. St. Michel
B-1040 Brüssel
Telefon 00322/7 34 91 00
Telefax 00322/7 35 60 68

Thüringen

80, Bvd. St. Michel
B-1040 Brüssel
Telefon 00322/7 34 91 05
Telefax 00322/7 35 60 68

8. BC-NET-Zentrale

Business Cooperation Center
Commission of the
European Communities
Generaldirektion XXIII
Leitung: Dr. Theodor Kallianos
80, Rue d'Arlon
B-1040 Brüssel
Telefon 0032/2/2 96 04 53
Telefax 0032/2/2 96 25 72

Help Desk
Telefon 00322/2 96 13 76

Data Room
Telefon 00322/2 95 49 39

9. Europäisches Zentrum für die Förderung der Berufsausbildung (CEDEFOP)

Bundesallee 22
10717 Berlin

Telefon 030/88 41 20
Telefax 030/88 41 22 22

10. Gemeinsame Forschungsstelle der Europäischen Gemeinschaft (GFS)

Postfach 23 40
76125 Karlsruhe

Telefon 072/4 78 41
Telefax 072/47 40 46

11. Europäisches Parlament

Generalsekretariat des Europäischen Parlaments
Bâtiment Robert Schuman
Centre Européen
L-2929 Luxemburg
Telefon 00352/4 30 01

Informationsbüro Bonn
Bundeskanzlerplatz
53113 Bonn
Telefon 0228/22 30 91
Telefax 0228/21 89 55

Adressen

12. Wirtschafts- und Sozialausschuß Generalsekretariat

2, Rue Ravenstein
B-1000 Brüssel

Telefon 00322/5 19 90 11

13. Gerichtshof der Europäischen Gemeinschaften

Centre Européen
L-2925 Luxemburg

Telefon 00352/4 30 31

14. Telefonische Information

Maastricht Telefon
EG-Vertretung der Bundesrepublik Deutschland
Zitelmannstraße 22
53113 Bonn
Telefon (kostenlos) 0130/93 93

Eurotelefon '92
im Bundesministerium für Wirtschaft
Informationsstelle zum Europäischen Binnenmarkt 1992
Villemombler Straße 78
53123 Bonn
Telefon (Ortstarif) 0130/85 19 92

15. EG-Beratungsstellen

Aachen: Industrie- und Handelskammer Euro Info Centre
Theaterstraße 6–8
52062 Aachen
Telefon: 0241/43 82 23
Fax: 0241/4 38 25

Berlin: ERIC Berlin-EG-Beratungsstelle f. Unternehmen bei der BAO/Marketing Service GmbH
Hardenbergstraße 16–18
10623 Berlin
Telefon: 030/31 51 00
Fax: 030/31 51 03 16

Deutsches Institut für Normung e. V. DITR
Burggrafenstraße 6
10787 Berlin
Telefon: 030/2 60 10
Fax: 030/2 62 81 25

Bielefeld: Stadt Bielefeld/Osnabrück – Euro Info Centre
Niederwall 23
33602 Bielefeld
Telefon: 0521/5 16 70 12
Fax: 0521/51 33 85

Bonn: Deutscher Sparkassen und Giroverband – EG-Beratungsstelle für Unternehmen
Adenauallee 110
53113 Bonn
Telefon: 0228/20 43 19/23
Fax: 0228/20 47 25

Deutscher Handwerkskammertag – EG-Beratungsstelle für Unternehmen
Johanniterstraße 1
53113 Bonn
Telefon: 0228/54 52 11/99
Fax: 0228/54 52 05

Deutscher Industrie- und Handelstag/IHK-EG-Beratungsstelle, Euro Info Centre im DIHT
Adenauerallee 148
53113 Bonn
Telefon: 0228/10 46 21-3
Fax: 0228/10 41 58

Bundesverband der Deutschen Volksbanken und Raiffeisenbanken – Genossenschaftliche EG-Beratungs- und Informationsgesellschaft mbH
Rheinweg 67
53129 Bonn
Telefon: 0228/23 75 44-6
Fax: 0228/23 75 48

OMNIBERA Wirtschaftsberatungsgesellschaft mbH (Außenstelle)
Coburger Straße 1c
53113 Bonn
Telefon: 0228/23 80 78
Fax: 0228/23 39 22

Adressen

Bremen: VDI/VDE Informationstechnik GmbH/EG-Beratungsstelle für Unternehmen
Hanseatenhof 8
28195 Bremen
Telefon: 0421/17 55 55
Fax: 0421/17 16 86

Dresden: Deutsche Gesellschaft f. Mittelstandsberat. mbH
Zwinglistraße 36
01277 Dresden
Telefon: 0351/2 39 11 69
Fax: 0351/2 30 10 03

Düsseldorf: Gesellschaft für Wirtschaftsförderung Nordrhein-Westfalen mbH
Euro Info Centre
Haroldstraße 22
40213 Düsseldorf
Telefon: 0211/1 30 00-0
Fax: 0211/1 30 00-64

D.G.M. Deutsche Gesellschaft für Mittelstandsberatung mbH
Euro Info Centre
Emanuel-Leutze-Str. 4
40547 Düsseldorf
Telefon: 0211/5 36 40
Fax: 0211/4 54 83 50

Erfurt: Hessische Landesbank, Girozentrale
Bahnhofstr. 4a
99084 Erfurt
Telefon: 0361/2 47 98
Fax: 0361/2 45 65

Frankfurt/Oder: Industrie- und Handelskammer Frankfurt/Oder
Logeustr. 8
15230 Frankfurt/Oder
Telefon: 0335/ 2 38 63
Fax: 0335/32 54 92

Gronau: EUREGIO
EG-Info Centre
Enscheder Straße 362
48599 Gronau
Telefon: 02562/70 20
Fax: 02562/16 39

Hamburg: RKW Rationalisierungs-Kuratorium der deutschen Wirtschaft – EG-Beratungsstelle f. Unternehmen
Heilwigstraße 33
20249 Hamburg
Telefon: 040/4 60 20 87
Fax: 040/48 20 32

Hannover: TCH Technologiezentrum Hannover – EIC
Vahrenwalder Straße 7
30165 Hannover
Telefon: 0511/9 35 71 20/21
Fax: 0511/9 35 71 00

Kiel: Landesbank Schleswig-Holstein, Girozentrale RKW Schleswig-Holstein – EG-Beratungsstelle Schleswig-Holstein
Fleethörn 29-31
24103 Kiel
Telefon: 0431/9 00 34-97/99
Fax: 0431/9 00 32 07

Köln: Bundesstelle für Außenhandelsinformation (BFAI) –
Euro Info Centre
Agrippastraße 87-93
50676 Köln
Telefon: 0221/2 05 72 70/73
Fax: 0221/2 05 72 12

Bundesverband der Deutschen Industrie/Bundesvereinigung der Deutschen Arbeitgeberverbände – Europäisches Beratungszentrum der Wirtschaft
Gustav-Heinemann-Ufer 84
50968 Köln
Telefon: 0221/3 70 86 21
 3 70 86 23
Fax: 0221/3 70 88 40

Lahr: Industrie- und Handelskammer Südlicher Oberrhein
Hauptgeschäftsstelle Lahr
Lotzbeckstraße 31
77933 Lahr
Telefon: 07821/27 03 31
Fax: 07821/27 03 22

Leipzig: Industrie- und Handelskammer Leipzig
Goerdelerring 5
04109 Leipzig
Telefon: 0341/7 15 31 41
Fax: 0341/7 15 34 21

Magdeburg: Handwerkskammer Magdeburg
Bahnhofstr. 49a
39104 Magdeburg
Telefon: 0391/5 61 91 61
Fax: 0391/5 61 91 62

Mülheim/Ruhr: ZENIT
EG-Beratungsstelle für Unternehmen
Dohne 54
45468 Mülheim/Ruhr
Telefon: 0208/3 00 04 54
Fax: 0208/3 00 04 29

Nürnberg: LGA – Landesgewerbeanstalt Bayern
Karolinenstraße 45
90402 Nürnberg
Telefon: 0911/2 32 05 17
Fax: 0911/2 32 05 11

Osnabrück: EIC Bielefeld/Osnabrück – Außenstelle Osnabrück
Amt für Wirtschaftsförderung und Fremdenverkehr
Am Schölerberg 1
49082 Osnabrück
Telefon: 0541/5 01 31 01
 5 01 31 02
Fax: 0541/5 01 31 30

Adressen

Potsdam: Wirtschaftsförderung Brandenburg GmbH
Euro Info Centre
Am Lehnitzsee
14476 Neufahrland
Telefon: 0331/2 35 81,
 2 76 63
Fax: 0331/2 35 82

Regensburg: Industrie- und Handelskammer Regensburg – EG-Berat.st. für Unternehmen
Dr.-Martin-Luther-Straße 12
93047 Regensburg
Telefon: 0941/5 69 40
 5 69 42 35
Fax: 0941/5 69 42 79

Rostock: Industrie- und Handelskammer Rostock
Ernst-Barlach-Straße 7
18055 Rostock
Telefon: 0381/3 75 01
Fax: 0381/2 29 17

Saarbrücken: Zentr. f. Produktivität + Technologie Saar e. V.
Franz-Josef-Röder-Straße 9
66119 Saarbrücken
Telefon: 0681/9 52 04 50
 9 52 04 55
Fax: 0681/5 84 61 25

Steinfurt: Kreis Steinfurt – Amt für Wirtschaft und Verkehr
Tecklenburger Straße 10
48565 Steinfurt
Telefon: 02551/69 20 18
Fax: 02551/69 24 00

Stuttgart: Landesgruppe Baden-Württemberg – RKW Rationalisierungskuratorium der Dt. Wirtschaft – EG-Beratung
Königstraße 49
70173 Stuttgart
Telefon: 0711/22 99 80
 2 29 98 29
Fax: 0711/2 29 98 10

Handwerkskammer EG-Beratungsstelle für Unternehmen
Heilbronner Straße 43
70191 Stuttgart
Telefon: 0711/1 65 72 27,
 79, 80
Fax: 0711/16 57-222

Trier: Handwerkskammer/Industrie- und Handelskammer
Gottbillstraße 34a
54294 Trier
Telefon: 0651/8 10 09 45
 0651/19 92
Fax: 0651/8 10 09 19

Wiesbaden: Hessische Landesentwicklungs- und Treuhandgesellschaft mbH
Abraham-Lincoln-Straße 38–42
65189 Wiesbaden
Telefon: 0611/77 42 87
Fax: 0611/77 42 65

149746